Intergeneratives Singen

Musikgeragogik

Herausgegeben von
Theo Hartogh und Hans Hermann Wickel

Band 6

Rebecca Voss

Intergeneratives Singen

Eine empirische Untersuchung
mit didaktischem Entwurf

Waxmann 2020
Münster • New York

Gefördert durch die Deutsche Gesellschaft
für Musikgeragogik (DGfMG e.V.)

Bibliografische Informationen der Deutschen Nationalbibliothek
Die Deutsche Nationalbibliothek verzeichnet diese Publikation in
der Deutschen Nationalbibliografie; detaillierte bibliografische
Daten sind im Internet über http://dnb.dnb.de abrufbar.

Musikgeragogik, Band 6

ISSN 2195-142X
Print-ISBN 978-3-8309-4135-4
E-Book-ISBN 978-3-8309-9135-9

© Waxmann Verlag GmbH, Münster 2020
Steinfurter Straße 555, 48159 Münster

www.waxmann.com
info@waxmann.com

Umschlaggestaltung: Christian Averbeck, Münster
Umschlagabbildung: Corinna Müller

Gedruckt auf alterungsbeständigem Papier,
säurefrei gemäß ISO 9706

Printed in Germany

Alle Rechte vorbehalten. Nachdruck, auch auszugsweise, verboten.
Kein Teil dieses Werkes darf ohne schriftliche Genehmigung des
Verlages in irgendeiner Form reproduziert oder unter Verwendung
elektronischer Systeme verarbeitet, vervielfältigt oder verbreitet werden.

Vorwort

„Raus aus dem Seniorenghetto!" – so lautete die Antwort einer Teilnehmerin eines intergenerativen Singprojekts auf meine Frage, was ihr am besten am Projekt gefallen habe. Diese Antwort drückt das starke Verlangen der Seniorin nach Kontakt zu jüngeren Generationen aus. Und solches Verlangen ist sicherlich kein singuläres Empfinden. In Zeiten des demografischen Wandels nehmen intergenerative Kontakte ab. Intergenerative Bildungsprojekte versuchen, dem entgegen zu wirken und durch einen Lernaustausch in beide Richtungen lebenslanges Lernen zu fördern.

„Intergeneratives Singen – eine empirische Untersuchung mit didaktischem Entwurf" lautet der Titel der vorliegenden Arbeit. In den vergangenen drei Jahren habe ich mich intensiv mit diesem spannenden und wenig erforschten Thema beschäftigt, nach langer Tätigkeit in der Musikpädagogik und hier vornehmlich im Singen mit Kindern und Jugendlichen. Ich konnte wertvolle, neue Erkenntnisse gewinnen, die auch meine ganz persönliche Sicht auf das Alter sowie Lernen und Bildung im Alter verändert haben.

Danksagung

Ganz herzlich bedanke ich mich bei meinen Interviewpartnern[1] der Expertenbefragung – Initiatoren und Leiter intergenerativer Singprojekte, die durch das Teilen ihrer Erfahrungen und ihres Wissens maßgeblichen Anteil an der Entstehung dieser Arbeit haben. Gleichzeitig bedanke ich mich bei den Teilnehmern zweier intergenerativer Singprojekte, die mit ihren offenen und ehrlichen Berichten über ihre Erfahrungen einen zweiten Blick auf das intergenerative Singen ermöglicht haben. Dank sei auch zwei intergenerativen Singprojekten und deren Leiterinnen gesagt, die ihre Projekte für einen Besuch von mir geöffnet haben und mir dadurch einen unmittelbaren Eindruck vom intergenerativen musikalischen Arbeiten ermöglichten.

Mein Doktorvater Prof. Dr. Theo Hartogh gab mir dieses interessante und aktuelle Thema und war während des gesamten Promotionsprozesses ein großartiger Ansprechpartner, der mich immer unterstützte und auf alle Fragen, Anliegen und Mails umgehend reagierte. Danke!

Ein ebenso großer Dank gebührt meinem früheren akademischen Lehrer Herrn Prof. Dr. Anton Austermann, der mich während des ganzen Prozesses beraten hat. Danke! Sie haben mir sehr geholfen. Unsere stundenlangen Telefongespräche haben mich stets bereichert und mich bei der Erstellung dieser Arbeit sehr ermutigt.

Meine wunderbare Tochter Gjendine Voss unterstützte mich bei der Erstellung der Grafiken. Ganz lieben Dank dafür! Dir sei diese Arbeit gewidmet.

---

1 Aus Gründen der besseren Lesbarkeit wird in neutralen Fällen das männliche Genus verwendet. Es sind aber stets alle Geschlechter gemeint.

Inhalt

1.	**Einleitung**	11
2.	**Interdisziplinärer Bezug**	14
2.1	Gerontologie – Geragogik	14
2.2	Musikpädagogik – Musikgeragogik – Community Music	16
2.3	Zusammenfassung	20
3.	**Demografischer Wandel**	21
4.	**Alter und Altern**	26
4.1	Wandel des Altersbildes	26
4.2	Altersgrenzen	28
4.3	Altersbilder und Altersstereotype	29
4.4	Altersdiskriminierung	30
4.5	Musikalisches Lernen im Alter	31
5.	**Singen**	34
5.1	Entwicklung des Singens	34
5.2	Physiologie	35
5.2.1	Das Atemsystem	36
5.2.2	Das Tonerzeugungssystem – der Kehlkopf	36
5.2.3	Das Tonverstärkungssystem	37
5.3	Entwicklung von Singen und Stimme innerhalb eines Menschenlebens	38
5.4	Bedeutung des Singens für den Menschen	41
5.5	Benefits des Singens	45
5.6	Singen als Medium intergenerativer Bildung	46
6.	**Generation – Generationenbeziehungen – Intergenerative Bildung**	49
6.1	Generation	49
6.2	Generationenverhältnisse und Generationenbeziehungen	52
6.3	Intergenerative Bildung	54
6.4	Didaktische Voraussetzungen für intergenerative Bildung	57
6.5	Intergenerative Bildungsangebote	60
6.6	Benefit intergenerativer Bildung	62
6.7	Exkurs: Beispiele intergenerativer Bildung und der Generationenzusammenführung	64

7.	**Intergeneratives Singen**	67
7.1	Formen intergenerativen Singens	67
7.2	Einordnung intergenerativer Singprojekte in eine Matrix intergenerativer Bildung	68
7.3	Beispiele intergenerativen Singens/Musizierens im In- und Ausland	69
8.	**Studie zum intergenerativen Singen**	75
8.1	Studiendesign	76
8.1.1	Leitfadeninterviews mit Leitern	76
8.1.2	Teilnehmerbefragung	77
8.2	Forschungsfragen	77
8.3	Forschungsverlauf	77
8.4	Exemplarische Beschreibung einzelner intergenerativer Singstunden	79
8.4.1	Besuch im Musikprojekt I am 19.3.2018	79
8.4.2	Besuch im Musikprojekt II am 2.5.2018	83
8.4.3	Zusammenschau der beiden Hospitationen	87
8.5	Auswertung der Leitfadeninterviews	93
8.6	Auswertung der Teilnehmerbefragung	155
8.7	Fragen zum Raumkonzept	175
9.	**Diskussion der Ergebnisse**	181
9.1	Einleitung	183
9.1.1	Feldbeschreibung	183
9.1.2	Die Projekte	191
9.2	Themenschwerpunkte	196
9.2.1	Ziele	196
9.2.2	Die Leitungen	199
9.2.3	Umfeld und Sozialraum	204
9.2.4	Interaktion	206
9.3	Benefit intergenerativen Singens	210
9.4	Probleme und Herausforderungen	215
9.4.1	Personelle Überforderung	216
9.4.2	Institutionelle Probleme	217
9.4.3	Das richtige Singen mit Kindern	218
9.4.4	Barrieren für Teilnehmer	219
9.4.5	Umgang mit dem Thema „Tod"	221
9.4.6	Die Leistungsdiskussion	222
9.4.7	Umgang mit zu viel Nähe	224
9.5	Didaktisch-methodische Aspekte	225
9.5.1	Gelingensbedingungen	226
9.5.2	Bedarfe, Voraussetzungen und Forderungen	228
9.6	Zusammenfassende Beantwortung der Forschungsfragen	229

10.	**Didaktisches Konzept**	232
10.1	Einleitung	233
10.2	Repertoire intergenerativer Chöre	233
10.3	Voraussetzungen und erforderliche Fähigkeiten für Leiter intergenerativer Singangebote	236
10.4	Organisatorische und institutionelle Bedingungen für intergeneratives Singen	238
10.5	Umgang mit altersbedingten Besonderheiten	240
10.5.1	Herz-Kreislauf-System und Lunge	241
10.5.2	Mobilität	241
10.5.3	Einschränkungen beim Sehen	242
10.5.4	Einschränkungen beim Hören	242
10.5.5	Psychische und kognitive Einschränkungen	243
10.6	Umgang mit Besonderheiten beim Singen mit Kindern und Jugendlichen	244
10.7	Singen mit Gebärden als intergeneratives, inklusives Erlebnis	245
10.8	Didaktischer Dreiklang, Forderungen für das intergenerative Singen und Ausblick	246

Literatur		252
Abbildungen		265
Tabellen		266
Anhang		267
I	Fragebogen für Experten	268
II	Fragebogen für Experten, englische Fassung	270
III	Anschreiben für erwachsene Teilnehmer	272
IV	Fragebogen für erwachsene Teilnehmer	273
V	Anschreiben für jugendliche Teilnehmer	274
VI	Fragebogen für jugendliche Teilnehmer	275
VII	Fragebogen für begleitende Erzieherinnen	276

1. Einleitung

Wenn wir uns verlieben
Wenn das Leben uns umhaut
Wenn wir besoffen vor Glück sind
Müsste da nicht Musik sein

So singt der Schlagersänger Wincent Weiss 2016 in seinem Chart-Hit „Musik sein".[2] Und genau dieses Empfinden ist es, das Menschen, seit es sie gibt, dazu bringt, Musik zu machen. Singend, tanzend, spielend – Musik stellt ein kulturelles Gut dar, über dessen Entstehung bis heute keine Klarheit herrscht, nur, dass es Musik offenbar schon immer gegeben hat. Der Gesang nimmt dabei eine besondere Rolle ein, da er jedem Menschen gegeben ist und auch ohne instrumentale Unterstützung praktisch jederzeit ausgeübt werden kann. Die menschliche Stimme transportiert Emotionen und ist somit ein Sprachrohr unserer Gefühle und Gedanken. Diese Emotionalität des Singens macht dessen Faszination aus. Gemeinsames Singen schafft Verbundenheit. Lieder bilden eine Brücke zur eigenen Vergangenheit und werden als Kulturgut von einer Generation an die nächste weitergegeben.

Der demografische Wandel führt zu einer wachsenden Zahl an alten Menschen. Dadurch rücken das Alter und der Umgang mit alten Menschen in den Blickpunkt. Neben den wirtschaftlichen Folgen dieser Entwicklung ist auch die gesellschaftliche Bedeutung von hoher Wichtigkeit. Lebenslanges Lernen wird gefordert. Programme zu kultureller Teilhabe werden entwickelt. Dabei geht es oft auch um das Zusammenbringen der Generationen. Was in den USA schon seit den 1980er Jahren ein Thema ist, gewinnt in Deutschland erst seit etwa Mitte der 1990er Jahre an Bedeutung. Mittlerweile gibt es viele Veröffentlichungen zum Thema intergenerative Bildung, jedoch noch kaum über intergeneratives Musizieren. Dabei stellt intergeneratives Musizieren eine Möglichkeit solcher kultureller, generationenverbindender Teilhabe dar. In dieser Arbeit soll intergeneratives *Singen* untersucht und didaktisch gefasst werden. Die Beschränkung auf das Singen hat mehrere Gründe:

- Viele intergenerative Musikprojekte sind Singprojekte.
- Singen ist voraussetzungslos (Minkenberg 2004: 106) und somit ohne größeren Aufwand sowie kostengünstig fast überall durchzuführen.
- Die menschliche Stimme berührt beim Singen durch ihren emotionalen Gehalt und erreicht Menschen aller Altersstufen und trotz eventueller Beeinträchtigungen emotional.

Intergeneratives Singen kann nur interdisziplinär behandelt werden, da sich die Facetten des Themas aus unterschiedlichen Disziplinen und Themenfeldern der Musik, der Geragogik und der Gerontologie ergeben (Abb. 1). Dabei stellt Geragogik eine

---

2   http://www.wincentweiss.de/release/musik-sein-single/

„Wissenschaft an der Schnittstelle" zwischen Gerontologie und Erziehungswissenschaft dar (Kricheldorff 2018: 47).

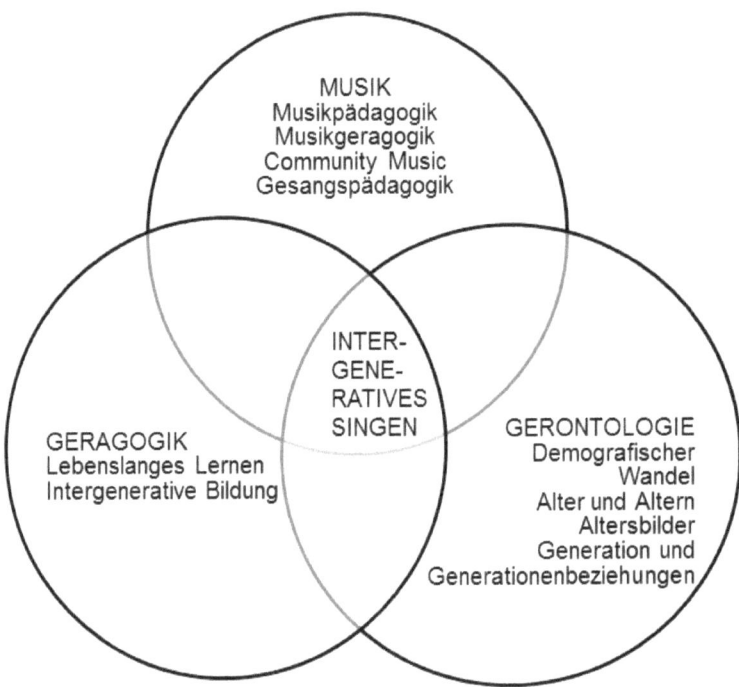

Abbildung 1: Themenfelder intergenerativen Singens

Die vorliegende Arbeit nimmt das Thema intergenerative Bildung in den Blick und stellt dar, inwieweit sich die didaktischen Voraussetzungen für intergenerative Bildung auf das intergenerative Singen übertragen lassen. Dabei ist das Singen zwar Lerninhalt, jedoch auch Medium, und unterstützt so ähnlich der Musiktherapie das „Erreichen sozialpädagogischer Ziele" (Hartogh & Wickel 2004: 367). Musik ist laut Tüpker nicht nur etwas *für* Menschen, sondern auch *zwischen* Menschen, ein Kommunikationsmittel (2009: 12f.). Musizieren in der Altenarbeit dient laut Hartogh & Wickel als „Bewältigungshilfe [...], Beitrag zu Lebensqualität und -zufriedenheit [...], Fortsetzung [...] von musikalischem Wissen, [...] Erfahrungen, Fähigkeiten und Kompetenzen, Kommunikation und Beziehungsaufnahme" (2004: 363).

- Im folgenden Kapitel wird der interdisziplinäre Bezug des Themas dargestellt.
- Im dritten Kapitel dieser Arbeit wird der demografische Wandel beleuchtet. Diese unumkehrbare Entwicklung des 20. Jahrhunderts ist Auslöser für die vielen intergenerativen Bildungsprojekte, die seit dem Ende der 1990er Jahre entstanden sind.
- Kapitel vier widmet sich dem gewandelten Bild des Alters.

- In Kapitel fünf geht es um das Singen an sich, seine Entstehung, die physiologischen Voraussetzungen und seine Bedeutung für das menschliche Leben.
- Kapitel sechs behandelt die Begriffe Generation, Generationenbeziehungen sowie intergenerative Bildung.
- Im siebten Kapitel wird intergeneratives Singen definiert und bereits bestehende Projekte werden in eine Matrix intergenerativer Bildung eingeordnet.
- Kapitel acht stellt die Forschungsfragen vor, beschreibt das Forschungsdesign dieser Arbeit und stellt die Ergebnisse mitsamt kurzen Kommentaren dar.
- Das neunte Kapitel dient der Diskussion der Ergebnisse.
- Im zehnten Kapitel wird das aus den Ergebnissen der Studie abgeleitete didaktische Konzept intergenerativen Singens formuliert und es wird ein Ausblick auf die Zukunft intergenerativen Singens sowie auf die Erfordernisse für weiteres erfolgreiches intergeneratives Singen gewagt.

2. Interdisziplinärer Bezug

Das Thema „Intergeneratives Singen" lässt sich aus der Perspektive der drei Disziplinen Gerontologie, Geragogik und Musik(pädagogik) näher beleuchten. Dabei umfasst jede Disziplin für sich wiederum mehrere Themenspektren, die unterschiedlich stark in das Thema hineinwirken. Während die Gerontologie eine etablierte Wissenschaft darstellt, bedeutet die Beschäftigung mit Geragogik das Eintauchen in eine junge Disziplin. Musikpädagogik scheint auf den ersten Blick ein ebenfalls hinreichend bekanntes Feld zu umreißen, umfasst aber bei genauerer Betrachtung mit den Aspekten Community Music und Musikgeragogik zwei verhältnismäßig junge Begriffe, die der Erläuterung und Einordnung bedürfen.

2.1 Gerontologie – Geragogik

Die Gerontologie behandelt verschiedene Aspekte der Altersthematik. Es geht in den Teildisziplinen um physiologische und psychologische Prozesse des Alterns genauso wie um die wirtschaftlichen und sozialen Auswirkungen einer alternden Gesellschaft sowie den demografischen Wandel.[3] Kulmus benennt eine „theoretische Dreifachbestimmung" zur gerontologischen Definition des Alterns „als Ende von Erwerbsarbeit, als leibliches Altern und als lebenszeitliche Perspektive, die zugespitzt Endlichkeit bedeutet" (2018: 113). Aus solcher Dreifachbestimmung ergeben sich Ziele der Geragogik als die Bewältigung von altersbedingten Veränderungen (*ibid.*: 114ff.). Für die vorliegende Arbeit sind die physiologischen und psychologischen Alterungsprozesse von Belang, soweit sie mit dem Singen oder dem Komplex Lernen im Alter zusammenhängen. Ebenso ist alles rund um das Thema „Generation" von Bedeutung. Die wirtschaftlichen und soziologischen Aspekte der Gerontologie werden hingegen ausgespart.

Bildung und Lernen im Alter sind die zentralen Inhalte der Geragogik. Dabei berührt die Geragogik die Erziehungswissenschaften ebenso wie die Gerontologie, weil es „um die Auseinandersetzung mit Bildungsprozessen für das Alter und im Alter und bezogen auf den Prozess des Alterns" geht (Schramek *et al.* 2018: 9). Kern beschreibt eine Problematik der Begrifflichkeiten im noch jungen Feld der Geragogik, da es für den deutschen Begriff „Bildung" kein internationales Äquivalent gibt. Der englische und französische Ausdruck *education* wird mit „Erziehung" übersetzt: das suggeriert im Deutschen stets ein hierarchisches Bild, bei dem eine unreife Person geformt werden müsste. Kern überträgt den Begriff *education* als *„mehr oder weniger strukturierte Unterstützung eines Lernenden"* (2018: 15ff., Hervorhebung im Original). Über die Begriffe „Gerontagogik" und „Educational Gerontology" mit den jeweils zugrundeliegenden bildungstheoretischen Modellen hat sich heute weitgehend der Begriff Geragogik durchgesetzt (*ibid.*). Damit verbunden ist der Themenkomplex rund um den Begriff Generation: Generationenverhältnisse und -beziehungen führen zur intergenerativen Bildung als eine Form der Bildung im Alter.

---

[3] http://brockhaus.de/ecs/enzy/article/gerontologie

Da „sich menschliches Leben nicht isoliert [...] vollzieht", betont Kricheldorff die „reflexive Ausrichtung" von Bildungsprozessen im Alter unter Berücksichtigung des menschlichen Miteinanders (2018: 46f.). Geragogik im Spannungsfeld zwischen Gerontologie, Sozialer Gerontologie und Erziehungs-/Bildungswissenschaft befasst sich mit Bildung als Anpassung an veränderte Lebensumstände (ibid.: 47ff.). Solche Anpassung an veränderte Lebensumstände ist auch für diese Arbeit von Bedeutung, da der Alterungsprozess der Stimme sowie die unterschiedlichen sozialen Strukturen innerhalb der Generationen beim intergenerativen Singen eine wichtige Rolle spielen. Himmelsbach benennt als zentrales Ziel des Lernens im Alter, „das Altern selbst zu lernen", mit körperlichen, gesellschaftlichen und sozialen Veränderungen umzugehen und die Endlichkeit des Lebens zu akzeptieren (2018: 36). Sie beschreibt verschiedene theoretische Konzepte zum Themenkomplex Lernen und Bildung im Alter. Die Fähigkeit der Reflexion und Interpretierung des eigenen Älterwerdens wird von mehreren Autoren als „Awareness of Aging" (AoA) bezeichnet (ibid., 38). Zusammengefasst wird klar, dass Bildung und Lernen Prozesse sind, die mit dem Alter nicht enden. Besonders wichtig erscheint die von Himmelsbach erläuterte These Jan Baars', dass lebenslanges Lernen die Bewältigung ständig wechselnder Herausforderungen des Lebens bedeutet (ibid.: 41). Bildungsprozesse im Alter sind laut Himmelsbach „nicht alleine von Steigerung gekennzeichnet", sondern müssen auch „Verlusterfahrungen und [...] [die] Auseinandersetzung mit der Endlichkeit ernst nehmen (ibid.: 43).

Steinfort-Diedenhofen bezeichnet Geragogik als „transdisziplinäre Wissenschaft zu Lernen und Bildung im Alter" (2018: 58). Es komme bei Bildungsangeboten im Alter darauf an, eine „aktivierungskritische[n] und diversitätsbewusste[n] Perspektive auf das höhere Lebensalter" zu bewahren (ibid.: 66). Medial erwünschte Glorifizierungen des Alters seien zu vermeiden, ebenso eine „Verschulung des Alters". Es gehe bei Bildungsangeboten im Alter vielmehr darum, ältere Menschen im Altern zu unterstützen, um ihnen ein „selbst- und mitverantwortlich" gestaltetes Leben zu ermöglichen (ibid.). Lebens- und Alltagsweltorientierung bezeichnet sie als didaktische Grundkategorie für Bildung im Alter (ibid.: 65). Partizipation und Biografieorientierung stellen laut de Groote & Hartogh die „geragogischen Leitprinzipien" dar (2016: 21)[4]. Sie benennen Kulturgeragogik als eine Teildisziplin der Geragogik, die den Auftrag hat, Senioren das Fortschreiben der kulturellen Biografie zu ermöglichen (ibid.).

Kulmus betont, dass es für den alternden Menschen wichtig ist, sich nicht mit den negativen Zuschreibungen des Alters abzufinden, sondern sich vielmehr dagegen zu stellen und „immer wieder neue Horizonte für Teilhabe und Identitätsentwicklung zu suchen". Und dies, obgleich sich die Person der Endlichkeit des eigenen Lebens bewusst ist. Für Bildungsprozesse im Alter bedeutet dies, „konstruktiv" mit dieser Spannung umzugehen: „Die Ambivalenz des Alterns wird zu einer Ambivalenz der Bildungsaufgabe" (2018: 122f.).

---

4 Siehe auch die didaktischen Grundorientierungen intergenerativer Bildung von Scheunpflug & Franz (2014: 137ff. und Kapitel 6.3 dieser Arbeit), wo „Biografieorientierung" als eine von sechs didaktischen Grundorientierungen benannt wird.

Im Kontext intergenerativen Singens stellt freiwilliges Engagement ein weiteres bedeutsames Lernfeld im Alter dar. Freiwilliges Engagement bietet Senioren eine „Möglichkeit zu Teilhabe, Sinnhaftigkeit und dem Erleben von Selbstwirksamkeit", wie Bubolz-Lutz & Steinfort-Diedenhofen beschreiben (2018: 227). Dem Bedürfnis vieler Senioren, im freiwilligen Engagement „ihren Erfahrungsschatz" weiterzugeben (*ibid.*: 228), wird besonders in intergenerativen Projekten Rechnung getragen. Obwohl freiwilliges Engagement im Alter meist von Menschen mit höherem Bildungsabschluss ausgeübt wird (*ibid.: 227*), bietet das gemeinsame Singen in Kindergärten wie im intergenerativen Singprojekt „Canto elementar" (s. Kapitel 7.3) ein Tätigkeitsfeld ohne besonders hohe Hürden für die Teilnehmer. Als Benefits für freiwilliges Engagement im Alter benennen Bubolz-Lutz und Steinfort-Diedenhofen neben den Möglichkeiten für Erfahrung und Reflexion sowie dem Finden einer neuen Rolle nach beruflicher und familiärer Entpflichtung „Gemeinschaftserlebnisse mit Gleichgesinnten" (*ibid.*: 235).

2.2 Musikpädagogik – Musikgeragogik – Community Music

Während sich die Musikpädagogik in der Vergangenheit mit allen Prozessen beschäftigt hat, die mit der musikalischen Ausbildung (junger Menschen) verbunden waren, haben sich in jüngerer Zeit weitere Disziplinen wie „Musikgeragogik" und „Community Music (CM)" etabliert.

Musikpädagogik

Insgesamt hat sich die Musikpädagogik lange Zeit ausschließlich mit der musikalischen Bildung von Kindern und Jugendlichen in Schule und Musikschule sowie mit der wissenschaftlichen Erforschung solcher Bildungsprozesse auseinandergesetzt. Erst gegen Ende des 20. Jahrhunderts rücken auch erwachsene Schüler in den Fokus der Musikpädagogik. Den demografischen Wandel sieht Hennenberg als einen Grund dafür, zusammen mit der Tatsache, dass durch die verbreitete Einführung von Ganztagsschulen musikalischer Einzelunterricht für Kinder seltener werden könnte (2016: 344f.). Deswegen hält sie es für unerlässlich, das Berufsbild von Musikern zu überdenken, um einem veränderten Bedarf gerecht zu werden. Musikpädagogen müssen für diesen Bedarf ausgebildet werden, um „professionelle Aktivitäten in sozialen Feldern [zu] etablieren, entfernt von Konzertsälen und großen Festivals, von öffentlichen Medien und Starkultur" (*ibid.*: 345).

Obwohl an den Musikschulen des Verbands deutscher Musikschulen (VDM) nach wie vor Kinder und Jugendliche den größten Teil der Schüler ausmachen, fällt auf, dass immerhin 5,5 % der Schüler zwischen 26 und 60 Jahre alt sind. Diese Zahl ist seit dem Jahr 2000 etwa konstant geblieben. Der Anteil von Schülern über 60 Jahre ist seit dem Jahr 2000 von 0,6 % auf 1,8 % gestiegen und hat sich somit verdreifacht (Deutsches Musikinformationszentrum (MIZ) 2018). Nicht mitgerechnet sind alle die

Senioren, die in Chören, Orchestern oder Musikvereinen aktiv sind und dort musikalisch weitergebildet werden.

Gembris bemerkt in diesem Zusammenhang, dass der „Begabungs- oder Talentbegriff mit der Lebensphase Kindheit und Jugend verknüpft ist und im Zusammenhang mit dem Erwachsenenalter oder höheren Lebensalter eigentlich nicht vorkommt" (2015: 155). In der Musikpädagogik und ihren verwandten Teildisziplinen muss somit ein Umdenken einsetzen. Wenn von lebenslangen Lern- und Entwicklungsmöglichkeiten ausgegangen wird, müssen entsprechende didaktische Konzepte entwickelt werden, die solchen Möglichkeiten Rechnung tragen und auf die Bedürfnisse von erwachsenen und alten Musikschülern und Chorsängern zugeschnitten sind. Die musikalische Bildung erwachsener und hochaltriger Schüler muss wissenschaftlich begleitet werden. Dies führt zum neuen Feld der Musikgeragogik.

Musikgeragogik

Hartogh bezeichnet „Musikgeragogik als praxisbezogene, wertende und empirische Wissenschaft musikalischer Altenbildung" (2005: 199), die als wesentliches Handlungsfeld „das Fortschreiben und Differenzieren der individuellen musikalischen Biographie" in den Blick nimmt (*ibid.*: 197). Dabei ist es wichtig, dass es nicht um das Abarbeiten von „Curricula der Schulmusik" geht, sondern mehr um „die Begleitung und Moderation von Selbstbildungsprozessen" (*ibid.*: 196). Selbst wenn es laut Gembris beim Laienmusizieren nicht um das „Erzielen von hohen Leistungen" geht, sondern „um das Erleben von Musik, um die Entwicklung der Identität und um deren Sinn und Bedeutung für den Einzelnen" (2015: 158), ist dennoch die Frage nach einem Leistungsanspruch wichtig. Musikgeragogen müssen umfassend ausgebildet sein, um auf individuelle Bedürfnisse eingehen zu können und nicht nur eine Altenbetreuung mit etwas Musik anzubieten. Gembris weist darauf hin, dass insbesondere beim Musizieren mit Laien die sogenannte „Reservekapazität" in den Blick zu nehmen ist: Mangels Zeit und Gelegenheit können viele Erwachsene ihr musikalisches Potenzial im Verlauf ihres Lebens nicht abrufen. Wenn sie im Rentenalter (wieder) mit Musikunterricht beginnen, sind durchaus noch Entwicklungsmöglichkeiten gegeben, da durch Übung die Reservekapazität eine Leistungssteigerung ermöglicht (2015: 171ff., 195). Obwohl die positiven Aspekte des Umgangs mit Musik im Alter für den Einzelnen unbestritten sind, kommt es laut Hartogh & Wickel in der Musikgeragogik darauf an, Musik nicht für außermusikalische therapeutische oder physiologische Zwecke zu funktionalisieren. Vielmehr soll Musik als unersetzlicher „Eigenwert" erfahren werden (2018: 199). Dabei vereinen sich in der Musikgeragogik „Diskurse unterschiedlicher Disziplinen wie Elementares Musizieren, Musiktherapie, Rhythmik und Community Music" sowie Themenfelder aus Alterspsychologie, Geragogik, Sozialer Arbeit, Pflegewissenschaft und Medizin (*ibid.*: 200). Ältere Menschen lernen „im Gegensatz zu Kindern oft zuerst über das rationale Verstehen" und erst danach mit dem Leibgedächtnis (*ibid.*: 202). Wenn Kinder tatsächlich erst mit dem Leibgedächtnis und dann über rationales Verstehen lernen, erklärt dies im Zusammenhang mit an Demenz erkrankten Personen den Umstand, dass das „implizite

Gedächtnis" bestehen bleibt.[5] Musikalische Erinnerungen im Leibgedächtnis lassen sich auch dann noch abrufen, wenn das rationale Verstehen gestört ist.

Weiterhin wichtig ist, dass in der Musikgeragogik der Lernfortschritt nicht linear verläuft und dadurch die Unterrichtsziele offengehalten werden müssen (Hartogh & Wickel 2018: 201). Spiekermann sieht den Lernfortschritt von älteren Musikschülern durchaus auch als eine Seitwärtsbewegung, die den musikalischen Raum horizontal und vertikal erschließt, also ein erreichtes musikalisches Niveau in der Breite, z.B. in verschiedenen Stilrichtungen auslotet (2016: 293). Darüber hinaus betont Hartogh, dass ältere Musikschüler meist genaue Erwartungen an ihren Gesangs- und Instrumentalunterricht haben und deshalb über die Auswahl der Unterrichtsinhalte mitsprechen möchten. Gleichzeitig sind sie zwar hoch motiviert, jedoch aufgrund eigener hoher Erwartungen leichter frustriert als jüngere Schüler (2018: 300f.). Lehrende in musikgeragogischen Angeboten benötigen somit „eine akzeptierende und dialogische Haltung, um den Zielen und Wünschen" nachkommen und die Ziele bedarfsgerecht anpassen zu können (*ibid.*: 303). Musikalische Arbeit mit Senioren braucht Biografieorientierung und die Möglichkeit, an bereits Bekanntes anzuknüpfen (*ibid.*: 302). Verschiedene Studien zeigen, dass Senioren das Musizieren in Gemeinschaften besonders wichtig ist, da auf diese Weise Sozialkontakte entstehen.[6] Intergeneratives Singen bietet dazu einen idealen Rahmen, da die dort entstehenden Sozialkontakte über die eigene Generation herausreichen. Altersbedingte Einschränkungen und Veränderungen müssen in musikgeragogischen Angeboten im Blick behalten werden (*ibid.*: 304f.). Für intergeneratives Singen bedeuten die aufgeführten Aspekte einen flexiblen Umgang mit Probengestaltung und Zielen der Arbeit. Inwieweit dies umgesetzt wird, soll Gegenstand der Studie (Kapitel 8) sein.

Community Music (CM)

Community Music stellt laut Elliott den eigentlichen Vorläufer von institutionalisierter Musikerziehung dar, weil Musik seit ihrer Entstehung immer in Gemeinschaften praktiziert und tradiert wurde und dadurch diese Gemeinschaften gestärkt hat (2012: 99). Higgins beschreibt die Ziele von Community Music als Versuche, Diskurs zu initiieren, aktive Teilhabe zu stimulieren und ein Gefühl für die Stimme des einzelnen als auch der Gruppe zu entwickeln (2012b: 107). Den Gedanken der Teilhabe betont auch Hill, der Community Music definiert als „musikalisches Partizipationsangebot, das dazu auffordert, kreativ zu werden und für die jeweilige Situation angemessene Wege des Musizierens zu entwickeln". Solches Angebot nennt er „ein offenes, reflexives Projekt, das situationsspezifisch und beteiligungsorientiert entwickelt werden muss" (Hill 2017: 19). Selbst wenn die Leistungsdebatte beim intergenerativen Singen anders gesehen werden kann als in der Community Music, die die musikpädagogische Spitzenförderung infrage stellt und eine musikpädagogische Breitenförderung nicht erkennen mag (*ibid.*: 15ff.), bietet diese Form des Musizierens eine „Möglich-

---

5 Siehe hierzu Altenmüller 2015: 116ff und Kapitel 4.4
6 Siehe hierzu Hartogh 2018: 304

keit Zivilgesellschaft zu fördern" (*ibid.*: 25). Hill stellt hierfür vor allen Dingen die Besonderheit musikalischer Aktion heraus, „ohne [...] verbale Verständigung" miteinander in Kontakt treten zu können (*ibid.*). Dies trifft insbesondere für das Singen zu, das ohne alle Instrumente mit der jedem Menschen gegebenen und in der Funktion mehr oder weniger vertrauten eigenen Stimme geschieht. Musikalische Angebote der Community Music werden von „unterstützenden Begleitern", *facilitators* angeleitet (*ibid.*: 19f.), die anders als in der klassischen Musikpädagogik nicht zwingend zielorientiert etwas vermitteln müssen, sondern das musikalische Erlebnis der Teilnehmer ermöglichen und unterstützen.

Das Feld der Community Music in Deutschland ist noch jung und wissenschaftlich wenig erfasst. De Banffy-Hall siedelt es zwischen Musiktherapie, Musik in der Sozialen Arbeit, Kultureller Bildung, Volksmusik, Laienmusizieren und Musikpädagogik an (2017: 27ff.). Sie betont, dass sich Community Music an den Bedürfnissen der Teilnehmer orientiert und nicht das Erreichen vorher institutionell festgelegter Ziele im Fokus hat (*ibid.*: 33). Dies korrespondiert mit Willinghams Aussage, dass in der Community Music der „Prozess über das Produkt" gestellt wird (2017: 75). Von den Leitern von Community Music verlangt dies, wie in der Arbeit mit Erwachsenen allgemein, „ein größeres Maß an Individualisierung und Einfühlungsvermögen" (Coffman 2017: 111). So werden bedarfsgerechte musikalische Prozesse ermöglicht, die sich aus den Absichten der Leiter und der Autonomie der Teilnehmer ergeben (*ibid.*: 116). Smilde hält es für *facilitators* für erforderlich, sich lebenslang weiterzubilden, um auf die ständig wechselnden Anforderungen der heterogenen Klientel eingehen zu können (2018: 676). So bezieht sie den Anspruch des „lebenslangen Lernens" nicht nur auf Senioren, sondern auch auf Vermittler von Community Music. Einen durchaus kritischen Blick wirft Kertz-Welzel auf Community Music. Sie bezeichnet Community Music aus deren Entstehungsgeschichte heraus als „Demokratisierung musikalischer Aktivitäten", die „gesamtgesellschaftliche Veränderungsprozesse" bewirken (2018: 359) und das Elitäre eines klassischen Musikbetriebs überwinden möchte (*ibid.*: 362). Dabei sieht Kertz-Welzel die Gefahr, dass Community Music kritiklos als ein Allheilmittel musikpädagogischen Handelns gesehen und alle bisherige Musikpädagogik infrage gestellt wird (*ibid.*: 364 und 375).

In der Studie (Kapitel 8) soll überprüft werden, ob die untersuchten intergenerativen Singprojekte als Community Music bezeichnet werden können.

2.3 Zusammenfassung

Die wichtigsten Grundgedanken und didaktischen Zuschreibungen der Bildungsansätze und -theorien zum lebenslangen Lernen sind in der folgenden Tabelle 1 schlagwortartig zusammengefasst:

Didaktische Verortungen	Bildungsansatz/Didaktische Grundlagen		
	Freiwilliges Engagement (nach Bubolz-Lutz & Steinfort-Diedenhofen 2018)	Musikgeragogik (nach Hartogh 2005 und Hartogh & Wickel 2018 und Creech et al. 2014[7])	Community Music (nach Hill 2017)
Biografieorientierung	x	x	x
Dialogische Ausrichtung	x	x	x
Teilhabe Partizipation	x	x	x
Offenheit der Ziele	x	x	x
Selbstbestimmtes Lernen		x	x
Reflexion	x	x	x
Offenheit der Lernrichtung	x	x	
Lernfortschritt	x	x	
Leistungsdenken		x	
Interaktion	x		x
Offenheit für Neues	x	x	x
Prozessorientierung	x	x	x
Motivation	x	x	x

Tabelle 1: Didaktische Verortungen von Freiwilligem Engagement, Musikgeragogik und Community Music

---

7   Die didaktischen Kommentare zum Musizieren im Alter von Creech *et al.* finden sich in den Kapiteln 6.5 und 9.4.

3. Demografischer Wandel

Der demografische Wandel ist ein Fakt, der nicht umzukehren ist. Auch wenn die Alterspyramide mit einer breiten Jugend unten und sich nach oben verjüngendem Altenanteil eine Sonderform des 19. Jahrhunderts darstellt (Bollacher 2010: 5), fußt dennoch der große Generationenvertrag und damit das Sozialsystem in Deutschland darauf, dass ein größerer Anteil arbeitender Bürger einem kleineren Anteil Rentner gegenübersteht. Der starke Rückgang der Geburtenzahlen seit dem Ende der 1960er Jahre („Alterung von unten") sowie eine stetig steigende Lebenserwartung („Alterung von oben") haben allerdings dazu geführt, dass die Gesellschaft „doppelt altert" (Schimany 2003: 15f.). Dies lässt sich gut ablesen an den Darstellungen des Altersaufbaus der Bevölkerung in Deutschland, die das Statistische Bundesamt regelmäßig veröffentlicht (Abb. 2).

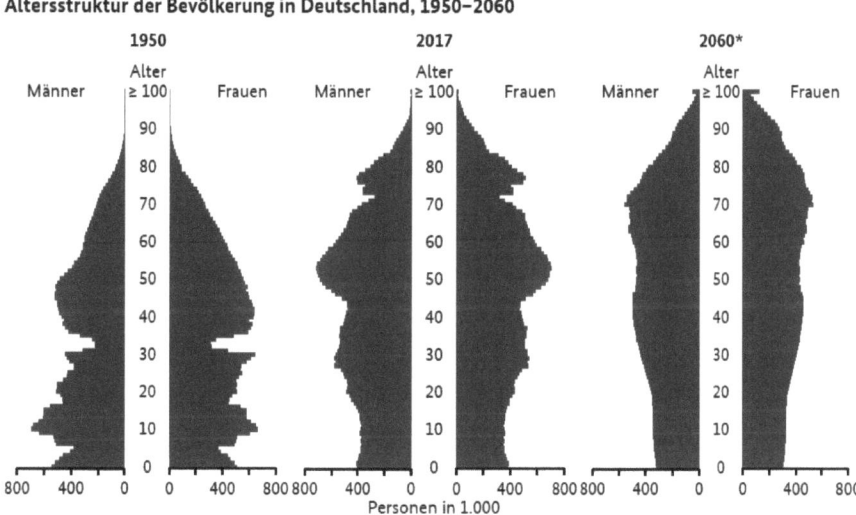

Abbildung 2: Altersstruktur der Bevölkerung in Deutschland 1950–2060[8]

Die erste Abbildung in Abb. 2 aus dem Jahr 1950 zeigt, dass die Altersstruktur nicht mehr einer Pyramide entspricht, sondern einem Tannenbaum ähnelt. Auf dem Schaubild ist noch nicht der starke Geburtenzuwachs der 1960er Jahre zu sehen. Die Darstellung in der Mitte (2015) zeigt genau diesen Geburtenzuwachs als deutliche Ausbuchtung bei den etwa 50-Jährigen. Darunter ist die starke Abnahme der Geburten in den 1970er Jahren zu erkennen und daraufhin der weitere, dann aber langsamer vollzogene Rückgang der Geburtenzahlen. Das Schaubild rechts zeigt eine Prognose für 2060 nach der 13. Koordinierten Bevölkerungsvorausberechnung des Statistischen Bundesamtes: Die Babyboomer-Beule in der Bevölkerung ist abgeschwächt nach

---

8 Bundesinstitut für Bevölkerungsforschung 2018

oben verschoben. Gleichzeitig hat sich die Form des Altersaufbaus in eine nach unten leicht konisch verlaufende Säule gewandelt.

Betrachtet man den Jugend- und Altenquotienten 1 (Personen über 60 Jahre) für die vereinigte Bundesrepublik seit 1991, wird deutlich, dass die Anzahl der Jugendlichen bis unter 20 Jahren pro 100 Personen zwischen 20 und 60 Jahren von 37,1 im Jahr 1991 über einen leichten Anstieg auf 38,3 Personen in den Jahren 1999 und 2000 und den Tiefpunkt im Jahr 2013 bei 33,3 Personen auf 34,2 Personen im Jahr 2016 gesunken ist. Gleichzeitig ist die Anzahl der Personen über 60 Jahren pro 100 Personen zwischen 20 und 60 Jahren von 35,2 Personen über 60 Jahren im Jahr 1991 stetig auf 51,2 Personen im Jahr 2016 gestiegen (siehe Abb. 3). Der Jugendquotient hat sich im gleichen Zeitraum wesentlich weniger verändert als der Altenquotient 1. Eine etwa gleichbleibende Menge an Jugendlichen steht einer stetig wachsenden Gruppe an Personen über 60 Jahren gegenüber. Andersherum ausgedrückt bedeutet dies, dass immer mehr alten Menschen eine etwa gleichbleibende Anzahl Jugendlicher als Kontaktpersonen zur Verfügung steht. Der direkte Kontakt zur jungen Generation ist somit für viele Senioren nicht mehr gewährleistet. Intergenerative Bildungsangebote können hier für Senioren ohne eigene Kinder oder Enkel Kontaktmöglichkeiten bieten.

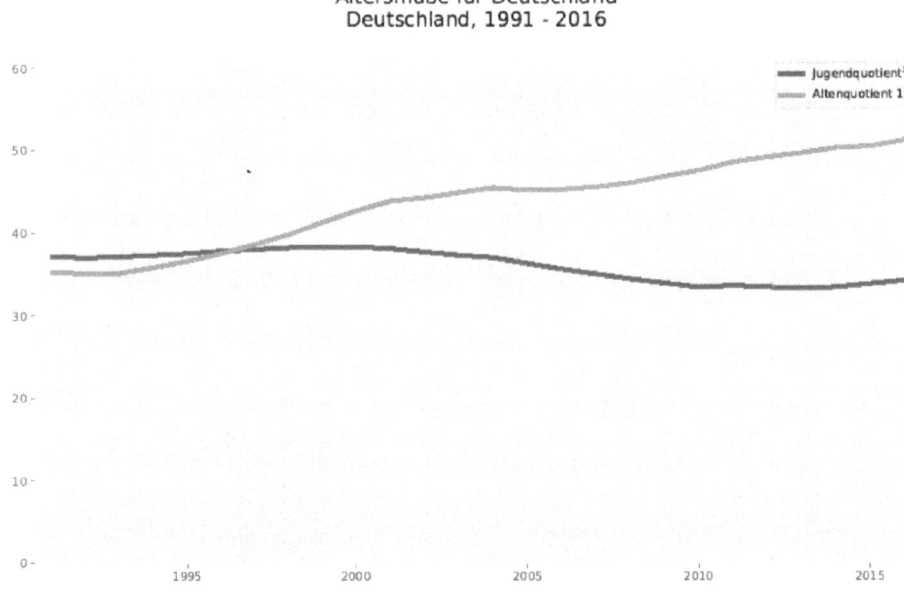

Abbildung 3: Jugendquotient und Altenquotient 1[9]

---

9   1 Personen bis unter 20 J. je 100 Personen von 20–60 J.
    2 Personen ab 60 J. je 100 Personen von 20–60 J.
    © GeroStat, Deutsches Zentrum für Altersfragen, Berlin. DOI 10.5156/GEROSTAT Basisdaten Statistisches Bundesamt, Wiesbaden – Bevölkerungsfortschreibung.

Laut Imhof stellt die Veränderung der Altersstruktur durch rückläufige Geburtenzahlen einen notwendig gewordenen Anpassungsprozess dar, eine „demografische Transition": Die Verminderung der (Säuglings-)Sterblichkeit führte dazu, dass das „früher ausgeglichene Verhältnis zwischen Geborenen und Verstorbenen aus dem Gleichgewicht" geriet. Es brauchte „immer weniger Geburten, um einen einmal erreichten Bevölkerungsstand zu halten." (1981: 16f.) Da viele Familien wirtschaftlich nicht in der Lage waren, alle geborenen Kinder bis zum Erwachsenenalter zu versorgen, entstand ein „Bevölkerungsdruck", der zum Rückgang der Geburtenzahlen führte (*ibid.*: 22).

Das Medianalter lag in Deutschland im Jahr 2005 bei 41,8 Jahren und ist bis 2013 auf 45,3 Jahre gestiegen (BMI 2015: 23). Im gleichen Zeitraum stieg in der Europäischen Union (EU27) das Medianalter von 39,5 Jahren auf 41,9 Jahre (*ibid.*). Deutschland liegt beim Medianalter also nicht nur über dem EU-Durchschnitt, sondern altert auch noch schneller als alle anderen EU-27-Länder. Weltweit lag das Medianalter noch weit unter dem Medianalter der Europäischen Union und wird nach Vorausberechnungen von 2017 auch im Jahr 2060 die 40-Jahre-Grenze noch nicht erreicht haben (Abb. 4).

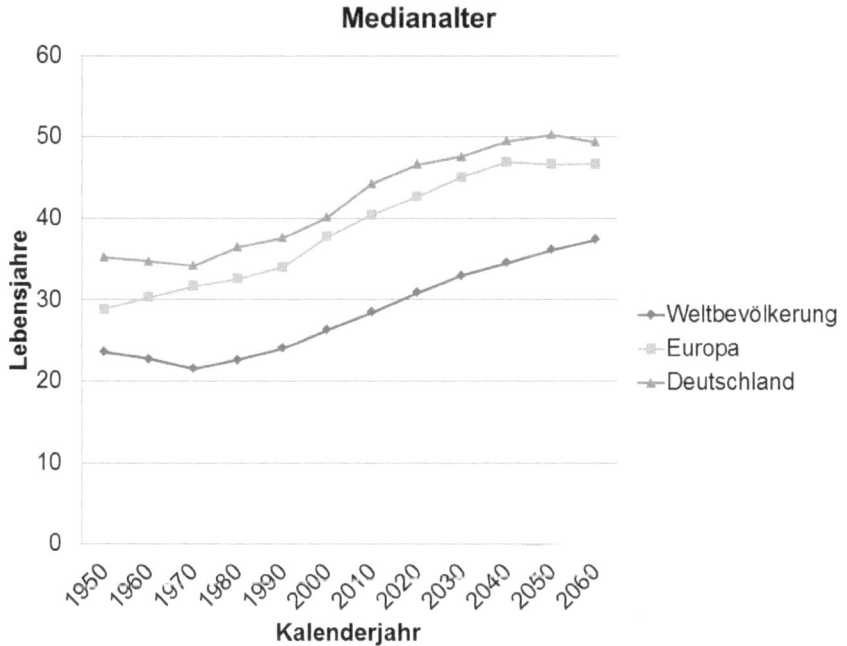

Abbildung 4: Medianalter der Weltbevölkerung, Europas und Deutschlands.
Datenquelle: Vereinte Nationen 2017[10]

Die Bevölkerungsvorausberechnung für die Bundesrepublik Deutschland zeigt auch bei günstigen, die Zuwanderung berücksichtigenden Prognosen nur bis 2030 eine Konstanz in der Bevölkerungszahl (BMI 2015: 24f.) und danach einen sich bis 2060

---

10 United Nations, Department of Economic and Social Affairs, Population Division (2017). World Population Prospects: The 2017 Revision, custom data acquired via website. https://population.un.org/wpp/DataQuery/

fortsetzenden Bevölkerungsrückgang auf 73,1 Millionen (Stand 2013: 80,8). Dabei sinkt der Anteil der Unter-20-jährigen auf 16 % (2013: 18%). Auch die Zahl der Erwerbstätigen wird stark zurückgehen auf 54 % (2013: 63%). Gleichzeitig steigt die Zahl der Älteren und Hochbetagten von 24 auf 40 %.

Während viele Wissenschaftler hierin besonders die wirtschaftliche Problematik sehen, da die Finanzierung der Renten eine große Herausforderung darstellt, ist es wichtig, die gesellschaftliche Sichtweise auf diesen Sachverhalt nicht außer Acht zu lassen. Da weniger Kinder geboren werden und gleichzeitig Ehen einen „Bedeutungsrückgang" erfahren (Naegele 2012: 246), werden mehr Menschen im Alter vereinsamen. Schimany beschreibt die Entstehung eines „historisch neuen Familientypus", die „Bohnenstangen-Familie" (2003: 356). Durch weniger geborene Kinder pro Frau verändert sich die Generationenstruktur von einer horizontalen Struktur mit mehreren Geschwistern, Cousinen und Cousins sowie Eltern, Onkeln und Tanten innerhalb einer Generation zu einer vertikal ausgerichteten Struktur mit wenigen Mitgliedern einer Generation. Leben heute so viele Generationen zur gleichen Zeit wie nie zuvor, nimmt dennoch der Kontakt zwischen den Generationen ab (*ibid.* und *ibid.*: 363f.).

Insbesondere in den Städten führt der demografische Wandel zu einer Segregation der Generationen, auch wenn diese demografische Segregation nicht so stark ausgeprägt ist wie die soziale und ethnische, wie eine Studie von Helbig & Jähnen beschreibt (2018: I). Die demografische Segregation, also eine räumliche altersmäßige Entmischung von Stadtteilen besteht besonders in der Gruppe der 15- bis 29-Jährigen und in der Gruppe der über 65-Jährigen (*ibid.*: 36). Die Studie findet einen Anstieg der demografischen Segregation dieser beiden Altersgruppen in 39 von 49 untersuchten Städten (*ibid.*: 39).

Die Bundesregierung versucht, mit ihrer Demografiestrategie die demografische Entwicklung im Blick zu behalten. Auf dem Demografie-Gipfel im März 2017 wurden die Ergebnisse verschiedener Arbeitsgruppen vorgestellt. Die Arbeitsgruppe „Jugend gestaltet Zukunft" sah insbesondere die Notwendigkeit einer „Jugendbrille" in allen demografischen Diskursen, da zwar keine Jugendlichen in der Arbeitsgruppe vertreten waren, aber die Belange der jungen Generation stets mitgesehen werden sollten (BMI 2017: 16). Ebenso wurde die „Förderung des Generationendialogs" als ein wichtiges Handlungsfeld angesehen (*ibid.*). Die Arbeitsgruppe „Bildungsbiografien fördern" stellt die Wichtigkeit lebenslangen Lernens heraus, behandelt das Thema jedoch nur vom Anfang der Bildungsbiografien mit ihren wichtigen Bildungsentscheidungen her (*ibid.*: 57ff.). Sicherlich sind Schwerpunkte zur Berufs- und Studienberatung und -orientierung wichtig, jedoch wäre ein Arbeitsschwerpunkt zu intergenerativer Bildung wünschenswert gewesen. Schon die „Weiterentwicklung der Demografiestrategie der Bundesregierung" im Jahr 2015 hatte dieses wichtige Thema komplett ausgespart, obwohl formuliert wurde: „Die Bundesregierung möchte mit einer Politik für alle Generationen den Zusammenhalt stärken und ergreift vorausschauende Maßnahmen insbesondere in der Familien- und Jugendpolitik, Seniorenpolitik, Gesundheits- und Pflegepolitik sowie der Engagementpolitik" (BMI 2015: 9).

Zwar wird die Unterstützung von Mehrgenerationenhäusern genannt als Maßnahme zur „Entwicklung sorgender Gemeinschaften" (*ibid.*: 10), jedoch sollte dies nicht das einzige Feld sein, auf dem Generationen zusammengebracht werden. Intergenerative Bildungsangebote jeglicher Art gehören dazu und hätten in der Demografiestrategie Berücksichtigung finden sollen.

4. Alter und Altern

Dieses Kapitel beschreibt zunächst den gewandelten Blick auf Alter und Altern und stellt kurz dar, welchen Einfluss dieser Wandel auf die musikalischen Angebote für Senioren hat (Kapitel 4.1). Das folgende Unterkapitel (4.2) beschäftigt sich mit Altersgrenzen, ihrer Aussagekraft und Verschiebbarkeit. Kapitel 4.3 nimmt Altersbilder und Altersstereotype in den Blick und leitet über zu Kapitel 4.4, das sich mit verschiedenen Formen der Altersdiskriminierung und Möglichkeiten der Überwindung solcher Diskriminierung auseinandersetzt. Im abschließenden Kapitel 4.5 steht das musikalische Lernen als eine Form von Bildung im Alter im Vordergrund.

4.1 Wandel des Altersbildes

Das Bild vom Alter hat sich in den letzten Jahren stetig verbessert. So konstatiert die Generali Deutschland AG in ihrer Altersstudie 2017, dass 62 Prozent der 65- bis 85-Jährigen ihr Leben genießen und 58 Prozent sich nicht alt fühlen (2017: 28). Eine Ursache hierfür sehen die Autoren darin, dass sich die „Altersschwellen", die durch nachlassende Vitalität und verringertes Aktivitätsniveau gekennzeichnet sind, deutlich nach hinten verschoben haben (*ibid.*: 33f.). Es wird von „mentaler Verjüngung" gesprochen, die sich durch eine allgemein größere Offenheit Neuem und jüngeren Genera-tionen gegenüber zeigt (*ibid.*: 34). Eine solche Offenheit beschreibt die Politikerin Rita Süssmuth in der Reihe „Lebenszeiten" der Berliner Zeitung „Der Tagesspiegel": Ihr Wunsch für das Alter sei gewesen, „möglichst lange aktiv zu bleiben, mich weiter zu entwickeln, weiterhin zu lernen, mit Älteren und Jüngeren in Kontakt zu bleiben." Sie möchte im Denken „jung" bleiben, „den Anschluss [zu] finden an die Veränderungen der Moderne" und darin Herausforderungen entdecken (Süssmuth 2018).

Das Kölner Forschungsinstitut „Cologne Center for Ethics, Rights, Economics and Social Sciences of Health (Ceres)" veröffentlicht im September 2018 erste Ergebnisse einer repräsentativen Studie mit dem Titel „Lebensqualität und Wohlbefinden im hohen Alter". Hierzu wurden 1800 Senioren über 80 Jahren befragt. Trotz körperlicher Beschwerden sind 86 Prozent der Befragten mit ihrem Leben zufrieden. Das Forscherteam um Susanne Zank von der Universität Köln vermutet, dass dies aus dem Vergleich der aktuellen Lebenssituation der Teilnehmer mit dem Erleben des Zweiten Weltkriegs resultieren könnte. Ein zentraler Wunsch der Teilnehmer ist der „Dialog zwischen den Generationen", wie die *Rheinische Post* in ihrer Online-Ausgabe berichtet (Bialdiga 2018).[11]

Zum Begriff „Altersbilder" sind verschiedene Studien erschienen, die Filipp & Mayer zusammentragen und analysieren. Dabei wird vor allen Dingen klar, dass es kein zu verallgemeinerndes Bild vom Altern und vom Alter geben kann, da es nicht nur zwischen verschiedenen Personen Prozessabweichungen gibt, sondern auch innerhalb eines einzelnen Individuums dessen körperlicher und geistiger Alterungs-

---

11   Zum Zeitpunkt der Erstellung dieser Arbeit lag die vollständige Studie noch nicht vor.

prozess nicht kongruent verlaufen müssen (Filipp & Mayer 1999: 31). Das vormals defizitär geprägte Bild vom Alter ist dem „Best Ager"-Bild gewichen. Altern wird beschrieben als ein Prozess, der durch „Gewinne *und* Verluste" geprägt ist (*ibid.*: 52; Hervorhebung im Original). Trotzdem sehen Senioren selbst den Alterungsprozess „eher negativ", jedoch dann meist nicht für die eigene Person, sondern für Menschen aus dem Umfeld (*ibid.*: 53). Die Musikpädagogin Metz sieht es für das musikalische Tun im Alter als wichtig an, die Tatsache anzuerkennen, „dass dieser Lebensabschnitt nicht vorrangig durch einen universellen Abbau aller psychophysischen Funktionen gekennzeichnet ist, sondern Veränderungen und Verluste, aber auch Gewinne und Wandlungen einander durchweben" (Metz 2011: 24).

In der Gerontopsychologie setzt sich „*eine ressourcenorientierte Sichtweise des Alterns*" durch, die die Ressourcen einer Person für Prozesse zum Erreichen individueller Ziele herausstellt (Martin & Kliegel 2014: 22). Dabei wird die Person bildhaft als ein Orchester beschrieben, dessen unterschiedliche Musiker (Ressourcen) für einen harmonischen Gesamtklang (Lebensqualität) sorgen. Wie in einem Orchester jedes Instrument eine eigene Stimme spielt und nicht alle das gleiche, sollen die jeweiligen Ressourcen möglichst gewinnbringend eingesetzt werden, je nach Fähigkeit (*ibid.*: 19f.).

Kruse benennt in seiner „anthropologischen Annäherung an das Alter" sechs Kernaussagen, die bis ins hohe Lebensalter bedeutsam bleiben: Selbstgestaltung, Potenzialperspektive und Verletzlichkeitsperspektive, Entwicklungsnotwendigkeit, auch im Hinblick auf die eigene Endlichkeit, Bezogenheit auf andere Menschen (hierzu gehört auch Generativität) sowie die drei Verantwortungsbezüge Selbstverantwortung, Mitverantwortung und Nachhaltigkeitsverantwortung (Kruse 2015: 11ff.). Auch der letztgenannte Punkt weist auf den Generativitätsbezug hin, der für den alternden Menschen von hoher Wichtigkeit ist. Kruse stellt klar, dass zwischen Alter und Krankheit zu differenzieren sei und dass es wichtig ist, sich in der Gerontologie nicht nur mit altersbedingten Krankheiten auseinanderzusetzen (*ibid.*: 20ff.).

Einen Überblick über die verschiedenen Alterstheorien und Lernmodelle im Alter liefern Kricheldorff (2018: 50ff.) und Kern (2018).

Die Demografiestrategie der Bundesregierung erkennt den Umstand eines gewandelten Altersbildes und fordert, Senioren „müssen in ihrer Vielfalt wahrgenommen werden" (BMI 2015: 60). Das bedeutet, dass auch in musikalischer Hinsicht bei der Betreuung und Unterhaltung der künftigen alten Generation umgedacht werden muss. Veränderte musikalische Sozialisierung und ausgeprägte eigene Vorstellungen werden die Erstellung musikalischer Angebote für Senioren zu einer Herausforderung machen. Zu sehen ist dies in einer Diskussion auf Facebook in der Gruppe „ChorleiterInnen"[12]:

- *Stephanie Lotz*: Wir haben mal alte Schlager in einem Seniorenheim gesungen die Bewohner waren restlos begeistert und sehr textsicher.

---

12 https://www.facebook.com/groups/chorleiter/ 2017-10-09

- *Stephan Reinke*: Das finde ich gut. Ich kenne ne ganze Reihe Senioren, die nicht so sehr auf Volkslieder stehen. Wenn man bedenkt, wann so die Beatles und die Rolling Stones ihre ersten Erfolge hatten, dann sind die wohl auch nicht spurlos an heute 80jährigen vorbeigegangen (Reinke 2017)
- *Stephanie Lotz*: Das denke ich nämlich auch – ich möchte später im Seniorenheim auch U2, Coldplay und Queen singen. (Lotz 2017)

Auch die Einführung einer Extra-Ausgabe für Senioren der Sat 1-Castingsendung „The Voice of Germany" zeigt, dass bereits ein Umdenken eingesetzt hat.[13] Das Jury-Mitglied Mark Forster sagt in einer Vorankündigung, dass es „krass" sei, dass ein solches Format bisher nicht bestanden habe. Hartogh stellt klar, dass bei musikalischen Angeboten für Senioren keinesfalls nur an Bekanntes und Vertrautes angeknüpft werden sollte, da viele Senioren bis ins hohe Alter offen für Neues bleiben (2018: 303).

4.2 Altersgrenzen

Alter als eine „soziale Konstruktion" stellt eine „verschwommene Kategorie" dar (Filipp & Mayer 1999: 12). Verschiedene Studien zur Alterswahrnehmung kommen zu unterschiedlichen Ergebnissen, auch zwischen den Geschlechtern: Frauen gelten früher als alt als Männer (*ibid.*: 12ff.).

In den letzten Jahren hat sich die Einteilung der Lebensalter von drei auf vier Phasen durchgesetzt. Sprach man früher von der Jugend (als Vorerwerbsphase), dem Erwachsenenalter (der Erwerbsphase) und dem Alter (der Nacherwerbsphase), so hat sich laut Laslett etwa in der Mitte des 20.Jahrhunderts das „Dritte Alter" entwickelt (1995: 141). Das Dritte Alter ist ihm zufolge kein genau abgegrenzter Lebensabschnitt, der bei jedem Individuum zu einem bestimmten Stichtag eintritt, sondern bedeutet die Zeit „der persönlichen Errungenschaft und Erfüllung" und kann durchaus schon zu Zeiten des Zweiten Alters gegeben sein, „der Zeit der Unabhängigkeit, Reife und Verantwortung, des Verdienens und Sparens" (*ibid.*: 35f.). Der Eintritt ins Dritte Alter ist nicht zwingend an den Eintritt in den beruflichen Ruhestand gebunden (*ibid.*: 43). Durch die verlängerte Lebenszeit und die verbesserte gesundheitliche Versorgung ist es heute vielen Menschen möglich, ihre Rente noch viele Jahre bei relativ guter Verfassung zu erleben, oder aber über das Erreichen des Rentenalters hinaus beruflich aktiv zu bleiben.

Erst das Vierte Lebensalter stellt dann laut Laslett die Lebensphase dar, in der die Betroffenen vermehrt mit körperlichen Einschränkungen und häufig damit verbunden mit Abhängigkeit und dem Verlust von Selbstständigkeit umgehen müssen (*ibid.*: 35f.). Somit ist das Dritte Lebensalter eine Art Bonus: eine solche Phase der beruflichen, bzw. familiären Entpflichtung bei relativer gesundheitlicher Fitness hatte es in der ersten Hälfte des 20. Jahrhunderts kaum gegeben. Imhof, der seinem Essay über die „Zunahme unserer Lebensspanne seit dreihundert Jahren" den Titel „Die gewonnenen Jahre" gibt, stellt fest, dass die rasche Erhöhung der Lebenserwartung des

---

13   https://www.sat1.de/tv/the-voice-senior

Menschen (noch) nicht zu einer Veränderung der Lebenseinstellung zu dieser gewonnenen Zeit geführt habe (1981: 24). Er formuliert drastisch, dass der Tod den Menschen zu einem Zeitpunkt hole, „nachdem viele von uns beruflich, familiär, gesellschaftlich längst gestorben sind" (*ibid.*: 25). Freilich stammt diese Beobachtung aus dem Jahr 1981 und kann inzwischen so nicht mehr aufrechterhalten werden, dennoch hat Imhof sicherlich recht, wenn er feststellt, dass das Nachdenken über die Endlichkeit des Lebens und den Prozess des Todes weit aus der Familie und dem Alltag hinausgeschoben wird (*ibid.*). Das Bundesinstitut für Bevölkerungsentwicklung untersucht die Lebensphase rund um das übliche Renteneintrittsalter und nennt das „höhere Lebensalter" einen „der vielfältigsten Lebensabschnitte des Lebenslaufs" (Sackreuther *et al.* 2017: 8). Auch der Markt stellt sich auf eine veränderte Klientel ein. So publizieren Gruner und Jahr seit September 2015 eine Frauenzeitschrift für Leserinnen ab 60: „Brigitte Wir – Das Magazin für die Dritte Lebenshälfte".[14] Auffällig ist hier das Spiel mit dem Begriff „Lebenshälfte".

Für die Phasen der Kindheit und Jugend haben sich die Grenzen ebenfalls verschoben, wie Hurrelmann beschreibt (2013: 318ff.). Der Beginn der Pubertät hat sich in den vergangenen 200 Jahren um fast fünf Jahre nach vorne verlagert, was die Phase der Kindheit verkürzt; gleichzeitig verschwimmt die Grenze zwischen Jugend und Erwachsenenalter. Traditionell stellt der Eintritt ins Erwerbsleben diese Grenze dar, doch mittlerweile verschiebt sich dieser Eintritt bei einzelnen Personen bis ins vierte Lebensjahrzehnt. Hurrelmann nennt diese Entwicklung „Umstrukturierung der sozialen Architektur des Lebenslaufs" (*ibid.*: 321). Die Jugendphase als unabhängige Wartephase vor der Verantwortlichkeit eines Erwachsenenlebens dauert heutzutage durchschnittlich 15 Jahre (*ibid.*). Diese Verschiebung der Altersgrenzen hat Auswirkungen auf das gesamte gesellschaftliche Leben. Die Verkürzung der Kindheit zeigt sich auch im Umgang mit Medien: Kinder hören sehr unterschiedliche Musikstile und keinesfalls nur „Kindermusik" wie Kinder- oder Volkslieder oder Musik zu Kinderfilmen (Münch 2012: 102).

4.3 Altersbilder und Altersstereotype

Rothermund & Mayer definieren Stereotype „als mentale Repräsentationen sozialer Kategorien wie Geschlecht, Alter, Größe, Nationalität, politische Überzeugung oder Beruf", die sich im Lauf der persönlichen Entwicklung eines Menschen bilden (Rothermund & Mayer 2009: 78). Dabei sind Geschlecht und Alter die Stereotypen, die am augenfälligsten sind und somit am häufigsten aktiviert werden (*ibid.*). Altersstereotype werden nicht nur von der jüngeren Generation aktiviert, auch Senioren selbst neigen dazu, an ihre Altersgruppe gesetzte Zuschreibungen zu erfüllen, indem sie beispielsweise bestimmte Alterseinschränkungen bei sich ausmachen (*ibid.*: 87f.).

Anders als Vorurteile sind Stereotype nicht „als einseitig negative affektgeladene Urteilsvoreingenommenheit zu verstehen" (Filipp & Mayer 1999: 56). Verschiedene Studien zeigen, dass es ein „artikuliertes Altersstereotyp" gibt, das „leicht zu

---

14 https://www.brigitte-wir.de/

aktivieren" ist (*ibid.*: 103). Solches Stereotyp zeigt sich oftmals im kommunikativen Verhalten von Pflegepersonen gegenüber den ihnen anvertrauten alten Menschen, z.B. in sogenanntem „secondary baby talk" oder „patronizing speech" (*ibid.*: 163ff.); aber ebenso im privaten Dialog zwischen Alt und Jung kann es zu „asymmetrischen Strukturen" kommen (*ibid.*: 177).

Auch medial vermittelte Altersbilder haben einen Einfluss auf die Ausbildung von Altersstereotypen, so kann es beispielsweise in der Kinderliteratur vorkommen, dass alte Menschen als wie aus der Zeit gefallen dargestellt werden, indem sie wenig aktuelle Berufsrollen erhalten. Sie haben jedoch oft positive Charaktereigenschaften und gelten als weise und freundlich (*ibid.*: 216ff.).

Positive Charaktereigenschaften von Senioren wie Zuverlässigkeit, Kompetenz und Loyalität stellt die Studie „Transitions and Old Age Potential" des Bundesinstituts für Bevölkerungsforschung fest (Sackreuther *et al.* 2017: 29). Die Studie zeigt eine leichte Verschlechterung des Altersbildes von 2013 bis 2016, jedoch wurde zumindest beim *item* „Produktivität" die schlechtere Bewertung überwiegend von Personen abgegeben, die zwischen 2013 und 2016 in den Ruhestand gewechselt waren, oder sich zum Zeitpunkt der zweiten Befragung kurz vor dem eigenen Wechsel in den Ruhestand befanden. Die Autoren der Studie sehen also die eigene Lebenssituation der Befragten als einen wichtigen Einflussfaktor für das eigene Altersbild (*ibid.*: 30). Zusammenfassend stellen die Autoren fest, „dass eine pauschale Gleichsetzung vom Eintritt in den Ruhestand und dem Zustand ‚alt zu sein' nicht angebracht ist". Die „soziale Rolle eines unproduktiven, zurückgezogenen Individuums mit zunehmenden gesundheitlichen Einschränkungen" entspricht eher der Vorstellung vom „alt sein" (*ibid.*: 38).

4.4 Altersdiskriminierung

Obwohl sich das Bild vom Alter in der letzten Zeit verbessert hat, kommt es dennoch zu Altersdiskriminierungen, die explizit in „herabwürdigenden, aggressiven oder beleidigenden Etikettierungen oder Sprachäußerungen" erfolgen oder implizit durch relativierende Aussagen, die bestimmte Fähigkeiten oder Zustände einer Person als *für das Alter noch gut* vordergründig zu loben scheinen (Rothermund & Mayer 2009: 44). Dabei wird eine Person aufgrund ihrer Zugehörigkeit zu einer bestimmten Altersgruppe beurteilt und benachteiligt, ohne zu überprüfen, ob auf diese individuelle Person die Alterszuschreibung überhaupt zutrifft (*ibid.*: 88f.). Es ist jedoch darauf zu achten, ob die Benachteiligung einer Person „legitime Ansprüche und Rechte, […] Gebote der Menschlichkeit, Rücksichtnahme und Solidarität" verletzt. Ist dies nicht der Fall, handelt es sich lediglich um eine „etwaige Ungleichbehandlung" im Rahmen „individueller Handlungs- und Entscheidungsfreiheit" (*ibid.*: 145).

Verschiedene Maßnahmen versuchen, Altersdiskriminierung entgegenzuwirken. Rothermund & Mayer übertragen dazu einen von Braithwaite 2002 entwickelten Zehn-Punkte-Plan gegen *Ageism* ins Deutsche und empfehlen unter Punkt zwei die Ermöglichung der „Begegnung mit älteren Menschen, die unterschiedliche Eigenschaften aufweisen", und unter Punkt fünf die Schaffung intergenerationeller

Begegnung und Kooperation (2009: 120). Punkt acht fordert, „jüngeren Menschen die Angst vor den Stigmata Abbau und Abhängigkeit" zu nehmen (*ibid.*). Dazu ist „Wissensvermittlung" über das Alter notwendig, jedoch ohne ein übertrieben positives Bild des Alters zu zeichnen, das alles Negative ausklammert und somit nicht nur unglaubwürdig ist, sondern auch noch die Altersbilder „polarisiert" und den alten Menschen selbst die Verantwortung für ein erfülltes, vitales Alter zuschreibt (*ibid.*: 121). Rothermund & Mayer fordern vielmehr, „negative Altersbilder durch positive Elemente anzureichern und weiter auszudifferenzieren" (*ibid.*). Hierzu sehen sie es als erforderlich an, auch die Möglichkeiten zur Bewältigung negativer Aspekte des Alters aufzuzeigen (*ibid.*: 122).

Neben Wissensvermittlung ist die Ermöglichung sozialer Kontakte eine geeignete Intervention, um Altersdiskriminierung entgegenzuwirken. Studien zeigen, dass durch intergenerative Interventionen „zumindest kurzfristig eine Verbesserung des Bildes der Generationen voneinander erzielt werden kann" (*ibid.*: 122). Weiterhin konnte durch Studien gezeigt werden, dass durch ehrenamtliches Engagement älterer Menschen „ihre soziale Attraktivität" gesteigert werden kann. Allerdings ist es wichtig, dass das Engagement die Senioren nicht über Gebühr zeitlich belastet und dass den Senioren Wertschätzung dafür entgegengebracht wird (*ibid.*: 134f.). Darüber hinaus ist die „soziale Einbeziehung älterer Menschen" in Form von „intergenerationellen Begegnungen" eine Möglichkeit, Altersdiskriminierung abzubauen (*ibid.*: 141). Schon Filipp & Mayer stellen zusammenfassend fest, dass „Programme, in denen Generationen in bedeutungsvolle gemeinsame Aktivitäten eingebunden waren, erfolgsversprechender [waren] als [...] kurzfristige Begegnungen oder die eigene theoretische Auseinandersetzung mit der Thematik des Alterns" (Filipp & Mayer 1999: 261).

Durch alle solche Maßnahmen sollen „fehlerhafte Überzeugungen über das Altern" korrigiert werden und dadurch Vorurteile, die „die Basis für Diskriminierungen bilden", abgebaut, sowie „Persönlichkeitsmerkmale, Normen und Wertorientierungen" gefördert werden, „die diskriminierendem Verhalten entgegenstehen" (Rothermund & Mayer 2009: 143). Auch die älteren Menschen selbst sollen zur Teilnahme am gesellschaftlichen Leben und zu „Präventionsbemühungen" zur Wahrung „eine[r] hohe[n] Kompetenz und Gesundheit" ermutigt werden und somit zur Widerlegung „negative[r] Altersstereotype" beitragen (*ibid.*). Abschließend sehen die Autoren die Gefahr des Anstiegs von Altersdiskriminierungen, wenn die „Norm der intergenerationellen Solidarität an Verbindlichkeit" verlöre und durch „eine auf Kosten-Nutzen-Rechnungen basierende Betrachtung von Generationenbeziehungen" ersetzt würde (*ibid.*: 150).

4.5 Musikalisches Lernen im Alter

Einhergehend mit dem gewandelten Bild von Alter und Altern wird klar, dass Lernen und Bildung lebenslange Prozesse sind. Laslett beschreibt die historische Auffassung von Unterricht und Lernen so: „Die im Zweiten Alter unterrichten jene im Ersten" (1995: 237). Das Dritte Alter kommt in dieser Sicht auf Bildung nicht vor, es ist „für die Alten kein Platz" (*ibid.*: 238). Intergenerative Bildung bricht das Senioritätsprinzip Jung-lernt-von-Alt auf und kehrt dieses Rollenbild um.[15]

Insbesondere das Musizieren stellt laut Altenmüller ein hervorragendes Mittel zur kognitiven Förderung in jedem Lebensalter dar. Altenmüller bezeichnet Muszieren als „Gehirnjogging", da hierbei „nahezu alle Hirnareale beansprucht und [...] miteinander" vernetzt werden (2015: 104f.). Die *Neuroplastizität*, also „die funktionelle und strukturelle Anpassung des Nervensystems an Spezialanforderungen", lässt sich durch bildgebende Untersuchungsmethoden darstellen (*ibid.*: 106ff.). Obwohl sich diese Anpassungsprozesse im Alter verlangsamen, so treten sie dennoch auf und helfen mit, altersbedingte neuronale Abbauprozesse zu verlangsamen oder gar rückgängig zu machen (*ibid.*: 110ff.). Da durch solche Abbauprozesse unter anderem weniger Motivationshormone (vor allem Dopamin) ausgeschüttet werden, ziehen sich manche alten Menschen mehr und mehr zurück, um neue, sie anstrengende Herausforderungen zu umgehen. Auf diese Weise wird der Abbau verstärkt, die Motivation geht weiter zurück – ein Teufelskreis, den es zu durchbrechen gilt (*ibid.*). Bemerkenswert sind Altenmüllers Studien mit Schlaganfallpatienten: Zur Rehabilitation der Feinmotorik wurde instrumentales Musiktraining angeboten. Die Patienten zeigten nicht nur positive Ergebnisse in der Fingerbeweglichkeit, sondern auch eine hohe Motivation, da sie eine *neue* Fähigkeit erlernten. Somit standen sie nicht unter dem Erfolgsdruck, verlorengegangene Fähigkeiten wieder zu erlangen (*ibid.*: 114f.). Ausführlich äußert sich Altenmüller zu den Gedächtnisleistungen von Demenzpatienten. Er zitiert aus verschiedenen Studien, die belegen, dass bei an Demenz erkrankten Personen das *explizite* musikalische Gedächtnis verloren geht, d.h., die Patienten können keine Musikstücke oder Lieder aus ihrer Vergangenheit benennen. Das *implizite* musikalische Gedächtnis bleibt jedoch bestehen. Die Patienten können ihr Instrument noch lange spielen bzw. Lieder aus der Vergangenheit singen (*ibid.*: 116ff.).[16] Dieses implizite Gedächtnis wird auch als Leibgedächtnis bezeichnet, das laut Fuchs die Vergangenheit „reinszeniert" (2010: 2). Der Körper bewahrt die „personale Kontinuität", die eine mehr „gefühlte als gewusste Erinnerung" darstellt (*ibid.*: 5). Altenmüller betont, dass beim Musizieren im Alter kein „einseitiges Leistungsdenken" entstehen darf, da dadurch Frustration und unter Umständen Depression entstehen könnten, die wiederum zu neuronalen Abbauprozessen führen (2015: 119).

Schuppert beschreibt das Spannungsfeld, in dem sich alternde Musiker stets befinden, das sich bildet aus „den einzigartigen Anforderungen an die Sensomotorik, mit höchster räumlich-zeitlicher Präzision unter auditiver und stark emotionaler Kopplung, verbunden mit extremen Gedächtnisaufgaben" (2015: 128f.). Durch altersbedingte Veränderungen können einzelne Aspekte dieser Anforderungen erschwert werden. Dies ist aber individuell verschieden und nicht an ein bestimmtes Alter gebunden (*ibid.*).

---

15   Siehe Kapitel 6.4: Didaktische Voraussetzungen für intergenerative Bildung
16   Siehe dazu den „Songaminuteman", Kapitel 5.2.2

Ausführlich behandeln Hartogh und Wickel das Thema „Musikgeragogik" als musikalische Bildung im Alter und beschreiben theoretische Grundlagen als auch Praxisbeispiele (2004, 2005, 2008, 2010, 2018).

Zusammenfassung

Die verlängerte Lebenserwartung und die gleichzeitige bessere Gesundheitsversorgung haben zu einem positiveren Bild des Alters geführt. Dennoch gibt es vielfach Berührungsängste bei diesem Thema. Insbesondere der Kontakt von Alt und Jung kann zum Abbau stereotyper Vorstellungen über das Alter und zur bewussten Wahrnehmung eines realistischen Altersbildes, das auch negative Aspekte nicht ausklammert, führen. Musik gilt als ein besonders geeignetes Mittel, um körperliche und geistige Abbauprozesse zu verlangsamen oder teilweise umzukehren.

5. Singen

Singen ist eine der ursprünglichsten Ausdrucksformen, die der Mensch schon vor dem Sprechen beherrscht und auch noch dann, wenn das Bewusstsein und die Möglichkeit sich mitzuteilen durch Krankheit oder Demenz verschüttet oder gestört sind. Die Wirkung des Singens lässt sich zwar beschreiben, aber noch besser erfahren. Die Singstimme transportiert Emotionen wesentlich intensiver als die Sprechstimme und erreicht so ihre Umgebung stärker.

In diesem Kapitel soll ein kurzer Überblick über die Entwicklung des Singens gegeben werden aus evolutionärer Sicht (5.1) sowie phylogenetisch und ontogenetisch (5.3). Kapitel 5.2 gibt einen Einblick in die Physiologie des Singens. Die Bedeutung des Singens für den Menschen wird in Kapitel 5.4 dargestellt, die Benefits des Singens sind Inhalt von Kapitel 5.5. Im abschließenden Kapitel 5.6 soll Singen als Gegenstand intergenerativer Bildung beleuchtet werden.

5.1 Entwicklung des Singens

Evolutionär

Berichte über singende Menschen sind so alt wie die Geschichtsschreibung. Gesang wurde seit jeher ebenso für Feier und Kult wie auch für das ganz private eigene Vergnügen verwendet. Die Frage, wann und wie sich Singen entwickelt hat, wird sich nie klären lassen. Viele verschiedene Theorien über die Entwicklung der Musik und des Singens als vermutlich sehr frühe Form des Musizierens bestehen. Alle Theorien über die Anfänge der Musik sind an bestehende Forschungsergebnisse zur Evolution der Hominiden aus einer gemeinsamen Wurzel der Primaten vor etwa 5 Millionen Jahren angelehnt. Eine viel diskutierte Frage ist dabei, ob Musik ein biologisches Anpassungsverhalten darstellt, das durch natürliche Selektion entstanden ist, oder ein Artefakt. Bis heute gibt es keinen wissenschaftlichen Nachweis dafür, dass Musik durch biologische Anpassung entstanden ist.

Patel, ein amerikanischer Psychologe, bezeichnet Musik als eine menschliche Erfindung, die ebenso weitreichende Folgen wie die Beherrschung des Feuers hatte. Einmal erkannt, entdeckt und erfahren gab es kein Zurück in die Zeit davor mehr (2008: 401). Anders als andere menschliche Erfindungen und Entdeckungen entspringt Musik aber nicht nur dem menschlichen Gehirn, sondern die „Erfindung" Musik hat sogar die Kraft, das Gehirn zu verändern, wie zahlreiche bildgebende Untersuchungen von Musiker- und Nichtmusikergehirnen zeigen (*ibid.*: 401, 412). Solche nicht musikspezifische *Neuroplastizität*, also die „funktionelle und strukturelle Anpassung des Nervensystems an Spezialanforderungen" bleibt über die gesamte Lebensspanne erhalten, wenngleich sie im höheren Alter langsamer verläuft (Altenmüller 2008: 36ff.).

Im Buch „The Origins of Music" (Wallin, Merker & Brown 2000) werden verschiedene Untersuchungen zur Entstehungsgeschichte von Musik und Singen vorgestellt. Während Falk sich mit der Entwicklungsgeschichte des menschlichen Gehirns beschäftigt, um einen evolutionären Beweis für die Entwicklung des Singens zu finden (2000: 197ff.), versuchen Frayer & Nicolay, (2000: 217ff.) anhand fossiler Funde den Beginn der lautsprachlichen Äußerung des Menschen zeitlich einordnen zu können. So vermuten sie aufgrund der anatomischen Entwicklung des Frühmenschen (Form des Brustkorbs und des Mundraums sowie das Vorhandensein einer externen Nase) einen Beginn des Singens schon vor 1,5 Millionen Jahren (*ibid.*: 231f.). Der britische Musikwissenschaftler Cross bezeichnet Musik als eine universale menschliche Kompetenz und legt dar, dass Musik wie die Sprache ein Produkt von Biologie und sozialer Interaktion ist und eine notwendige und integrale Dimension der menschlichen Entwicklung sowie eine zentrale Rolle in der Entwicklung des Denkens des modernen Menschen darstellt (Cross 2001: 28). In Anbetracht der Heterogenität von Musik in verschiedenen Kulturen ist die Annahme verbreitet, dass Musik eher ein kulturelles als ein natürliches Produkt sei (*ibid.*: 29). Das erschwert die Suche nach einer biologischen Ursache. Cross sieht Musik als ein sicheres Mittel, soziale Interaktion auszuüben, und als einen „Spielplatz" des Übens von Prozessen zum Erreichen kognitiver Flexibilität (*ibid.*: 37). Zusammenfassend kommt Cross zum Ergebnis, dass Musik zwar in der Biologie begründet sein mag, jedoch stets die jeweilige Kultur enthält (*ibid.*: 40). Insbesondere das Singen zeigt die von Cross benannte soziale Interaktion sowie das Üben kognitiver Prozesse, wenn man den frühen Kontakt zwischen Mutter und Kind betrachtet.

Letztlich ist es überhaupt nicht entscheidend, einen Beweis für eine evolutionäre Entstehung des Singens zu finden, oder Singen „nur" als eine kulturelle Errungenschaft zu betrachten. Der Wert des Singens für den Menschen wird nicht geschmälert, sollte sich die evolutionäre Entstehung nicht bestätigen lassen. Dass Singen eine uralte menschliche Fähigkeit ist, die den Menschen unmittelbar und sehr tiefgreifend anspricht, ist unbestritten. Und das sollte Grund genug sein, Singen in allen Lebensaltern zu fördern und die intergenerative Begegnung durch Gesang zu unterstützen.

5.2   Physiologie

Im „Lehrbuch für Phoniatrie und Pädaudiologie" wird Singen als ein nur graduell vom Sprechen unterschiedener Vorgang beschrieben (Seidner & Wendler 2005: 97). Sprechen ist demnach eine relativ monotone, „gleitende" Bewegung des Grundtons, während Singen vor allen Dingen durch Melodieverläufe mit unterschiedlichen, festgelegten Tonhöhen gekennzeichnet ist. Wesentlich ist weiterhin ein „Wechsel der Ausdrucksgrundhaltung" sowie eine beim Singen differenzierte und verzögerte Atemfunktion. Anders als bei der Sprache, die stets den sachlichen Inhalt übermitteln will, geht es beim Singen vornehmlich um Klangproduktion (*ibid.*).

Dabei nutzen beide Vorgänge (Sprechen und Singen) dieselbe physiologische Ausstattung: das Atemsystem, das Tonerzeugungssystem und das Tonverstärkungssystem (Mohr 1999: 11). Oder – wie es Callaghan, Emmons & Popeil bezeichnen – Aktivator, Vibrator und Resonator (2012: 560). Hier soll nur ein knapper Überblick über die physiologischen Grundlagen gegeben werden. Die Funktionen der einzelnen Systeme im Detail zu beschreiben, würde zu weit führen. Ein Schwerpunkt wird lediglich auf die durch Wachstum und Alterung entstehenden Veränderungen der physiologischen Gegebenheiten gelegt.

5.2.1 Das Atemsystem

Die Atmung wird vom vegetativen Nervensystem gesteuert und verläuft somit autonom. Dabei entsteht durch die Kontraktion des Zwerchfells in den Lungenflügeln ein Unterdruck, durch den durch Luftröhre und Nase Luft in die Lungen eingesogen wird. Die Zwischenrippenmuskulatur sorgt für eine Erweiterung des Brustkorbs in Quer- und in Längsrichtung. Durch Entspannung des Zwerchfells sowie Erschlaffen der Zwischenrippenmuskulatur wird die Luft wieder aus den Lungen herausgepresst (Schünke, Schulte & Schumacher 2014: 47; Schutte & Seidner 2005: 71). Dieser Vorgang wiederholt sich fortlaufend in einem zeitlichen Verhältnis Einatmung zu Ausatmung von 1:1,2 (Schutte & Seidner: 72). Beim Singen wird der Ausatemvorgang vom Sänger bewusst gesteuert bis zu einem Verhältnis von 1:8 (*ibid.*). Hierzu ist eine möglichst aufrechte Haltung des Oberkörpers erforderlich. Während professionelle Sänger in der Ausbildung ein Bewusstsein für die verlängerte und dosierte Ausatmung entwickeln, ist solches für Sänger in Laienchören oft ungewohnt. Damit die zur Entwicklung eines gesteuerten Ausatmungsvorgangs erforderlichen Übungen vom Chor angenommen werden, sollten Chorleiter die Aktivierung der Atmung geschickt in das Einsingen einbauen und den Sängern die Wichtigkeit der Übungen erläutern.

5.2.2 Das Tonerzeugungssystem – der Kehlkopf

Der Oberrand des Kehlkopfes befindet sich beim erwachsenen Mann in Höhe des 5. Halswirbels, bei Frauen etwa eine halbe Wirbelhöhe höher (Schünke, Schulte & Schumacher 2014: 29) und bei Kindern im Säuglingsalter etwa auf der Höhe des 2. Halswirbels unmittelbar am Zäpfchen (Richter & Spahn 2014: 187). Während der Kleinkindzeit sinkt der Kehlkopf auf die Höhe des 4. Halswirbels (*ibid.*).

Die wichtigste Funktion des Kehlkopfs ist das Verschließen der anterior im Hals gelegenen Luftröhre beim Schluckvorgang, damit keine Fremdkörper in die Atemwege gelangen (Schutte & Seidner 2005: 72). Da sich im Rachen der Weg der Atemluft (aus der Nase) und der Weg der Nahrung (aus dem Mund) kreuzen, ist diese Funktion überlebenswichtig.

Die Möglichkeit zur Tonerzeugung stellt die zweite Funktion des Kehlkopfes dar. Der Kehlkopf besteht aus Schildknorpel, Ringknorpel, zwei Stellknorpeln, mehreren Nebenknorpeln und dem Kehldeckel, der Epiglottis (*ibid.*: 73ff.). Dieses Knorpelgerüst wird durch ein kompliziertes System von Bändern und Muskeln bewegt. Das Innere des Kehlkopfes ist mit Schleimhäuten ausgekleidet. Die Stimmerzeugung geschieht durch die sogenannten „Stimmbänder", auch Stimmlippen genannt, die aus verschiedenen gegeneinander verschiebbaren Schleimhautschichten aufgebaut sind (*ibid.*: 76). Ihre Länge variiert von ca. 9–13 mm bei erwachsenen Frauen und ca. 15–20 mm bei erwachsenen Männern (Sundberg 2015: 18). Die Stimmlippen sind vorne am Schildknorpel und hinten an den Stellknorpeln befestigt. Beim Atemvorgang sind die Stimmlippen geöffnet, bei der Phonation werden sie durch Kippbewegungen der Stellknorpel und muskuläre Spannungen unterschiedlich stark gespannt und geschlossen. Der Ausatemdruck aus den Lungen drängt die Stimmlippen auseinander, sie schließen sich wieder, die Luft wird in Schwingung versetzt, der Vorgang wiederholt sich in der Schwingungszahl der eingestellten Tonhöhe, der Ton entsteht (Richter 2014: 46ff.). Dabei wird zwischen der Schwingung der gesamten Muskelmasse der Stimmbänder (Vollstimme oder Brustregister) und der Stimmbandränder (Randstimme oder Kopfregister) unterschieden. Insbesondere das Singen mit der Vollstimme kann auf Dauer zu Schäden an den Stimmbandrändern und damit zu einem unvollständigen Stimmbandschluss führen. Das Singen mit der Vollstimme ist nur bis zum Ton f1 physiologisch gesund machbar (Mohr 1999: 44). Als Mittelregister wird die gemischte Schwingung von Teilen der Stimmbandränder und der Stimmbänder bezeichnet.

Der Vorgang des Singens ist hier stark vereinfacht wiedergegeben, zeigt aber schon in der Verkürzung, welch komplexe Prozesse ablaufen müssen, damit ein Mensch singen kann. Unerlässlich ist dazu die auditive Kontrolle. Es sind somit umfangreiche neuronale Vorgänge erforderlich, um singen zu können. Das Ohr nimmt Schall wahr, leitet diesen Impuls an das Gehirn, dort wird die Frequenz ermittelt, die erforderliche Spannung der Stimmlippen zur Erzeugung dieses Tons wird durch neuronale Steuerung mithilfe von Schild- und Ringknorpel sowie der umgebenden Muskeln an den Stimmlippen eingestellt, die Luft strömt durch die Glottis, der Ton erklingt, das Ohr kontrolliert und justiert, wenn nötig, nach (Schutte, Seidner 2005: 77). Callaghan, Emmons & Popeil bezeichnen denn auch das Gehirn als das wichtigste Stimmorgan (2012: 560). Trotz der Komplexität dieses Vorgangs ist Singen schon für kleine Kinder möglich und bleibt auch bei fortschreitender Demenz erhalten.[17]

5.2.3 Das Tonverstärkungssystem

Alle Räume oberhalb des Kehlkopfes tragen zur Klangverstärkung bei: der Rachen, der Mund und die Nebenhöhlen (Schutte & Seidner 2005: 82ff.). Hier eröffnen sich dem Sänger durch unterschiedliche Stellungen des Kehlkopfes und der Zunge sowie Formung des Mundraumes und der Lippen unzählige Möglichkeiten, Einfluss auf den Stimmklang zu nehmen. Das Trainieren und sichere Einsetzen solcher Einstellungen ist wesentlicher Bestandteil chorischer und solistischer Stimmbildung. Weiterhin werden diese Einstellungen für die Lautbildung und -differenzierung benötigt. Die besondere Schwierigkeit liegt darin, dass die zur Klangverstärkung und -färbung erforderlichen Räume nur teilweise visuell zu kontrollieren sind, anders als beim Erlernen und Spielen eines Musikinstruments: Die Formung des Mundraums und der Lippen kön-

---

17 Im Jahr 2016 erlangte ein englischer Alzheimer-Patient Berühmtheit, der trotz fortgeschrittener Krankheit unzählige Lieder aus seiner Vergangenheit als Sänger einer Tanzkapelle singen konnte. Sein Sohn hatte ihn zu Karaoke-Bändern singen lassen und dieses gefilmt. Die Videos stellte er in sozialen Netzwerken ein, wo sie sich in kürzester Zeit verbreiteten. Ermutigt durch diesen Erfolg veranlasste der Sohn eine Studioaufnahme und tatsächlich sang der Patient eine CD ein, deren Erlös teilweise in die Alzheimer-Stiftung floss. http://www.songaminuteman.com

nen Sänger vor dem Spiegel trainieren; gezielte Stellungen des Kehlkopfes oder des Gaumensegels erfordern Sensibilisierung, Körperwahrnehmung und viel Training. In professioneller Gesangsausbildung wird auf das Trainieren solcher Einstellungen viel Wert gelegt. In der Chorarbeit mit Laien müssen Chorleiter versuchen, die auditive Wahrnehmung der Sänger für Auswirkungen von Resonanzraumveränderungen zu wecken. Dabei dürfen die Sänger nicht überfordert werden, da viele Laiensänger über keine Gesangsausbildung verfügen und durch zu hohe Anforderungen an die Klanggestaltung abgeschreckt oder entmutigt werden könnten. Chorleiter müssen sensibel zwischen Ansprüchen, Klangideal und den Fähigkeiten ihres Chores agieren.

5.3 Entwicklung von Singen und Stimme innerhalb eines Menschenlebens

Die menschliche Stimme ist von Geburt an in vollem Stimmumfang von ca. g bis ca. c4 vorhanden, jedoch steigert sich der gezielt nutzbare Umfang erst allmählich (Mohr 1999: 27f.), s. Abb. 5. Inwieweit sich der kindliche Stimmapparat vom erwachsenen Stimmapparat unterscheidet, wird kontrovers diskutiert. Mohr konstatiert zwar keine grundsätzlichen physiologischen Unterschiede zwischen der Kinder- und Erwachsenenstimme, allerdings sind durch das unterschiedliche Verhältnis von Kopf und Rumpf bei Kindern und Erwachsenen die Klangeigenschaften der kindlichen Stimme anders (1999: 11, 23). Sundberg stellt fest, dass die kindliche Glottisschleimhaut anders mit ihrer Unterlage verbunden ist als bei Erwachsenen, sowie die kürzeren kindlichen Stimmlippen im Verhältnis zu ihrer Länge dicker sind als die Stimmlippen Erwachsener. Auch dies hat Einfluss auf den Stimmklang (2015: 238). Überdies singen Kinder mit einem höheren subglottischen Druck als Erwachsene, was dazu führt, dass der Luftverbrauch bei beiden Altersgruppen etwa gleich groß ist. Da jedoch Kinder ein geringeres Lungenvolumen haben, können sie nicht so lange Phrasen wie Erwachsene singen (*ibid.*: 239).

Dagegen sehen Phillips, Williams & Edwin signifikante Unterschiede in der Physiologie der Kinderstimme: Die höhere Position des Kehlkopfes, die beim Säugling das Verschlucken verhindert und das gleichzeitige Saugen und Atmen ermöglicht, und das weichere Knorpelgerüst des kindlichen Kehlkopfes verhindern die Produktion unterschiedlicher Vokale. Die kindlichen Lungen sind kleiner und eher horizontal positioniert. Dadurch sind nur kurze, scharfe Lautäußerungen möglich. Auch wenn die Lungen im Alter von ca. acht Jahren von der Position und Struktur her der erwachsenen Lunge ähneln, sind dennoch die Bewegungen im Kehlkopf noch ungelenk, der Vokaltrakt ist immer noch wesentlich kürzer als beim Erwachsenen und das Lungenvolumen ist noch deutlich kleiner. So stellen Phillips, Williams & Edwin zusammenfassend fest, dass die kindliche Stimmgebung langen, bewegten, lauten, hohen und unterschiedlich gefärbten Passagen nur eingeschränkt gewachsen ist (2012: 595).

In den ersten Lebensjahren wachsen die Stimmlippen von zu Beginn des Lebens nur 1,5–2 mm Länge pro Jahr etwa 0,4 bis 0,7 mm bis zum Ende der Pubertät auf etwa 10 mm bei Frauen und etwa 20 mm bei Männern. Die Knorpelmasse des Kehlkopfes hingegen wächst nur vergleichsweise wenig (Sundberg 2015: 237). Während der Pu-

bertät sind die Zuwächse bei Jungen besonders groß und oft „völlig unkoordiniert",
was zu Störungen der Stimmproduktion führen kann (Mohr 1999: 29).

Der gesundheitlich unbedenklich nutzbare Umfang der Kinderstimme wird unter
Stimmbildnern viel diskutiert. Ich schließe mich – nicht zuletzt durch eigene Erfahrungen in der Kinderchorarbeit – der Meinung Mohrs an, der sich wiederum auf Nitsche beruft und die „Kinderoktave" von f1–2 mit entsprechenden Erweiterungen nach
oben und unten als „gute Lage" bezeichnet (Mohr 1999: 28). Abbildung 5 zeigt den
nutzbaren Stimmumfang der Kinderstimme in verschiedenen Lebensaltern nach Mohr
(*ibid.*):

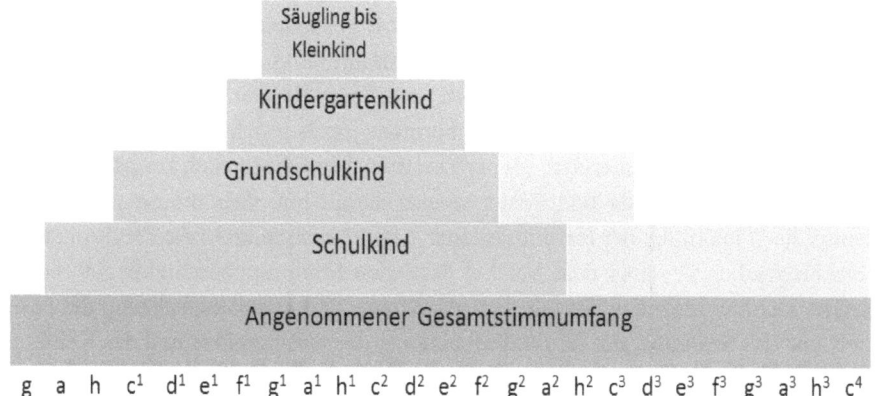

Abbildung 5:   Sinnvoll nutzbarer Stimmumfang der Kinderstimme nach Mohr (1999: 28).
Die heller schattierten Abschnitte entsprechen individuellen Ausnahmen.

Besonders das Singen in tieferen Lagen ist für Kinderstimmen problematisch, da
durch den körperloseren, kopfigen Klang der kindlichen Stimme vom Chorleiter nicht
immer bemerkt wird, wenn das Kind auch in höheren Lagen mit der Vollstimme singt,
was zu Verdickungen an den Stimmlippen führen kann (*ibid.*: 24f.).

Die Zeit der Mutation der Knabenstimme gliedert sich in drei Phasen, die Praemutation, die Mutation und die Postmutation, die individuell von unterschiedlicher
Dauer sein können. Mohr spricht von ca. einem halben Jahr Dauer der Praemutation,
in der die Stimme in den hohen Lagen brüchig und im Klang etwas dunkler und voller
wird. In der folgenden Zeit der Mutation, deren Dauer zwischen ca. sechs Wochen bis
zu zwei Jahren liegen kann, sind oft nur wenige Töne in der mittleren Lage singbar
und auch die Sprechstimme schlägt immer wieder um von der kindlichen Lage in die
Männerstimme und umgekehrt. In der Postmutationsphase, die zwischen zwei und
vier Jahren dauert, ist der physiologische Wachstumsprozess des Kehlkopfes und der
Stimmlippen abgeschlossen, jedoch müssen sich Muskeln und Bänder an die neuen
Verhältnisse gewöhnen (*ibid.*: 29ff.). Während aller drei Phasen der Mutation sollten
die Sänger nur im Rahmen der jeweils aktuellen Möglichkeiten in der Probe gefordert
werden. Chorleitern kommt während der Mutation der Sänger eine hohe Verantwortung zu, diese schwierige Phase sensibel und stimmschonend zu begleiten.

Auch die Mädchenstimme mutiert während der Pubertät, jedoch nicht so gravierend und damit nicht so unkontrolliert wie die Knabenstimme. Bei manchen Mädchen macht sich der Mutationsprozess durch Heiserkeit bemerkbar, oft jedoch verläuft die Mutation völlig unbemerkt. Durch das körperliche Wachstum verändern sich die Resonanzräume und der Stimmklang kann voller und dunkler werden (*ibid.*: 29).

Seit den 1990er Jahren hat sich in Deutschland ein vermehrtes Interesse an der Kinderstimme entwickelt, welches sich in zahlreichen Publikationen, Programmen zur Singförderung und der Einrichtung von Professuren und Studiengängen für das Singen mit Kindern und Jugendlichen zeigt. Ausführlich beschreibt Henning verschiedene Singförderprogramme und betont bei aller positiven Bewertung dieser Entwicklung, dass Nachhaltigkeit vor einem „kurzlebigen, unreflektierten Aktivismus" stehen sollte (2012: 137). Insbesondere die Entdeckung und Nutzung der Randstimme ist nicht nur erforderlich für die Entwicklung einer gesunden Singstimme, sondern hat auch Einfluss auf die Entwicklung der Sprechstimme (*ibid.*: 138).

Die Stimme wird stark von Hormonen beeinflusst (Richter & Spahn 2014: 188f.). Die Schwankungen besonders der Sexualhormone machen sich nicht nur während der Pubertät beim Singen bemerkbar, sondern bei manchen Frauen auch vor oder während der Menstruation. Richter und Spahn weisen darauf hin, dass die Sexualhormone ebenso die „Flexibilität der Halsmuskulatur …[wie] auch indirekt die Flexibilität und Verschiebbarkeit der über dem Muskel liegenden Stimmlippenschleimhaut" beeinflussen. Darüber hinaus wirken sie auf „die Menge und Zusammensetzung des Speichels und des Schleims, der für die Befeuchtung des Ansatzrohres und des Kehlkopfes" wichtig ist. Auch an der mit dem Alter auftretenden Verknöcherung der Kehlkopfknorpel und der nachlassenden „Flexibilität des Atmungsapparates" sind Sexualhormone beteiligt (*ibid.*). Die Verknöcherung des Kehlkopfs breitet sich von unten nach oben aus (Habermann 1986 [1978]: 148) und setzt bei Männern wesentlich früher ein als bei Frauen (Böhme 2011: 29). Hiermit sind schon einige Punkte beschrieben, die Einfluss auf die stimmlichen Fähigkeiten im Alter haben.

Nach der Pubertät bleibt die Stimme bis zu altersbedingten Veränderungen lange Zeit stabil, hat ihren größten Tonumfang und ändert sich nur wenig (Seidner 2005: 93). Die altersbedingten Stimmveränderungen, die sogenannte *Presbyphonie*, sieht Seidner als „Ausdruck eines komplexen Geschehens" (*ibid.*: 94). Ein allgemeiner Elastizitätsverlust (s. Kapitel 10.5) führt zum Erschlaffen des Rachens und auch zu nachlassender Muskeltätigkeit der an der Stimmbildung und der Atmung beteiligten Muskeln, was wiederum Schwierigkeiten beim Halten von Tönen und in der Intonation bereiten kann (*ibid.*). Der Stimmumfang verringert sich ab etwa dem 60. Lebensjahr (Böhme 2011: 31). Wer allerdings nicht aus beruflichen Gründen auf seine Stimme angewiesen ist, bemerkt diese Veränderungen oft kaum (Seidner 2005: 94). Richter benennt neben den hormonell bedingten Stimmveränderungen, die Frauenstimmen unter Umständen tiefer und Männerstimmen höher werden lassen können, einen weiteren Faktor, der zur Stimmveränderung im Alter führen kann: die Einschränkung der „auditiven Stimmkontrolle" als Folge von verminderter Hörfähigkeit (*Presbyakusis*) (Richter 2008: 133). Dies wirkt sich erschwerend auf reines Intonieren aus. Dennoch formuliert Richter: „Lebenslanges Singen ist möglich und für die Gesundheit und Lebensqualität (im Allgemeinen) sinnvoll (und notwendig)" (2008: 136 und Richter & Spahn 2014: 190). An anderer Stelle betont er, „dass Singen in jeder

Lebensphase – insbesondere aber im Alter – positive körperliche und psychosoziale Effekte beim Einzelnen sowie für das Erleben in der Gruppe hat" (Richter 2011: 102).

5.4 Bedeutung des Singens für den Menschen

Forschungen über die ersten musikalischen Erfahrungen und Äußerungen von Säuglingen und Kleinkindern haben ergeben, dass Mütter ihre Stimme beim Sprechen und beim Singen verändern, wenn sie in direktem Kontakt mit ihrem Kind sind (Trehub 2000: 438). Sie singen und sprechen höher, langsamer und mit mehr Emotion, was mit Zufriedenheit, Zuneigung, Zuwendung und erhöhter Aufmerksamkeit verbunden wird. Dieser Effekt tritt nicht nur bei Müttern, sondern auch bei Vätern und Geschwistern auf, wenn diese ihren jungen Kindern bzw. Geschwistern vorsingen (*ibid.*). Die Psychologin und Philosophin Dissanayake sieht in der Zuwendung, die Kinder in ihrer frühesten Zeit erfahren, den Ursprung der „Grammatik" ihrer Gefühle. Alle menschlichen Künste basieren auf diesen ersten Erfahrungen, in denen das mitfühlende Zusammensein mit anderen die hauptsächliche Verbindung zur Außenwelt darstellt (2000: 404). Welch sieht den Ursprung des Zusammenhangs von stimmlichen Äußerungen und Gefühl sogar in der pränatalen Zeit. Verschiedene Studien konnten zeigen, dass der Fötus durch die Nabelschnur an biochemischen Prozessen der Mutter teilhat, beispielsweise Hormonausschüttungen bei Stress oder positiven Erfahrungen. Zusammen mit den biochemischen Prozessen kann der Fötus die aktuelle akustische Veränderung der mütterlichen Stimme wahrnehmen. So werden bereits im Mutterleib emotionale Zustände mit stimmlichen Veränderungen in Verbindung gebracht. Welch nennt dies „emotional capital" (Welch 2016 [2006]: 442f.).

Auch Davidson & Pitts sehen den Beginn der Entwicklung von Emotionalität im Zusammenhang mit Musik schon in ersten Erfahrungen im Mutterleib, wenn Musik und Rhythmus vom Fötus physisch wahrgenommen und gleichzeitig die körperlichen Reaktionen der Gefühle der Mutter gespürt werden können. Zu nennen sind hier Veränderungen von Puls, Atem und Stimme. Diese Erfahrungen erleichtern später die „emotionale Interpretation" von Musik (Davidson & Pitts 2014: 95).

Dass also Singen für Menschen zeitlebens eine besondere Emotionalität besitzt und Menschen in ihrer Psyche berührt, mag mit solchen frühkindlichen Erfahrungen zusammenhängen.

Zum Zeitpunkt der Geburt ist die Entwicklung des menschlichen Gehirns noch lange nicht abgeschlossen. In den ersten 13 Lebensmonaten entwickelt sich das Gehirn ständig weiter (Cartwright 2001: 124). Die Erfahrung von gesungener Zuwendung während dieser so prägenden Zeit schafft offenbar neuronale Verankerungen, die ein ganzes Leben bestehen bleiben. Auch der Musiksoziologe Klausmeier weist auf die wichtige emotionale Zuwendung zum hilfsbedürftigen Säugling hin und sieht Singen in diesem Zusammenhang als „wichtigen Faktor im Enkulturationsprozeß" (1978: 45f.). Emotionaler Ausdruck ist nach Klausmeier „Voraussetzung einer humanen Existenz des Menschen" (*ibid.*: 14). Musik stellt seiner Meinung nach eine wichtige Ausdrucksform dar, die hilft „psychische Spannungen" abzubauen (*ibid.*: 18). Er bezeichnet Singen als „Teil der humanen Existenz […]", der „nicht ohne Beschädigung ihrer Existenz verloren werden" kann (*ibid.*: 45), und als eine Form des intensiven emotionalen Ausdrucks (*ibid.*: 53). Alles spätere Musizieren beruht auf den Erfahrungen in frühester Kindheit, die durch die emotionale Zuwendung einer Pflegeperson den Menschen kulturell prägt. Musikalische Aktivitäten stellen somit immer „Ausdruck sozialer Kommunikation" dar (*ibid.*: 310f.).

Klusen beschreibt Singen ebenfalls als etwas „wesentlich Menschliches" (1989: 12), als eine nicht zwangsläufig an Worte gebundene „Lautgebärde" (*ibid.*: 57). Insbesondere „magisch denkende" Menschen finden im Singen ein „unverzichtbares Stück Leben" (*ibid.*: 99). Besonders das spontane Singen von Liedern innerhalb von Familien und Gruppen oder auch alleine kann der „Bewältigung akuter Situationen" dienen. Als Beispiele nennt er Gratulation, Überbrückung von Leerzeiten, Unterhaltung und Ausdruck verschiedener Gefühle (*ibid.*: 141). Darüber hinaus stellen alle akustischen Äußerungen eine Botschaft an ein „Außer-Ich" dar und sind somit ein Zeichen von Weltoffenheit (*ibid.*: 146) und auch des Bewusstseins einer Welt außerhalb der eigenen Person. Klusen zitiert den Polarforscher Asmussen, der die Aussage eines Inuit wiedergibt, sein Lied sei sein „Atemzug", weil es wie das Atmen lebensnotwendig sei (*ibid.*: 156).

Musik stellt laut Stadler Elmer den „frühesten Bildungsbereich" eines kleinen Kindes dar (2015: VII). Das Kind erwirbt *musikalische Grundkompetenzen* als „jene allgemeinen menschlichen Fähigkeiten, welche – anfänglich zu Überlebenszwecken – die Kommunikation und Anpassung an die Umgebung gewährleisten und daher zur biologischen Ausstattung gehören: Die Wahrnehmung von Schall (Hören), die Vokalisation und Körperbewegungen" (*ibid.*: 95). Stadler Elmer schreibt, dass sich Sprechen und Singen gleichzeitig aus der frühen Vokalisation entwickeln und kaum voneinander zu unterscheiden seien (ibid.: 107). Sprechen kann nur gelernt werden, wenn zur auditiven Wahrnehmung das Erkennen sinnvoller Einheiten hinzukommt. Singen lernen hingegen benötigt zunächst nur die auditive Wahrnehmung der eigenen Stimme und der anderer Menschen (*ibid.*: 99).

In seiner Studie „Singen als Bewältigungsstrategie" gelingt Adamek 1996 der wissenschaftliche Nachweis von positiven Wirkungen des Singens auf den Menschen. Die subjektiven positiven Erfahrungen der Befragten ließen sich durch höhere Leistungen in psychischen und physischen Leistungstests nach bzw. beim Singen belegen (2008 [1996]: 199). Somit bezeichnet Adamek Singen als ein „Existential des Menschen" (*ibid.*), das, wenn es im Kindesalter erworben wurde, einem Menschen bis ins hohe Alter ein Mittel zur „emotionalen [Lebens-] Bewältigung" bietet (*ibid.*: 205f.).

Die Bedeutung des Singens für den Singenden beschreibt Gembris umfassend und treffend „als Ausdruck von Gefühl, Gedanken und Identität, als Bewältigung und soziale Aktivität, die Fühlen und Denken synchronisiert und Gemeinschaftsgefühl, Nähe und Zugehörigkeitsgefühl erzeugt, […] ein Kommunikationsmedium, das von frühester Kindheit bis in die letzten Lebensphasen des Menschen eine besondere Rolle spielt" (2008: 12).

Wenn die Fähigkeit zu singen durch Krankheit eingeschränkt wird oder vollständig verloren geht, ist das für die betroffene Person nur schwer zu ertragen. Davon berichtet Spiekermann, die eine erwachsene Gesangsschülerin zitiert. Die Frau war nach einer Stammhirnblutung zwar in der Lage zu sprechen, jedoch konnte sie nicht mehr singen. Dass dies für sie sehr belastend war, schien ihre Umwelt nicht zu verstehen: „Natürlich ist man froh, dass man sprechen kann, aber was das bedeutet zu singen, für einen Menschen, der von Kind her auf singt und mit einem Mal nicht mehr Hänschen klein singen kann, das kann gar keiner nachvollziehen. Da ist überhaupt keine Möglichkeit, jemandem das zu erklären. Das versteht keiner" (Spiekermann, 2009: 47).

Doch auch durch ungeschickte Musikpädagogen können Menschen in ihrer Singbiografie beeinträchtigt werden. Für diesen Umstand gibt es viele Beispiele. Wenn einem Kind beispielsweise in der Schule mitgeteilt wird, es könne nicht singen, fällt es diesem Menschen auch im Erwachsenenalter noch schwer, die eigene Stimme zu mögen oder zu singen. In einer kanadischen Studie äußert eine Frau kurz vor ihrem Lebensende, wie sehr sie dies bedauern würde. Sie fühle sich wie „a musical mute in a house full of birds". In einem sehr sangesfreudigen Umfeld hatte sie sich ihr Leben lang geschämt und ausgeschlossen gefühlt (Welch & McPherson 2012: 10).

Singen hat einen positiven Einfluss auf das körperliche Wohlbefinden und wirkt sich besonders für die Sprachentwicklung positiv aus (Richter *et al.* 2014: 98). Der britische Neurologe Sacks beschreibt Beispiele aus der Musiktherapie, in denen Patienten, die aufgrund neurologischer Erkrankungen an Aphasie litten, dennoch in der Lage waren, zu singen. Teilweise gelang es den Patienten, über das Singen die Fähigkeit zur Spontansprache wiederzuerlangen (2008: 214ff.). In diesem Zusammenhang erwähnt Sacks die 1973 von Albert und Kollegen entwickelte „Melodische Intonationstherapie" (MIT), die sich die Überlappungen von Spracharealen und Musikarealen in den Hirnhälften zunutze macht (*ibid.*: 220).

Neben Studien zum Immunglobulin-Haushalt vor und nach dem Singen (Kreutz *et al.* 2004) wird vor allen Dingen die Bedeutung des Singens für das subjektive Wohlbefinden der Sänger immer wieder betont. Nicht nur für alte Menschen ist das Singen in Gemeinschaft mit der Freude an den sozialen Kontakten verbunden (Leibold 2011: 149). Studien unter Chorsängern bestätigen diese Wirkung (Richter 2014 *et al.*: 99). Das gemeinschaftliche Tun, die Freude am Singen und das Lernen von Sozialkompetenzen sind Erfahrungen, die bereits Kinder als bereichernd an der Chorarbeit wertschätzen (Spahn 2008: 80).

In seiner Dissertation „Seniorenchorleitung" untersucht Koch Chorarbeit mit älteren Menschen, überwiegend aus Sicht der Chorleiter. Er stellt ausführlich die Ergebnisse verschiedener Studien zum Benefit des Singens in psychologischer, physiologischer und sozialer Hinsicht zusammen (Koch 2017: 64ff.). In seiner eigenen Studie sieht Koch vor allen Dingen den sozialen Benefit des Singens als einen wesentlichen Aspekt des Chorsingens im Alter (*ibid.*: 219, 227, 449). Wobei er feststellt, dass es durchaus Seniorenchöre mit einem hohen künstlerischen Anspruch gibt (*ibid.*: 220f.). Für viele alte Menschen hat das eigene Singen durch das Aufwachsen ohne ständige mediale Verfügbarkeit von Musik eine besondere Bedeutung (Schmutte 2009: 27).

Da das Altern für viele Senioren das Aufgeben verschiedener Tätigkeiten und damit auch den Verlust der damit verbundenen Sozialkontakte bedeutet, sind singende

Senioren bestrebt, das Singen in ihrem Leben zu bewahren als Förderung mentaler Stimulation, sozialen Engagements, der Gesundheit und des Wohlbefindens (Salatoff & Davidson 2012: 611). Dabei reicht das Spektrum von professionellen Solisten bis zu einfachen Chorsängern, die sich das Singen in einer Zeit des Wandels des persönlichen Soziallebens erhalten möchten (*ibid.*). Trotz aller körperlichen Defizite, die das Singen im Alter erschweren oder einschränken können, kann den meisten Menschen mit altersbedingten Stimmproblemen durch altersangepassten Gesangsunterricht, Stimmtherapie und medizinische Betreuung geholfen werden (*ibid.*: 621). Singen regt Körper und Geist an und zeigt in der Musiktherapie besonders bei Demenz und Depression stimmungsaufhellende Wirkung (Schmutte 2009: 33f.). Um bei einer demenziellen Erkrankung auf in der Kindheit erworbenes Liedgut zurückgreifen zu können, ist es erforderlich, dass während der Kindheit tatsächlich gesungen wird. Inwieweit Melodien und Texte der schnelllebigen Unterhaltungsmusik zum dauerhaften Erwerb von Liedgut geeignet sind, ist fraglich. Insbesondere, da die „Halbwertzeit" von Songs und Schlagern immer kürzer wird. Welche Angehörigen oder Pflegepersonen werden in 60 Jahren noch die Lieder der Unterhaltungsmusik von heute kennen, um sie demenziell erkrankten Personen vorzusingen? Solche Überlegungen rechtfertigen nicht nur das Lernen von traditionellen Volks- und Kinderliedern in Kindergarten und Schule als ein zeitloses Kulturgut, sondern sie sind vielmehr eine Aufforderung zum Erstellen eines Liederkanons, der verbindlich in Kindergarten und Schule verwendet wird, ähnlich den etwa 25 „Stamsanger", die bis 1969 in schwedischen Schulen verbindlich gesungen wurden. Dies bedeutet nicht, dass keine Unterhaltungsmusik gesungen werden sollte. Das eine zu tun bedeutet nicht, das andere zu lassen. Ideologisch einseitig ausgerichtetes Musizieren ist immer abzulehnen.

Der Deutsche Chorverband (DCV) gibt monatlich sein „Vokalmagazin" *Chorzeit* heraus. Auf der jeweils letzten Seite wird ein Fragebogen veröffentlicht, den Personen des öffentlichen Lebens wie beispielsweise Politiker, Sportler oder Künstler ausfüllen. Die Befragten nehmen Stellung zu verschiedenen Fragen zum Thema Singen. In der letzten Frage soll der Satz „Ohne Singen würde ich…" beendet werden. Überraschend ist, wie vielen Personen dann etwas fehlen würde. Mehrfach wird erwähnt, wie wichtig Singen für die eigenen Gefühle ist. So schreibt die Grünen-Politikerin Renate Künast: „Ohne Singen würde ich vermissen, mich von innen her, mit anderen oder allein frei zu singen, ein starkes Ausdrucksmittel für Gefühle und Werte würde fehlen" (*Chorzeit* 2014 (11): 66). Die Schriftstellerin Cornelia Funke würde „den Kopf viel öfter hängen lassen und oft nicht wissen, wohin mit der Freude" (*Chorzeit* 2016 (24): 66). Und die Schauspielerin Karoline Herfurth bekennt, ohne Singen „sehr viel aufgestaute schlechte Laune [zu] haben" (*Chorzeit* 2015 (18): 74). Singen ist also ein Mittel zur Selbstregulation, eine Möglichkeit, den eigenen Gefühlshaushalt wieder in den Griff zu bekommen.

5.5 Benefits des Singens

Bezugnehmend auf die von Jacobs vorgeschlagene Ordnung von Benefits (siehe Kapitel 6.5 und Jacobs 2010: 62ff.) soll hier ein knapper Überblick über verschiedene Studienergebnisse zum Benefit des Singens gegeben werden. Dabei nehme ich nur Bezug auf den individuellen Benefit („individual benefit"). In der Diskussion (Kapitel 9) werde ich die durch die Studie abgeleiteten Benefits intergenerativen Singens aus gesellschaftlicher und individueller Sicht darstellen.

Jacobs gliedert den individuellen Benefit intergenerativer Bildung in drei Aspekte, den *ontogenetischen Gewinn*, den *materialen Gewinn* und den *situativen Gewinn*. Da davon auszugehen ist, dass Singen jedem Singenden einen situativen Gewinn bringt, sollen in der folgenden Übersicht lediglich der *ontogenetische Gewinn* und der *materiale Gewinn* dargestellt werden. Als materialer Gewinn werden bezogen auf das Singen physiologische und kognitive Benefits aufgelistet, als ontogenetischer Gewinn solche Benefits, die einen positiven Einfluss auf die Psyche des Singenden haben.[18] Wobei sich die beiden Formen des Benefits sicherlich nicht voneinander trennen lassen: Wenn ich durch das Singen glücklicher bin, kann sich dies auf meinen körperlichen Zustand und auch auf meine kognitiven Leistungen auswirken und umgekehrt. Zur weiteren Ausfächerung der mentalen Benefits verweise ich auf die bei Koch dargestellte Übersicht (2017: 66). In seinem Sachbuch über das Singen führt Kreutz zahlreiche Studien zu Benefits des Singens auf, weist aber darauf hin, dass viele Studien zu Wirkungen des Singens einer wissenschaftlichen Überprüfung nicht standhalten (2014: 114ff.).

Die hier aufgeführte Auswahl (Abb. 6) zeigt lediglich einen kleinen Ausschnitt aus den vielfältigen Forschungsfeldern zur Wirkung des Singens.

---

18   Wenn man Ontogenese als „Entwicklung von Individuen" (Oerter & Montada 2008: 969) betrachtet, rechtfertigt diese Sichtweise die Verwendung des Begriffs „ontogenetischer Gewinn".

Materialer Gewinn	Ontogenetischer Gewinn
Stärkung des Immunsystems (Kreutz *et al.* 2004)	Singen als Bewältigungsstrategie (Adamek 2008 [1996])
Sprachförderung durch Singen (Rinta & Welch 2008)	Wirkung von mütterlichem Gesang auf die Stimmung des Kindes (Shenfield, Trehub & Nakara 2003)
Verbesserung der Schulfähigkeit durch regelmäßiges Singen (Blank & Adamek 2010)	Stimmungsaufhellung bei Demenz und Depression (Schmutte 2009)
Stimmfeldzuwächse bei Kindern in Chorklassen (Gütay 2012)	Einfluss von Einschlafritualen mit Geschichten und Gesang (Hale *et al.* 2011)
Verbesserung bzw. keine weitere Verschlechterung der Atemfunktion von COPD-Patienten durch regelmäßiges Singen (Clift *et al.* 2013)	Gemeinsames Singen zur Förderung der Sozialkontakte (Leibold 2011)

Abbildung 6: Verschiedene Formen des individuellen Benefits des Singens (Auswahl)

5.6 Singen als Medium intergenerativer Bildung

Singen als „voraussetzungsloses Musizieren" (Minkenberg 2004: 106) scheint besonders gut für intergeneratives Musizieren geeignet zu sein. Salatoff & Davidson bezeichnen Singen als eine „natürliche" Aktivität, zu deren Teilhabe die Schranken niedrig lägen (2012: 618). Das Instrument Stimme ist jedem Menschen gegeben und durch die Emotionalität der menschlichen Stimme werden Menschen in ihrer Psyche erreicht. Solche emotionale Berührung lässt sich auch bei demenziell erkrankten Personen beobachten. So beschreibt beispielsweise Whitaker im *Music for Life*-Projektbericht, der ein Musikprojekt in englischen Altenheimen darstellt: „Eleanor [...] was rarely able to express herself verbally, [...]. She responded with deep feeling when the singer in the group sang to her"(Whitaker 2014: 15). Für Hartogh & Wickel ist „Singen der 'Königsweg', um Emotionen, aber auch soziale und kognitive Fähigkeiten älterer Demenzerkrankter zu fördern" (2008: 53f.). Doch auch für nicht demenzkranke Senioren stellt Singen eine attraktive Freizeitgestaltung dar. So bilden Chor und Gesang mit 55% den größten Teil selbst gewählter Tätigkeiten im Alter (de Grote & Neubauer 2008: 249).

Gleichzeitig ist ein vielfach beklagtes Nachlassen der Singfähigkeit von Kindern zu beobachten.[19] Verschiedene Initiativen zur Singförderung sollen dem entgegenwirken, etwa das von Adamek begründete intergenerative Projekt „Canto elementar".[20] Singen kann eine geeignete Form intergenerativer Tätigkeit sein, von der beide Seiten

---

19 Siehe Adamek 2008; Bastian & Fischer 2008; Brünger 2007; Enns & Bäßler 2006; Mohr 2011
20 http://www.cantoelementar.de

profitieren. Jedoch weist Münch darauf hin, dass Kinder heute durch die Mediennutzung im Verhältnis zu ihren Eltern und noch mehr zu ihren Groß- und Urgroßeltern eine stark veränderte Musiksozialisation erfahren haben (2012: 109). Eine große Pluralität in der Musikpräferenz führt zu uneinheitlichen musikalischen „Kinderkulturen" (*ibid.*).

Mittlerweile gibt es verschiedene Projekte intergenerativen Musizierens.[21] Allerdings gibt es hierzu nur wenig begleitende Forschung. Einzig das Projekt „Triangel Partnerschaften" in Burgdorf und Braunschweig unter der Leitung von Christian Georg Werner wurde durch die „Hochschule für Musik und Theater Hannover" wissenschaftlich begleitet. Werner hatte in den USA intergenerative Musikprojekte kennengelernt und versucht, diese in Deutschland umzusetzen. Eine Schule und ein Altenheim in direkter Nachbarschaft machten den Anfang regelmäßigen gemeinsamen Musizierens. Das Fazit, das aus der begleitenden Forschung gezogen wurde, war folgendes: „Die kulturellen Abstände [zwischen den Generationen] sind dabei nicht kleiner geworden, aber die wechselseitige Akzeptanz ist durch die Kenntnis der Kultur der jeweils anderen Generation gestiegen" (Werner, 2010: 129). In der Einführung zum Projektbericht beschreibt Hartogh intergenerative Bildung als „keine Einbahnstraße, in der Ältere Jüngeren ihr Wissen und ihre Auffassungen vermitteln, sondern als eine Zweiwegekommunikation wechselseitigen Voneinander-Lernens" (Hartogh 2010: 19).

„The Music Project"[22] ist eine englische Initiative, die einen musikalischen Kontakt zwischen Schulkindern und Bewohnern von Pflegeheimen herstellt. Der Initiator Will Latham schrieb mir von positiven Erfahrungen in einem 8-wöchigen Projekt, in dem Kinder zwischen sechs und acht Jahren einmal wöchentlich Besuche in einem Pflegeheim machten:

„We sang songs from the 1920s through to the 1960s which often evoked strong memories and recollections, either as songs the elderly remembered from their youth or songs their parents had sung when they were young. The children loved singing the old songs and the singing itself often sparked memories which led to interesting conversations and discussions between young and old."[23]

Zusammenfassung

Singen ist eine universale menschliche Fähigkeit, deren Ursprung eng mit der Evolution des Menschen verbunden ist. Gesungene Zuwendung in der ersten Lebensphase eines Menschen legt emotionale Spuren, die die gesamte Lebensspanne überdauern. In der Kindheit erworbenes Liedgut lässt sich über das implizite Gedächtnis auch noch bei Krankheit und Demenz im Alter abrufen. Singen ist eine musikalische Form der Kommunikation und ermöglicht die Regulation von Gefühlen. Besonders das Singen in Gemeinschaft ist für die meisten Menschen beglückend und kommt mittlerweile

---

21 Z.B. Filler 2011, Grabenhofer 2009, Jekic 2009, Miedaner 2001, Werner 2010, Whitaker 2014
22 http://www.themusicproject.org.uk
23 E-Mail von Will Latham an mich vom 11.Mai 2016

auch in Deutschland wieder in Mode nach einer Phase, als in den 60er und 70er Jahren des 20. Jahrhunderts das Singen verpönt war. Physiologische, psychologische und soziale Benefits des Singens sprechen für den Einsatz des Singens in intergenerativer Bildung. Dabei ist es wichtig, den Eigenwert des Singens als Gewinn für alle Beteiligten nicht aus dem Blick zu verlieren und das Singen nicht zu verzwecken. Im Kontext intergenerativer Bildung ist Singen Medium und Inhalt zugleich. Für Chorleiter ist es unerlässlich, Kenntnisse über die Physiologie der Stimme in unterschiedlichen Lebensaltern zu haben, damit sie die ihnen anvertrauten Sänger zu einem stimmhygienisch verantwortlichen Gebrauch der Singstimme anleiten.

6. Generation – Generationenbeziehungen – Intergenerative Bildung

In diesem Kapitel werden zunächst die Begriffe *Generation*, *Generativität*, und *Generationalität* beleuchtet (6.1), bevor das folgende Unterkapitel 6.2 *Generationenverhältnisse* im Gegensatz zu *Generationenbeziehungen* beschreibt. Anschließend wird der theoretische Hintergrund von intergenerativer Bildung dargestellt (6.3). Kapitel 6.4 benennt die didaktischen Implikationen für intergenerative Bildung. In Kapitel 6.5 werden intergenerative Bildungsangebote beschrieben; Kapitel 6.6 stellt den Benefit intergenerativer Bildung dar. Im abschließenden Exkurs 6.7 werden konkrete intergenerative Bildungsangebote sowie Projekte der Generationenzusammenführung dargestellt.

6.1 Generation

Der aus dem Lateinischen kommende Begriff Generation ist in seiner Bedeutung vielschichtig. Im Konversationslexikon finden sich diverse Bedeutungen: das einzelne Glied der Geschlechterfolge, Zeit- oder Altersgenossenschaften sowie der Abstand der Geburtsjahre von Eltern und ihren Kindern.[24] Seit den 1990er Jahren sind die Themen Generation und Generationenlernen verstärkt in den Fokus der Sozialwissenschaften gelangt. Liebau benennt drei unterschiedliche wissenschaftliche Generationenbegriffe:

- historisch-soziologisch („Gruppierungen, die sich durch ihre gemeinsame Lage im historischen Raum, durch gemeinsame prägende Erlebnisse […] auszeichnen".)
- genealogisch („Kategorie zur Unterscheidung der Abstammungsfolgen in Familien")
- pädagogisch-anthropologisch („Verhältnis zwischen vermittelnder und aneignender Generation") (Liebau 1997: 20)

Hierbei ist anzumerken, dass der pädagogische Generationenbegriff ein funktionaler Begriff ist, wie Sünkel ausführt. Die Zugehörigkeit zu einer pädagogischen Generation ist unabhängig von der Position in einer Geschlechterfolge und unabhängig vom Alter oder einer historisch-soziologischen Gruppierung. Zwei pädagogische Generationen, eine vermittelnde und eine aneignende, bilden gemeinsam mit dem Gegenstand der Vermittlung („Dritter Faktor der Erziehung") das ‚didaktische Dreieck' (Sünkel 1997: 199).

Und auch der genealogische Generationenbegriff ist insofern funktional, als dass ein Mensch von der Position Kind aus in die Eltern- und die Großelterngeneration

---

24 https://brockhaus.de/ecs/enzy/article/generation-bevölkerungswissenschaft;
https://brockhaus.de/ecs/enzy/article/generation-biologie

aufsteigt. Er verliert damit jedoch nicht seinen Kindstatus als Nachkömmling seiner Eltern, sondern erwirbt weitere Funktionen hinzu.

Franz weist auf die Arbeiten Karl Mannheims hin, der 1928 in seinem Essay „Das Problem der Generationen" die historisch-soziologische Bedeutung des Begriffs Generation beleuchtet (Franz 2010: 25). Franz skizziert in ihrer Arbeit das Essay Mannheims, der drei Auffächerungen des historisch-soziologischen Generationsbegriffes beschreibt:

- Generationenlagerung: dieser Begriff entspricht einer Alterskohorte
- Generationszusammenhang: dieser Begriff entspricht einer Alterskohorte, die gleiches erlebt hat
- Generationseinheit: eine Alterskohorte, die gemeinsam Erlebtes ähnlich verarbeitet (*ibid.*: 44f.)

Die Sozialwissenschaften haben in der jüngeren Vergangenheit eigene Termini zur Generationenforschung entwickelt. Fooken benennt verschiedene Facetten des Begriffs *Generation*, und bezeichnet den historisch-soziologischen Generationenbegriff als horizontal einwirkend im Gegensatz zum vertikal ausgerichteten genealogischen Begriff (2014: 114). *Generationalität* ist „subjektive Sinnstiftung[en], die als erlebte Generationenzusammengehörigkeit" wirkt (*ibid.*), somit ein horizontal innerhalb einer Generation wirkendes Empfinden. Der Begriff der *Generativität* wird dagegen meist als ein generationenverbindendes Gefühl beschrieben, das das Erleben und Weitergeben von Traditionen, Kultur und Erfahrungen durch und an andere Generationen abbildet (*ibid.*). So wirkt Generativität vertikal zwischen den Generationen. Abbildung 7 zeigt die hier beschriebenen unterschiedlich ausgerichteten Einwirkungen von Generationalität (weiße Pfeile) und Generativität (schwarze Pfeile).

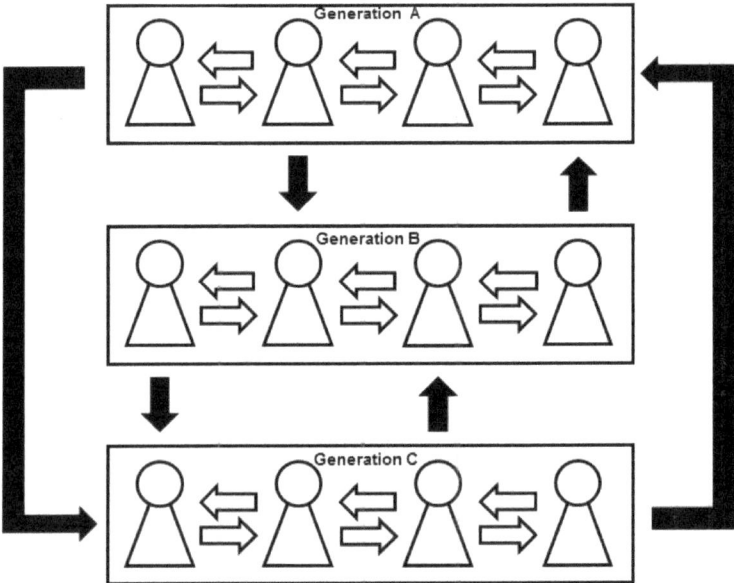

Abbildung 7: Generationalität (weiße Pfeile) versus Generativität (schwarze Pfeile)

Solches Generativitätsempfinden stellt laut Lüscher einen wesentlichen Reiz für die Anziehungskraft intergenerativer Bildungsprozesse dar, da diese „zur Persönlichkeitsbildung beizutragen vermögen." (2014: 87) In der Fähigkeit, „individuell und kollektiv um das gegenseitige Angewiesensein der Generationen zu wissen, dies im eigenen Handeln bedenken zu können und zu sollen", sieht Lüscher „Potenziale der Sinngebung für das individuelle und gesellschaftliche Leben" (*ibid.*: 94).

Lang & Baltes sehen drei Formen von Generativität im Alter: „Die Schaffung überdauernder Werte, die Wahrung kultureller Identität und die Verantwortlichkeit für das Selbst und die jüngere Generation" (1997: 177). Generativität bezeichnen sie als eine der wesentlichen Entwicklungsaufgaben des Alters (*ibid.*: 161 und 169ff.), die strategisch durch das von Baltes & Baltes beschriebene Modell der „Selektiven Optimierung mit Kompensation" (SOK-Modell) bewältigt werden kann (*ibid.*: 163).[25] *Selektion* besteht dann in der Auswahl der zu bewahrenden Werte (*ibid.*: 174). *Optimierung* bedeutet die Wahrung kultureller Identität, indem „das von ihnen [den alten Menschen] einmal Geschaffene und Erreichte fortbesteht und im Ideal noch verbessert oder weiterentwickelt wird" (*ibid.*: 175). *Kompensation* geschieht durch das bewusste Abgeben von Verantwortung an die jüngere Generation, um dadurch weiterhin „am intergenerationellen Austausch teilzunehmen" (*ibid.*: 177). Auch diese Sicht von Generativität erfordert vertikale Strukturen zwischen den Generationen, und zwar in beide Richtungen: Nicht nur von Alt nach Jung in der Weitergabe von Werten, sondern auch von Jung nach Alt in der Übernahme von Verantwortung. Kruse bezeichnet mit Generativität das „Bedürfnis, einen über die Begrenztheit des eigenen Lebens hinausgehenden Beitrag zu leisten" (2015: 37).

Diese aus der eigenen Generation hinausreichenden Auffassungen des Begriffs Generativität rechtfertigen im Zusammenhang mit Bildungsprozessen die Verwendung des Begriffs „intergenerativ", der nach der Bedeutung des Wortes „generativ" (lat.: erzeugend) zunächst unpassend erscheinend mag. Die Sozialwissenschaften verwenden oftmals die Begriffe intergenerativ und intergenerationell synonym für „pädagogisch initiierte Begegnung zwischen Menschen aus zwei oder mehr Generationen (Altersgruppen), die sonst im Allgemeinen nichts miteinander zu tun haben" (Miedaner 2001: 10). Jacobs definiert intergeneratives Arbeiten noch konkreter, wenn er schreibt:

> „Unter intergenerativer Arbeit ist eine initiierte und individuell intendierte Begegnung zwischen Angehörigen verschiedener Generationen in außerfamilialen Zusammenhängen zu verstehen. Die Begegnung hat zum Ziel, die Solidarität zwischen den Generationen zu fördern. Die Beteiligten erfahren durch die gemeinsam verfolgten Inhalte dieser Begegnung einen aus ihrer subjektiven Sicht individuellen Nutzen im Sinne eines ontogenetischen, materialen oder situativen Gewinnes (Jacobs 2010: 91)."

---

25 Baltes & Baltes fassen das SOK-Modell folgendermaßen zusammen: „Die Strategie der Optimierung durch Selektion und Kompensation erlaubt alten Menschen also, trotz reduzierter körperlicher und geistiger Energien oder Reserven Lebensaufgaben zu bewältigen, die ihnen wichtig sind." (1989: 98f.)

Wobei *Begegnung* im strengen Sinne nach Bollnow „den Menschen so in seinem Kern berührt, daß sein ganzes bisheriges Leben mit all seinen Plänen und Erwartungen umgeworfen wird und etwas völlig Neues für ihn anfängt." (Bollnow 1984 [1959]: 101) Von einer solchen Begegnung kann in diesem Zusammenhang also nicht gesprochen werden. Vielmehr meint die intergenerative Begegnung das wertschätzende Kennenlernen verschiedener Generationen untereinander.

6.2 Generationenverhältnisse und Generationenbeziehungen

Im Kontext intergenerativer Bildung ist es erforderlich, das Generationenverhältnis und Generationenbeziehungen zu beleuchten. Eisentraut führt in Anlehnung an Lutz Leisering (1992) aus, dass der Begriff „Generationenverhältnis" meist bei sozialpolitischen Fragen verwendet wird, während der Begriff „Generationenbeziehung" eher den direkten Kontakt zwischen zwei Generationen thematisiert (Eisentraut 2008: 199). Somit wird „Generationenverhältnis" eher als quantitativer Begriff verwendet, wohingegen „Generationenbeziehung" eher einen qualitativen Sachverhalt beschreibt. Bereits Eisenstadt betont, dass die „Beziehungen zwischen verschiedenen Altersgruppen hinsichtlich Autorität, Respekt und Initiative notwendigerweise asymmetrisch sind". Dabei schreibt er den älteren Altersgruppen eine „gewisse Autorität" über die jüngeren Gruppen zu, sowie die Möglichkeit, das Verhalten der jüngeren Gruppen zu beeinflussen (Eisenstadt 1966: 22). In allen Gesellschaften bilden altersheterogene Beziehungen „einen wichtigen Kanal für die Übermittlung des sozialen Erbes und für die Aufrechterhaltung der sozialen Kontinuität" (*ibid.*: 334). Er sieht „die wesentliche Bedeutung von Altersbeziehungen [...] in der Tatsache, daß sie der reibungslosen Übermittlung des sozialen Erbes dienen" (*ibid.*: 336).

Die 16. Shell-Studie 2010 kommt zu der Erkenntnis, dass zwar das Problem des demografischen Wandels als leicht rückläufig wahrgenommen wird, Jugendliche aber trotzdem vermuten, dass sich das Verhältnis zwischen den Generationen verschlechtern wird (Schneekloth & Albert 2010: 166ff.). Gleichwohl sehen Jugendliche die Verteilung des Wohlstands als gerecht an und sind nicht der Meinung, dass eine Generation zugunsten der anderen zurückstecken sollte. Zusammenfassend formulieren die Autoren der Studie: „Für Spekulationen über einen kaum mehr regelbaren gesellschaftlichen Konflikt oder sogar einen ‚Kampf der Generationen' bietet hingegen auch die aktuelle Shell Jugendstudie keine Veranlassung" (*ibid.*: 169). Gleichwohl sehen Filipp & Mayer soziales Konfliktpotenzial eher aus einem „Altersbewusstsein" denn aus einem „Klassenbewusstsein" heraus (1999: 28).

Schon 1999 wird in der Zusammenfassung einer sozialempirischen Repräsentativerhebung zum „Generationenkonflikt und Generationenbündnis in der Bürgergesellschaft" der „Krieg der Generationen" als keine Bedrohung angesehen, wohl aber „eine zunehmende *Sprach- und Beziehungslosigkeit* zwischen Jung und Alt" bemerkt (Ueltzhöffer 1999; Hervorhebung im Original). Außerhalb ihrer Familie haben 15- bis 20-jährige Jugendliche zu rund 70% „nur selten oder nie" Kontakt zu älteren Menschen. Im Miteinander der Generationen erwarten die Unter-30-Jährigen eine „*auf*

Partnerschaftlichkeit aufbauende Zusammenarbeit" (ibid., Hervorhebung im Original). Kohli & Künemund sehen den befürchteten „Krieg der Generationen" eher als ein Produkt der Medien: „Wenn das publizistische Gerede von einem „Krieg der Generationen" hier neue Konflikte nicht erst schafft, ist nicht zu erwarten, dass uns die nähere Zukunft Heerscharen von vereinsamten, alleingelassenen und hilfebedürftigen Älteren bringt" (2000: 338).

In ihrer Stellungnahme zum Fünften Altenbericht betont die Bundesregierung, Mehrgenerationenhäuser sollten unter anderem den „Zusammenhalt der Generationen auch außerhalb des Familienverbandes" stärken (BMFSFJ 2006: 6). Um den demografischen Wandel auch gesellschaftlich bewältigen zu können und besonders den „Zusammenhalt der Generationen zu wahren", wird die Notwendigkeit der Kompetenzentwicklung der Menschen über die gesamte Lebensspanne formuliert (*ibid.*: 20). Es werden in diesem Zusammenhang Förderungen durch das Bundesministerium für Bildung und Forschung in Aussicht gestellt für Projekte, die „ein konstruktives Zusammenwirken der Generationen" zum Ziel haben (*ibid.*: 22). Der Fünfte Altenbericht beleuchtet den „Beitrag älterer Menschen zum Zusammenhalt der Generationen" und sieht eine Wandlung des Negativbilds des Alters (*ibid.*: 34).

Im Sechsten Altenbericht wird die Bedeutung von Altersbildern insbesondere in der frühen Kindheit betont. Erhalten Kinder in dieser Phase keine Gelegenheit, sich an Personen höheren Alters zu orientieren, können Stereotype entstehen und sich verfestigen. Deswegen ist die Ermöglichung von Kontakt zwischen den Generationen für die Entstehung gegenseitigen Verständnisses und den Zusammenhalt der Gesellschaft unerlässlich (BMFSFJ 2010: X). Obwohl intergenerative Bildung in erster Linie innerhalb von Familien stattfinden sollte, sehen es die Autoren als notwendig an, gerade „bildungsfernen" und „lernentwöhnten" älteren Menschen, die wenig oder kaum Kontakt zu jüngeren Menschen haben, intergenerative Bildungsangebote zu ermöglichen. Hierbei werden „didaktische Szenarien" gefordert, die nicht nur zufällige Generationenbeziehungen ermöglichen, sondern „den pädagogisch interessanten intergenerativen Dialog zu initiieren, der für sich bereits als Bildungsprozess verstanden werden kann" (*ibid.*: 85f.).

Der Deutsche Alterssurvey „Altern im Wandel" 2010 thematisiert unter anderem Generationenbeziehungen. Trotz räumlicher Entfernung bleibt der familiale Kontakt zwischen den Generationen erhalten (Mahne & Motel-Klingebiel 2010: 191). Es zeichnet sich aber ab, dass in Zukunft mehr Menschen, vor allen Dingen Männer, ohne Partnerschaft und Kinder das Alter erleben werden. „Inwieweit außerfamiliale Beziehungen gleichermaßen eng und verlässlich sind, wie dies für die intergenerationalen Beziehungen" der Fall ist, muss sich zeigen (Tesch-Römer, Motel-Klingebiel & Wurm 2010: 290). Dadurch ergeben sich „gesellschaftliche Herausforderungen" wie die Etablierung und Aufrechterhaltung „tragfähige[r] Beziehungen jenseits von Partner- und Elternschaft". Es wird explizit „eine verstärkte Förderung von (intergenerationalen) Begegnungsmöglichkeiten" gefordert. Dabei werden „Menschen in der zweiten Lebenshälfte [...] keinesfalls ausschließlich als Empfänger gesellschaftlicher Unterstützungsleistungen" gesehen (*ibid.*: 299).

Jacobs sieht die „Integration der Generationen" als eine wesentliche Aufgabe aller Gesellschaften, um die „Solidarität zwischen den Generationen zu fordern und zu fördern" (Jacobs 2010: 64f.).

In dieser Arbeit soll der Fokus auf außerfamiliale intergenerative Kontakte im Zusammenhang mit intergenerativen Singprojekten gelegt werden.

6.3 Intergenerative Bildung

Intergenerative Bildung stellt eine Möglichkeit der Generationenbegegnung dar. Intergenerative Bildungsprozesse umfassen alle die Begegnungen, in denen ein Lernaustausch zwischen zwei nicht benachbarten Generationen stattfindet. Solche Bildungsprozesse nennt Eisentraut „eine Gestaltungsmöglichkeit außerfamilialer Begegnungen", die mit der Erwartung verbunden ist, dass die alte Generation „bereit und in der Lage ist" zum Aufbau neuer Beziehungen und dass gleichzeitig die junge Generation ein Interesse am Beziehungsaufbau mit der alten Generation hat (2008: 200). Ein solches Interesse kann nicht vorausgesetzt werden, steht doch beispielsweise bei Jugendlichen im Zuge ihrer Ablösung vom Elternhaus und dem Aufbau eigener sozialer Beziehungen die „Gleichaltrigengeselligkeit" als ein zentrales Interesse im Vordergrund (Auer 2013: 218f.).

Kade formuliert zwölf Thesen zu intergenerativer Bildung. Sie hält die thematische Auseinandersetzung mit dem Älterwerden für notwendig zur Verhinderung eines Generationenkrieges. Bildung bietet dabei eine Vermittlungschance zwischen den überwiegend unter sich bleibenden Generationen. Die veränderten demografischen Strukturen bergen die Gefahr von „alternden Institutionen". Solcher institutioneller Alterung kann nicht nur durch „Personalaustausch" begegnet werden, sondern es erfordert zusätzlich einen „Erfahrungs- und Wissensaustausch", „um die *institutionelle Lernfähigkeit zu erhalten*" (Kade 1999: 62, Hervorhebung im Original). Intergeneratives Lernen entsteht aus einer „Erfahrungsdifferenz" und erfordert die „grundlegende *Akzeptanz des anderen in seinem* Anderssein" (ibid.: 65, Hervorhebung im Original). Mehrmals bezeichnet sie intergeneratives Lernen als „Lernen in der Zeitdimension" (ibid.: 62, 65).

Ein Argument für intergenerative Bildungsangebote zwischen *nicht* benachbarten Generationen sieht Kessler in dem Umstand, dass es bei angrenzenden Generationen eher zu „Abgrenzungs- und Autonomiekonflikten" kommen könne. Insbesondere die jüngere Generation wolle dann der älteren Generation beweisen, „was sie schon alles kann", und fühle sich durch die ältere Generation leichter bevormundet (Helck, Kessler 2012: 13). Bei günstigen sozialen Bedingungen für das Ausleben von Generativität, die schon von Erikson als zentrale Entwicklungsaufgabe gesehen wird, „macht die intergenerationelle Interaktion, wie vielleicht keine andere Form der Begegnung, die eigenen Potenziale, Stärken und Einflussmöglichkeiten erfahrbar und fördert sie." (Kessler 2012: 18)

Lüscher & Liegle bezeichnen Bildungsinstitutionen als „wichtiges Instrument zur Gewährleistung von *inter*generationaler (Verteilungs-) Gerechtigkeit" (2003: 223; Hervorhebung im Original). Sie sehen in der „Angewiesenheit [...] der nachfolgenden auf die vorausgehenden Generationen"[26] die natürlich angelegte „Kulturfähigkeit" des Menschen (*ibid.*: 239). In ihren Ausführungen zu Generationenbeziehungen nehmen sie, ebenso wie Franz (2010), Bezug auf Karl Mannheims Essay „Das Problem der Generationen". Mannheim erkennt einen Auftrag, „in der Generationenfolge Wissen" weiterzugeben (Lüscher & Liegle 2003: 247). Ferner sehen Lüscher & Liegle im Zeitalter der schnellen medialen Kommunikation über Grenzen hinweg die Möglichkeit der Bildung „globaler Generationen" (*ibid.*: 249). Regionale Ereignisse beeinflussen durch die mediale Verbreitung Menschen rund um den Erdball. Als Beispiel nennen die Autoren die Ereignisse des 11. September 2001, jedoch dürften auch der verheerende Tsunami in Indonesien und Thailand (Weihnachten 2004) oder die Atomkatastrophe in Fukushima (2011) dazu zählen.

Im Kontext intergenerativer Bildung stellt sich die Frage nach Altersbildern. Kirchhöfer sagt in diesem Zusammenhang, dass der „Mythos Alter mit seinen defizitären Zuschreibungen aufgebrochen" sei, trotz Jugendkults und entsprechender Werbung. Die Zeit des Ruhestands gilt als ein Lebensabschnitt, der gestaltet werden kann und sollte. Kirchhöfer bezeichnet solche „Akzeptanz der Lernfähigkeit und Lernbereitschaft der älteren Generation als kulturhistorische Leistung des 20. Jahrhunderts" (2008: 214).

Franz & Scheunpflug erstellen mit den drei wissenschaftlichen Generationenbegriffen und drei Kategorien von Lernprozessen (voneinander, miteinander und übereinander) eine Matrix intergenerationeller Lernfelder, die modifiziert in der vorliegenden Arbeit verwendet werden soll, um intergenerative Singprojekte einzuordnen (Franz & Scheunpflug 2014: 122; siehe Abb. 8):

	Voneinander Lernen	Miteinander Lernen	Übereinander Lernen
Genealogischer Generationenbegriff	a)	b)	c)
Pädagogischer Generationenbegriff	d)	e)	f)
Historisch-soziologischer Generationenbegriff	g)	h)	i)

Abbildung 8: Matrix intergenerationeller Lernfelder von Franz & Scheunpflug (2014: 122)

---

26 Damit beziehen sie sich auf die Unreife von Kindern, die „Pflege und Erziehung durch Ältere" erfordert (Lüscher & Liegle 2003: 239).

Die Grenzen zwischen den Lernfeldern sind fließend und Lernprozesse lassen sich meist nicht auf ein einzelnes Lernfeld begrenzen. Die Matrix soll helfen, intergenerative Bildungsprojekte strukturierter planen zu können (*ibid.*: 125).

Die einzelnen Lernfelder beschreiben die Autorinnen wie folgt (*ibid.*: 122ff.):

a) Genealogisch-Voneinander: üblicherweise in Familien, wenn Ältere ihre Fertigkeiten an die jüngere Generation weitergeben.
b) Genealogisch-Miteinander: die ganze Familie beschäftigt sich mit einem Thema, z.B. ein gemeinsamer Museumsbesuch.
c) Genealogisch-Übereinander: die jüngere Generation beschäftigt sich mit den Lebensbedingungen einer vorhergehenden Generation.
d) Pädagogisch-Voneinander: Mentoren geben ihr Wissen an noch unerfahrene Personen, z.B. Berufsanfänger weiter.
e) Pädagogisch-Miteinander: zwei Generationen werden zusammengebracht, um sich gemeinsam mit einem Thema zu befassen.
f) Pädagogisch-Übereinander: dieses Lernfeld bezeichnen die Autorinnen als klassisches Feld intergenerationellen Lernens. Zeitzeugenarbeit und Erzählcafés als Form „oraler Geschichtstradierung" sind wesentliche Elemente dieses Lernfelds.
g) Historisch-soziologisch-Voneinander: „Angehörige verschiedener Generationseinheiten" lernen voneinander. Insbesondere die „Reflexion der jeweiligen historischen Kontexte" ist hier wichtig.
h) Historisch-soziologisch-Miteinander: Angehörige verschiedener Generationsgruppierungen beschäftigen sich gemeinsam mit einem Thema.
i) Historisch-soziologisch-Übereinander: diese Art des Lernens findet vorrangig in Museen statt.

Da es nach Sünkel immer nur zwei pädagogische Generationen gleichzeitig geben kann (s.o.) und alle Bildungsprozesse letztlich pädagogischen Generationenbeziehungen zuzuordnen sind, ist die mittlere Zeile der Matrix von Franz & Scheunpflug obsolet. Alle dort beschriebenen Bildungsprozesse lassen sich in die untere Zeile des historisch-soziologischen Generationenbegriffs integrieren. Somit ergibt sich für diese Arbeit folgende Matrix (Abb. 9):

	Voneinander Lernen	Miteinander Lernen	Übereinander Lernen
Genealogischer Generationenbegriff	a)	b)	c)
Historisch-soziologischer Generationenbegriff	d)	e)	f)

Abbildung 9: Modifizierte Matrix intergenerationeller Lernfelder nach Franz & Scheunpflug

Daraus folgen diese Lernfelder:

a) Genealogisch-Voneinander: s.o., üblicherweise in Familien.
b) Genealogisch-Miteinander: s.o., Familien beschäftigen sich gemeinsam mit einem Thema.
c) Genealogisch-Übereinander: s.o., eine jüngere Generation setzt sich mit den Lebensbedingungen vorhergehender Generation(en) auseinander.
d) Historisch-soziologisch-Voneinander: s.o. „Angehörige verschiedener Generationseinheiten" lernen voneinander, dies können auch Mentorenprogramme sein.
e) Historisch-soziologisch-Miteinander: s.o., zwei Generationen beschäftigen sich gemeinsam mit einem Thema.
f) Historisch-soziologisch-Übereinander: s.o., Angehörige verschiedener Generationen stellen der jeweils anderen Generation ihre Geschichte vor.

In dieser Arbeit soll zunächst die modifizierte Matrix verwendet werden. Bereits bestehende intergenerative Singprojekte wie beispielsweise Schulprojekte, Familiensingwochen oder Großeltern-Enkel-Singprojekte sollen in die Felder dieser Matrix eingeordnet werden (s. Kapitel 7.2). Bei der weitergehenden Untersuchung der Singprojekte werden nur die außerfamilialen Lernfelder d und e berücksichtigt.

6.4 Didaktische Voraussetzungen für intergenerative Bildung

Aus eigener Forschung zum intergenerationellen Lernen in Einrichtungen der Erwachsenenbildung ergeben sich bei Scheunpflug & Franz sechs Gelingensbedingungen intergenerationeller Bildungsangebote (2014: 137ff.):

1. Das Rollenmuster „Jung lernt von Alt" muss reflektiert werden.
2. Lernprozesse, die über dieses Rollenmuster hinausgehen, bedürfen sensibler pädagogischer Begleitung.
3. Intergenerationelle Lernarrangements hängen stark von den beteiligten Generationen ab.
4. Ein für alle Beteiligten bedeutsames Thema fördert das Miteinander-Lernen.
5. Sechs didaktische Grundorientierungen sind für intergenerationelle Bildung unterstützend:
   - Biografieorientierung
   - Sozialraumorientierung (Wer kommt zu wem? Welchen Einfluss hat das Umfeld auf den Lernprozess?),
   - Interaktionsorientierung (Austausch und Dialog sollen gefördert werden)
   - Partizipationsorientierung (alle Generationen sind als gleichberechtigte Partner beteiligt)
   - Aktions- oder Handlungsorientierung (gemeinsames Tun ist bedeutet), Reflexionsorientierung (Erfahrungen werden gemeinsam ausgewertet)
6. Intergenerationelle Lernprozesse brauchen Zeit.

In dieser Arbeit wird besonderes Augenmerk auf die sechs didaktischen Grundorientierungen bei intergenerativen Singangeboten gelegt.

Marquard, Schabacker-Bock & Stadelhofer betreuen seit 1998 im Zentrum für Allgemeine Wissenschaftliche Weiterbildung (ZAWiW) an der Universität Ulm intergenerative Bildungsangebote. Die Erfahrungen aus diesen Projekten wurden in einer Arbeitshilfe veröffentlicht (Marquard, Schabacker-Bock & Stadelhofer 2008). Viele der betreuten Projekte fanden in Zusammenarbeit mit örtlichen Schulen statt, in denen ältere Menschen als Coaches, Mentoren oder Experten den Unterricht bereicherten. Die Autoren nennen neben anderem als Bedingungen für erfolgreiche intergenerative Bildungsangebote:

- die Bereitschaft der Lehrkräfte der beteiligten Schulen (*ibid.*: 25)
- Klärung der Abläufe und Verantwortlichkeiten (*ibid.*: 27)
- intergenerationelle Kommunikationsfähigkeit (*ibid.*: 31)
- gemeinsame Ziele und Erfolgskriterien (*ibid.*: 37)
- emotionale Beteiligung (*ibid.*)
- Vertrauen und Seriosität außerschulischer Partner (*ibid.*: 63)

Eine besondere Chance intergenerativer Bildungsprojekte sehen die Autoren in der Rolle der älteren Teilnehmer: Anders als Eltern oder Lehrkräfte müssen die Senioren die Schüler weder beurteilen noch erziehen. Dadurch kann eine unbelastete Beziehung entstehen (*ibid.*: 35).

In ihrer Dissertation zum Thema „Intergenerationelles Lernen ermöglichen" erstellt Franz einen theoretischen Rahmen für intergenerative Bildungsangebote als Sonderform der Erwachsenenbildung. Sie sieht eine zentrale Herausforderung darin, ursprünglich implizit angelegtes familiäres Lernen im Generationendialog zu explizieren (Franz 2010: 23). Dabei hält sie es für erforderlich, im intergenerativen Bildungsprozess den „Generationenaspekt stets didaktisch und inhaltlich" zu reflektieren (*ibid.*: 31). Inwieweit es erforderlich ist, diesen Generationenaspekt beim intergenerativen Singen zu thematisieren, ist eine interessante Frage. Aus den Ergebnissen ihrer Studie heraus beschreibt Franz für intergenerative Bildungsprozesse drei Typen von Erwachsenenbildnern:

- den *genealogisch-extensionalen Gestalter*, der sich weitgehend am „Senioritätsprinzip der älteren Generation sowie an einem genealogischen Generationenbegriff" orientiert (*ibid.*: 159).
- den *thematisch-intentionalen Gestalter*, der sich „an der Anerkennung von intergenerationellen Differenzen und der Heterogenität der Gruppe" orientiert (*ibid.*: 160).
- den *explizierend-intentionalen Gestalter*, der sich „an der Anerkennung von Alterität und Identität der einzelnen Teilnehmenden sowie an der darauf aufbauenden Differenz zwischen den Generationengruppen" orientiert (*ibid.*).

Bei der Auswertung der vorliegenden Studie soll die Frage nach dem Gestalterprofil für Leiter intergenerativer Singprojekte im Blick bleiben. Zusammenfassend listet

Franz Anregungen bzw. Grundsätze für intergenerative Bildungsangebote auf. Unter anderem fordert sie klare Zielgruppen für intergeneratives Lernen (*ibid.*: 186), sieht die „generationsbedingte Vielfalt" als Chance (*ibid.*: 187) und beschreibt die Notwendigkeit eines gemeinsamen Themas (*ibid.*).

Zusammenfassung

Allen theoretischen Überlegungen zum Themenkomplex „Generation, Generativität und intergenerative Bildung" gemeinsam ist das Anerkennen des Wunsches der alten Generation, ein wie auch immer geartetes soziales Erbe weiterzugeben. Die Endlichkeit des eigenen Lebens bewusst vor Augen strebt die alternde Generation danach, etwas über die eigene Endlichkeit Hinausreichendes zu hinterlassen. Im intergenerativen Kontakt kann die junge Generation somit erfahren, dass etwas vor ihrer eigenen Zeit Gewesenes einen weitergebenswürdigen Wert darstellt. Das Bewusstsein beider Generationen reicht auf diese Weise aus der jeweils eigenen Generation hinaus. Diese Weitergabe von Werten geschieht nicht nur von Alt nach Jung, sondern auch umgekehrt. Die Erkenntnis, von der jungen Generation etwas annehmen zu können, zeigt der alten Generation, dass mit ihr nicht alles zu Ende gehen wird, sondern die junge Generation das Potenzial hat, die Zukunft zu gestalten.

Damit intergenerative Bildung erfolgreich, d.h. für die Beteiligten gewinnbringend, geschehen kann, müssen die Gelingensbedingungen beachtet werden. Dazu zählen u.a. die Offenheit der Lernrichtung, gemeinsame Themen für beide Generationen, lebenssituativer Bezug für alle Beteiligten und ausreichend Zeit, um Begegnung zu ermöglichen. Einfühlsame pädagogische Begleitung durch die Leiter ermöglicht für die Teilnehmer sozialen, situativen, psychischen und physiologischen Gewinn, der sich wechselseitig bedingt und verstärkt.

Zusammenfassend werden in Tabelle 2 die Schlagworte und Grundgedanken verschiedener Bildungsansätze zum Themenkomplex des lebenslangen Lernens (s. Kapitel 2.2, Tabelle 1) den didaktischen Grundbegriffen intergenerativer Bildung gegenübergestellt:

Didaktische Verortungen	Bildungsansatz/Didaktische Grundlagen			
	Freiwilliges Engagement (nach Bubolz-Lutz & Steinfort-Diedenhofen 2018)	Musikgeragogik (nach Hartogh 2005 und Hartogh & Wickel 2018 und Creech et al. 2014[27])	Community Music (nach Hill 2017)	Intergenerative Bildung (nach Scheunpflug & Franz 2014)
Biografieorientierung	x	x	x	x
Dialogische Ausrichtung	x	x	x	
Teilhabe/Partizipation	x	x	x	x
Offenheit der Ziele	x	x	x	
Selbstbestimmtes Lernen		x	x	
Reflexion	x	x	x	x
Offenheit der Lernrichtung	x	x		x
Lernfortschritt	x	x		x
Leistungsdenken		x		
Interaktion	x		x	x
Offenheit für Neues	x	x	x	x
Prozessorientierung	x	x	x	x
Motivation	x	x	x	x

Tabelle 2: Didaktische Verortungen von Freiwilligem Engagement, Musikgeragogik, Community Music und intergenerativer Bildung

6.5 Intergenerative Bildungsangebote

Während in den USA schon in den 1980er Jahren Programme intergenerativer Bildung entwickelt wurden (Friedman 1999: XV), setzte ein solches Interesse in Deutschland erst gegen Ende der 1990er Jahre ein. Seither befassen sich die Sozialwissenschaften mit intergenerativer Bildung, und es sind verstärkt entsprechende Bildungsangebote entstanden. Oftmals sind solche Angebote in Mehrgenerationenhäusern oder Nachbarschaftstreffs angesiedelt. Jedoch entstanden Angebote auch aus eigener Initiative einzelner Personen.

Beispielsweise hatte Christian Werner intergeneratives Musizieren in den USA kennengelernt und nach Deutschland importiert.[28] In den USA gibt es seit den 1990er Jahren ein Unterrichtsfach namens Community Service Learning (CSL), in dem

---

27 Die didaktischen Kommentare zum Musizieren im Alter von Creech et al. finden sich in den Kapiteln 6.5 und 9.4.
28 Siehe hierzu Kapitel 7.3, e13) „Kultur-Arche"

Schülern Gesellschafts- beziehungsweise Gemeinschaftsbedürfnisse nahegebracht werden sollen. Daraus erwachsen verschiedene Freiwilligen-Projekte, die diesen Bedürfnissen nachkommen und praktische Arbeit mit Bildung kombinieren (Friedman 1999: 2). Intergenerative Unterrichtsprojekte in weiterführenden Schulen wären auch in Deutschland ein wichtiger Schritt hin zu mehr Generationenverständnis bei gleichzeitiger Persönlichkeitsbildung (siehe hierzu Kapitel 9.3, 9.5.2 und 10.8).

In intergenerativen Projekten profitieren beide Generationen von der Begegnung. Für viele Menschen der älteren Generation stellt die intergenerative Begegnung eine Möglichkeit bürgerschaftlichen Engagements dar. Im Alter geben diese Personen der Gesellschaft etwas zurück, indem sie ihr Wissen und ihre Expertise zur Verfügung stellen. Doch kann der Lernaustausch ebenso in umgekehrter Richtung erfolgen und für alle Beteiligten bereichernd sein.

Auch der Deutsche Musikrat fordert in seiner „Wiesbadener Erklärung des Deutschen Musikrats 50+" aus dem Jahr 2007 unter den Punkten 8,9 und 10 den „Dialog der Generationen" sowie Angebote für „Generationen übergreifendes Musizieren" (2007: 2). Die „Seoul Agenda: Goals for the Development of Arts Education" der UNESCO ruft die Mitgliedstaaten auf, sich für den Zugang zu qualitativ hochwertigen kulturellen Bildungsangeboten für Menschen aller Altersstufen einzusetzen, damit diese vom positiven Effekt solcher Bildung profitieren (UNESCO 2010: 1). Es werden drei Ziele formuliert:

a) Zugang zu kultureller Bildung als fundamentale und nachhaltige Komponente einer qualitativ hochwertigen Bildungsreform
b) Sicherstellung von hoher Qualität in Konzepten und Umsetzung kultureller Bildungsangebote und Programme
c) Einsatz kultureller Bildungsprinzipien und -praktiken zur Bewältigung sozialer und kultureller Herausforderungen der heutigen Zeit (*ibid.*: 3ff.).

Zur Erreichung dieser Ziele werden Strategien formuliert. Für intergenerative Bildung sind besonders das erste Ziel und die dort formulierten Strategien interessant: Kulturelle Bildung soll als Grundlage einer ausgewogenen kreativen, kognitiven, emotionalen, ästhetischen und sozialen Entwicklung von Kindern, Jugendlichen und lebenslang Lernenden eingesetzt werden (*ibid.*: 3). Dies soll besonders durch Systeme von lebenslangem und intergenerativem Lernen in, über und durch kulturelle Bildung geschehen. Es sollen Möglichkeiten für kulturelle Bildung in unterschiedlichen Altersgruppen geschaffen und intergeneratives Lernen zur Sicherung des Wissens kultureller Traditionen und zur Pflege intergenerativen Verständnisses eingesetzt werden (*ibid.*: 4).

In ihrem Buch „Active Ageing with Music" stellen Creech *et al.* die Ergebnisse verschiedener Studien zum Musizieren im Alter dar und stellen gleichzeitig fest, dass insgesamt die Erforschung dieses Themenkomplexes noch lückenhaft ist, während viel zu den Benefits des Musizierens in der kindlichen Entwicklung geforscht wurde (Creech *et al.* 2014: 2). Die Benefits des Musizierens im Alter umfassen die Schaffung sozialer Netzwerke mit den damit verbundenen Folgen für die sozial-emotionale Zufriedenheit (*ibid.*: 15ff.), kognitives Wohlbefinden (*ibid.*: 33ff.) und gesundheitsfördernde Wirkungen (*ibid.*: 51ff.). All diese durch Studien belegten Erkenntnisse stellen die Autorinnen auch in einem eigenen Projekt („Music for Life") fest und beweisen dadurch die Möglichkeit aktiven Alterns mit und durch Musik. Auch Studien zu intergenerativen Musikangeboten werden beleuchtet und hierbei wird vor allen Dingen der Beitrag solcher Angebote zum Überkommen von Stereotypen und der Entwicklung eines intergenerativen sozialen Verständnisses hervorgehoben (*ibid.*: 103). Zusammenfassend stellen die Autorinnen fest, dass intergeneratives Musizieren den Senioren die Möglichkeit gibt, ein Beispiel aktiven Alterns zu geben, Erfahrungen an Kinder und deren Familien weiterzugeben, das Überkommen von Stereotypen zu unterstützen und so zu veränderten Einstellungen gegenüber dem Alter(n) beizutragen. Kinder und jugendliche Teilnehmer solcher Projekte verstärken für die Senioren das Gefühl, weiterhin wichtig zu sein, und profitieren von der intergenerativen Interaktion als eine Vorbereitung auf ein aktives Alter (*ibid.*: 112). Es zeigt sich also deutlich der Gewinn solcher Projekte für beide Generationen. Gleichzeitig wird die Reziprozität der Beziehungsrichtung sichtbar. Koautorin Varvarigou *et al.* bezeichnen an anderer Stelle intergeneratives Musizieren als „ideal platform for modelling active ageing and lifelong learning, serving as a vehicle to bring about exchange of ideas between the generations" (Varvarigou *et al.* 2016: 265). Die Ergebnisse der Studien zu den verschiedenen musikalischen Angeboten für Senioren zeigen, dass die Teilnehmer großen Wert auf Qualität und die Möglichkeit einer persönlichen Weiterentwicklung legen (Creech *et al.* 2014: 98).

Musik stellt ein Medium in der Sozialen Arbeit dar, wie Wickel in seiner Einführung „Musik in der Sozialen Arbeit" feststellt (Wickel 2018: 7). Die „Bedeutung von Musik für den Einzelnen oder auch für eine Gruppe" wird genutzt und tatsächlich auch im Methodenkanon der Sozialen Arbeit funktionalisiert (*ibid.*: 51). Als ein „informationstragendes Zeichensystem" ermöglichen intergenerative Musikprojekte „Möglichkeiten der Verständigung und des Verständnisses, des Perspektivenwechsels und der Korrektur möglicher Vorurteile und klischeehafter Vorstellungen" (*ibid.*: 14f.). Wickel betont, dass Singen gerade in der Arbeit mit Senioren „die höchste Akzeptanz" erfahre (*ibid.*: 79).

In der Studie „Intergenerative Integrationsprojekte – Eine Studie zur Generationensolidarität" untersuchen Gaderer & Baumann zunächst verschiedene Forschungsprojekte zum Thema. Dabei wird deutlich, dass sich der Benefit für die ältere Generation „in der Ausübung von *Generativität*, in der Förderung von kognitiver und physischer *Aktivität* und im Erleben von *sozialen Beziehungen*" zeigt (Gaderer & Baumann 2008: 244; Hervorhebungen im Original). Das folgende Unterkapitel setzt sich näher mit dem Benefit intergenerativer Bildungsangebote auseinander.

6.6 Benefit intergenerativer Bildung

Dass intergenerative Bildung für alle Beteiligten gewinnbringend sein sollte, steht außer Frage. Jacobs hat den Gewinn intergenerativer Begegnung untersucht und unterscheidet zwischen dem gesellschaftlichen Nutzen („social benefit") und dem individuellen Nutzen („individual benefit") (Jacobs 2010: 62ff.). Dabei stellt er fest, dass die beiden Benefits in einer „steten Wechselbeziehung" stehen (*ibid.*: 67). Der gesellschaftliche Benefit lässt sich im Wesentlichen beschreiben durch die von Jacobs geforderte „Integration der Generationen" (*ibid.*: 64). Diese zeigt sich durch den Abbau von Altersstereotypen und die „Sensibilisierung der Generationen für die unterschiedlichen Wünsche, Ängste, Bedürfnisse und Wertvorstellungen der jeweils anderen Generationen", sowie deren „Ressourcen und Fähigkeiten"(*ibid.*: 66*)*. Weitergehend unterscheidet Jacobs beim individuellen Benefit zwischen dem „Ontogenetischen Gewinn", dem „Materialen Gewinn" und dem „Situativen Gewinn" (*ibid.*: 70). So stellt der ontogenetische Gewinn alle Aspekte dar, „die aus individueller Sicht als Gewinn für das künftige Leben und die weitere Entwicklung im Sinne eines ontogenetischen Prozesses betrachtet werden können" (*ibid.*). Ein solcher Gewinn kann für jeden einzelnen Beteiligten einer intergenerativen Begegnung unterschiedlich groß sein. Jedoch stellt Bildung an sich bereits einen Eigenwert dar, der für die Beteiligten einen ontogenetischen Gewinn bedeuten sollte. Ein materaler Gewinn entsteht, wenn die intergenerative Begegnung „positiv in die momentane Lebenssituation" hineinwirkt, beispielsweise bei Mentoren-Programmen oder bei direkter intergenerativer Unterstützung beim Einkaufen, Lernen oder bei der Hausarbeit. Situativer Gewinn entsteht in der „unmittelbaren" Begegnung. Alle drei individuellen Benefits werden von den individuellen Teilnehmern intergenerativer Begegnungen unterschiedlich wahrgenommen *(ibid.*). Für die von Gaderer & Baumann benannten Benefits (s.o.) ergibt sich somit, dass die Generativität der *social benefit,* die Förderung der Aktivität der *materiale Gewinn* und das Erleben der sozialen Beziehungen der *ontogenetische Gewinn* wären. Wobei das Erleben von Generativität freilich auch einen ontogenetischen Gewinn darstellt und die Grenzen hier als fließend anzusehen sind. Weitere Ausführungen zum Benefit intergenerativer Bildung finden sich bei Roß & Tries (2014).

Zusammenfassend lassen sich die Benefits intergenerativer Bildung nach Gaderer & Baumann, Roß & Tries sowie Jacobs so darstellen (Abb. 10):

Gesellschaftlicher Benefit	Individueller Benefit – situativer Gewinn	Individueller Benefit – materialer Gewinn	Individueller Benefit – ontogenetischer Gewinn
Erleben von Generativität (Gaderer & Baumann)	Gemeinsam positiv verbrachte Zeit (Jacobs)	Förderung von Aktivität (Gaderer & Baumann)	Erleben von sozialen Beziehungen (Gaderer & Baumann)
Integration der Generationen (Jacobs)	Spaß während der Projektzeiten (Roß & Tries)	Intergenerative Unterstützung (Jacobs)	Identitätsentwicklung (Jacobs)
		Entlastung der Eltern während der Betreuung der Kinder durch Senioren (Roß & Tries)	Wertschätzendes Kennenlernen der jeweils anderen Generation (Roß & Tries)

Abbildung 10: Benefits intergenerativer Bildungsprojekte nach Gaderer & Baumann 2008, Jacobs 2010 und Roß & Tries 2014

Das folgende Unterkapitel zeigt eine kleine Auswahl außermusikalischer intergenerativer Begegnungsmöglichkeiten.

6.7 Exkurs: Beispiele intergenerativer Bildung und der Generationenzusammenführung

Im Rahmen intergenerativer Bildung entstanden in der Vergangenheit verschiedene Projekte, um Generationen auch im Alltag zusammenzuführen, z.B. durch gemeinsames Wohnen: Studierenden werden Zimmer in Altenwohnheimen gegen geringe Mietzahlungen angeboten. Bedingung ist, dass die Studierenden eine festgelegte Zeit pro Woche mit den Bewohnern des Altenwohnheims verbringen. Prominentes Beispiel hierfür ist die „Casa Verdi" in Mailand, ein von Guiseppe Verdi für alte Musiker gestiftetes Altenwohnheim, das heute auch Musikstudenten aufnimmt, die ihre Mahlzeiten gemeinsam mit den Bewohnern einnehmen müssen (McGrane 2018)[29]. Exemplarisch werden in diesem Unterkapitel weitere intergenerative Austauschprojekte vorgestellt.

Allmeind

In Regensburg wurde 2009 ein Mehrgenerationenwohnprojekt gestartet, in dem 31 Mietwohnungen unterschiedlicher Größe für Familien, Paare und Alleinlebende aller

---

29 Online-Dokument

Altersstufen angeboten werden. Ein großer Gemeinschaftsraum ist Anlaufpunkt für freiwillige Veranstaltungen wie gemeinsames Singen, Kaffeetrinken oder Spiele. Einmal im Monat findet dort eine Bewohnerversammlung statt, auf der alles Wichtige besprochen wird und eventuell auftretende Probleme gemeinsam gelöst werden.[30]

Kuchentratsch

Eine etwas andere Art der Generationenzusammenführung stellt das junge Münchener Start-Up „Kuchentratsch" dar. Junge Unternehmer haben einen Kuchenvertrieb gegründet. Die Kuchen werden ausschließlich von Rentnern nach ihren „Geheimrezepten" gebacken. Das Unternehmen wirbt damit, dass es schmecke wie „bei Oma" und bezeichnet alle seine Mitarbeiter als Oma und Opa mit den entsprechenden Vornamen. Die Senioren freuen sich über eine erfüllende Aufgabe und Sozialkontakte. Die junge Generation kümmert sich um alle geschäftlichen Belange und profitiert gleichzeitig vom Erfahrungswissen der Senioren.[31]

KulturistenHoch 2

In Hamburg wird seit 2016 das Projekt „KulturistenHoch 2" durchgeführt. Oberstufenschüler besuchen gemeinsam mit Hamburger Bürgern ab 63 Jahren kulturelle Veranstaltungen im Stadtteil. Die teilnahmeberechtigten Senioren dürfen über nicht mehr als 1200 Euro monatliches Einkommen verfügen. Das Projekt wird durch Spenden finanziert und ermöglicht den Teilnehmern beider Generationen freien Eintritt zur Veranstaltung, freie Fahrt mit öffentlichen Verkehrsmitteln sowie ein kostenfreies Pausengetränk. Ziele sind neben der kulturellen Teilhabe der Senioren der Kontakt und der Austausch über das Erlebte zwischen den Generationen. Die Schüler werden in Workshops auf ihre Aufgabe vorbereitet. So lernen sie beispielsweise, mit körperlichen Einschränkungen umzugehen. Für die Schüler gibt es eine Bescheinigung über ihre ehrenamtliche Tätigkeit.[32]

Meisterschule

Eva Bittner und Johanna Kaiser gründeten 1980 in Berlin das „Theater der Erfahrungen" als „Altentheater" für Laienschauspieler ab etwa 50 Jahren. Das Theater besteht bis heute und bietet vielfältige Sparten an. Zunächst durch Theateraufführungen in Schulen („Schule des Lebens") entstand später durch Kaisers Professur an der „Alice-Solomon-Hochschule für Soziale Arbeit" in Berlin intergenerative Theaterarbeit unter dem Titel „Meisterschule": Studierende der Hochschule erarbeiten gemeinsam mit Schauspielern des „Theaters der Erfahrungen" Stücke und bieten diese an Schulen und in Kindertagesstätten an.[33] Daneben gibt es Kooperationen mit einigen Berliner Schulen, in denen Schüler und Senioren über einen längeren Zeitraum hinweg ge-

---

30   http://allmeind.de/
31   https://www.kuchentratsch.com/
32   https://kulturisten-hoch2.de/
33   https://theater-der-erfahrungen.nbhs.de/meisterschule/

meinsam Theater entwickeln und aufführen. Ziele der verschiedenen Theaterprojekte sind ein Entgegenwirken der „Komplexitätsreduktion in der Wahrnehmung von Jungen und Alten" und die Schaffung von Raum für Differenzierungen (Kaiser 2016: 152ff.). Gleichzeitig sollen sich alle Altersgruppen mit „gesellschaftspolitischen und sozialen Fragestellungen" auseinandersetzen und das „Spektrum von ästhetischer Erfahrung" erweitern (*ibid.*).

KiDeTi

Der Verein „KiDeTi", der sich im November 2017 in Ostfriesland gründete, hat sich zum Ziel gesetzt, Kinder und Jugendliche mit demenzkranken Senioren in Verbindung zu bringen. Um den Kontakt zu erleichtern, werden Therapiebegleithunde eingesetzt. Der Verein beschreibt die Vorteile dieses Einsatzes so: „Ein Therapiebegleithund öffnet dabei nicht nur Türen und Herzen von Alt und Jung, sondern bildet eine stabile Brücke zwischen den beiden Generationen, die ohne Scham überschritten werden kann" (Zitiert von der Homepage des Vereins).[34] Die Projekte laufen jeweils über ein Schulhalbjahr. Zunächst werden die Schüler mit den Themenkomplexen Demenz und Hund (richtiger Umgang, Anatomie und Pflege) vertraut gemacht. Gleichzeitig sollen die Schüler die mit diesen Themen verbundenen Berufe kennenlernen. Die Senioren werden drei Monate nach Projektbeginn mit den Therapiehunden vertraut gemacht. Nach einer Eingewöhnungsphase besuchen die Schüler gemeinsam mit den Hunden und den Therapeuten in Gruppen zu jeweils acht Schülern die Senioren. Als Ziele nennt der Vorstand neben den therapeutischen Zielen für die Senioren und dem Erkenntnisgewinn der Schüler für beide Generationen eine Stärkung des Selbstwertgefühls sowie die Weitergabe von Wissen und Erfahrungen an die jeweils andere Generation.

Zusammenfassung

Allen Projekten gemeinsam ist die bewusste Zusammenführung der Generationen. Die Teilnehmer der beiden Generationen wären sich ohne das Projekt nicht begegnet. Somit ermöglichen die Projekte einen ansonsten unwahrscheinlichen Kontakt, der für beide Seiten den Horizont erweitert und bereichernd ist.

---

34 http://www.kideti.de/Home

7. Intergeneratives Singen

Kapitel 7 stellt einen Übergang vom theoretischen Rahmen intergenerativer Bildung in Kapitel 6 zur Studie in Kapitel 8 dar. Es werden Formen intergenerativen Singens definiert (7.1), bereits bestehende intergenerative Singprojekte in die modifizierte Matrix intergenerativer Bildung eingeordnet (7.2) und diese Projekte skizzenhaft beschrieben (7.3).

7.1 Formen intergenerativen Singens

Bezugnehmend auf Miedaners Definition intergenerativer Bildung als bewusste pädagogische Zusammenführung mindestens zweier ansonsten nicht miteinander in Verbindung stehender Generationen (2001: 10) unterscheide ich zwei Formen des generationenübergreifenden Singens:

Intergeneratives Singen: Intergeneratives Singen bezeichnet das gemeinsame Singen von Personen nicht benachbarter Generationen. Das Ziel solchen Singens ist die Begegnung der Generationen mithilfe von Musik.

Mehrgenerationensingen: Beim Mehrgenerationensingen in „Mehrgenerationenchören" sowie bei Familiensing- und Musizierfreizeiten singen Personen verschiedener Generationen miteinander. Es findet ebenfalls eine musikalische Begegnung zwischen den Generationen statt, jedoch ist diese nicht unbedingt intentional angelegt.

Beiden Formen des intergenerativen Singens gemein ist eine starke soziale Komponente.

Intergenerative Singprojekte lassen sich nach dem Ort des Projekts unterscheiden. Der Ort der musikalischen Begegnung hat Einfluss auf die Art der Begegnung und die Richtung des Austauschs: Findet die musikalische Begegnung an einem neutralen Ort statt, müssen sich beide Generationen dorthin auf den Weg machen („neutral"). Dies setzt die Fähigkeit zur Bewältigung des Weges voraus und bedeutet, dass alle Teilnehmer körperlich und geistig fit genug dafür sind. Das hat wiederum Einfluss auf das zu bewältigende Musikprogramm. Beide Generationen lernen gemeinsam.

Findet der Austausch in einer Schule oder einem Kindergarten statt („Alt zu Jung"), müssen sich die Senioren auf den Weg machen und ebenfalls dazu in der Lage sein. Die junge Generation lernt von der alten Generation.

Bei Projekten in Altenheimen („Jung zu Alt") hingegen macht sich die junge Generation auf den Weg zum Singprojekt. In vielen dieser Projekte sind zumindest einige der teilnehmenden Senioren körperlich eingeschränkt oder demenziell erkrankt. Auch dies hat wieder Einfluss auf das musikalische Programm. In den meisten „Jung-zu-Alt"-Projekten lernen beide Generationen gemeinsam. Es geht nicht darum, dass der alten Generation ein Programm vorgeführt wird.

7.2 Einordnung intergenerativer Singprojekte in eine Matrix intergenerativer Bildung

Bezugnehmend auf Kapitel 6.2 werden verschiedene intergenerative Singprojekte in die modifizierte Matrix von Franz & Scheunpflug (2014) eingeordnet (Abb. 11). Für die Studie wurden außerfamiliale Projekte aus den Feldern d und e untersucht.

	Voneinander Lernen	**Miteinander Lernen**	**Übereinander Lernen**
Genealogischer Generationenbegriff	a) Eltern-Kind-Singen	b1) Familien-Musikwochen b2) „Ubuntu"	c)
Historisch-soziologischer Generationenbegriff	d1) „Canto Elementar"	e1) „Unter 7 – Über 70" e2) „Unsere Hände sollen eine starke Brücke sein", e3) „The Music Project" e4) „Singen für Groß und Klein" e5) „Rappelkiste" e6) „Begegnung" e7) „Rock'n Rollator-Show" e8) „beziehungsweise" e9) „Henry Croft and the Pearly Kings and Queens" e10) „Musik tut gut" e11) „Freude" e12) „3 auf einem Teppich" e13) „Kultur-Arche" e14) „The Circle of Music Intergenerational Choir"	f1) Projekt Kreisau-Initiative f2) „Musik verbindet Generationen"

Abbildung 11: Modifizierte Matrix intergenerativer Lernfelder gefüllt mit intergenerativen Singprojekten

7.3 Beispiele intergenerativen Singens/Musizierens im In- und Ausland

Im Folgenden werden die oben aufgeführten Projekte kurz erläutert.

a) Eltern-Kind-Singen

Diese Projektform findet in Singförderprogrammen wie beispielsweise dem „Liedergarten" der „Toni-singt"-Initiative des Nordrheinwestfälischen Chorverbands[35], oder dem „Musikgarten"[36] in vielen Musikschulen und Bildungswerken statt. Eltern besuchen gemeinsam mit ihren Kindern etwa ab dem ersten Lebensjahr einen mehrwöchigen Kurs zum Singen von überwiegend traditionellen Kinderliedern, Erlernen von Sprechversen und elementar-musikalischen Aktivitäten. Begleitendes Unterrichtsmaterial wie CDs und Liederbücher sollen das Singen zuhause erleichtern und für die Nachhaltigkeit der Projekte sorgen. Da viele der heutigen Eltern in ihrer eigenen Kindheit nicht oder nur wenig gesungen haben, bieten solche Kurse eine gute Möglichkeit, eigene Defizite auszugleichen und gleichzeitig auch eine Basis für intergeneratives Singen mit Senioren zu schaffen. Doch auch Eigeninitiativen von Liedermachern gehören in diese Gruppe. Corinna Bilke aus Münster bietet Kurse für Schwangere ebenso an wie Kurse für Kinder und Eltern ab dem ersten Lebensjahr.[37] Es werden überwiegend selbstgeschriebene Wiegen- und Kinderlieder geprobt, die sich in begleitenden Liederbüchern zum Nachsingen zuhause finden.

b1) Familienmusikwochen

Der „Arbeitskreis Musik in der Jugend" (AMJ) bietet seit vielen Jahren Musizierwochen für die ganze Familie vom Opa bis zum Kleinkind an. Für einige Tage reisen Familien aus unterschiedlichen Regionen in ein Bildungshaus und musizieren in verschiedenen Formationen miteinander: Blockflöten- oder Streichergruppen, Bands, Chöre und vieles mehr werden je nach den Fähigkeiten der Gruppe angeboten.[38] Auch Landesmusikakademien und die Kirchen bieten solche Musikfreizeiten an.

b2) „Ubuntu"

„Ubuntu" ist ein interkulturelles, intergeneratives Musikprojekt, das der kanadische Schulmusiker Joshua Hill entwickelt hat. In diesem Projekt sollen die multikulturelle Schülerschaft seiner Schule und deren Familien in Kontakt gebracht und besser in die Gemeinschaft integriert werden. Für das Projekt „Ubuntu" haben sich Familien unterschiedlicher kultureller Hintergründe sechsmal außerhalb des Schulunterrichts in der Schule zum gemeinsamen Singen und Musizieren getroffen. Es war Hill wichtig, die

---

35   https://www.toni-singt.de/liedergarten/
36   https://www.musikgarten.org/
37   https://www.singenfuerzwei.de/
38   http://www.silvester-musikwoche.de/#/

gesamten Familien einzuladen, da viele Menschen, wenn sie neu an einem Ort sind, keine Möglichkeiten der Kinderbetreuung haben und deswegen an kulturellen Angeboten nicht teilnehmen können. Innerhalb der einzelnen Stunden konnte Hill einen intergenerativen und interkulturellen Lernaustausch in alle Richtungen beobachten.

c)

Für dieses Lernfeld (genealogisch übereinander) lassen sich keine Angebote intergenerativen Singens finden.

d) „Canto elementar"

Karl Adamek entwickelte das Singförderprojekt „Canto elementar" vor dem Hintergrund nachlassender Singfähigkeiten von Kindern. Das 2002 zunächst im Ruhrgebiet und Hamburg gestartete Projekt begleitet den wöchentlichen Besuch von Gruppen von etwa zehn Senioren in einem Kindergarten. In Fortbildungen werden die Senioren und das Kitapersonal auf das Projekt vorbereitet. Eine regelmäßige Begleitung der Singpaten soll gewährleisten, dass die Canto-elementar-Standards (alltägliches Singen von Kinder- und Volksliedern, möglichst viel singen und möglichst wenig reden, kontrollierter Tonraum beim Singen) beibehalten werden. Kindergärten schließen einen Vertrag über zwei Jahre mit der Initiative ab, um Nachhaltigkeit zu gewährleisten. Ziel ist, dass die Kindergärten nach dieser Zeit eigenständig das alltägliche Singen in der Kita fortsetzen. Die Singpaten arbeiten ehrenamtlich. Adameks Ziel war, sein preisgekröntes Konzept flächendeckend in ganz Deutschland zu etablieren. Dies konnte bisher nur in Hamburg gelingen, wo der Senat 2006 eine flächendeckende Einführung beschloss.[39]

e1) „Unter 7 – Über 70"

Dieses musikalische Begegnungsprojekt wurde von Angelika Jekic entwickelt und wird mittlerweile durch zahlreiche Fortbildungen in vielen Altenheimen erfolgreich durchgeführt. Bewohner einer Alteneinrichtung und Kinder im Vorschulalter treffen sich ein Jahr lang wöchentlich zum gemeinsamen Singen und Musizieren. Die Stunden folgen einer gleichbleibenden Struktur von bekannten und unbekannten Liedern, kleinen Tänzen, Sprechversen und elementarem Instrumentalspiel mit thematischem Bezug, der zum Austausch zwischen den Generationen einlädt. Jekic hat das Konzept als Buch veröffentlicht (2009).

e2) „Unsere Hände sollen eine starke Brücke sein"

Die Musikpädagogin Susanne Filler hat im Rahmen ihrer Weiterbildung zur Musikgeragogin ein offenes intergeneratives Musikprojekt in einem Altenheim initiiert. Dieses Angebot findet regelmäßig nachmittags im Altenheim statt. Die intergene-

---

39 http://www.cantoelementar.de

rativen Phasen, an denen Kinder aus Chorklassen einer Grundschule teilnehmen, umfassen etwa vier bis sechs Wochen und wechseln sich mit Phasen ohne den Besuch der Kinder ab. So bietet sich für beide Generationen die Gelegenheit, die intergenerativen Stunden zu reflektieren. Gleichzeitig bleibt der intergenerative Austausch etwas Besonderes und für alle Beteiligten spannend. Innerhalb der intergenerativen Stunden folgt die Dramaturgie des Unterrichts einer klaren Struktur, die immer gleichbleibt und stets mit neuen Inhalten gefüllt wird. Es wechseln sich Lieder, Sitztänze und instrumentale Phasen ab, zwischendurch bleibt Raum für Austausch zwischen den Generationen (Filler 2011: 244ff.).

e3) „The Music Project"

„The Music Project"[40] ist eine englische Initiative des musikalischen Kontakts zwischen Schulkindern und Bewohnern von Pflegeheimen. Der Initiator Will Latham schrieb mir von positiven Erfahrungen in einem 8-wöchigen Projekt, in dem Kinder zwischen sechs und acht Jahren einmal wöchentlich Besuche in einem Pflegeheim machten. Inzwischen kooperiert Latham mit dem Project „Henry Croft and the Pearly Kings and Queens" (s.u.).

e4) „Singen für Groß und Klein"

Ein Singprojekt in einem Nachbarschaftshaus in Wiesbaden. Der ehrenamtliche Singpate Uwe Lauterbach initiierte gemeinsam mit seiner Frau das generationenübergreifende Singen. Einmal pro Woche kommen eine Kindergartengruppe und Senioren aus der Nachbarschaft für 45 Minuten zum gemeinsamen Singen zusammen. Bei Veranstaltungen im Nachbarschaftshaus werden die Ergebnisse präsentiert. Gesungen wird überwiegend kindgerechtes Liedmaterial mit vielen Bewegungsliedern.

e5) „Rappelkiste"

Die Musikgeragogin Anne Lepis begleitet ein musikalisches Angebot in den Wohnbereichen eines Altenheims, zu dem acht Kinder einer Kindertagesstätte einmal monatlich in das Altenheim kommen. Die Senioren in den Wohnbereichen sind größtenteils stärker eingeschränkt und können oder wollen den Wohnbereich nicht mehr selbst verlassen. Die Kindergruppe, die unterschiedlich besetzt ist, geht jedes Mal in einen anderen Wohnbereich. Es wechseln sich Lieder, Sitztänze und elementarmusikalische Instrumentaleinheiten ab.

e6) „Begegnung"

Anne Lepis setzt mit diesem Projekt eine Initiative ihrer Vorgängerin im gleichen Altenheim fort. Zwölf Viertklässler aus einer Grundschule besuchen alle zwei Wochen das Seniorenheim und singen und musizieren im dortigen Gruppenraum ein

---

40 http://www.themusicproject.org.uk

Schuljahr lang mit einer relativ festen Gruppe von Bewohnern. Die musikalische Begegnung findet nachmittags statt und dauert jeweils 90 Minuten. Da an diesem Angebot fittere Senioren teilnehmen, werden gelegentlich auch gemeinsame Termine außerhalb der Einrichtung wahrgenommen. Innerhalb der Stunden gibt es eine Abfolge von Liedern, Sitztänzen und elementarmusikalischen instrumentalen Einheiten. Zu Beginn und zum Ende des Schuljahres findet eine Begrüßungs-, bzw. Abschiedszeremonie statt.

e7) „Rock'n Rollator-Show"

Michael Barfuß aus Bonn gründete 2011 den generationenübergreifenden Chor mit dem selbstironischen Namen „The Groove@Grufties" in Anlehnung an den amerikanischen Film „Young@Heart". Auf der Website des Chores werden die Teilnehmer so beschrieben: „Rentnerinnen und Rentner, die ihre Zukunft hinter sich, und Jugendliche, die ihre Vergangenheit noch vor sich haben".[41] Aus anfänglichem Singen und Tanzen und mehreren kleinen Auftritten wurde eine abendfüllende Show zum Thema „Alter" entwickelt, „The Rock'n Rollator-Show", die seit 2012 läuft. 2013 wurde das Projekt mit dem Alterspreis der Robert Bosch Stiftung ausgezeichnet und gründete sich 2014 als eigenständiger Verein. Die Proben laufen inzwischen getrennt nach Generationen ab, da die ältere Generation mehr Auffrischproben benötigt als die junge Generation. Zudem haben die jungen Teilnehmer mehr Termindruck und weniger Zeit für Probenarbeit.

e8) „beziehungsweise"

In einer Kirchengemeinde in Lohne wurde 2012 ein generationenübergreifendes Musikprojekt für Kinder ab dem 5.Schuljahr und für Senioren angeboten. Es wurden in getrennten Proben aktuelle Songs und einzelne Schlager zum Thema „Beziehungen" einstudiert und nach zwei gemeinsamen Proben unter der Leitung von Felix Borrmann zur Aufführung gebracht. Die Teilnehmer für dieses Projekt meldeten sich nach Aufrufen in der örtlichen Presse und hatten in dieser Zusammenstellung vorher noch nicht gesungen. Das Projekt wurde mit dem „Dialog-Preis" des Bistums Münster ausgezeichnet.

e9) „Henry Croft and the Pearly Kings and Queens"

Hierbei handelt es sich um eine Londoner Wohltätigkeitsorganisation, die nahegelegene Grundschulen und Altenpflegeheime miteinander in Kontakt bringt und dort Material für ein intergeneratives Musikprojekt zur Verfügung stellt. Inhaltlich geht es im Projekt um die Entstehung der Wohltätigkeitsorganisation und insbesondere um die Person des Londoner Bürgers Henry Croft, der Ende des 19./Anfang des 20. Jahrhunderts in einem auffälligen, mit Perlmuttknöpfen besetzten Anzug Geld für wohltätige Zwecke sammelte. Die Projekte, in denen alte Lieder aus dem Londoner East End ge-

---

41 http://www.rocknrollatorshow.de/ueber-uns/

sungen werden, sind zeitlich auf sechs Wochen begrenzt und für die teilnehmenden Institutionen kostenlos. Nach sechs wöchentlichen Proben, die in den Stundenplan der Schule eingepasst sind, gibt es eine Präsentation im Rahmen einer kleinen „Tea-Party" in der Schule.[42]

e10) „Musik tut gut"

In einem Altenwohnheim in Davos lädt die Musikgeragogin Annegret Ernst-Weissert wöchentlich zum Singen und Musizieren ein. In unregelmäßigen Abständen kommt ein kleiner Schulchor dazu. Dann werden Stücke gesungen, die zuvor in beiden Gruppen vorbereitet wurden, jedoch nur zusammen ihr volles Klangpotenzial entfalten. Der Augenblick des gemeinsamen Musizierens stellt das Konzertereignis dar.

e11) „Freude"

Ein Erwachsenenchor und eine Kinderchorgruppe für ältere Kinder einer Musikschule in Emden haben auf Initiative ihrer Leiterin Angela van der Kamp für ein Musicalprojekt mit einem örtlichen Blasorchester einen intergenerativen Chor gebildet. Die Zusammenarbeit war zeitlich begrenzt und hatte die gemeinsame Aufführung als Ziel.

e12) „3 auf einem Teppich"

Unter Leitung von Hans Hermann Wickel entwickelten Studierende der Fachhochschule Münster und „mobile" Senioren ein Musical, das für Grundschulkinder aufgeführt wurde. Bei der Erarbeitung des Stücks wurde auf das Prinzip der Modularisierung gesetzt: Je nach Fähigkeiten wurden Gruppen gebildet, die für die Zeit der Vorbereitung konstant blieben, und innerhalb der Gruppen einzelne Teile (beispielsweise Szenen, Kulissen, Lieder, Texte) produzierten. Altersbedingte Eigenheiten wie Erfahrungswissen oder Unbeschwertheit flossen für alle gewinnbringend in das Projekt ein.

e13) „Kultur-Arche"

Der Schulmusiker Christian Werner hat dieses Projekt 2009 nach einem Impuls aus den USA in Braunschweig ins Leben gerufen. An einer Schule (SEK I und II) und in einem benachbarten Altenheim des gleichen Trägers wird das Projekt seither durchgeführt. Die Schüler können sich in verschiedene Ensembles und Gruppen in Altenheim oder Schule einbringen: Singkreis, Gitarrenkreis, Sitztanz, Band sowie Licht- und Tontechnik-AG. Es finden regelmäßig Aufführungen für Schüler und Bewohner auf der wie eine Arche geformten Bühne statt (Werner 2010).

---

42 https://ashleighdunn.wixsite.com/musicprojectorg/projects

e14) „The Circle of Music Intergenerational Choir" (CofM)

Der intergenerative Chor „Circle of Music" wurde von Sasha Judelson im Rahmen ihres Master Studiums in Community Music an der Wilfrid Laurier University in Waterloo, Kanada zu Forschungszwecken gegründet. Der Chor bringt demenziell veränderte Senioren, ihre ständigen Pfleger und Studenten einer High-School einmal wöchentlich an einem neutralen Ort zum gemeinsamen Singen zusammen. Dabei werden immer gleichbleibende Dreiergruppen aus Demenz-Patienten, Pflegern und Studenten gebildet. Ziele des Projekts, das über zwei Jahre läuft, sind die Zusammenführung der Generationen, die Förderung eines Gemeinschaftsgefühls, das Agieren über die Generationengrenzen hinaus und bedingt dadurch ein Impuls für sozialen Wandel. Judelson hat während der gesamten Projektdauer die Teilnehmer vor und nach jeder Singstunde mit einfachen Smiley-Symbolen zu ihrer Stimmung befragt und zusätzlich mehrfach während der Projektdauer Interviews mit den Pflegern der Teilnehmer geführt. Die Ergebnisse dieser Forschung waren Bestandteil ihrer unveröffentlichten Master-Thesis und werden zusätzlich in einem Sammelband zur Community Music erscheinen (Judelson 2020 (im Druck)).

f1) „Lieder für Generationen"

Die internationale Begegnungsstätte „Kreisau-Initiative" in Polen bietet Workshops für junge Erwachsene ab 18 Jahren an, in denen sich die Teilnehmer mit Liedtexten vergangener Zeiten auseinandersetzen, um auf diese Weise einen Zugang zur Geschichte ihrer Herkunftsländer zu bekommen.[43]

f2) „Musik verbindet Generationen"

Dieses einjährige Projekt zwischen einer Kindertagesstätte und einem Altenpflegeheim fand 2005 im Nordosten Berlins statt. Es entstand aus der Zusammenarbeit einer Musikpädagogin und einer Musiktherapeutin, die mit jeweils einer Gruppe von ca. zehn Personen aus Kindergarten und Altenwohnheim arbeiteten. Alle 14 Tage besuchten die Kindergartenkinder die Senioren und führten vor diesen das zuvor im Kindergarten Gelernte auf. Gelegentlich kam es zu gemeinsamem Musizieren, doch die Präsentation von Liedern und Tänzen für die Bewohner nahm den Großteil der Zeit in Anspruch. Durch die Regelmäßigkeit des Austauschs konnte ein Kontakt zwischen den Generationen hergestellt werden (Wilke, Brandt & Muthesius 2006).

---

43 https://www.kreisau.de/de/projekte/bereichsuebergreifend/lieder-der-generationen/

8. Studie zum intergenerativen Singen

Nach der Darstellung des theoretischen Rahmens sollen in einer Studie dessen Inhalte überprüft und die Gelingensbedingungen intergenerativen Singens ermittelt werden. Dabei gliedert sich das Kapitel wie folgt (Abb. 12):

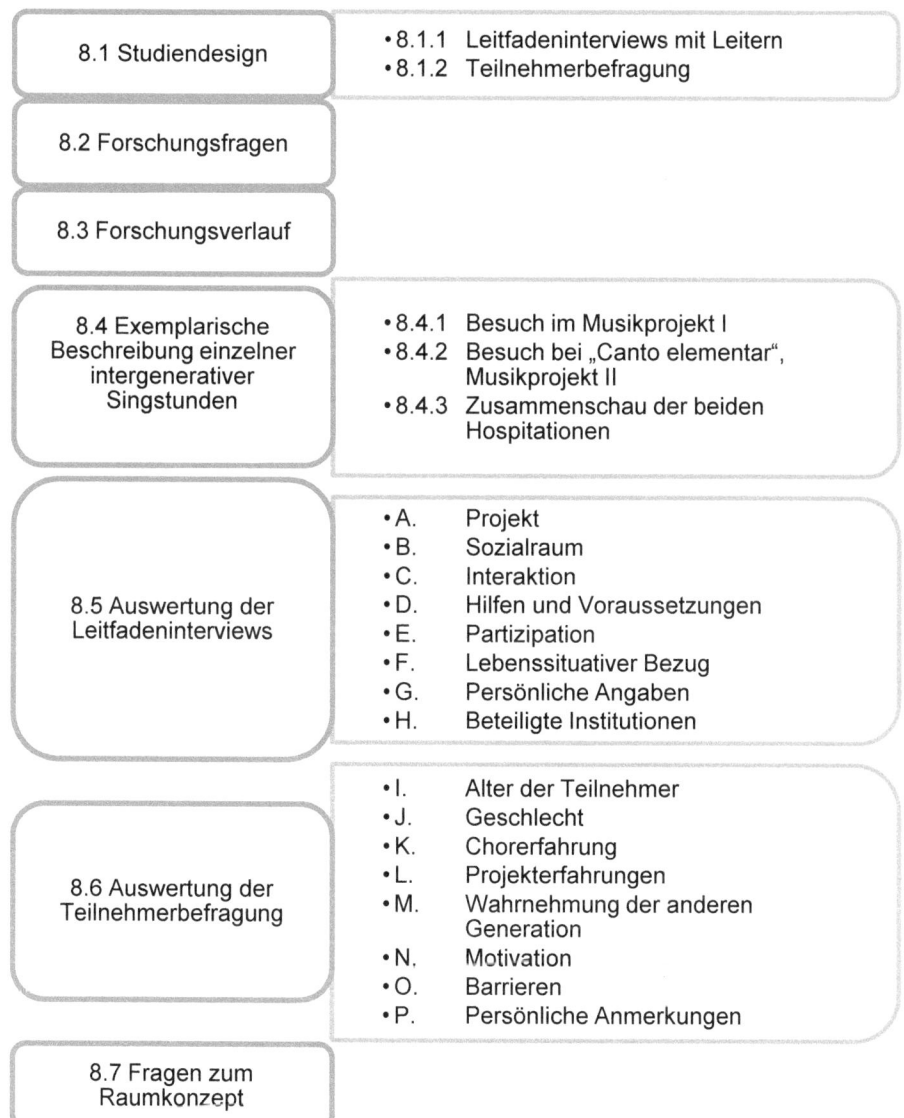

Abbildung 12: Gliederung des Kapitels 8

8.1 Studiendesign

Die Studie setzt sich zusammen aus Leitfadeninterviews mit Leitern oder Initiatoren intergenerativen Singens und einer Teilnehmerbefragung. Zusätzlich werden zwei verschiedene intergenerative Singprojekte besucht und evaluiert.

8.1.1 Leitfadeninterviews mit Leitern

In der qualitativen Sozialforschung geht es darum, Wirkzusammenhänge, sogenannte Mechanismen, zu erkennen (Gläser & Laudel 2010: 25ff.). Dazu bieten Leitfadeninterviews laut Friebertshäuser & Langer den Vorteil, ein strukturiertes Gespräch zu führen und gleichzeitig offen für mögliche Ergänzungen zu bleiben (2010: 439ff.). Die Vorstrukturierung erlaubt das Vergleichen mehrerer Interviews (*ibid.*). Leitfaden-Interviews müssen gut vorbereitet sein, damit tatsächlich alle relevanten Fragen behandelt werden. Dabei betonen Gläser & Laudel, dass die Themen des Interviews „durch das Ziel der Untersuchung und nicht durch die Antworten des Interviewpartners bestimmt werden" (2010: 111). Um diese Themen erkennen und einen geeigneten Leitfaden entwickeln zu können, schlagen die Autoren vor, anhand eines strukturierten Modells die wichtigen Einflussfaktoren für die Forschungsfrage herauszuarbeiten.

Für meine Arbeit ergibt sich dieses Modell für die Entwicklung des Leitfadens (Abb. 13):

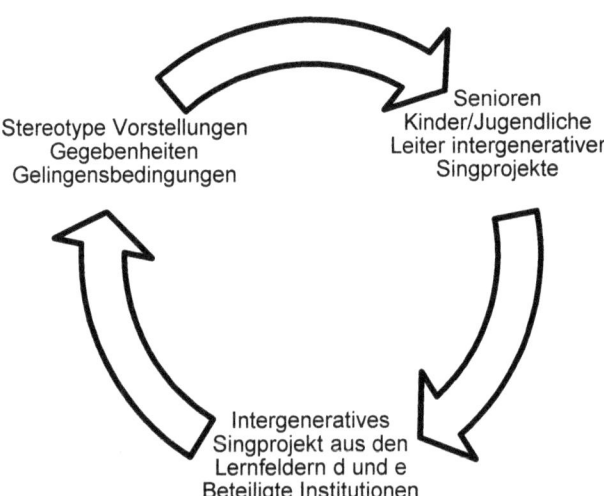

Abbildung 13: Variablen und vermutete Kausalzusammenhänge intergenerativen Singens

Altenheime oder ähnliche Einrichtungen und (Musik-)Schulen führen ein intergeneratives Singprojekt durch. Die Erwartungen der Teilnehmer und der Leitungen sind möglicherweise geprägt von stereotypen Vorstellungen über die teilnehmenden Generationen. Dies kann sich auf die Arbeit auswirken. Es stellt sich die Frage, ob sich bei Teilnehmern, den Institutionen und beim Leitenden durch die Arbeit im Projekt die stereotypen Vorstellungen bestätigen oder ob diese abgebaut werden und ob durch das Projekt ein verbessertes Miteinander der Generationen auch über das Projekt hinaus entstehen kann. Obendrein wird die Arbeit von den vorliegenden Gegebenheiten geprägt. Etwaige Unzulänglichkeiten beeinflussen die Arbeit und führen zu Wünschen und Forderungen zur Verbesserung.

Die Interviews werden mit Leitern und Initiatoren intergenerativer Singprojekte geführt, die als „Experten" über *„Spezialwissen über die zu erforschenden Sachverhalte"* verfügen (Gläser & Laudel 2010: 12, Hervorhebung im Original). Anschließend werden diese Interviews mithilfe der „qualitativen Inhaltsanalyse" nach Mayring ausgewertet (2015 [1982]: 59f.). Dabei soll überprüft werden, welche Voraussetzungen für erfolgreiches intergeneratives Singen gegeben sein müssen, welche Institutionen beteiligt sind, welche Kompetenzen die Leiter solcher Projekte besitzen sollten und welche Präsentationsform am Ende solcher Projekte steht.

8.1.2 Teilnehmerbefragung

Aus der Inhaltsanalyse heraus werden Items für die Befragung der Teilnehmer entwickelt. So werden Erfahrungen intergenerativer Singprojekte aus zwei Blickwinkeln, nämlich dem der Leiter und dem der Teilnehmer, beschrieben. Durch die Kombination dieser Interviews aus unterschiedlichen Perspektiven sowie die Evaluation der Probenhospitationen wird die Arbeit dem qualitätssichernden Konzept der Triangulation gerecht (Schründer-Lenzen 2010: 149ff.).

8.2 Forschungsfragen

Die Beschäftigung mit dem theoretischen Material ergibt für diese Studie folgende Forschungsfragen:

1. Stellt Singen eine geeignete Form intergenerativer Bildung dar?
2. Welche Voraussetzungen müssen für erfolgreiches intergeneratives Singen gegeben sein?
3. Kann intergeneratives Singen stereotype Vorstellungen und Vorurteile abbauen helfen?
4. Welche Inhalte sollten in Ausbildungen für Leiter intergenerativer Singangebote enthalten sein?

8.3 Forschungsverlauf

Ein jahrelanges Interesse am Thema Singen und an der Bedeutung des Singens für den Menschen führte zum Wunsch, sich noch tiefer mit diesem Themenkomplex zu beschäftigen. Im Folgenden wird der Forschungsverlauf dieser Arbeit skizziert (Abb. 14).

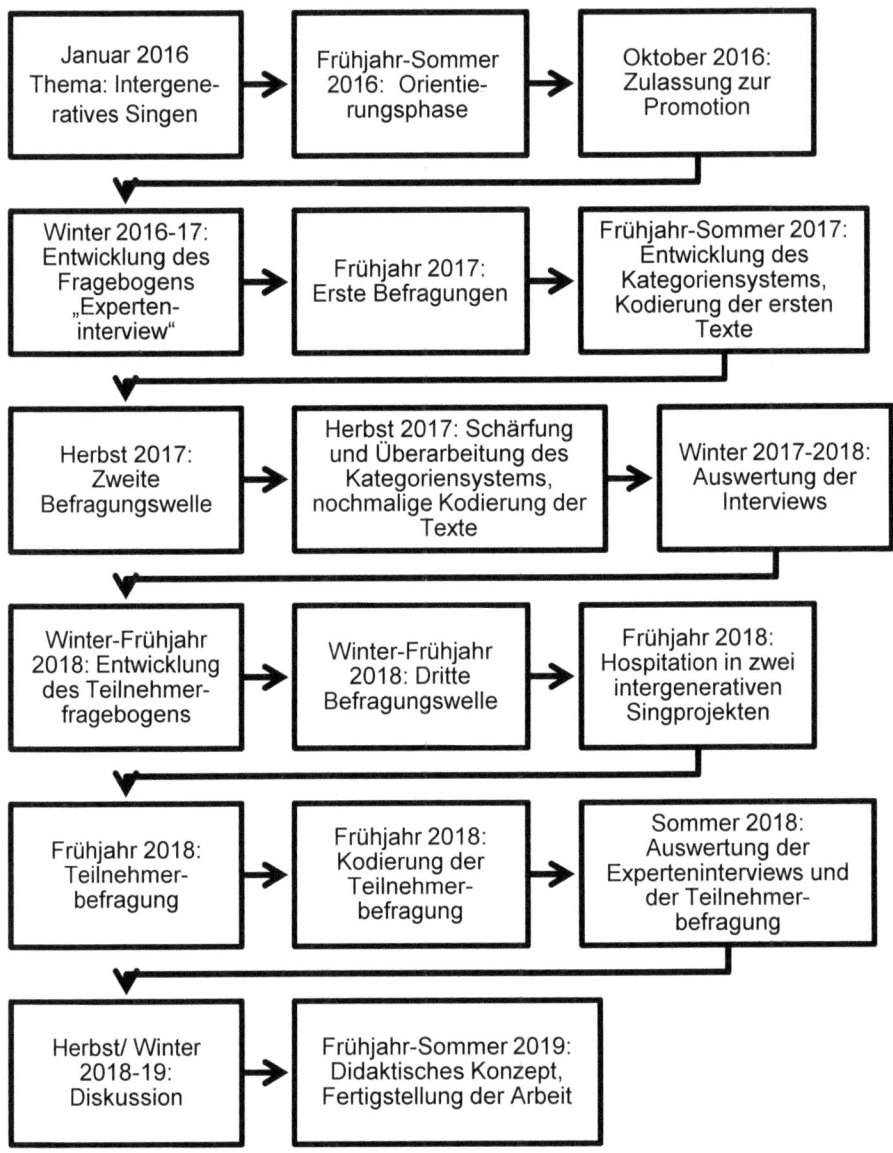

Abbildung 14: Forschungsverlauf der vorliegenden Arbeit

Im Januar 2016 wurde das Thema „Intergeneratives Singen – eine empirische Untersuchung mit didaktischem Entwurf" gewählt. Es folgte eine Phase der Orientierung in den damit verbundenen Themen Singen, Demografischer Wandel, Gerontologie, Geragogik, Generation und intergenerative Bildung sowie gleichzeitig erste Kontakte zu Personen, die intergenerative Singprojekte leiten oder initiiert haben. Im Oktober 2016 erfolgte nach bestandener Promotionseignungsprüfung die Zulassung zur Promotion. Im Winter 2016–17 entwickelte ich den Fragebogen für die Experteninterviews, der im Frühjahr 2017 für erste Befragungen verwendet wurde. Anschließend entwickelte ich das Kategoriensystem zur Auswertung der Interviews und kodierte die ersten Texte. Im Herbst 2017 erfolgte eine zweite Befragungswelle, dabei schärfte und überarbeitete ich nochmals das Kategoriensystem und kodierte alle Texte noch einmal. Im Winter 2017–18 wertete ich die bis dahin erfolgten Interviews aus und entwickelte den Fragebogen für Teilnehmer. Zeitgleich erfolgte eine dritte Befragungswelle, an die sich im Frühjahr 2018 die Teilnehmerbefragung anschloss. Ebenfalls im Frühjahr 2018 hospitierte ich in zwei intergenerativen Singprojekten und entwickelte das Kategoriensystem für die Teilnehmerbefragung. Im Sommer 2018 wertete ich die Experten- und Teilnehmerinterviews aus. Daran anschließend arbeitete ich an der Diskussion der Studienergebnisse und entwickelte das didaktische Konzept.

8.4 Exemplarische Beschreibung einzelner intergenerativer Singstunden

Im Frühjahr 2018 besuchte ich zwei intergenerative Musikprojekte:

Projekt I ist ein Projekt in einem Altenheim einer dörflichen Gemeinde, das einmal wöchentlich von einer kleinen Gruppe Kinder aus dem benachbarten Kindergarten besucht wird. Die Kindergruppe wechselt wöchentlich, um allen Kindern die Möglichkeit zur Teilnahme zu bieten. Die Senioren sind eine feste Gruppe. Durch den Wechsel in der Kindergruppe sind die einzelnen Kinder alle sechs bis acht Wochen zu Besuch im Altenheim. Die Gruppe wird von einer Musikgeragogin geleitet, die nach dem Konzept „Unter 7 – über 70" von Angelika Jekic arbeitet.

Projekt II ist eine „Canto elementar"-Gruppe in einer Großstadt. Eine seit zehn Jahren bestehende Gruppe von Singpatinnen besucht einmal wöchentlich die Kindertagesstätte und singt während eines Kindergartenjahres jede Woche mit der gleichen Kindergruppe. Die Seniorinnen arbeiten nach dem „Canto elementar"-Prinzip, bringen aber im Laufe der Zeit auch eigene Impulse in ihre Arbeit ein.[44]

Nach der Darstellung der jeweiligen Stundenverläufe (8.4.1. und 8.4.2 mit Tabellen 3 und 4) stelle ich die Beobachtungen der beiden Stunden unter gezielten Fragestellungen einander gegenüber (8.4.3).

8.4.1 Besuch im Musikprojekt I am 19.3.2018

Der Musikraum befindet sich im Keller eines Altenheimes. Auch wenn der Raum an sich mit großen Fenstern an zwei Seiten keinen Kellereindruck macht, ist doch der Weg dorthin, vorbei an Wasch- und Wirtschaftsräumen, mit den damit verbundenen Gerüchen und Geräuschen wenig einladend. Die Musikgeragogin hatte im Interview bereits erwähnt, dass manche der Bewohner nicht am Projekt teilnehmen, weil sie nicht in den Keller gehen möchten. Das ist nach meinem Besuch dort auch für mich nachvollziehbar. Direkt neben dem Musikraum liegt der Sozialraum des Altenheim-

---

44 Siehe Kapitel 7.3, d

personals, in dem stark geraucht wird. Der Geruch zieht bei geöffneter Musikraumtür auch in den Musikraum.

Der Raum ist ca. 30 qm groß. Für die Senioren sind Plätze an drei Seiten des Raumes vorbereitet, die Kindergartenkinder sitzen auf Kissen am Boden entlang der vierten Wand. Die Mitte ist frei. Die Senioren (zwei Männer, neun Frauen) werden von der Musikgeragogin und einer weiteren Kollegin im Sozialen Dienst in den Raum gebracht. Drei Senioren benötigen einen Rollator, ein Senior kann ohne Unterstützung kommen, die übrigen Teilnehmer sitzen in Rollstühlen. Das Pflegepersonal spricht plattdeutsch mit den Senioren. Einige Senioren werden mit dem Vornamen angesprochen, andere mit „du" und dem Nachnamen. Insgesamt ist die Atmosphäre sehr familiär.

Der beteiligte Kindergarten hat dieselbe Postadresse wie das Seniorenheim. Trotzdem kommen die Kinder mit Jacken, der Kindergarten befindet sich somit nicht im selben Gebäude. Es kommen sieben Kinder (drei Jungen und vier Mädchen) von 3-6 Jahren mit ihrer Erzieherin.

Tabelle 3: Stundenverlauf Musikprojekt I

Uhrzeit	Aktion	Beobachtungen
10:00	Warten auf die Kinder	Eine Seniorin sagt: „Jetzt kommen die Kinder, ich hab' sie gesehen." Sie hatte offenbar die ganze Zeit schon die Eingangshalle im Blick gehabt, die sie durchs Fenster sehen konnte. Die Kinder müssen noch den Weg durch den langen Flur zurücklegen. Man hört sie den Flur entlanglaufen. Die Kinder kommen mit einer ziemlichen Lautstärke in den Raum. Sie tragen Namensschilder. Während die letzten Kinder noch die Jacken ausziehen, spielt ein Junge auf der Gitarre der Musikgeragogin. Ein Kind hustet mehrfach, daraufhin anteilnehmende Kommentare bei den Senioren.
10:07	Begrüßungslied „A-A-A, der Frühling ist bald da, …die Kinder, die sind da …die Senioren, die sind da." Das Lied wird noch einmal gesungen und von Körperinstrumenten begleitet.	Die Musikgeragogin begleitet auf der Gitarre in A-Dur. Die Kinder singen kaum mit, die Senioren singen etwas mit. Die Musikgeragogin unterhält sich mit den Kindern, die Senioren sehen zu. Ein alter Herr scheint zu schlafen. Ohne Gitarre stimmt die Musikgeragogin das Lied einen Halbton höher an, in B-Dur. Alle singen und patschen mit.
10:12	Gespräch über Ostern Ein Kind verteilt Klanghölzer an die	Beim Verteilen der Instrumente geringe Kontaktaufnahme zwischen Alt und Jung. Lied wird in D-Dur gesungen, tiefster Ton a.

		Erwachsenen, die Kinder bekommen Rasseln.	
	10:15	Lied: „Es war eine Mutter, die hatte vier Kinder" Die Instrumente werden wieder eingesammelt.	Es gibt keine Ansage, was mit den Rhythmusinstrumenten gemacht werden soll. Einige Senioren singen mit. Die Kinder wirken wenig begeistert, sie scheinen das Lied nicht zu kennen. Die Senioren versuchen, Kontakt mit dem einsammelnden Kind aufzunehmen, doch das Kind ist schüchtern.
	10:16	Die Senioren bekommen Tücher, die Kinder stellen sich in einer Reihe auf, Tanz von der CD „Hoppelhase Hans"	Die Kinder reden durcheinander und erzählen, woher sie die Musik kennen. Es gibt keine Anweisung, was die Senioren tun sollen. Die Kinder tanzen den Senioren etwas vor. Die Senioren sollen einige Bewegungen mitmachen. Beide Gruppen winken sich zu. Die Kinder haben viel Spaß, der Tanz wird zweimal gespielt.
	10:23	Zur Bewegungsmusik gehen die Kinder in der Mitte des Raumes im Kreis und stellen sich an bestimmten Stellen vor einen Erwachsenen. Dort wird geklatscht: „Guten Tag, guten Tag."	Den Kindern macht die Musik viel Spaß. Die Senioren warten voller Spannung, welches Kind wohl zu ihnen kommt. Durch das Klatschen wird kein direkter Körperkontakt aufgenommen, die Hemmschwelle einer direkten Berührung wird so umgangen. Ein noch sehr fitter alter Herr ist besonders beliebt. Ein Junge, J., geht jedes Mal zu ihm. Direkt daneben sitzt eine Seniorin ohne Beine, hier scheuen sich die Kinder, sich bei ihr aufzustellen.
	10:26	Trinkpause Die Musikgeragogin holt einen Servierwagen mit Gläsern und Milchgetränken sowie Wasser.	Wer von den Kindern fertig ist, bringt sein Glas selbst wieder zurück zum Servierwagen. Das geht alles sehr ordentlich und ruhig.
	10:34	Die Senioren bekommen Klanghölzer und Holzblocktrommeln. Vor einer halbseitig gelähmten Bewohnerin wird eine kleine Pauke aufgestellt und sie bekommt einen langen Schlägel. Lied „Häschen in der Grube"	Die Musikgeragogin fragt: „Kennt ihr das?" „Ja, bei Oma Anna!" Alle Kinder sind sehr aufgeregt und die Senioren freuen sich darüber. Das Lied wird in G-Dur gesungen (tiefster Ton g). Die Senioren singen das Lied und begleiten sehr sicher mit Rhythmusinstrumenten (wieder ohne explizite Ansage, hier klappt es). Das „Häschen-Kind" soll sich vor einen Erwachsenen stellen, der das nächste Häschen aussuchen darf. Das klappt aber nur einmal und nur nachdem die Musikgeragogin daran erinnert hat. Das Kind stellt sich zum favorisierten alten

81

		Herrn. Die Kinder können in der tiefen Lage nicht mitsingen.
10:42	Vor dem Fenster ist ein Reiher oder Storch, man einigt sich auf „Vogel".	Spontan wird das Lied „Kommt ein Vogel geflogen" gesungen (von einer dementen Seniorin angestimmt und zwei Strophen durchgesungen), in Fis-Dur (tiefster Ton e). Alle Senioren singen mit.
10:44	Die Kinder verteilen Tücher und nehmen sich selbst eines. Musik von der CD „Tulpen aus Amsterdam". Die Kinder sollen sich vor einen Erwachsenen stellen und alle sollen die Tücher nach Ansage bewegen.	Zu Beginn dieses Abschnitts ist die kleine Pauke noch nicht weggeräumt, es ist sehr unruhig. Niemand (auch kein Erwachsener) stellt sich zur Bewohnerin ohne Beine. Die Senioren singen mit. Die demente Seniorin versucht, mit ihrem Tuch das vor ihr stehende Kind zu erreichen. Das Kind wirkt davon wenig beeindruckt. Anschließend werden die Tücher wieder eingesammelt.
10:50	Ein Schwungtuch wird ausgebreitet.	Eigentlich wollte die Musikgeragogin das Schwungtuch zur Musik schwingen lassen, doch die Kinder möchten einen Ball darauf rollen. Dabei wird es schnell sehr unruhig. Als die Musikgeragogin Musik anstellt, beruhigt sich das Tun etwas. Die Senioren machen erfreut mit, auch wenn es für manche anstrengend sein muss, im Sitzen die Arme hoch zu heben, um den Ball zu steuern. Die Kinder möchten dann einen kleinen Ball durchs Loch plumpsen lassen. Obwohl das nicht klappt und chaotisch wird, lässt die Musikgeragogin weiter probieren, auch noch einmal mit Musik. Mit Musik ist es wieder etwas ruhiger. Um 11:00 bricht die Geragogin den Versuch ab, lässt die Kinder unter das hochgehaltene Tuch laufen und sich darunter verstecken. Trotz der großen Unruhe machen die Senioren keinen genervten, sondern einen aktivierten Eindruck
11:01	Abschlusslied „Hier kam viel Musik herein" (Melodie: „Horch, was kommt von draußen rein")	In G-Dur (tiefster Ton g). Erwachsene singen mit, Kinder nicht. Hinterher bekommt jeder wegen Ostern einen Schokokuss.

Zusammenfassend fällt auf, dass die Musikgeragogin keine pädagogische Ausbildung hat. Alles erscheint abgespult, gehetzt und unreflektiert. Das Begrüßungs- und Abschiedslied haben nichts rituelles, das einen würdigen Beginn oder Abschluss darstellt, sondern wirken wie gezwungen. Es gibt kaum Hinweise darauf, wer was mit seinen Materialien oder Instrumenten tun soll. Es bleibt keine Gelegenheit, den Dingen nachzuspüren. Auf das spontane Lied der Senioren geht die Musikgeragogin nicht ein. Durch die Sitzordnung kann kein Miteinander stattfinden. Trotz dieser Kritik konnte ich spüren, dass die Teilnehmer die gemeinsame Musikstunde als willkommene und erfreuliche Abwechslung in ihrem Alltag genossen haben.

8.4.2 Besuch im Musikprojekt II am 2.5.2018 („Canto elementar")

Das von Karl Adamek ins Leben gerufene Singförderprogramm „Canto elementar"[45] sieht vor, dass eigens dafür geschulte Singpaten regelmäßig in Kindergärten gehen, um dort traditionelles Liedgut mit Kindern und Erziehern zu singen. Zu diesem Zweck ist ein Liederbuch im von Adamek gegründeten „Canto-Verlag" erschienen, aus dem die Singpaten Lieder für die jeweiligen Stunden zusammenstellen. Bei meinem Besuch in einem dieser Projekte treffen sich ab ca. 10:30 Uhr die sieben „Canto-elementar"-Singpatinnen im Besprechungsraum der Kita. Dort stehen Getränke und Gebäck für die Singpatinnen bereit. Die Canto-Organisatorin bespricht einige Formalitäten, da zwei neue Patinnen dazu gekommen sind. Anschließend stelle ich mich und mein Anliegen vor. Danach besprechen die Patinnen den Ablauf der heutigen Stunde. Gemeinsam wird das Programm abgestimmt. Da wegen der Größe der Gruppe das Singen heute ausnahmsweise nicht im Gruppenraum, sondern in der Kindergartenhalle stattfindet, werden spontan noch einige Bewegungslieder mit aufgenommen, um den großen Raum auszunutzen. Die Patinnen gehen jede Woche in die Kita und singen immer mit derselben Kindergruppe. Deswegen kennen sie die Namen aller Kinder und alle Liedwünsche aus der vorherigen Stunde. Die Erzieherin der Gruppe weist darauf hin, dass die Kinder heute wegen des langen Wochenendes unruhiger als sonst seien. Außerdem habe man gerade die Geburtstage von zwei Kindern gefeiert.

---

45 www.cantoelementar.de

Tabelle 4: Stundenverlauf „Canto elementar", Musikprojekt II

Uhrzeit	Aktion	Beobachtungen
10:45	Zwei Kinder (die Geburtstagskinder der Woche) klopfen an die Tür des Besprechungsraumes und laden die Singpatinnen ein zu kommen. Dabei zählen sie die anwesenden Erwachsenen.	
10:49	Alle sitzen im Kreis in der Halle, 17 Kinder, sieben Singpatinnen, die Erzieherin, die Canto-Organisatorin und ich. Die Erwachsenen sitzen gleichmäßig verteilt zwischen den Kindern.	M. erzählt, dass er nach den Sommerferien nicht mehr dabei sein wird, da er dann ein Vorschulkind sei.
10:50	Die Erzieherin lässt ein Klangspiel (Chimes) ertönen als Signal zum Beginn der Stunde.	Die vorausgesagte Unruhe und der ungewohnte Raum sorgen dafür, dass die Kinder noch nicht sehr aufmerksam sind.
10:51	Frage einer Singpatin: Was kommt jetzt für ein Lied? Die Kinder rufen „Horch, was kommt von draußen rein?"	Eine Singpatin zählt in das Lied (und alle folgenden Lieder) hinein, dann wird das Lied unkontrolliert angestimmt, in A-Dur. Es werden alle Strophen gesungen. Die Kinder singen wenig mit, klatschen aber begeistert beim „Hollahi, hollaho" mit.
10:53	Das erste Geburtstagskind darf sich von bunten Liedkarten ein Geburtstagslied wünschen. Es wählt: „Viel Glück und viel Segen".	Nach einem einstimmigen Durchgang in G-Dur wird das Lied im zweistimmigen Kanon gesungen. Ein Kind stellt fest: „Wir haben das im Kanon gesungen."
10:55	Das zweite Geburtstagskind wählt „Zum Geburtstag viel Glück".	Wird in E-Dur gesungen.
10:56	Eine Singpatin holt ein Murmeltierspielzeug aus ihrer Tasche. Auf Knopfdruck beginnt das Tier zu jodeln und am Ende jubeln alle mit. Mit diesem Tier wird die Stimmbildungseinheit eingeläutet.	Da es in der Halle ziemlich laut ist, können die Kinder das Murmeltier kaum hören.
10:56	Eine Handpuppenmaus wird aus der Tasche geholt. Die Singpatin fragt: „Und was kommt jetzt?" Die Kinder rufen: „Putzen!" Alle klopfen sich ab (Staub	Die Kinder sind mit großer Begeisterung bei dieser spielerischen Stimmbildung dabei. Anschließend sind sie etwas unruhig und werden

	putzen), schnüffeln nach Käse (zur Enervierung der Atmung), machen Maschinengeräusche nach („sch-sch-sch", „puff-puff-puff" mit Stampfen). „Seid ihr alle bereit?" „Anschnallen, Turbine!" Arme werden hochgehoben.	von der Erzieherin zur Ordnung gerufen.
11:00	Lied: „Guten Morgen, mein Liebchen"	In G-Dur, sehr tief, die Kinder singen nicht mit.
11:00	„Jetzt fängt das schöne Frühjahr an"	In C-Dur, einzelne Kinder singen mit, die meisten hören nur zu.
11:02	Bewegungsspiel: „Wir öffnen jetzt das Taubenhaus"	Die Singpatinnen hatten das Lied noch nicht mit dieser Gruppe gemacht und dachten, die Kinder kennen es nicht. Die Kinder rufen: „Das kennen wir". Daraufhin sagt die Erzieherin: „Vielleicht singen die Singpatinnen das anders als wir." Die Kinder spielen gerne mit. In G-Dur.
11:06	Ankündigung: „Wir singen heute mal wieder das Zauberlied. M., sag' doch einmal das schwierige Zauberwort alleine." M. sagt „Simsalabimbambasaladusaladim.". Mehrere Kinder sagen das Wort einmal alleine. Dann singen alle das Lied mit allen Strophen.	In G-Dur. Bei „Simsalabim..." klatschen die Kinder.
11:08	Wunschlied „Dornröschen"	Es werden Dornröschen, böse Fee, gute Fee und Prinz ausgewählt. Alle anderen sind die Hecke. Die Solisten stehen in der Kreismitte. Bei den Solostellen hilft eine Singpatin mit. Ein Kind schafft sein Solo auch allein, singt aber nur auf einem Ton, weil das Lied viel zu tief angestimmt ist. In A-Dur, es sackt aber noch ab. Am Ende ist der tiefste Ton ein kleines c.
11:14	Eine Singpatin zieht einen Holzfrosch aus der Tasche. Das erste Geburtstagskind darf ihn zum Klingen bringen. Das zweite Geburtstagskind darf einen kleineren Frosch zum Klingen bringen.	Die Kinder bezeichnen die beiden Frösche als „Mama Frosch und Baby Frosch." Die Kinder kennen das Lied und singen gerne mit. In C-Dur.

	Anschließend wird zunächst einstimmig, dann im Kanon gesungen „Heut ist ein Fest bei den Fröschen am See".	
11:18	Lied „Der Mai, der Mai, der lustige Mai"	Der erste Durchgang wird in D-Dur angestimmt. Das Lied hat einen großen Ambitus, deswegen beklagen sich einige Singpatinnen, dass es zu hoch sei. Danach dann in C-Dur. Die Kinder kennen das Lied nicht.
11:19	Lied mit Tanz: „Dor geiht nix öwer de Gemütlichkeit"	In C-Dur. Die Kinder haben viel Spaß dabei und kommen alle in Bewegung. Eine Singpatin sagt: „Sing mal höher, das ist so schrecklich tief." Trotzdem wird weiterhin in der tiefen Lage gesungen. Es wird wieder unruhig und Singpatin M. fordert Disziplin ein.
11:23	Kanon: „Es tönen die Lieder"	In C-Dur. Die Kinder hören zu. Auch dieses Lied hat einen großen Ambitus.
11:26	Spiellied „Zwischen Berg und tiefem, tiefem Tal".	Zunächst spielen die Mädchen in der Kreismitte die Handlung des Liedes, anschließend die Jungen. In A-Dur.
11:28	Ganz ohne Aufforderung machen sich die Kinder in der Kreismitte direkt im Anschluss bereit für „Häschen in der Grube".	Die Häschen liegen in der Kreismitte, werden gesund gestrichelt und tanzen anschließend gemeinsam mit den anderen Hasen. Nach einem Durchgang wechseln sich die Kinder wieder ab. In G-Dur.
11:30	Abschlusslied „Die Gedanken sind frei"	In E-Dur. Die Kinder versuchen mitzusingen, aber es ist zu tief für sie.
11:30	Erzieherin läutet mit dem Klangspiel, alle fassen sich an den Händen und verabschieden sich.	

Nach der Stunde darf ein Kind die Erwachsenen zurück in den Besprechungsraum begleiten, wo eine kurze Reflexion stattfindet.

Auch wenn die Singpatinnen sich nicht an die „Canto elementar" Standards halten, indem sie sich beim Anstimmen der Lieder abwechseln und die Lieder völlig unkontrolliert und für die Kinderstimme viel zu tief anstimmen, ist dennoch bei allen Teilnehmern eine große Freude im gemeinsamen Tun zu spüren. Den Singpatinnen ist bewusst, dass sie zu tief singen, aber die Alternative wäre ja, wie Frau M. sagt: „Gar nicht singen. Und wenn ich nicht mehr singen darf, dann dürfen Männer das ja auch nicht." Gegen dieses Argument ist tatsächlich nichts einzuwenden, denn wenn Männer mit Kindern singen, wird erwartet, dass die Kinder automatisch oktavieren. Warum sollten sie dieses bei tiefen Frauenstimmen nicht auch tun? Wichtig wäre dann aber ein Erwachsener, der dieses Oktavieren unterstützt.

Es zeigt sich hier eine große Unvereinbarkeit der Positionen: Die Singfreude der Erwachsenen überträgt sich durchaus auf die Kinder, allerdings können die Kinder im gemeinsamen Tun nicht oder nur kaum mitwirken. Aus stimmhygienischer Sicht ist ein solches Singen also durchaus problematisch. Dennoch lernen die Kinder auf diese Weise viele Lieder und Liedtexte kennen und spüren die Freude, die Singen hervorrufen kann. Es wäre fatal, diese seit mehr als zehn Jahren in der Kita stattfindenden Singstunden unter Hinweis auf das zu tiefe Singen zu unterbinden. Die Singpatinnen äußern, dass sie sich wertgeschätzt fühlten (dies zeigt sich auch in der Bewirtung und freundlichen Aufnahme) und wie viel Freude ihnen das gemeinsame Singen mache. Dadurch, dass die Singpatinnen alle sehr sanft und locker singen, werden die Kinder nicht zu zu tiefem, brustigem, lautem Singen animiert. Die Vermittlung des Kulturguts Kinder- und Volkslied ist somit in dieser Kita unbestritten.

Deutlich zu spüren sind die gegenseitige Zuneigung und gute Beziehung, die zwischen den Generationen herrscht. Beide Generationen freuen sich herzlich auf- und aneinander. Auch als Außenstehende merkt man, dass sich die Gruppen nun schon seit Monaten wöchentlich treffen. Alle kennen sich mit Namen und gehen vertrauens- und liebevoll miteinander um.

8.4.3 Zusammenschau der beiden Hospitationen

Obwohl beiden Singprojekten unterschiedliche Konzepte zugrunde liegen, möchte ich die Projekte aus verschiedenen Blickwinkeln gemeinsam betrachten. Mich interessieren folgende Aspekte:

Sitzordnung und Raumaufteilung

Musikprojekt I	Canto elementar II
Senioren und Kinder sitzen getrennt. Die Senioren sitzen auf Stühlen, bzw. in Rollstühlen an drei Seiten des Raumes, die Kinder auf Sitzkissen am Boden an der vierten Seite. Die Mitte bleibt frei. Die Kinder sitzen nicht auf Augenhöhe mit den Erwachsenen. Die Musikgeragogin hat in einer Ecke des Raumes ihren Platz und ihr benötigtes Material. \ \ Es sind elf Senioren, die Erzieherin, die Musikgeragogin, sieben Kinder und ich anwesend.	Alle sitzen auf niedrigen Stühlen in einem großen Oval, die Singpatinnen haben sich gleichmäßig in der Runde verteilt. Mir als unbekannter Person wird ein Platz neben einer Erwachsenen zugeteilt, damit nur ein Kind neben einer Fremden sitzen muss. Die Mitte des Raumes bleibt frei. Dies ist nicht der übliche Probenraum, normalerweise findet die Begegnung im umgeräumten Gruppenraum statt. Mit den zwei zusätz-

| | lichen Erwachsenen schien das den Verantwortlichen zu eng zu sein. |
| | Es sind sieben Singpatinnen, die Erzieherin, die Canto-Organisatorin, 17 Kinder und ich anwesend. |

Die Trennung von Kindern und Senioren in Projekt I und zusätzlich die unterschiedliche Sitzhöhe lassen die Gruppe nicht als eine Einheit erscheinen. In Projekt II entsteht der Eindruck einer zusammengehörenden Gruppe, obwohl mit der Canto-Organisatorin und mir zwei Gäste anwesend sind. In beiden Gruppen kann kein 1:1-Verhältnis erreicht werden, in Projekt I sind mehr Senioren als Kinder vorhanden, in Projekt II ist es umgekehrt.

Zeitlicher Rahmen der Begegnung und Aufteilung der einzelnen Elemente (Gesang, Bewegung)

Musikprojekt I	Canto elementar II
Gesamtdauer der Begegnung 55 Minuten, davon 27 Minuten Bewegungsspiele (4 Bewegungsspiele/Tänze plus 8 Minuten, in denen sich jeweils ein Kind bewegt, während die Senioren singen), 17 Minuten lang wird gesungen (5 Lieder, 1 davon außerplanmäßig von den Senioren angestimmt), jedoch größtenteils nur von den Senioren. 8 Minuten werden für die Trinkpause verbraucht. 3 Minuten lang vor dem zweiten Lied gibt es ein kurzes Gespräch und Instrumente werden verteilt. Die Kinder sitzen 9 Minuten lang vor dem ersten Bewegungsspiel.	Gesamtdauer der Begegnung 41 Minuten, in denen 36 Minuten lang gesungen wird. In den übrigen 5 Minuten gibt es 4 Minuten lang Stimmbildung, die letzte Minute wird für Anfangs- und Endritual (mit Chimes) und kurze Gespräche verbraucht. In den 36 Minuten werden 15 Lieder gesungen, davon 5 mit Bewegungselementen. Während der meisten Lieder singen die Kinder wenig mit, klatschen aber bei manchen Liedern rhythmisch mit. Das erste Bewegungslied kommt nach 13 Minuten Stillsitzen an die Reihe.

Projekt I ist ein intergeneratives Musikprojekt ohne einen Schwerpunkt auf dem Singen, somit ist der nur geringe Gesangsanteil von 30,1 % der Gesamtdauer erklärbar. Projekt II ist Bestandteil der explizit als Singförderprojekt gegründeten Initiative „Canto elementar". Das Konzept der Initiative sieht vor, möglichst wenig während der Begegnung zu sprechen und möglichst viel zu singen. Diesem Anspruch werden die Singpatinnen mit einem Anteil von 36 Gesangsminuten (87,8%) gerecht. Der Bewegungsanteil fällt in Projekt II wesentlich geringer aus als in Projekt I, dafür gibt es in Projekt I keine Stimmbildung.

Was wird wie gesungen?

Musikprojekt I	Canto elementar II
Die von der Musikgeragogin ausgewählten Lieder sind klassische Kinderlieder, teilweise mit einem anderen Text versehen, um sie als Rituallied für Beginn und Abschied zu verwenden. Die Senioren stimmen spontan ein eigenes Lied an, ein Volkslied. Die Lieder werden von der Musikgeragogin auf der Gitarre begleitet, allerdings werden alle Lieder ziemlich tief angestimmt, sodass die Kinder nur sehr wenig mitsingen. Das Bewegungslied „Häschen in der Grube" wird von den Senioren mit Klanghölzern und Holzblocktrommeln begleitet. Für drei Bewegungsspiele kommt die Musik von der CD: eines davon ist ein Kinderlied, zu dem die Kinder tanzen und die Senioren einige Bewegungen mit einem Tuch mitmachen sollen. Ein weiteres Musikstück ist ein Tanz, bei dem die Kinder in der Raummitte gehen und an bestimmten Stellen zu einem gemeinsam geklatschten Rhythmus vor jeweils einer alten Person stehenbleiben. Das dritte Musikstück von der CD ist der Walzer „Tulpen aus Amsterdam", bei dem Kinder und Senioren sich gegenüberstehen und Tücher rhythmisch schwenken. 20 % der Zeit werden für ein gemeinsames Bewegungsspiel mit Schwungtuch verwendet, bei dem es zwischendurch sehr laut und unruhig wird.	Es werden klassische Volkslieder gesungen, dabei werden die überlieferten Texte verwendet und keine situativen Neuschöpfungen. Die Singpatinnen stimmen ihre Lieder ziemlich tief und obendrein noch unkontrolliert an. Der Gesang wird nicht begleitet. Die Kinder singen wenig bis kaum mit, hören aber aufmerksam zu.

In beiden Projekten werden klassische Volks- und Kinderlieder gesungen. In beiden Projekten wird nicht in der „guten Lage" für die Kinderstimme (also zwischen c1 und f2, s. Kapitel 5.3) gesungen. Entsprechend beteiligen sich die Kinder wenig am Gesang. Trotzdem ist auch dieses Singen eine Singförderung, da die Kinder in beiden Projekten aufmerksam zuhören und gelegentlich den Gesang mit Körperinstrumenten begleiten.

In Projekt I wird ein kindlicher Tanz, „Der Hoppelhase Hans", von den Kindern vorgeführt, zu dem die Senioren an einigen Stellen sich selbst Hasenohren zeigen und den Kindern zuwinken sollen. Obwohl die Senioren dies bereitwillig tun, kommt mir als Beobachterin dieser Moment unangemessen vor. Die Senioren werden bei diesem Tanz meiner Meinung nach infantilisiert. In beiden Projekten ist die Freude am gemeinsamen Tun zu spüren, selbst wenn nicht alles aktiv mitgetan wird.

Kontakt zwischen den Generationen

Musikprojekt I	Canto elementar II
Die Kinder sitzen an einer Seite des Raumes, die Senioren an den übrigen drei Seiten, dadurch besteht zunächst kein Kontakt zwischen den beiden Gruppen. Beim Eintreten der Kinder reagieren einige Senioren mitfühlend bis besorgt auf das Husten eines Kindes.	Die Singpatinnen kommen jede Woche in dieselbe Gruppe und kennen alle Kinder mit Namen. Sie sitzen im Raum verteilt zwischen den Kindern.
Direkter Kontakt zwischen den Generationen entsteht beim Verteilen und Einsammeln von Instrumenten oder Tüchern. Hier darf jeweils ein Kind mit der Kiste herumgehen. Alle Kinder möchten diese Aufgabe gerne übernehmen, deshalb geht es abwechselnd. Bei zwei von drei Bewegungsspielen sowie bei einem Bewegungslied sollen die Kinder sich vor eine alte Person stellen und dort gemeinsam klatschen oder mit einem Tuch agieren. Hierbei sieht man, dass die Kinder sich lieber vor fittere Senioren stellen als beispielsweise vor die Teilnehmerin ohne Beine. Die Kinder kommen nur etwa alle sechs Wochen zum Musizieren ins Altenheim, so bleibt eine gewisse Distanz bestehen.	Eine Kontaktaufnahme entsteht durch das gemeinsame Tun sowie durch die Handfassung zu Beginn und zum Ende. Die Bewegungsspiele werden ausschließlich von den Kindern gestaltet, lediglich bei einem Tanz beginnt eine Singpatin gemeinsam mit einem Kind, um noch einmal zu zeigen, wie es geht.
Beim gemeinsamen Agieren mit dem Schwungtuch wird zwar eine gemeinsame Aktion durchgeführt, da aber die Kinder alle an einer Seite stehen und die Senioren an den anderen drei Seiten des Raumes sitzen, entsteht nicht das Gefühl einer gemeinsamen Gruppe. Obendrein sind die Kinder sehr aufgeregt und agieren entsprechend schnell.	

Dies sieht zumindest für meine Augen bei den Senioren sehr anstrengend aus.	

Direkter Kontakt zwischen Alt und Jung in einer 1:1-Situation findet lediglich in Projekt I statt. Allerdings ist hier eine Distanz zwischen den Generationen zu spüren, weil die Kindergruppen nur etwa alle sechs Wochen ins Altenheim mitkommen. In Projekt II gibt es zwar keine 1:1-Situationen, dennoch ist hier deutlich zu sehen, dass sich alle gut kennen. Bei den Kindern ist keinerlei Scheu zu beobachten.

Wer nimmt auf wen Rücksicht?

Musikprojekt I	Canto elementar II
Es ist schwer auszumachen, ob die Teilnehmer explizit aufeinander Rücksicht nehmen. Insgesamt fällt auf, dass die Kinder sich ruhig verhalten und die meiste Zeit aufmerksam sind. Beim Spiel mit dem Schwungtuch jedoch agieren sie wild und unbändig. Die Senioren nehmen insofern Rücksicht, als dass sie sich aktiv an der Musik der Kinder beteiligen.	Alle gehen freundlich und respektvoll miteinander um. Jeder Wortmeldung wird Gehör geschenkt. Beim Singen nehmen die Singpatinnen Rücksicht auf die Wünsche der Kinder, die sie in der Vorwoche geäußert haben. Die Tonhöhe der angestimmten Lieder entspricht jedoch nicht einer für Kinder passenden Höhe.

In beiden Projekten gehen die Teilnehmer freundlich und respektvoll miteinander um. Die Kinder zeigen in beiden Projekten ein ruhigeres Verhalten, als man es in freien Situationen vermuten würde. In beiden Projekten wird bei der Wahl der Tonhöhe keine Rücksicht auf die stimmlichen Möglichkeiten von Kindern genommen. Dafür wird insbesondere in Projekt I die Musikauswahl vorwiegend an den Kindern orientiert.

Die Kinder in Projekt I befinden sich außerhalb ihres gewohnten Kindergartengebäudes und agieren so zurückhaltender, als sie es in ihrem gewohnten Gebäude tun würden. Die Kinder in Projekt II hingegen kennen ihre Singumgebung und sind entsprechend selbstsicher.

Wer profitiert von der Begegnung?

Musikprojekt I	Canto elementar II
Beide Generationen sind mit Freude und Eifer in der Musikstunde dabei. Insofern profitieren beide Seiten für den Moment vom Projekt. Von einem einmaligen Besuch lässt sich nicht feststellen, inwieweit längerfristig Benefits auszumachen sind.	Die Freude am gemeinsamen Tun ist in jedem Moment der Begegnung zu spüren. Im Verlauf ist zu merken, welche Lieder die Kinder schon kennen, welchen Wissensgewinn sie somit in den vergangenen Monaten erfahren haben. Die Singpatinnen profitieren durch das

| | Gefühl, eine wichtige Aufgabe übernommen zu haben. Darüber hinaus sind sie mit Menschen zusammen, die sie mögen (die anderen Singpatinnen), und erfreuen sich an der Freude der Kinder. |

Die momentane Freude des Augenblicks bringt in beiden Projekten einen Gewinn für die Teilnehmer. Insbesondere in Projekt I, wo die Senioren ansonsten einen Großteil des Tages allein in ihrem Zimmer oder auf dem Flur verbringen, stellt das gemeinsame Singen eine willkommene Abwechslung im Tagesablauf dar. Die Kinder in Projekt I machen einen fröhlichen, zufriedenen Eindruck. Auch für sie stellt der Ausflug ins Altenheim eine Besonderheit im Kindergartenalltag dar. Da die jeweilgen Kindergruppen nur etwa alle sechs Wochen ins Altenheim kommen, ist diese Besonderheit noch etwas gesteigert. Inwieweit Kinder und Senioren musikalisch oder nachhaltig von der gemeinsamen Stunde profitieren, lässt sich nach einem einmaligen Besuch nicht sagen. Durch die wechselnden Kindergruppen kann sich der soziale Benefit nicht einstellen. In Projekt II sind die Benefits augenscheinlicher: Die Kinder kennen nach zehn Monaten gemeinsamen Singens eine Menge Lieder, die sie zwar während der Stunde nicht mitsingen, aber durch Klanggesten oder Tanz begleiten. Sie erfahren Stimmbildung als wichtige Vorbereitung für das Singen. Die Singpatinnen erleben sich in einer verantwortungsvollen Rolle und spüren die Zuneigung der Kinder. Insbesondere der soziale Benefit ist in Projekt II deutlich wahrzunehmen. Alle kennen sich mit Namen. Es lässt sich auch in einer einzigen beobachteten Stunde feststellen, dass regelmäßiger Kontakt zwischen den Generationen besser gelingt, wenn die Gruppen beider Generationen gleichbleiben.

Atmosphäre

Musikprojekt I	Canto elementar II
Obwohl der Raum selbst eine angenehme Atmosphäre hat, stört der Weg dorthin durch einen langen Kellerflur vorbei an Wirtschaftsräumen. Der Nikotingeruch aus dem Sozialraum der Mitarbeiter stört. Davon abgesehen ist die Atmosphäre freundlich und einladend. Der liebevolle Umgangston des Personals mit den Bewohnern fällt auf. Die gemeinsame Trinkpause läuft sehr geduldig und geordnet ab. Niemand beschwert sich, wenn es mit dem Einschenken des Getränks länger dauert.	Bei meinem Besuch sind wir nicht im Gruppenraum, sondern in der großen Halle des Kindergartens, die leider nur durch Vorhänge vom Flur abgeteilt ist. Dadurch gibt es besonders am Anfang viel Unruhe. Die Kinder befinden sich in einem ungewohnten Setting. Außerdem sind Kinder anderer Gruppen auf dem Flur, die sich ebenfalls über die veränderte Situation wundern. Nach einer Weile beruhigen sich die Kinder. Die Atmosphäre ist sehr freundlich, dabei aber bestimmt. Bei Unruhe ruft

Auch wenn die Kinder und Senioren sich persönlich nur flüchtig kennen, ist der Umgang untereinander liebevoll und freundlich.	entweder die anwesende Erzieherin oder eine Singpatin zur Ordnung, Vor der Stunde treffen sich die Singpatinnen im Sozialraum des Kindergartenpersonals. Die Küche stellt vor jeder Stunde kalte und warme Getränke sowie Gebäck für die Singpatinnen bereit. Diese äußern, dass sie sich dadurch sehr angenommen und wertgeschätzt fühlen.

Obwohl in beiden Projekten nicht alles ideal ist und es also noch Verbesserungspotenzial gibt, lässt sich in beiden Projekten eine positive Atmosphäre ausmachen. Alle Beteiligten sind mit Freude und Eifer bei der Sache, beide Generationen kommen miteinander in einen warmherzigen Kontakt. Es entsteht der Eindruck, dass beide Generationen sich gegenseitig beschenken und diese Stunde entsprechend ein Highlight im normalen Alltag darstellt.

8.5 Auswertung der Leitfadeninterviews

Aus der Beschäftigung mit dem theoretischen Material entwickelte ich den Leitfaden für die Experteninterviews (s. Anhang I und II). Neben Fragen zur musikalischen Ausbildung der Leiter geht es im Leitfaden um das Projekt, die Teilnehmer sowie die Erfahrungen der Leiter mit ihrem jeweiligen intergenerativen Singprojekt. Bei der Entwicklung des Fragebogens hatte ich bereits die Überprüfung der von Scheunpflug und Franz aufgestellten Gelingensbedingungen intergenerativer Bildung (s.u.) im Blick. Es wurden 17 Leitfadeninterviews mit Leitern bzw. Initiatoren intergenerativer Singprojekte aus ganz Deutschland, England und der Schweiz durchgeführt. Drei Interviewpartner beantworteten die Fragen sowohl schriftlich als auch mündlich. Insgesamt wurden sechs Interviews mündlich (teilweise telefonisch) geführt. Diese wurden mit dem Transkriptionsprogramm f4transkript[46] nach dem einfachen Transkriptionssystem (Dresing & Pehl 2015 [2011]: 20ff.; Kuckartz 2014 [2012]: 137f.) verschriftlicht und anschließend ebenso wie die 14 schriftlich beantworteten Fragebögen mit dem Analyseprogramm f4analyse[47] ausgewertet. Dabei wurden die Kategorien zur Auswertung deduktiv entwickelt. Ich orientierte mich hauptsächlich an den didaktischen Bedingungen intergenerativer Bildung von Scheunpflug & Franz (2014: 137f.): Biografieorientierung, Sozialraumorientierung, Interaktionsorientierung, Partizipationsorientierung, Aktions- und Handlungsorientierung sowie Reflexionsorientierung (s. Kapitel 6.4). Zudem sollten die Aussagen der Experten zu ihren jeweiligen Projekten, ihrer eigenen Ausbildung sowie zu den persönlichen Erfahrungen der Experten durch das Kategoriensystem strukturiert werden. Auf diese Weise entstand ein

---

46 www.audiotranskription.de/f4
47 www.audiotranskription.de/f4-analyse

Kategoriensystem mit 16 Kategorien: Neben den sechs didaktischen Grundorientierungen noch die Kategorien Stereotype, Unterstützungsbedarf, Intergenerativität, Proben, Zeit für Austausch und Begegnung, altersbedingte Bedürfnisse, Teilnehmer, Projekt, persönliche Angaben sowie Sonstiges.

Zwei Teilnehmerinnen berichteten aus internationalen intergenerativen Projekten, aus der Schweiz und aus England. Insbesondere in England werden schon wesentlich länger als in Deutschland intergenerative Musikprojekte durchgeführt. Zusätzlich zu den Fragebögen wurde ein Vortrag von Hans-Hermann Wickel vom 6.3.2018[48] in die Auswertung mit einbezogen. Durch die oben erwähnte sowohl schriftliche als auch mündliche Beantwortung der Fragen durch drei Experten tauchen diese Interviews doppelt auf. Das erklärt die 20 Auswertungstexte in der anliegenden Datensammlung.[49]

Es gibt Antworten von Leitern aller drei Arten von intergenerativen Singprojekten: Sieben Expertinnen leiten Projekte in Altenheimen, die von Kinder- bzw. Schülergruppen besucht werden (Jung-zu-Alt), ein Experte initiierte die Projekte in Kindergärten (Alt-zu-Jung), die von Senioren besucht werden, und sechs Experten leiten Projekte an neutralen Orten wie Musikschulen, Nachbarschaftshäusern oder Kirchengemeinden, deren Teilnehmer nicht unbedingt institutionell zur Teilnahme am Projekt gelangt sind. Ein weiterer Experte ist Leiter von Familien-Singwochen. Zwar liegt der Fokus dieser Arbeit auf außerfamilialen Angeboten, dennoch waren mir die Erfahrungen aus solchen – schon lange stattfindenden – Mehrgenerationen-Angeboten wichtig. Eine Expertin hat ein intergeneratives Singprojekt für Altenheime entwickelt und arbeitet als Multiplikatorin solcher Angebote. Eine andere Expertin vermittelt intergenerative Singprojekte zwischen englischen Altenheimen und Schulen.

---

48 Vortrag am 6. März 2018 im Franz-Hitze-Haus Münster aus Anlass des Praxistags Musikgeragogik der „Deutschen Gesellschaft für Musikgeragogik" (DGfMG)
49 Ursprünglich hatte ich den Experten Anonymität zugesichert, doch auf Anfrage waren alle Interviewpartner damit einverstanden, dass ihre Texte nicht anonymisiert werden und die verwendeten Kürzel auf die Experten zurückgeführt werden können. Für diese Vorgehensweise habe ich mich entschieden, um die Urheberschaft wertvoller Aussagen der Experten bei Bedarf nachvollziehbar zu machen.

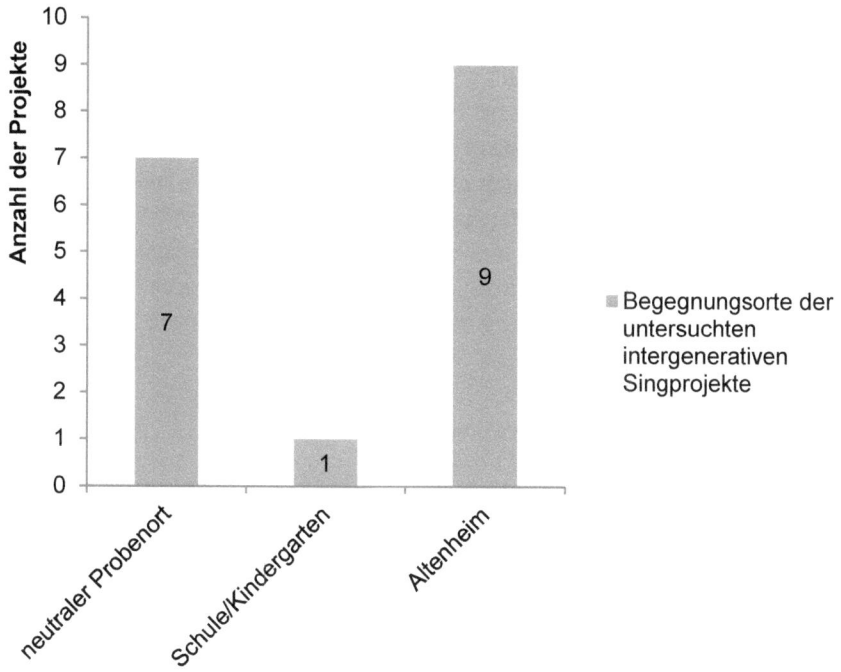

Abbildung 15: Ort der intergenerativen Begegnung

Abb. 15. zeigt die Verteilung der Singprojekte auf die unterschiedlichen Begegnungsorte. Ich konnte Experten aller drei Arten von intergenerativen Singprojekten befragen.

Wie oben beschrieben, orientierte sich die Kategorisierung der Interviewergebnisse zunächst an den von Scheunpflug & Franz empfohlenen sechs didaktischen Grundorientierungen intergenerativen Lernens.[50] Hierbei stellte sich allerdings heraus, dass nicht alle der sechs Grundorientierungen für intergeneratives Singen anwendbar sind, bzw. sich diese überlappen. Die von Scheunpflug & Franz geforderte „Biografie-Orientierung" habe ich durch „lebenssituativer Bezug" ersetzt. Hierfür gibt es zwei Gründe: Die an den Singprojekten beteiligten Kinder und Jugendlichen haben noch keine große Biografie, an die im Projekt angeknüpft werden könnte. Dies ist besonders in Projekten so, die mit Kindergarten- und Vorschulkindern arbeiten. Entscheidender ist jedoch, dass die altersbedingten (physiologischen) Unterschiede, Bedürfnisse und Befindlichkeiten der Teilnehmer im Begriff „Biografie" nicht abgebildet werden. Diese sind bei einer so leibbetonten Tätigkeit wie dem Singen aber unbedingt in den Blick zu nehmen.

Die Subcodes waren zunächst ebenfalls deduktiv, also vor den ersten Befragungen, durch die Beschäftigung mit dem theoretischen Material und durch die Entwicklung des Fragebogens formuliert worden. Dabei ging es mir darum, die Aussagen in den Kategorien Unterstützungsbedarf, Intergenerativität, Proben, altersbedingte Be-

---

50 Scheunpflug & Franz 2014: 137f

dürfnisse, Teilnehmer, Projekt und Persönliche Angaben weiter zu differenzieren. Es entstanden auf diese Weise 33 Subcodes. Nach der zweiten Befragungswelle im Herbst 2017 änderte ich die Zuordnung der Subcodes zu den Kategorien, da die bis zu diesem Zeitpunkt erfolgten Expertenbefragungen (7 von 17) durch das bis dahin verwendete System nicht ausreichend klar abgebildet wurden (induktive Kategorienbildung). Zudem überschnitten sich mehrere Kategorien. Ich reduzierte die Anzahl der Kategorien und fügte die Kategorie „Beteiligte Institutionen" hinzu, sodass acht Kategorien entstanden. Die vorher zur Differenzierung entwickelten Subcodes wurden dem neuen Kategoriensystem zugeordnet (s. Tabelle 5). Durch die neue Zuordnung blieben 32 Subcodes übrig. Anschließend wurden die ersten Fragebögen ein zweites Mal kodiert.

Es wurden die folgenden Kategorien verwendet:

- Projekt
- Sozialraum
- Interaktion
- Hilfen und Voraussetzungen
- Partizipation
- Lebenssituativer Bezug
- Persönliche Angaben
- Beteiligte Institutionen

Selbstverständlich gibt es Überschneidungen zwischen den Kategorien. So sind die gesungene Literatur bzw. das Repertoire einer intergenerativen Singgruppe von entscheidender Bedeutung für das Projekt. Da Singen aber aktives Geschehen ist, habe ich den Subcode „Literatur/Repertoire" in die Kategorie „Partizipation"[51] eingeordnet. Ebenso kann die „Ausbildung" oder das Fehlen einer solchen als zur Kategorie „Hilfen und Voraussetzungen" passend empfunden werden. Dies wird jedoch jeder Leiter intergenerativer Singprojekte anders wahrnehmen, weswegen ich diesen Subcode den „persönlichen Angaben" zugewiesen habe. Die „allgemeinen Ziele" eines intergeneratives Singprojekts („Partizipation") sind immer auch Teil der persönlichen Erwartungen (Kategorie „persönliche Angaben") an die eigene Arbeit.

---

51 Partizipation als aktive, gleichberechtigte Teilhabe aller Teilnehmer (Scheunpflug & Franz 2014: 140).

Zusammen mit den Subcodes ergibt sich folgende Kategorisierung (Tab.5):

Kategorie	Subcodes
Projekt	Rekrutierung der Teilnehmer
	Umfeld städtisch oder ländlich
	Kontinuierlich oder zeitlich begrenzt
	Alter der Teilnehmer: Kinder unter 6
	Alter der Teilnehmer: 6–10 Jahre
	Alter der Teilnehmer: Jugendliche
	Alter der Teilnehmer: Erwachsene
	Alter der Teilnehmer: Senioren
Sozialraum	Neutraler Probenort
	Einrichtung für Senioren (→ Jung zu Alt)
	Kindergarten oder Schule (→ Alt zu Jung)
Interaktion	Umgang der Teilnehmer
	Zeit für Austausch
Hilfen und Voraussetzungen	Allgemeine Voraussetzungen
	Hilfebedarf und Notwendigkeiten
Partizipation	Literatur/Repertoire
	Projektpräsentation
	Allgemeine Ziele
	Ziele für Alt
	Ziele für Jung
	Probenteilnahme
	Alt profitiert von Jung
	Jung profitiert von Alt
	Benefit für alle Beteiligten
Lebenssituativer Bezug	Altersbedingte Bedürfnisse und Befindlichkeiten während der Probe
Persönliche Angaben	Zugang zum Projekt
	Persönliche Ergänzungen
	Erwartungen
	Erfahrungen
	Ausbildung und Defizite/Kompetenzen
Beteiligte Institutionen	Vertragliche Absicherung
	Institutionell oder persönlich initiiert

Tabelle 5: Kategoriensystem zur Auswertung

In der folgenden Übersicht sind den einzelnen Subcodes Ankerbeispiele zugeordnet:

Kategorie	Subcodes	Ankerbeispiel
A. Projekt	A.a Rekrutierung der Teilnehmer	„Und so läuft das auch. So, dass die Leute probeweise kommen. Und dann, wenn sie Lust haben, wieder zu kommen, dann sind sie natürlich herzlich eingeladen. Das

			ist ja gar keine Frage. Aber es ist immer freiwillig." (FNH, Absatz 132–133)
	A.b Umfeld städtisch oder ländlich		
	A.c Kontinuierlich oder zeitlich begrenzt		„Die Begleitung einer Kita durch das Netzwerk Il canto del Mondo e.V. erstreckt sich in der Regel über 2 Jahre. Danach kann sich die Kita dem Netzwerk anschließen und weiter betreut werden." (KA S, Absatz 5)
	A.d Alter der Teilnehmer		„Senioren aus dem Seniorenheim nehmen an der Musikstunde teil, Teilnahme ist freiwillig, ca. 12 Personen, Kinder im Vorschulalter aus einer Kita kommen in das Seniorenheim, ca. 12–15 Kinder, gleiche Anzahl zwischen Kindern und Senioren erwünscht." (AJ, Absatz 26)
B. Sozialraum			„Das Projekt findet fast immer in der Senioreneinrichtung statt. Wir unternehmen aber schon mal gemeinsame Spaziergänge oder ein Eis-Essen außerhalb der Einrichtung." (AL, Absatz 27)
C. Interaktion			„Depending on the mental capability of the care home residents. Children are unafraid of approaching the elderly residents but if the residents are non-communicative then it is hard for any real social interaction to take place. Generally speaking, it is very good with those that are able to, speaking freely amongst themselves" (ADE, Absatz 61)
	C.a Umgang der Teilnehmer		„Höflich, respektvoll, beiderseitig interessiert und helfend, neugierig, freundschaftlich." (SF, Absatz 148)
	C.b Zeit für Austausch		„Dass man da einfach mal so freie, selbstbestimmte Zeit hat, um ein bisschen zu schnuppern, in

		Kontakt zu treten. Das darf man auch nicht unterschätzen." (FNH, Absatz 601)
D. Hilfen und Voraussetzungen		„Es braucht sichtbare und unsichtbare Türöffner für solche Ideen: Intergenerative Projekte fallen aus dem Rahmen von Institutionen, wie Schulen, Altenheimen, Stiftungen oder anderen Fördermöglichkeiten. […] Zeit ist bei allen sehr knapp, bezahlte Zeit für solche Projekte gibt es leider viel zu wenig." (CW, Absatz 70)
	D.a Bewältigung des Weges zur Probe	Die Kita-Kinder kommen mit dem Linienbus in Begleitung von zwei Erzieherinnen und Elternunterstützung." (AL, Absatz 54)
	D.b Institutionelle Voraussetzungen	- „Einrichtungsleitung muss mit den Projekten einverstanden sein - Team des Sozialen Dienstes, welches die Maßnahmen der Tagesstrukturierung verantwortlich durchführt, muss offen für solche Projekte sein und diese auch zeitlich mittragen wollen - räumliche und personelle Kapazitäten müssen vorgehalten werden - Zugang zu Equipment muss ermöglicht sein - Catering für Trinkpause muss möglich sein (Schnittstelle Hauswirtschaft)" (AL, Absatz 90–93)
	D.c Organisatorische Voraussetzungen	„Ich möchte nochmal sagen, als Abschluss: Es braucht eine gute Organisation. […] Das kann nicht alles die musikalische Leitung machen. Es braucht eine gute Organisation, ne?" (FNH, Absatz 761–763)
	D.d Personelle Voraussetzungen	„Wenn man mit so vielen Menschen arbeitet, dann ist das einfach eine ganz tolle Unterstützung,

		wenn da mehr Leute auch dabei sind, ne?" (FNH, Absatz 745)
	D.e Persönliche Voraussetzungen	„Erfahrung mit Kindern und Senioren, Musikalische Ausbildung und Fortbildung die breit gefächert ist, Empathie, Kreativität, Phantasie, Herzlichkeit, Freundlichkeit und Fröhlichkeit..." (AT, Absatz 71)
	D.f Voraussetzungen sonstiger Art	„Unabdingbar ist eine Vorbereitung der Kinder auf das, was sie im Seniorenheim erwartet: Gerüche, Erkrankungsbilder und die Frage: Wie geh ich damit um?; sowie in der Nachfolge immer eine Reflexion der Stunde, der Eindrücke und Fragen, die die Kinder gesammelt haben." (SF, Absatz 77)
	D.g Grenzen, Hilfebedarf, Wünsche	„Die Anzahl der Senioren war bei einer Stunde zu groß (24 Teilnehmer). Es war keiner von der Pflege dabei und einer Teilnehmerin ging es nicht gut. Ich würde beim nächsten Mal auf die Teilnahme von Seiten des Heimes bestehen." (ST, Absatz 74)
E. Partizipation	E.a Aktion und Handlung	„Begrüßung, festes Eingangslied, Geburtstagslied und Geburtstagsliedwunsch, Geburtstags-Wunschlieder der letzten 6 Wochen, Impuls und Redebeiträge, Sitztanz, Abendlieder, Verabschiedung mit Wünschen und Abschlusslied," (CW, Absatz 50)
	E.b Literatur/Repertoire	
	E.b.a Projekte an neutralen Orten	„Der Chorleiter wählt die Literatur aus und orientiert sich an den Bedürfnissen und musikalischen Möglichkeiten der Gruppe. [...] Internationale Folklore, eher einfache mehrstimmige Sätze und Kanons, z. T. auch mit Improvisationselementen" (TH, Absatz 34–36)
	E.b.b Projekte in Kindergärten	Programm von „Canto elementar"

	E.b.c Projekte in Altenwohnein-richtungen	„Kinderlieder von Früher und heute, Volkslieder, selbst geschriebene Lieder" (AJ, Absatz 36)
	E.c Projektpräsentation	„Ein unglaublicher Erfolg – 80 Aufführungen in 5 Jahren, in 8 Städten aufgetreten, im Fernsehen gesendet, 15.000 Menschen erreicht – Spaß und Freude gehabt" (MB, Absatz 77)
	E.d Allgemeine Ziele	„Also, über die Musik, über diese ganzen musikalischen Aktivitäten begegnen sich zwei Generationen und kommen miteinander in Kontakt. Und sollen ganz viel Freude haben und ganz viel Spaß haben. Und ganz viel von- und miteinander lernen. [...] Und die Musik ist sozusagen der Motor." (FNH, Absatz 257–259)
	E.e Ziele für Alt	„Senioren sollen Toleranz entwickeln, sie sollen erkennen, dass Kinder heute anders sind als früher. [...] Den Senioren soll Freude bereitet werden, indem die Kinder Leben ins Haus bringen. [...] Senioren sollen an ihre eigene Biografie erinnert werden und den Kindern davon erzählen." (AL, Absatz 36–40)
	E.f Ziele für Jung	„Den Kindern sollen Berührungsängste genommen werden, sie sollen feststellen, dass das Alter zu unserem Leben dazu gehört [...] (Grundschul-)Kindern soll Freude bereitet werden, indem ihnen verantwortungsvolle Aufgaben zugetraut werden" (AL, Absatz 35–38)
	E.g Probenteilnahme	„Nein, das, was sie möglich machen konnten, sie haben viel freigeschaufelt, haben sie auch wirklich möglich gemacht" (AVK, Absatz 383)
	E.h Alt profitiert von Jung	„Und im Mehrgenerationenprojekt, da passiert das fast nie, dass

		die so komisch oder eher so, vielleicht auch mal aggressiv oder unfreundlich auf Menschen mit Demenz reagieren. Die sind deutlich liebevoller miteinander und auch irgendwie viel netter im Umgang, das finde ich." (FNH, Absatz 655)
	E.i Jung profitiert von Alt	„Die Jugendlichen bekamen einen Blick für ihre sozialen Talente, einen Blick für die anderen Menschen nebenan." (CW, Absatz 63)
	E.j Benefit für alle Beteiligten	„Auch wenn es manchmal recht turbulent zugeht, empfinde ich die Begegnungen als Gewinn sowohl für die Senioren als auch für die Kinder. Gerade beim Projekt ‚B' mit den Grundschulkindern entstehen richtige Freundschaften zwischen Groß und Klein." (AL, Absatz 102)
F. Lebenssituativer Bezug	F.a Junge Generation	„Die Kinder ergreifen viel schneller die Initiative (z.B. beim Verteilen der Instrumente), wir versuchen ihnen behutsam beizubringen, dass sie auch immer ‚ihren' Senioren im Blick haben sollten und auch diesen bitte mitversorgen." (AL, Absatz 52)
	F.b Alte Generation	„The elderly residents often need extra help with wheelchairs or access to toilets which are provided for by the care home workers on site and arranged with the school and project manager beforehand." (ADE, Absatz 54)
	F.c Unterschiede zwischen den Generationen	„Beide Altersgruppen machen in ihrer Kindheit gravierend verschiedene Erfahrungen (Geschenke zu Weihnachten, Hausarbeit früher – heute, etc.). Ich erkläre z.B. oft die Unterschiede früher – heute, damit ein Verständnis füreinander entsteht." (EJF S, Absatz 49–50)

G. Persönliche Angaben	G.a Zugang zum Projekt	„Musik verbindet die Generationen, gleiche Themen sind vorhanden, Musik mit altem und neuem Liedgut verbindet, Großeltern musizieren mit Enkeln, Senioren können aktiv mit Kindern musizieren – dies waren meine Beweggründe" (AJ, Absatz 20)
	G.b Persönliche Ergänzungen	„Die Leitung muss in der Lage sein, ‚gültiges Musizieren' vorzuleben und zu praktizieren. Es darf im Umgang mit altersinhomogenen Gruppen gar nicht erst die Frage nach ‚zu einfach' oder ‚zu schwer' aufkommen, auch das scheinbar Leichte (Elementare) muss im Sinne künstlerischer Qualität angeboten und praktiziert werden." (TH, Absatz 79)
	G.c Erwartungen	„Freude am gemeinsamen Musizieren mit Alt und Jung. Grenzen überwinden, die Lebensqualität der Senioren verbessern, Lernen voneinander" (AT, Absatz 38)
	G.d Erfahrungen	„Mein Fazit fällt durchweg positiv aus." (AL, Absatz 102)
	G.e Ausbildung und Defizite/Kompetenzen	„Also, ich bin sehr, sehr froh über mein fundiertes Studium und fundierte Gesangsausbildung und dass ich einfach Akkorde und Kadenzen beherrsche." (AEW, Absatz 34)
H. Beteiligte Institutionen	H.a Vertragliche Absicherung	„Nein, das ist prekär, sozusagen. Diese ganzen, wenn man selbstständig ist, das ist ja oft das Problem." (FNH, Absatz 245)
	H.b Institutionell oder persönlich initiiert	„Einmal eine Kita und ein Seniorenzentrum, die auch sofort alle Türen geöffnet haben, weil, alle waren sehr, sehr begeistert von dieser Idee." (FNH, Absatz 46)

Im weiteren Verlauf dieses Kapitels werden Aussagen der Experten den einzelnen Kategorien zugeordnet und mit Kurzkommentaren dargestellt. Auf ausgewählte Inhalte gehe ich in der Diskussion weiter ein.

A   Projekt

In dieser Kategorie werden alle Angaben zum Projekt gesammelt: Anzahl und Alter der Teilnehmer, sowie die Art der Rekrutierung und das Umfeld des intergenerativen Singprojekts.

A.a   Rekrutierung der Teilnehmer

Bei der Rekrutierung der Teilnehmer gilt es, zwischen den Senioren und den Kindern zu unterscheiden. Zudem ist es entscheidend, ob das Projekt in einem Alten- oder Pflegeheim, einer Kindertagesstätte oder an einem neutralen Ort stattfindet.

Die älteren Teilnehmer der in Altenwohneinrichtungen stattfindenden Projekte nehmen freiwillig am jeweiligen Projekt teil. Bei den Projekten handelt es sich um Kooperationen zwischen Altenwohneinrichtungen und (Vor-)Schulen, Musikschulen oder Kindertagesstätten. Die junge Generation besucht die Senioren für etwa einstündige Sing- und Musizierstunden.

> *Die Senioren werden von den Mitarbeiterinnen des Sozialen Dienstes angesprochen, die Teilnahme ist natürlich immer freiwillig.* (AL, Absatz 27)

> *Innerhalb des Heimes übernimmt die Dame des Begleitenden Dienstes die Ansprache der Bewohner; auch ich lade evtl. kommende Angehörige und besuchende Enkelkinder direkt zur Teilnahme der Stunden ein. Die Teilnahme der Bewohner ist immer freiwillig, mittlerweile funktioniert die Teilnahme über Mund-zu Mund-Propaganda, wie mir ein Teilnehmer neulich erzählte.* (SF, Absatz 32)

Oft werden die Bewohner schon beim Einzug ins Seniorenheim auf das Angebot hingewiesen. Dann besteht die Möglichkeit, sich das gemeinsame Musizieren anzusehen, bevor man sich entscheidet mitzumachen. Und auch dann können die Teilnehmer der älteren Generation situativ entscheiden, ob sie beim gemeinsamen Singen mitmachen oder nicht.

> *Also, [...] wenn die Heimplatzberatung bei Herrn H. stattfindet, dann werden, glaube ich, die Interessenten immer auf das Projekt schon aufmerksam gemacht. [...] Und dann, je nach Lust, Interesse, musikalischen Vorlieben, Lust mit Kindern etwas zu machen, können die Bewohner natürlich sagen, „Ich würde da gerne mal hingehen, ich würde gerne mal schnuppern." [...] Und so läuft das auch. So, dass die Leute probeweise kommen. Und dann, wenn sie Lust haben, wieder zu kommen, dann sind sie natürlich herzlich eingeladen. Das ist ja gar keine Frage. [...] Aber es ist immer freiwillig. [...] Also, auch so die Erfahrung der Jahre zeigt auch, wenn jemand sagt, „Ich möchte gerne nach 20 Minuten gehen, weil, ich bin erkältet oder ich kann nicht mehr, das ist mir heute zu laut." Dann setzen wir das sofort um.* (FNH, Absatz 124–142)

Das ist bei den jungen Teilnehmern von Projekten in Altenheimen anders, denn die Kinder sind in den meisten Fällen durch das Programm ihrer Betreuungseinrichtung gebunden. Ist das intergenerative Singen Teil des Programms der Betreuungseinrichtung, sind die Kinder automatisch dabei.

Also, das ist bei den Kindern natürlich viel schwieriger. Also, wenn die aus der Schule rausgehen, dann können die nicht alleine zurückbleiben, sozusagen. [...] Aber es ist bisher in all den Jahren also ganz, ganz selten vorgekommen. Am Anfang ist das zweimal vorgekommen, dass zwei Mädchen nicht mehr kommen wollten. Die sind dann in der Kita geblieben. (FNH, Absatz 149–151)

Meistens ist das Interesse bei den Kindern aber groß. Aus diesem Grund gibt es in manchen Projekten ein Rotationssystem, damit möglichst viele Kinder in den Genuss des intergenerativen Singens kommen:

Weil halt die immer wirklich wechseln. Mein Ziel war eigentlich damals, irgendwie Stamm, dass ich alle zwei Wochen die gleichen Kinder da habe, aber so ist es dann auch für die einfacher, weil, sonst können die anderen Kinder ja nie mitkommen, wenn man so will, ne, aus der Gruppe. (EJF I, Absatz 100)

Bei Altenheimprojekten, die außerhalb von Schul- bzw. Betreuungszeiten stattfinden, stammen die jungen Teilnehmer aus Musikschulgruppen, Kindergärten oder Schulklassen, in denen die Leiter ebenfalls tätig sind. Aus diesen Gruppen wählen die Leiter dann Kinder aus, die an den intergenerativen Singstunden teilnehmen dürfen:

Ich wähle für eine intergenerative Musikstunde besonders geeignete Kinder aus. (ST, Absatz 52)

Die Grundschulkinder werden von der Lehrerin rekrutiert. (AL, Absatz 27)

Anders sieht es bei einem Projekt in einem Nachbarschaftshaus aus: In diesem befindet sich ein Kindergarten. Die Kinder gehen mit ihren Erziehern in den Übungsraum, die Senioren kommen von außerhalb selbstständig zur Singstunde:

Kinder aus dem Kindergarten und Teilnehmer des Seniorentreffs treffen sich zum gemeinsamen Singen für bestimmte Projekte. (UL, Absatz 26)

Drei der untersuchten intergenerativen Singprojekte an neutralen Probenorten wurden eigens zur Einstudierung eines Musicals ins Leben gerufen. Während das eine dieser Projekte, die „Rock'n Rollator-Show", kontinuierlich fortgeführt wird mit wechselnden Besetzungen, waren zwei andere Projekte von vornherein nur auf die vorgesehenen zwei Aufführungen hin geplant und die intergenerative Zusammenarbeit wurde anschließend ausgesetzt. In einem der Projekte war die Teilnahme für die Mitglieder eines Jugendchores Teil des Chorprogramms und somit nur insofern freiwillig, als die Teilnahme am Chor an sich freiwillig ist. Hatten sich die Jugendlichen einmal für den Chor entschieden, war die Teilnahme am Projekt mit inbegriffen. Für die Teilnehmer der älteren Generation sah es anders aus:

Aber ich habe gesagt, „Guckt es euch an. Hört es euch an. Wir machen es von Januar bis zu den Osterferien in der zweiten Einheit [Zweite Probeneinheit, nach der Pause. Anm. RV]. Das ist ja immer nur noch ein Viertelstündchen. [...] Und dann lege ich eine Liste aus. [...] Und dann könnt ihr wählen." Und von den 20 Leuten hatten sich, ich glaube, 16 eingetragen. Zwei mussten dann aus gesundheitlichen Gründen [absagen], also 14 waren dann dabei. (AVK, Absatz 84–88)

Die Teilnahme war somit für die älteren Sänger freiwillig, wobei auch hier nach dem Entschluss mitzusingen erwartet wurde, möglichst alle Proben zu besuchen. Ein Unterschied zu den Projekten, die in Altenheimen stattfinden und jedes Mal die Möglichkeit des Aussetzens der Projektteilnahme bieten.

Ein weiteres intergeneratives Singprojekt in einer Kirchengemeinde rekrutierte völlig offen alle singfreudigen Personen aus der Gemeinde in den entsprechenden Altersgruppen:

Das ging eher so über entweder Mundpropaganda oder es wurde halt im Gottesdienst gesagt. [...] Oder es stand in den Pfarrnachrichten und so weiter. (FB I, Absatz 68–70)

Die haben sich ja alle freiwillig gemeldet auch. (FB I, Absatz 297)

Das Singförderprojekt „Canto elementar" sieht den regelmäßigen Besuch von Senioren in Kindertagesstätten vor, um dort das alltägliche Singen zu fördern. In dieser Kooperation ist die Teilnahme für die Senioren freiwillig. Wenn sie sich für die Mitwirkung im Projekt entschieden haben, unterschreiben sie eine Kooperationsvereinbarung für die Dauer von zwei Jahren, die den regelmäßigen Besuch in den Kitas gewährleistet. In den Kindertagesstätten wird die Teilnahme der Kinder unterschiedlich gehandhabt. Ziel von „Canto elementar" ist, dass eine immer gleiche Kindergruppe am jeweiligen Projekt teilnimmt. Allerdings hängt dies vom Konzept der Kindertagesstätte ab. Inzwischen gibt es viele Kindertagesstätten, in denen sich die Kinder täglich neu für ein Angebot entscheiden, insofern sind die Kindergruppen in manchen „Canto-elementar"-Kitas jedes Mal anders zusammengesetzt.

A.b Umfeld: städtisch oder ländlich

Der Großteil der 17 befragten Experten arbeitet in Projekten im städtischen Raum, bzw. in Stadtrandlage. Lediglich zwei Experten gaben an, im ländlichen Raum tätig zu sein, zwei Experten arbeiten in überregionalen Projekten (Abb. 16).

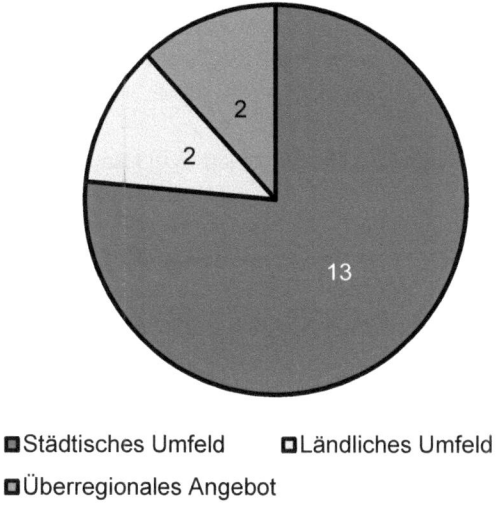

■Städtisches Umfeld ■Ländliches Umfeld
■Überregionales Angebot

Abbildung 16: Umfeld der untersuchten intergenerativen Singprojekte

A.c Kontinuierlich oder zeitlich begrenzt

In diesem Subcode geht es um die Frage, ob und wie lange das Projekt fortgeführt wird. Während die „Rock'n Rollator"- Show kontinuierlich weiter fortgeführt wird, sind die Projekte mit Kindergarten- und Schulkindern meist auf die Dauer eines Jahres begrenzt, um dann mit neuen Kindern fortgesetzt zu werden.

> *Projektdauer 1 Jahr, dann kommen die Kinder in die Schule und das Projekt kann mit „neuen" Kindern im Vorschulalter aus der Kita beginnen.* (AJ, Absatz 30)

> *Mein musikgeragogisches Projekt wird seit 2009 jährlich verlängert.* (SF, Absatz 36)

Die Finanzierung der Projekte ist entscheidend für die Kontinuität intergenerativer Singprojekte:

> *Und automatisch verlängern tut es sich natürlich nicht. […] Wir mussten natürlich erst mal dann das Projekt auf eigene Füße stellen, ne?* (FNH, Absatz 235)

> *Solange die auch nicht sagen, nein, wir finanzieren das nicht mehr.* (EJF I, Absatz 118)

Bei „Canto elementar" ist die reguläre Projektdauer auf zwei Jahre festgelegt; anschließend gibt es die Möglichkeit zur Verlängerung:

> *Die Begleitung einer Kita durch das Netzwerk Il canto del Mondo e.V. erstreckt sich in der Regel über 2 Jahre. Danach kann sich die Kita dem Netzwerk anschließen und weiter betreut werden.* (KAS, Absatz 5)

Manche Projekte umfassen innerhalb eines Schuljahres immer nur einzelne intergenerative Stunden:

> *Dieses Projekt läuft kontinuierlich in einer Alteneinrichtung seit Februar 2009, der intergenerative Anteil liegt bei ca. einem Drittel der Stunden, jede Woche eine Einheit von 45 Minuten über das ganze Schuljahr hinweg.* (SF, Absatz 26)

Davon berichtet auch der englische Schulmusiker Will Latham:

> *The most successful ones were with children aged between 6 and 8 where we would take them to a care home once a week for 8 weeks.* (Latham 2016, E-Mail an mich)[52]

Solche verhältnismäßig kurzen intergenerativen Phasen ermöglichen die Reflexion der Stunden innerhalb der Generationen. Und sie erhöhen die Vorfreude auf die nächsten Phasen. Zwei Expertinnen halten es für wichtig, zwischendurch in homogenen Altersgruppen zu proben:

> *Es tut manchmal gut, in den getrennten Gruppen zu proben, weil sie sich dann natürlich auch in ihrer Gruppe wahrgenommen, ernst genommen fühlen.* (AVK, Absatz 564)

> *Da ich den Wechsel von intergenerativen und intragenerativen Phasen beobachten kann, konnte ich auch feststellen, dass gerade dieser Wechsel den Reiz ausmacht: Jede Gruppe hat Zeit für die eigenen Bedürfnisse und Themen; und gleichsam bleibt die Vorfreude aufeinander, die Neugierde und das Interesse aneinander bestehen: es bleibt immer reizvoll!* (SF, Absatz 65)

Das englische intergenerative Musikprojekt „Henry Croft and The Pearly Kings and Queens" wird als eine Art Initialzündung an Schulen vermittelt in der Hoffnung, dass sich daraus längerfristige Kooperationen entwickeln:

> *Temporary ONE OFF PROJECT with a view to strengthening or building relationships between schools and care homes so that they can work together in the future.* (ADE, Absatz 32)

Projekte, die auf eine einmalige Aufführung hinzielen, sind zeitlich begrenzt. Die Leiter solcher Projekte gaben in den Interviews an, weitere intergenerative Projekte initiieren zu wollen.

---

52 Das Projekt von Latham ist nicht Teil der Studie.

A.d   Alter der Teilnehmer

Junge Teilnehmer

In acht der 17 untersuchten Singprojekte handelt es sich bei den jungen Teilnehmern um Kinder im Vorschul- oder Kindergartenalter. In diesen Projekten finden die musikalischen Begegnungen in Alten- oder Pflegeheimen statt bzw. in einem Mehrgenerationenhaus. Nur beim „Canto-elementar"-Projekt besuchen die Senioren die Kinder in der Kindertagesstätte.

Drei Projekte arbeiten mit Grundschulkindern. Drei weitere Projekte arbeiten explizit mit Jugendlichen, ein Projekt hat in der besuchenden Gruppe Musikschüler zwischen 7 und 66 Jahren. Die einwöchige Singwoche für Familien des Arbeitskreis Musik in der Jugend (AMJ) ist offen für Teilnehmer aus unterschiedlichen Altersgruppen und gilt auch wegen der teilnehmenden Erwachsenen-(Eltern-)Generation eher als ein Mehrgenerationenprojekt (s. Kapitel 7.1).

Beim Bühnenprojekt „Rock'n Rollator-Show" von Michael Barfuß sind die jüngsten Teilnehmer 22 Jahre alt, dennoch kann dieses Projekt als intergenerativ gelten, da zwischen den jugendlichen Teilnehmern und den Senioren noch die Elterngeneration der jungen Teilnehmer liegt. Die Altersverteilung der jungen Teilnehmer in den untersuchten Projekten zeigt Abbildung 17:

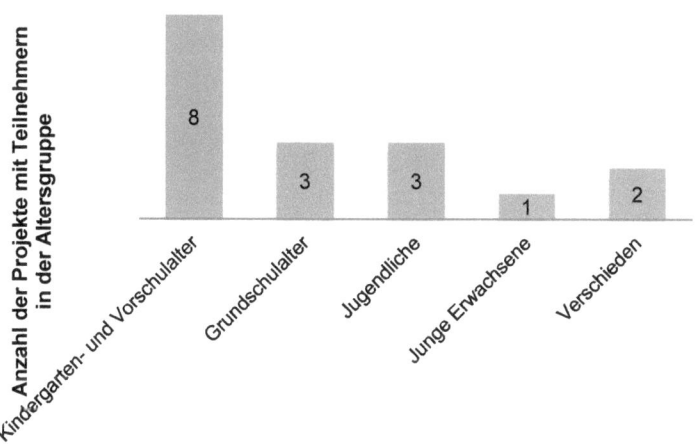

Abbildung 17:   Alter der jungen Teilnehmer. Die Abbildung zeigt die Anzahl der Projekte mit Teilnehmern in den jeweiligen Altersgruppen.

Erwachsene Teilnehmer

Die Abfrage nach dem Alter der erwachsenen Teilnehmer ergab Überschneidungen der Altersgruppen. Da offensichtlich in einem Projekt auch Heimbewohner unter 65 Jahren an den Stunden teilnehmen, ist in diesem Projekt die Altersspanne in beiden Gruppen recht groß:

Die Gruppe im Seniorenheim besteht aus 15–23 Teilnehmern im Alter von 35–99 Jahren, im Durchschnitt nehmen wöchentlich 2–3 Männer an den Stunden teil. (Wenngleich diese Gruppenstruktur allein schon drei Generationen abdeckt und somit schon intergenerativ[53] ist, wird dies so von den Bewohnern nicht wahrgenommen, zumal sie sich alle in erster Linie als Bewohner der Alteneinrichtung sehen!) (SF, Absatz 68)

An vielen Projekten, insbesondere in Altenheimen, nehmen auch Mitarbeiter des Sozialen Dienstes, Erzieher und weitere erwachsene Begleitpersonen teil, die noch nicht zu den Senioren gezählt werden können. Diese sind allerdings zahlenmäßig meist in der Minderheit. Zudem sind diese Personen als Pflege- und Begleitpersonen dabei und nicht im eigentlichen Sinne als Teilnehmer.

Mind. 3 Pflegedienstmitarbeiter und Leitung. (AT, Absatz 41)

Eine wichtige Frage ist in diesem Zusammenhang, wie das zahlenmäßige Verhältnis Jung zu Alt aussieht. Viele Experten streben ein 1:1-Verhältnis an, das jedoch nicht immer erreicht wird. In zwei Projekten gibt es etwa doppelt so viele Senioren wie junge Teilnehmer. Für den angestrebten direkten Kontakt zwischen den Generationen ist es sicherlich förderlich, wenn Paare Alt-Jung gebildet werden können.

Senioren aus dem Seniorenheim nehmen an der Musikstunde teil, Teilnahme ist freiwillig, ca. 12 Personen, Kinder im Vorschulalter aus einer Kita kommen in das Seniorenheim, ca. 12–15 Kinder, gleiche Anzahl zwischen Kindern und Senioren erwünscht. (AJ, Absatz 26)

Vielleicht ist es manchmal nicht ganz eine 1:1-Situation. Aber wir stellen dann zwei Kinder vor eine Seniorin oder so. Das funktioniert schon ganz gut. (FNH, Absatz 361–363)

Gerade in Projekten, die bereits über einen längeren Zeitraum laufen, steigt die Nachfrage. Aus Platzgründen muss jedoch oft die Gruppengröße der beteiligten Generationen begrenzt werden.

Die oben erwähnte Gruppe mit der großen Altersspanne stellt eine Ausnahme dar. In den meisten Fällen beteiligen sich auf der Seite der Senioren Menschen zwischen 60 und 85 Jahren, mit kleinen Abweichungen in beide Richtungen.

*40–80 Senior*innen zwischen 60 und 100 Jahren.* (CW, Absatz 41)

Ca. 10 Erwachsene bis 80 Jahre überwiegend weiblich. (UL, Absatz 44)

20 Senioren zwischen 75 und 95 Jahren (AT, Absatz 41)

In den meisten untersuchten Projekten überwiegen in der Gruppe der Senioren die Frauen. In den Kindergartengruppen ist die Anzahl von Jungen und Mädchen meist

---

53 Dies ist eine Einschätzung der Expertin. Da die beteiligten Generationen benachbart sind, würde ich eher von einer Mehrgenerationengruppe sprechen (s. Kapitel 7.1).

ausgeglichen, bei Projekten an neutralen Orten unter Kinder- bzw. Jugendchorbeteiligung überwiegt meist der Anteil der Mädchen.

B   Sozialraum

Mit dem Begriff Sozialraum ist der Ort der intergenerativen Begegnung gemeint. Franz & Schmidt-Hertha sehen den Sozialraum durch die Abbildung einer konkreten Lebenswelt zusätzlich als bedeutsam für die Gestaltung eines intergenerativen Lernprojekts an (2018: 168). Dass der Sozialraum eines intergenerativen Singprojekts in der Tat großen Einfluss auf die Ausrichtung des Projekts hat, ist bereits gezeigt worden und wird auch im weiteren Verlauf dieser Arbeit immer wieder diskutiert werden. An dieser Stelle geht es zunächst um die Frage, ob die Probe an einem neutralen Ort stattfindet, oder ob eine Generation die andere besucht.

In sieben der 17 untersuchten Singprojekten findet die Probe an einem neutralen Ort statt: in einem Theater (später in einer Schule, die aber nicht der Unterrichtsort der jungen Teilnehmer ist), in einem Mehrgenerationenhaus, in Gebäuden von Musikschulen und in einem Pfarrheim (s. Abb. 15: Ort der intergenerativen Begegnung).

Wenn der Probenort neutral ist, bedeutet dies, dass sich alle Teilnehmer dorthin begeben müssen. Die Senioren müssen also körperlich und geistig ausreichend fit und motiviert sein, zur Probe zu kommen. Insofern kann man davon ausgehen, dass die beteiligten Senioren tatsächlich aus einem inneren Bedürfnis heraus an der Probe teilnehmen. Für die jüngere Generation bedeutet dies, dass die Teilnehmer entweder in der Verantwortung ihrer pädagogischen Einrichtung gemeinsam zum Projekt kommen oder dass sie sich selbstständig zum gemeinsamen Singen aufmachen müssen, bzw. von Erziehungsberechtigten begleitet werden.[54]

Acht weitere Singprojekte finden in Altenwohneinrichtungen statt. Die Bewohner gelangen je nach körperlicher Verfassung allein oder mit Unterstützung zur Probe. Vielfach sind Teilnehmer demenziell erkrankt. Mehrere sind körperlich beeinträchtigt und könnten ein Singprojekt an einem neutralen Ort nicht aus eigener Kraft aufsuchen. Die junge Generation kommt als Gruppe in die Einrichtung; wenn es sich um Schulkinder handelt, werden diese von ihren Eltern gebracht. In einem der Projekte finden aber auch gemeinsame Unternehmungen außerhalb des Sozialraums Altenwohneinrichtung statt:

Das Projekt findet fast immer in der Senioreneinrichtung statt. Wir unternehmen aber schon mal gemeinsame Spaziergänge oder ein Eis-Essen außerhalb der Einrichtung. (AL, Absatz 27)

---

54   In einem weiteren zunächst für die Studie angefragten Singprojekt, das in einem Theater probt, sind keine Teilnehmer unter 25 Jahren. Das unterscheidet dieses Projekt von den anderen untersuchten Projekten. Der Chor wurde explizit als ein Generationenprojekt gestartet und deckt mit einem Teilnehmeralter von 25–81 Jahren mehrere Generationen ab. Jedoch sind dies eher benachbarte Generationen und der Chor wurde aus diesem Grund nicht in die Studie aufgenommen.

In einem Projekt, das üblicherweise in einem Seniorenzentrum stattfindet, wird von März bis Oktober einmal monatlich das gemeinsame Singen in ein Kulturzentrum verlegt und für die Bewohner des Stadtteils geöffnet.

Im von Werner ins Leben gerufenen Projekt „Kultur-Arche", einer Kooperation zwischen einer Schule mit dem benachbarten Altenheim desselben Trägers, findet die Begegnung sowohl im Altenheim als auch in der Schule statt:

> *Es gibt einen Singkreis, einen Gitarrenkreis und einen Sitztanz im Altenheim, eine Band (mit der Seniorin am Schlagzeug und jungen Menschen) und eine Licht- und Tontechnik-AG in der Schule.* (CW, Absatz 32)

Lediglich das von Adamek gegründete Singförderprojekt „Canto elementar" findet in Kindergärten statt.

C *Interaktion*

Diese Kategorie umfasst Äußerungen, die den Umgang der Teilnehmer innerhalb ihrer eigenen Generation und auch zwischen den Generationen beschreiben. Zudem werden hier Aussagen zu Möglichkeiten des Austauschs und der Begegnung außerhalb des Singens gesammelt. Dabei wird erneut klar, dass die Möglichkeiten des Austauschs insbesondere in den Jung-zu-Alt-Projekten von der Fitness der alten Teilnehmer abhängig sind:

> *Depending on the mental capability of the care home residents. Children are unafraid of approaching the elderly residents but if the residents are non-communicative then it is hard for any real social interaction to take place.* (ADE, Absatz 61)

Selbstverständlich ist das gemeinsame musikalische Tun ebenfalls eine wichtige Form der Interaktion zwischen den Generationen. Diese musikalische Interaktion wird in der Kategorie „Partizipation" behandelt.

Die Ergebnisse der Kategorie „Interaktion" leiten hin zu den Benefits, die ebenfalls in der Kategorie „Partizipation" aufgelistet werden. Interaktion und Benefits stellen wichtige Ergebnisse der Studie dar, da sie direkt spiegeln, inwieweit die Intention intergenerativer Bildung, Kontakt und Verständnis zwischen den Generationen herzustellen, auch beim Singen erfüllt werden kann.

C.a *Umgang der Teilnehmer*

Der Umgang zwischen den Teilnehmern beider Generationen scheint geprägt von Freundlichkeit, Offenheit, Toleranz und Respekt. Die meisten Antworten fallen knapp, aber dennoch positiv aus:

> *Sehr respektvoll und zugewandt* (AT, Absatz 58)

> *Höflich, respektvoll, beiderseitig interessiert und helfend, neugierig, freundschaftlich.* (SF, Absatz 148)

Freundlich, interessiert... (MB, Absatz 61)

Auf Augenhöhe, mit Respekt, Rücksichtnahme (CW, Absatz 61)

Besonders ältere Kinder und Jugendliche sind teilweise zurückhaltend, da ihnen die kindliche Unbefangenheit abhandengekommen ist

Ja, also, ich sage mal, die Kinder, wenn die von den Älteren dann angesprochen werden oder so... aber das ist normale Schüchternheit, ne? [...] Einfach dieses, da sind jetzt Erwachsene und die sprechen jetzt mit mir. Was muss ich tun, so, ne? (FB I, Absatz 367–371)

Mehrere Experten weisen auf ein Problem des Umgangs hin, das entsteht, wenn die älteren Teilnehmer nicht oder nur eingeschränkt kommunizieren können:

Manchmal gehen ja auch Kinder nicht zu bestimmten Senioren, ne? [...] Wenn die jetzt sehr beeinträchtigt sind. [...] Dann gehen die eher zu den fitteren Senioren oder [...] Die ganz klar im Kopf sind, ne? Weil die Ansprechpartner brauchen. (FNH, Absatz 365–371)

Senioren, auch solche, die an Demenz erkrankt sind, entwickeln bisweilen ein ausgesprochen fürsorgliches Verhalten.[55]

Und haben dann schon für „ihre" Kinder, die in der ersten Reihe standen, immer mitgesorgt. Und: „Oh, W. ist noch nicht da. Da müssen wir noch eine Lücke halten" Ne, manchmal kam ja ein Kind vielleicht später von der Schule. (AVK, Absatz 365)

Also, dieses Sorgen umeinander, je nachdem, welches Kind man so vor sich hatte in dieser Reihe. Das war sehr schön. Das war gut zu fühlen. (AVK, Absatz 369)

Die dann einfach nochmal einen Blick auf sie haben. (AVK, Absatz 375)

Ich finde, dass die plötzlich so eine Verantwortlichkeit übernehmen. Also, die werden dann wieder so Mütter oder Väter oder Großväter. (AEW, Absatz 553)

Und das fand ich jetzt interessant, dass da sozusagen plötzlich einer sagt, „ja, sind deine Schuhe nicht zu warm?" oder so. Also, da kommt dann so der Blick für die anderen, also für die Kleineren, für die Untergebenen, für die, wo man dann eben Eltern ist, da werden die dann eigentlich dement Pflegebedürftigen sozusagen wieder zu Verantwortlichen. (AEW, Absatz 563)

Bei Projekten, die über einen längeren Zeitraum hinweg stattfinden, stellen die Experten im Laufe der Zeit eine größere Vertrautheit im Umgang fest:

---

55 Siehe dazu auch Kapitel 8.4.1, Hospitation im Musikprojekt I, in dem mehrere Senioren teilnehmend auf das Husten eines Kindes reagieren.

> *Im Grundschulprojekt „B". entwickelt sich im Laufe der Zeit eine Beziehung zum „Partner", aber auch zur gesamten Gruppe. So fühlt sich diese Gruppe mehr und mehr als Einheit, das „Fremde" verschwindet von Mal zu Mal und verwandelt sich in „familiäre" Begegnungen. Die Senioren kennen „ihre" Kinder zunehmend besser und umgekehrt. Man freut sich aufeinander und interessiert sich für den anderen. (AL, Absatz 82)*

> *Some children and residents develop friendly relationships during the sessions. (ADE, Absatz 65)*

> *Also, der Umgang wird weitaus vertrauensvoller, das kann man feststellen. [...] Und sowohl Groß als auch Klein trauen sich viel mehr zu. Auch Kinder, die vielleicht zuerst zurückhaltender sind, also, das verändert sich. Das kann man wirklich beobachten. (FNH, Absatz 691–693)*

C.b Zeit für Austausch

In fast allen Projekten wird Zeit für persönlichen Austausch gefunden:

> *Auf dem Weg zum Singkreis, zu den Veranstaltungen und zurück kann viel gesprochen werden. Es wird innerhalb des Singkreises viel geredet zwischen den Liedern. (CW, Absatz 54)*
> *Begrüßungs- und Abschiedsrituale lassen sowohl den Kindern als auch den Senioren Platz, kurz einen Satz, ein Dankeschön oder eine Aufmunterung zu formulieren. (SF, Absatz 140)*

> *Das ist auch manchmal so, wenn wir in eine Aktion, die gleich starten soll, hineingehen, dann ist es so, die Kinder stellen sich dann vor die Senioren. Ich warte einfach auch manchmal ab, weil, die fangen dann so ein bisschen an zu reden. Und erzählen sich irgendwas. [...] Und wenn ich dann das Gefühl habe, „so, jetzt", fangen wir an. Aber diese kleinen Pausen, die sind absolut wichtig, finde ich, und wertvoll. Dass man da einfach mal so freie, selbstbestimmte Zeit hat, um ein bisschen zu schnuppern, in Kontakt zu treten. Das darf man auch nicht unterschätzen. (FNH, Absatz 599–601)*

Diese Möglichkeit des Austauschs, die sich nebenbei ergibt, muss die Leitung des Singprojekts zulassen, bzw. im Hinterkopf haben:

> *Aber ich hatte keinen Raum dafür gegeben in der Stunde. (AEW, Absatz 519)*

Manchmal bietet der eng gesteckte Zeitrahmen eines Singprojekts, das zu einem Konzert führen soll, keine Gelegenheit zum Austausch:

> *Ich glaube, wir haben höchstens mal eine Vorstellrunde gemacht, aber so viel nicht. Weil eben auch, dafür war die Zeit auch einfach zu knapp. (FB I, Absatz 174)*

In vielen Projekten werden Erfrischungspausen gemacht, die die Teilnehmer zum Austausch nutzen, sowohl intra- als auch intergenerativ:

Da verbringt man einfach mal so Zeit mit sich und mit den Freunden und mit den Senioren. (FNH, Absatz 591)

In den gemeinsamen Proben haben wir immer in der Mitte eine kleine Pause gemacht, wie gesagt, dann kam schon mal das eine Kind, das dann sagte, „ich habe noch Plätzchen gebacken für die Großen." [...] Und mit den gemeinsamen Proben mit dem Orchester, da war es dann die Mittagspause. (AVK, Absatz 449–451)

Beim Austausch und Kontakt zwischen den Generationen muss auf ein gewisses Maß an Distanz geachtet werden, insbesondere, wenn die intergenerative Begegnung noch nicht so häufig stattgefunden hat und sich alle noch einander gewöhnen müssen:

Da gab es so Beispiele: Der ältere Mensch hält den Stein und das Kind klopft den Rhythmus drauf. Aber mir wäre das bisher alles noch zu nah. (AEW, Absatz 513)

Zusätzlich zum informellen Austausch zwischen den Generationen findet ein inhaltlicher Austausch statt, wenn, wie es in der Musikgeragogik häufig der Fall ist, thematisch gearbeitet wird. Ein bestimmtes Thema steht im Mittelpunkt, wird durch Gespräche angebahnt und dann durch entsprechende musikalische Beiträge (Lieder, Tänze, Musik) erarbeitet. Der begleitende Gesprächsteil bietet viele Möglichkeiten des Austauschs, wenn ein Thema aus unterschiedlichen (zeitlichen) Perspektiven besprochen wird:

Gespräch früher, heute (AT, Absatz 50)

Da hatte ich ein Kartoffellied, das lieben die Kinder unendlich. Das konnten die älteren Menschen nicht so schnell lernen und singen. Und dann habe ich gesagt: „Wir singen was vor, das Kartoffellied." Und wir haben dann ein super Gespräch gehabt über alles, was man aus Kartoffeln machen kann. Da kamen tolle Sachen, weil ich natürlich die Schweizer Namen für diese Mahlzeiten gar nicht kenne. (AEW, Absatz 483)

Auch ein ritualisierter Abschied kann eine Form des Austauschs sein, wenn auch nicht immer in verbalisierter Form:

Und dann singen wir das Abschlusslied. Und dann gucken sich..., alle gucken zu der einen Seite, dann zu der anderen Seite. Also, das begleite ich auch wirklich die ganze Zeit. [...] Ich möchte einfach, dass sich alle wirklich verabschieden. [...] Und dann drehen sich die Kinder zu den Seiten nochmal um und rufen: „Tschüss, auf Wiedersehen! Bis zum nächsten Mal." Dann gehen die Kinder raus. (FNH, Absatz 549–553)

Alle Formen des Austauschs in intergenerativen Singprojekten bieten die wertvolle Möglichkeit der Generationenbegegnung außerhalb familiärer Kontexte.

D Hilfen und Voraussetzungen

In diese Kategorie fallen alle Aussagen zu direkt erforderlichen Voraussetzungen. Hiermit können rein praktische Hilfe auf dem Weg zum gemeinsamen Singen, organisatorische Belange wie der Probenraum oder institutionelle Unterstützung gemeint sein:

> *Probenraum (bei uns eine Schule)* (MB, Absatz 70)

> *Interesse, Bereitstellung der Räumlichkeiten, pünktliches Erscheinen der Senioren, Interesse der Leitung* (AJ, Absatz 69)

> *Raumorganisation (eigentlich ist unser Raum zu klein)* (SF, Absatz 119)

> *Unterstützung und Teilnahme vieler Mitarbeiter, Gelder für Materialien und Instrumente müssen bewilligt werden* (AT, Absatz 69)

Deutlicher formuliert der Experte Werner, der das preisgekrönte Projekt „Triangel-Partnerschaften" initiiert und betreut hat:

> *Es braucht sichtbare und unsichtbare Türöffner für solche Ideen: Intergenerative Projekte fallen aus dem Rahmen von Institutionen, wie Schulen, Altenheimen, Stiftungen oder anderen Fördermöglichkeiten. Lehrer sind Fachlehrer, Altenpfleger sind für alte Menschen da, haben selten einen Bezug zu Jugendlichen und Verständnis für deren Bedürfnisse. Zeit ist bei allen sehr knapp, bezahlte Zeit für solche Projekte gibt es leider viel zu wenig.* (CW, Absatz 70)

Die folgenden Unterkapitel widmen sich den einzelnen Aspekten detaillierter.

D.a Bewältigung des Weges zur Probe

Bei der Durchführung intergenerativer Singprojekte müssen die Leiter eine Lösung finden, wie ihre Chorsänger zum gemeinsamen Singen gelangen. Leiter intergenerativer Projekte, die an neutralen Probenorten stattfinden, kennen dieses Problem kaum, da in den meisten untersuchten Beispielen beide Generationen fit genug sind, den Weg alleine zu bewältigen. Somit fällt die Organisation des Weges nicht in den Zuständigkeitsbereich der Chorleitung.

Anders sieht dies bei den neun untersuchten Projekten aus, die in Altenheimen stattfinden. Während einige Senioren durchaus noch in der Lage sind, selbstständig den Probenraum aufzusuchen, gibt es Projekte, in denen fast alle Teilnehmer aus dem Heimbereich auf Unterstützung angewiesen sind. Diese Unterstützung auf dem Weg leisten oft Mitarbeiter der Pflege oder des Sozialen Dienstes; teilweise müssen die Leiter der Singstunde aber auch selbst die Bewohner zum Probenraum bringen. Das kostet viel Zeit und Kraft:

> *Die bringe ich dann meistens, hole ich selber [...] Ich habe aber auch meistens eine Kollegin da, die mir dann auch eben noch hilft, ne? [...] Und da man die von den beiden*

Wohnbereichen holt, die Bewohner quasi, dauert es dann auch einen Moment. Und wenn ich alleine bin, muss ich schon fast eine halbe Stunde vorher anfangen. Dann sitzen die aber teilweise sehr lange da auch. Wenn ich dann zu zweit bin, dann reicht es, wenn ich viertel vor eben anfange, oder so, ne? (EJF I, Absatz 108–116)

Für die jungen Teilnehmer kann der Weg zum gemeinsamen Singen ebenso mit größerem Aufwand und entsprechendem Einsatz von Personal und Freiwilligen verbunden sein:

Die Kita-Kinder kommen mit dem Linienbus in Begleitung von zwei Erzieherinnen und Elternunterstützung. (AL, Absatz 54)

Und selbst bei Schulkindern kann oft nicht auf die Hilfe der Eltern verzichtet werden; schließlich gilt es nicht nur, den Weg zu organisieren, sondern auch den Termin mit dem Familienkalender abzustimmen:

Von Seiten der Grundschule wird die Teilnahme der Kinder interessiert unterstützt, jedoch ist es am Wichtigsten, die Eltern für dieses Projekt zu gewinnen, schon aufgrund der logistischen Organisation. (SF, Absatz 32)

Das oben erwähnte Projekt, das im Sommer einmal monatlich die intergenerative Begegnung in ein Kulturzentrum verlegt, benötigt für diese Veranstaltungen die Unterstützung besonders vieler Helfer, da alle teilnehmenden Senioren in das Kulturzentrum gebracht werden müssen:

Also, der Hausmeister fährt sie im Bus rüber. Und es gibt Ehrenamtliche aus dem Stadtteil, die die Senioren entweder mit dem Rollator begleiten, zu Fuß begleiten oder den Rollstuhl schieben. Und es machen auch Kollegen. Und aus der Pflege ist auch jemand dabei. Oder die Bürokraft auch aus dem Team des Kulturhauses E. Oder von „M. erleben". Also, es gab jetzt wieder einen Aufruf im Newsletter, dass Freiwillige gesucht werden, ne? (FNH, Absatz 181)

D.b *Institutionelle Voraussetzungen*

In dieser Unterkategorie zeigt sich eine weitere Besonderheit intergenerativen Singens: Ein Großteil der beteiligten Sänger ist institutionell eingebunden als Bewohner eines Seniorenheims oder als Kind/Jugendlicher in Kindertagesstätte oder Schule. Oftmals findet die intergenerative Begegnung während der Betreuungs- bzw. Unterrichtszeit statt, sodass die Begegnung in die Tagesabläufe zweier Institutionen eingepasst werden muss. Dazu ist eine Abstimmung mit den Leitungen der Institutionen unerlässlich. Mehrere Experten sprechen von der Notwendigkeit, hier Unterstützung für das Projekt zu finden, um davon ausgehend alle weiteren organisatorischen und institutionellen Fragen zu klären:

- *Einrichtungsleitung muss mit den Projekten einverstanden sein*
- *Team des Sozialen Dienstes, welches die Maßnahmen der Tagesstrukturierung verantwortlich durchführt, muss offen für solche Projekte sein und diese auch zeitlich mittragen wollen*
- *räumliche und personelle Kapazitäten müssen vorgehalten werden*
- *Zugang zu Equipment muss ermöglicht sein*
- *Catering für Trinkpause muss möglich sein (Schnittstelle Hauswirtschaft)* (AL, Absatz 90–93)

Fehlt die Unterstützung durch die Leitung, so mutmaßen die Experten, sind die Projekte stark infrage gestellt:

Der Rückhalt der Leitungspersonen ist ausschlaggebend. Gelingt ein Projekt, ist das sehr häufig auf eine positive Grundhaltung der Leitenden zurückzuführen. Sinkt die Bereitschaft zu dieser Unterstützung, ist das Projekt schnell vorbei. Es braucht menschliche „Motoren", die hier Möglichkeitsräume erarbeiten. (CW, Absatz 68)

Wenn man keine Leitung hat, die das Projekt trägt und nach außen vertritt, dann kann man so etwas nicht machen, dann ist meines Erachtens so ein Projekt zum Scheitern verurteilt. (FNH, Absatz 723)

Eine solche entmutigende Erfahrung machte eine Expertin, die ihre Enttäuschung über das Scheitern des Projekts in ihren Antworten kaum verbergen kann:

Der Austausch/Verständigung von Pflegeleitung, Heimleitung und Musikschule ist schwierig. Das sind wohl zwei ganz unterschiedliche Welten. […] Mein Projekt scheiterte daran, dass die Heimleitung keine finanzielle Möglichkeit sah, meine Stunden der Musikschule zu bezahlen. Sie war auch nicht bereit, sich dafür einzusetzen. Auch mein Musikschulleiter hielt sich zurück. Fehlende Bereitschaft zu kommunizieren. (ST, Absatz 68–70)

Wichtig sind besonders die organisatorischen Abläufe in den Seniorenheimen. Das Singen muss zu einem Zeitpunkt stattfinden, der den normalen Tagesablauf des Heimes nicht stört. Und es müssen personelle Ressourcen bereitgestellt werden können, die nicht nur den Weg der Teilnehmer unterstützen, sondern auch im Falle von Toilettengängen, Unwohlsein o.ä. schnell zur Stelle sind. Wie oben erwähnt, sollte auch die Hauswirtschaft involviert werden, um ein Getränkeangebot für eine Erfrischungspause bereitzustellen.

Ferner geht es um finanzielle Unterstützung des Singprojekts: Die Singleitung muss bezahlt werden, es braucht einen Raum, bestenfalls mit Akustikdecke und Platz für Bewegungseinheiten, eine musikalische Grundausstattung mit kleinem Rhythmusinstrumentarium, Jongliertüchern, Schwungtuch und eventuell eine Musikanlage. Für Musikangebote mit einem großen Singanteil ist ein Klavier hilfreich.

Bei den „Canto-elementar"-Projekten müssen die Kindertagesstätten die Verbindung zum Netzwerk „Canto elementar" suchen. Dieses stellt seinerseits den Kontakt zu einer Gruppe von ehrenamtlichen Singpaten her, oft aus Chören der Umgebung. Die Finanzierung der dann zweijährigen Partnerschaft muss seitens der Kita gesichert werden. Die Kita verpflichtet sich, innerhalb dieser zwei Jahre die wöchentliche Singstunde verbindlich im Kitaprogramm anzubieten, d.h., Raum und Zeit dafür zu geben.

D.c Organisatorische Voraussetzungen

In die Unterkategorie „Organisation" fallen Punkte wie die Suche nach einem geeigneten Raum, Beantragung von Fördermitteln, Kommunikation zwischen den Institutionen bzw. Elternhäusern und die allgemeine Planung des Projekts. Eine Expertin fasst die organisatorischen Erfordernisse zusammen und fordert hier gute Unterstützung für die Leiter intergenerativer Singprojekte:

> *Also, Finanzierung muss irgendwie stehen. Man braucht einen guten Raum. Man braucht das Mobiliar. Man braucht Instrumente. Das sind ja alles so Sachen. Eine Kitaleitung sagte mal, aus diesem anderen Projekt, „wenn ich das gewusst hätte, wie viel Arbeit da drin steckt, dann hätte ich das vielleicht nicht gemacht." [...] Ich möchte nochmal sagen, als Abschluss: Es braucht eine gute Organisation. [...] Das kann nicht alles die musikalische Leitung machen. Es braucht eine gute Organisation, ne?* (FNH, Absatz 751–763)

Die Zusammenarbeit mit Teilnehmern aus unterschiedlichen Altersgruppen erfordert auch bei der Terminplanung intergenerativer Singprojekte an neutralen Orten Rücksichtnahme:

> *Für den Chorleiter des Orchesters war es so ein bisschen eine Umstellung, weil der mit lauter Erwachsenen zu tun hatte. Das fand ich sehr nett, das festzustellen. Weil ich immer sagte, „ich brauche nicht nur die Anfangszeiten, ich brauche auch Schlusszeiten. [...] Ich habe Kinder, und die müssen dann abends abgeholt werden".* (AVK 334–336)

D.d Personelle Voraussetzungen

Proben in nicht intergenerativen Chören werden in den meisten Fällen von nur einer Person geleitet. Manche Chöre leisten sich noch eine Unterstützung zum Korrepetieren. Bei intergenerativen Chören ist das anders. Meistens ist noch mindestens eine weitere Person zur Begleitung einer oder beider Generationen dabei: Senioren brauchen Unterstützung auf dem Weg zur Probe und möglicherweise auch bei gesundheitlichen Problemen während der Probe. Wenn die beteiligten Kinder noch jung sind, werden auch hier Begleitpersonen benötigt, die unterwegs unterstützen und den Kindern in der ungewohnten Umgebung Sicherheit geben.

Die Projekte unterscheiden sich sehr in der personellen Besetzung. Projekte an neutralen Orten werden oft wie ein nicht intergenerativer Chor von nur einer Person geleitet, da die Teilnehmer beispielsweise auf dem Weg keine Unterstützung benötigen und auch während der Probe sich selbstständig um individuelle Bedürfnisse kümmern können:

> V: Ja. Du hast das geleitet, alleine? Oder waren die Pastoralreferentinnen, diese Organisation...?
> B: Die waren alle mit dabei, aber ich habe die Proben eigentlich geleitet, genau. [...] Die haben sich mehr dann so um Organisatorisches, ne, gekümmert und so weiter. (FB I, Absatz 276–279)[56]

Eine Expertin freut sich über die besonders gute Unterstützung ihres intergenerativen Singprojekts seitens der Heimleitung und zusätzlich noch ihres Ehemanns, der als Kirchenmusiker alle Stunden am Klavier begleitet und somit den Einsatz von Musik aus der Konserve überflüssig macht:

> *Beziehungsweise mein Mann hilft mir insofern, als er eigentlich immer dabei ist. Das heißt, ich arbeite eher weniger mit CD-Player. Ich kann einfach sagen, Nussknacker-Suite, keine Ahnung, mein Mann sitzt am Klavier und spielt.* (AEW, Absatz 126)

In Projekten, die in Seniorenwohneinrichtungen stattfinden, sind meist mehrere Personen zur Unterstützung dabei. Aber auch hier gibt es eine große Bandbreite. Eine Expertin ist bei den Proben mit einer Erzieherin allein. Jedoch steht diese Expertin einer Unterstützung aus dem Seniorenheim skeptisch gegenüber und ihre alleinige Verantwortung für den reibungslosen Ablauf der intergenerativen Begegnung ist somit selbst gewählt:

> M: Mir würde, sage ich mal auch so, mir würde eine weitere Kollegin auch nur was bringen, [...] wenn die das Verständnis für die Musik so hat wie ich. [...] Oder, die Musik nicht so positiv sieht. Positiv sehen das alle im sozialen Dienst, so nicht. Aber die auch auf die Bewohner so zugehen können. Denen ich nicht immer sagen muss: „Du weißt ja, Frau Sowieso hat ihren Apoplex, kannst du ihr mal das"...und so. Halt, die das von alleine dann machen, wenn ich ansage, „die und die Instrumente nehmen wir jetzt", ne? [...] Die ein bisschen mitdenken. [...] Würde ich mal sagen. Und die nicht nur auf Anweisung handeln. Auf Anweisung macht sie das auch, aber ich denke, das ist irgendwann auch echt anstrengend. Also von daher...
> V: Aber das würde ja kommen, wenn jemand regelmäßig zur Unterstützung dabei wäre, dann würde er ja auch irgendwann merken, worauf es ankommt, wahrscheinlich.
> M: Wenn er das möchte. [...] Jeder hat ja so sein Steckenpferd bei uns, sage ich mal so, von den Kollegen auch. [...] Ist auch überhaupt nicht böse oder abwertend gemeint. Überhaupt nicht. Aber wenn die dann schon mit ihren Bestellungen für irgendwas anderes sind gedanklich: ‚kann ich noch eben das machen?' Dann weiß ich genau, die sind nicht hundertprozentig bei mir. Und dann nützen sie mir vielleicht was zum Hin- und Herbringen, aber nicht wirklich, um bei den Bewohnern noch mehr zu erreichen, bei den einzelnen Bewohnern. (M Absatz 257–271)[57]

Die Bereitschaft zur Zusammenarbeit muss also gegeben sein, auf beiden Seiten. In der Zusammenarbeit mit mehreren Personen liegt für die Leitung eines intergenera-

---

56 V = Voss, B = Experte
57 M = Musikgeragogin, V = Voss

tiven Singprojekts eine Chance und sie stellt eine Entlastung für die Leitung des Projekts dar:

Wenn man mit so vielen Menschen arbeitet, dann ist das einfach eine ganz tolle Unterstützung, wenn da mehr Leute auch dabei sind, ne? (FNH, Absatz 745)

In einem der untersuchten Projekte in einem Seniorenheim unterstützen nicht nur Angestellte aus dem Heim die Musikstunden, sondern es kommen auch ältere Menschen aus dem Stadtteil, um die Stunden zu begleiten:

Und es sind die fitten Senioren aus dem Stadtteil mit dabei. [...] Habe ich ja erzählt auf dem Fachtag, dass sozusagen jüngere Senioren aus dem Stadtteil, so wie, was weiß ich, Senioren gehen in ein Seniorenheim und lesen vor oder machen Spaziergänge mit den Senioren. Es sind immer ein paar fitte Seniorinnen aus dem Stadtteil dabei. Und sind absolut integriert in unserer Arbeit. Finden unser Projekt ganz toll. Aber ich darf auch zu denen sagen: „Würdest du dich heute da und da hinsetzen?" (FNH, Absatz 70–72)

D.e *Persönliche Voraussetzungen*

Diese Unterkategorie sammelt die persönlichen Voraussetzungen, die die von mir befragten Experten für Leiter intergenerativer Singprojekte für erforderlich halten. In der Unterkategorie „Ausbildung und Defizite" werden weitere Antworten dieses Themenkomplexes behandelt. Waren zunächst einzelne Experten der Meinung, es wären keine wesentlich anderen Voraussetzungen als für das Leiten nicht-intergenerativer Ensembles nötig, erwies sich bei näherem Nachdenken, dass doch mehr Fähigkeiten erforderlich sind:

I do not believe there should be any specific requirements other than a desire to bring people together through music. (ADE, Absatz 73)

Eigentlich genau das gleiche, was nichtintergenerative Singgruppen... [...] Ja, und vielleicht ein bisschen Gespür für beide Gruppen, dass man sich ein bisschen annähert. (FBI, Absatz 421–423)

Viele Experten legen Wert auf eine gute musikalische Ausbildung und auf Erfahrung in der Arbeit mit unterschiedlichen Altersgruppen:

Erfahrung mit Kindern und Senioren, Musikalische Ausbildung und Fortbildung, die breit gefächert ist, Empathie, Kreativität, Phantasie, Herzlichkeit, Freundlichkeit und Fröhlichkeit... (AT, Absatz 71)

Begeisterung mit Menschen zu arbeiten, Offenheit, gute Mimik, deutliche Gestik, deutliche Ansprache, Stimme. (ST, Absatz 72)

Einsatz von sehr viel didaktischer Phantasie, von Spontaneität und z. T. Notwendigkeit von Arrangierfähigkeiten für die individuellen Ansprüche der Gruppe (TH, Absatz 56)

Geduld, Phantasie, gute Körpersprache, sicherer Umgang mit der eigenen Singstimme – improvisatorische Fähigkeiten am Klavier und sichere Liedbegleitung aus dem Stand sind äußerst hilfreich. (TH, Absatz 72)

Mehrere Experten sprechen von Empathie und der Begeisterung in der Arbeit mit Menschen unterschiedlichen Alters. Obwohl auch Leiter nicht-intergenerativer Chöre Begeisterung und Empathie für ihre Arbeit benötigen, sehen die befragten Experten in der intergenerativen Arbeit einen höheren Bedarf solcher Fähigkeiten:

Also man muss einfach eine Riesen-Achtung und Respekt und aber auch einfach eine Liebe zu diesen Menschen haben. (AEW, Absatz 629)

Die Bereitschaft, eigene persönliche Defizite durch Fort- oder Weiterbildung auszugleichen, wird ebenfalls für erforderlich gehalten:

Oder man muss Lust haben, sich das anzueignen. (FNH, Absatz 769)

D.f   *Voraussetzungen sonstiger Art*

Diese Kategorie sammelt die Erfahrungen verschiedener Experten, die nicht in die vorangegangenen Kategorien passen, aber dennoch wichtig sind. Eine Expertin betont, dass es wichtig ist, die teilnehmenden Kinder durch gute Information auf den Besuch im Altenheim vorzubereiten und hinterher eine Möglichkeit des Austauschs über die Erfahrungen zu bieten:

Unabdingbar ist eine Vorbereitung der Kinder auf das, was sie im Seniorenheim erwartet: Gerüche, Erkrankungsbilder und die Frage: Wie geh ich damit um? Sowie in der Nachfolge immer eine Reflexion der Stunde, der Eindrücke und Fragen, die die Kinder gesammelt haben. (SF, Absatz 77)

Gute Kommunikationsfähigkeiten sind bei der Leitung von Gesprächsrunden im Rahmen der intergenerativen Begegnung gefragt. Die Teilnehmer sollten auf solche Gespräche vorbereitet und während der Gespräche begleitet werden:

Gezielte Gesprächsführung in der Stunde. Gespräch bedeutet: kein Durcheinander, kein dauerndes Nebeneinander von Gesprächen (wird von allen als störend empfunden). (SF, Absatz 131)

Da solche Gesprächsrunden in der Arbeit mit üblichen Chören nicht vorkommen, stellen die Sensibilisierung und Schulung für solche Gespräche wichtige Inhalte einer Ausbildung für intergeneratives Singen dar.

D.g   *Grenzen, Hilfebedarf, Wünsche*

Die Antworten in dieser Unterkategorie reichen von organisatorischen Schwierigkeiten, die durch gute Kommunikation überwunden werden können, über Pläne für die Zukunft, die der Unterstützung bedürfen, hin zu schwierigen Fragen, die die Arbeit mit Menschen nahe dem Lebensende mit sich bringt. In der Unterkategorie „Ausbildung und Defizite" wird dieser Themenkomplex noch einmal aufgegriffen.

Probleme entstehen besonders in intergenerativen Singstunden, in denen Absprachen nicht eingehalten werden:

Die Anzahl der Senioren war bei einer Stunde zu groß (24 Teilnehmer). Es war keiner von der Pflege dabei und eine Teilnehmerin ging es nicht gut. Ich würde beim nächsten Mal auf die Teilnahme von Seiten des Heimes bestehen. (ST, Absatz 74)

Die musikalische Leitung braucht stets eine Unterstützung, die sich um nicht–musikalische Bedürfnisse der Teilnehmer kümmern kann. In einigen der untersuchten Projekte übernehmen Personen aus dem Sozialen Dienst des Altenheims diese Unterstützung.

Es waren rein organisatorische oder logistische Probleme, die mit den Besuchen der Kinder zu tun hatten. Diesen kann ich nur gemeinsam mit den Eltern durch gute frühzeitige Planung der Phasen und verbunden mit der Bitte um Unterstützung vorbeugen. (SF, Absatz 171)

Persönliche Grenzen habe ich beim Start des Projektes „R." verspürt. Entgegen der Absprache kam die Erzieherin mit 14 Kita-Kindern und fünf Begleiterinnen. Die Gruppe war viel zu groß für den vorgesehenen Raum. Ich war ein wenig gestresst, da ich ja auch Senioren in Rollstühlen dabei habe. Es war eine ganz schöne „Schieberei", bis alles passte. Auch haben sich die Begleiterinnen ziemlich zurückgehalten, so dass ich den Eindruck hatte, mich ziemlich alleine um die Senioren und auch noch um die Kinder kümmern zu müssen. Ein Gespräch mit der engagierten Erzieherin sorgte dafür, dass solch eine Situation nicht noch einmal vorkam. (AL, Absatz 99)

Es ist wichtig, dass Leiter intergenerativer Singprojekte ihre Grenzen erkennen und nicht meinen, alles allein bewältigen zu müssen. Dies betrifft zum Beispiel Zukunftspläne:

Als Zukunftsmusik möchte ich gerne ein Musical mit Kindern und Senioren angehen. Hierfür möchte ich aber gerne Hilfe einer professionellen Musikerin in Anspruch nehmen. Dieser Aufgabe fühle ich mich alleine, auch mit Unterstützung der Lehrerin, nicht gewachsen. Mal sehen, was daraus wird! (AL, Absatz 102)

Ebenso ist Unterstützung beim Thema „Leben und Tod" gefragt. Hier machen Teilnehmer und Leiter Erfahrungen, die professioneller Unterstützung bedürfen:

Der Tod von Menschen ist eine finale Grenze, die im Altenheim besonders sichtbar und erfahrbar wird. Hier besonders die jungen Menschen vorzubereiten und aufzufangen, ist eine Grenzerfahrung, die nicht immer gelang. Wichtig ist, sich hier Hilfe zu holen. (CW, Absatz 74)

Ein großer Wunsch für die weitere Arbeit ist eine breitere Öffentlichkeit und dadurch mehr Unterstützung der geleisteten Arbeit:

Nachhaltig wäre eine stärkere finanzielle Unterstützung solcher Projekte (mehrere Projekte dieser Art in öffentlicher Trägerschaft zu finanzieren, Finanzmittel für Organisation und Bezahlung logistischer Leistungen, Auswahl und Ausstattung geeigneter Räumlichkeiten...), auch die inhaltliche und ideelle Unterstützung in der Öffentlichkeit durch mehr Pressebeiträge. (SF, Absatz 161)

E Partizipation

Partizipation[58] ist ein wesentliches Merkmal der Geragogik. Für intergeneratives Singen kann Partizipation die aktive Teilhabe durch eigenes Singen sein, aber auch das stumme Genießen beim Zuhören. Aussagen zum Repertoire und zu den Zielen der Arbeit werden ebenfalls in dieser Kategorie ausgewertet. Zudem geht es darum zu sehen, wer wie von der Teilnahme an den gemeinsamen Singstunden profitiert. Hier gibt es freilich wieder Überschneidungen, denn besonders der Benefit, den die Teilnehmer beim gemeinsamen Singen erfahren, ist in den meisten Fällen auch ein Ziel der Leiter und wird explizit als Erwartung an das Projekt genannt. Der Benefit hängt aber auch eng mit der Interaktion zusammen.

E.a Aktion und Handlung

Unter diesem Subcode sind Aussagen zum allgemeinen Ablauf der musikalischen Begegnung gesammelt. Insbesondere die Stunden in Altenheimen laufen in den meisten Fällen nach einem immer gleichen Schema ab, das jede Woche mit neuen Inhalten gefüllt wird. Bei manchen dieser Projekte gibt es auch instrumentale Phasen, es handelt sich also nicht immer um reine Singprojekte.

Begrüßungslied, bekanntes Lied, Aktivität mit Instrumenten, Bewegungsspiel, Kommunikation, Thema mit Musik, Abschlusslied (AJ, Absatz 50)

Kommunikation bedeutet in diesem Zusammenhang themenorientierte Gespräche, die ähnlich wie bei musikgeragogischen Angeboten Bestandteil der Stunde sind.
Selbst das Projekt, das in unmittelbarer Nähe einer Schule stattfindet und dessen junge Teilnehmer schon Jugendliche sind, ist ähnlich strukturiert:

Begrüßung, festes Eingangslied, Geburtstagslied und Geburtstags-Liedwunsch, Geburtstagswunschlieder der letzten 6 Wochen, Impuls und Redebeiträge, Sitztanz, Abendlieder, Verabschiedung mit Wünschen und Abschlusslied. (CW, Absatz 50)

Bei den Angeboten in Altenheimen kommt es vor, dass die älteren Teilnehmer nicht alles mitmachen können oder wollen. Eine Expertin berichtet darüber:

Eventuelles Angebot je nach Zeitrahmen, gemeinsame Einsingübung: Verpackt in eine kurze Geschichte (Friedhilde Trüün) als Angebot für alle, wird von den Kindern gern

---

58 Alle Teilnehmer sind im aktiven Tun als gleichberechtigte Partner beteiligt (Scheunpflug & Franz 2014: 140).

gemacht, Senioren machen auch mit, wollen dann aber eigentlich immer lieber den Kindern zugucken... (SF, Absatz 92)

Ebenso wichtig ist zu bedenken, dass es Teilnehmer gibt, die nicht aktiv am Geschehen teilnehmen, teilnehmen können, denen aber die Teilhabe am Geschehen in der Gruppe ganz wichtig ist. (Erst diese Woche fragte mich eine Teilnehmerin am Ende der Stunde bei der Verabschiedung, ob es schlimm sei, wenn sie nichts sagte oder ein Instrument wählte; sie sei so müde und wäre nur einfach so gerne dabei.) Auch diese Option ist ganz wichtig offenzuhalten: Teilhabe für jeden zu ermöglichen. (SF, Absatz 128)

Auch das „Canto elementar"-Projekt läuft nach einem ähnlichen Schema ab, allerdings wird hier tatsächlich nur gesungen und der instrumentale Anteil fällt weg:

Es gibt ein Konzept für die Singpaten und die Erzieherinnen, nach dem sie durch einen darin ausgebildeten Musikpädagogen geschult und begleitet werden. Dieses Konzept hat Prinzipien, die verbindlich sind. Es lässt im Konkreten Freiräume, die die Singpaten frei gestalten. Es gibt hierzu Handouts für Singpaten und Erzieherinnen. (KA S, Absatz 3)

Viele Projekte an neutralen Orten sind wie eine gewöhnliche Chorprobe strukturiert und nehmen allenfalls beim Einsingen Rücksicht auf die intergenerative Situation:

Spielerisches Einsingen mit einem großen Bewegungsanteil, Singarbeit mit didaktisch gut überlegten Aufgaben für die einzelnen Gruppen (z. B. Kinder singen Melodie – Jugendliche und Erwachsenen den mehrstimmigen Chorsatz), Einsatz von zahlreichen Patterns aus dem Repertoire der Body-Percussion, um Aufgaben zu differenzieren. (TH, Absatz 50)

Eine Expertin hat zwei ihrer Chöre zu einem gemeinsamen intergenerativen Musicalprojekt zusammengeführt. Dabei hat sie in den gemeinsamen Proben bewusst auch Lieder aus dem normalen Repertoire der Chöre eingesetzt, um anfängliche Unsicherheiten zu umgehen:

Und wir hatten allerdings ein Lied, das habe ich auch mit Absicht natürlich gemacht. Ich nehme ja öfter mal Lieder, die ich mit den S. mache, die kann ich auch mit den Erwachsenen singen. [...] Wenn die dann in ihren Gruppen proben, singen wir ja auch wieder alles. Und beide Gruppen hatten schon ein Lied zum Einstieg. Also, dass sie sofort was miteinander singen konnten, ohne gleich in die Musicalarbeit gehen zu müssen. (AVK, Absatz 240–242)

E.b   Literatur

Die Experten wurden gefragt, wer die Literatur auswählt und welche Kriterien für die Auswahl eine Rolle spielen. Die erarbeitete Literatur ist abhängig von der Art des Projekts. Über die Literaturauswahl entscheiden in den meisten Fällen die musikalischen Leitungen, dabei gehen sie aber auch auf Anregungen der Teilnehmer oder Begleiter ein. An welcher Generation sich die Literaturauswahl orientiert, ist oft vom Ort der Begegnung abhängig.

E.b.a Projekte an neutralen Orten

In Projekte an neutralen Orten, deren alte Teilnehmer fitter sind als in den Projekten in Altenheimen, ist ein breiteres Spektrum an Literatur möglich. Wenn es sich um gezielte Projekte für eine geplante Aufführung handelt, werden die entsprechenden Stücke erarbeitet:

> *Selbstarrangierte Rockmusik, aber auch Barock!* (MB, Absatz 37)

> *Aktuelle Popsongs.* (FB S, Absatz 40)

Die Popsongs aus dem zweiten Zitat orientierten sich eindeutig an der jungen Generation und stellten für die älteren Teilnehmer eine Herausforderung dar (siehe Biografieorientierung).

In Mehrgenerationenchören wird gewöhnliche Chorliteratur gesungen, die für möglichst viele der beteiligten Sänger interessant ist:

> *Der Chorleiter wählt die Literatur aus und orientiert sich an den Bedürfnissen und musikalischen Möglichkeiten der Gruppe. [...] Internationale Folklore, eher einfache mehrstimmige Sätze und Kanons, z. T. auch mit Improvisationselementen* (TH, Absatz 34–36)

Ein Singprojekt in einem Mehrgenerationenhaus, dessen junge Generation noch im Kindergartenalter ist, probt entsprechend angepasste Lieder:

> *Für die Kinder leicht erlernbare Bewegungslieder (Quellen: Internet, Kinderlieder CD und DVD, Liederbücher), für die Erwachsenen überwiegend Volkslieder.* (UL, Absatz 36)

E.b.b Projekte in Kindergärten (Alt-zu-Jung)

Das einzige mir bekannte Alt-zu-Jung-Projekt ist das „Canto elementar"-Singförderprogramm. Da die Literatur für die Singpaten hierfür vorliegt, wurde das Thema Repertoire im Interview mit Karl Adamek nicht vertieft. Das eigens für das Projekt herausgegebene Liederbuch enthält traditionelle deutsche Volks- und Kinderlieder sowie begleitende Texte zur Entstehung des Projekts und zur Bedeutung des Singens.[59] Darüber hinaus gibt es Erklärungen zu den Liedern, die beim Einsatz der Lieder hilfreich sein können.

E.b.c Projekte in Altenwohneinrichtungen (Jung-zu-Alt)

Viele der untersuchten Projekte in Alteneinrichtungen werden nach dem von Angelika Jekic entwickelten Konzept „Unter 7 – über 70" gestaltet (Jekic 2009). Dieses Konzept stellt strukturierte Stunden vor, in denen sich Lieder und elementare Instrumentalmusik mit Themenbezug abwechseln.

---

59 Adamek, Karl (Hrsg.). 2014. *Canto elementar – Das Liederbuch.* 3. Aufl., Hattingen: Canto Verlag.

Kinderlieder von Früher und heute, Volkslieder, selbst geschriebene Lieder (AJ, Absatz 36)

Diese Literaturauswahl bietet Anknüpfungsmöglichkeiten für beide Generationen und ermöglicht den Austausch im Gespräch oder beim gemeinsamen Musizieren (z.B. Verteilen der Instrumente, gemeinsam eine Trommel bedienen).

Einige Experten entwickeln aus ihrem Erfahrungsschatz eigene Konzepte, die sich ebenfalls durch den Wechsel von verschiedenen Aktionen auszeichnen, und deren Inhalte sich idealerweise an beiden Generationen orientieren (z.B. Filler 2011, Werner 2010):

Impulse kommen von den Leiterinnen und Leitern und werden von Teilnehmerinnen und Teilnehmern an die Leiterinnen weitergegeben: Weltliche und geistliche Lieder von jungen Menschen und älteren Menschen kommen stets auf einen Anlass bezogen zusammen. Jahreszeitliche Bezüge (z. B. Weihnachten) oder Feste (z. B. Sommerfest oder Fußballweltmeisterschaft) oder Gottesdienste (z.B. Taizé-Andacht); Geburtstagliederwünsche werden ins Repertoire aufgenommen und über Wochen inwendig gelernt. (CW, Absatz 34)

Volkslieder, Popmusik, Schlager, geistliche Lieder (CW, Absatz 36)

- *Volkslieder (Tageszeit, Jahreszeit, Brauchtum…)*
- *religiöse Lieder (Abendlieder, Morgengebet, Danklieder, Segenslieder)*
- *internationale Kinderlieder (spanisch, italienisch, holländisch, afrikanisch, türkisch, hebräisch)*
- *Schlager und Chansons (deutsch, italienisch)*
- *Eigenkompositionen zu Gedichten oder eigenen Spontandichtungen*
- *Kanons* (SF, Absatz 59–63)

Beim Singen mit kleineren Kindern besteht die Gefahr, die Senioren zu infantilisieren. Manchmal gerät diese Gefahr in der Begeisterung über eine eigene Idee etwas aus dem Blick:

Aber natürlich, wir sammeln ja auch manchmal Lieder. Also, unser neues Thema ist „Tiere der Welt". So. Ich habe jetzt der Kita, die jetzt am Freitag kommt, ich habe die gebeten, ein weiteres Lied mit Tieren mitzubringen. [...] Wir haben jetzt ein großes ABC auf den Flipchart geschrieben. Und wir fangen jetzt an zu sammeln. Wir haben jetzt schon ein paar Buchstaben bedient (lachend). Und das ist einfach ein tolles Thema. Da können alle, glaube ich, ganz viel mit anfangen, ne? (FNH, Absatz 287–289)

Die Sensibilität für diese Gefahr muss stets gewahrt bleiben. Eine Expertin fühlt sich von ihren Seniorenteilnehmern in einer themenorientierten musikgeragogischen Stunde daran erinnert und peinlich berührt:

Oder „Wir sind auf dem Schloss eingeladen." Und ich habe dann angefangen, habe dann gedacht, okay, das mit dem Schloss kann ich jetzt mal probieren. Kaffeemühlentanz, einmal rechts, einmal links. dann kam schon gleich bei mir in G.: „Eine Kaffeemühle mahlt aber nicht rückwärts." [...] Hat eine andere Frau gesagt: „Ja, wir sollen uns eben in beide Richtungen bewegen." Und dann habe ich gedacht: ‚So, das ist einfach Verarschung'. [...] Also, weißt du, das ist ja, wie wenn ich die nicht für voll nähme. [...] Die sind doch nicht doof, ja? [...] Ich habe dann gesagt: „Mensch, toll. Vielen Dank." Und habe mich geschämt eigentlich. (AEW, Absatz 270–278)

In den meisten intergenerativen Singprojekten in Altenheimen wird auch elementarmusikalisch instrumental musiziert und es gibt Bewegungseinheiten zur Musik. Letztere helfen insbesondere den Kindern, ihrem Bewegungsdrang nachzukommen und hinterher wieder konzentriert zu musizieren.

Das intergenerative Musikprojekt „Henry Croft and the Pearly Kings and Queens" erarbeitet am Thema des Henry Croft orientiert Lieder aus dem alten London:

The topic is determined by the charity and is that of Henry Croft, the original Pearly King of London.[60] This is our only current project material at present. [...] Old East London songs. (ADE, Absatz 36–38)

E.c   Projektpräsentation

Während das „Canto elementar"-Projekt Präsentationen des Gelernten in Konzertform ablehnt, sind andere Projekte explizit auf Präsentationen hin konzipiert oder sogar nur deswegen überhaupt entstanden. Adamek beschreibt seine Konzeption so:

Natürlich werden die Kinder mit ihren Singpaten in alle Feiern der Kitas aktiv einbezogen, aber prinzipiell nicht von der Bühne, sondern um gemeinsam die Eltern und Gäste ins Singen einzuladen und ihnen das ‚beizubringen'. (KA S, Absatz 11)

Das von Michael Barfuß entwickelte Projekt „Rock'n Rollator-Show" läuft seit vielen Jahren mit großem Erfolg und wäre tatsächlich ohne die Aufführungen gar nicht denkbar:

Ein unglaublicher Erfolg – 80 Aufführungen in 5 Jahren, in 8 Städten aufgetreten, im Fernsehen gesendet, 15 000 Menschen erreicht – Spaß und Freude gehabt. (MB, Absatz 77)

Doch auch weniger groß angelegte Projekte präsentieren gelegentlich ihre Ergebnisse; je nach Größe der beteiligten Einrichtungen fallen diese Präsentationen entsprechend groß oder klein aus:

---

60   Henry Croft (1861–1930) wuchs als Waisenjunge in London auf, arbeitete als Straßenfeger und sammelte Geld für wohltätige Zwecke, besonders für Gesundheitsprojekte und Projekte zur Unterstützung von Kindern. Um mehr Aufmerksamkeit zu erlangen, trug er mit Perlmuttknöpfen verzierte Anzüge. Er fand viele Nachahmer und wurde für seine Verdienste schon zu Lebzeiten geehrt. Noch heute existiert die „London Pearly Kings and Queens Society". Quelle: https://www.pearlysociety.co.uk/

Feste (z. B. Sommerfest oder Fußballweltmeisterschaft) oder Gottesdienste (z.B. Taizé-Andacht) (CW, Absatz 34)

Solche Präsentationen stellen eine wichtige Möglichkeit der Öffentlichkeitsarbeit dar. Dabei sind Aufführungen außerhalb der Altenpflegeeinrichtungen für die Leiter mit einem großen logistischen Aufwand verbunden, da der Transport der körperlich eingeschränkten Mitwirkenden eine zusätzliche Herausforderung bedeutet:

Habe ich mal nachgefragt, „Wie stellt ihr euch das vor?" „Wieso?" „Bühne?" „Ja." Ich sage: „Nö, Rollstuhlfahrer, schon klar und so, eine Bühne." Ich meine, ich wusste, was für eine Bühne die da hinstellen wollten, nachher, ne? Und da habe ich gesagt: „Ich brauche jedenfalls Stühle, damit ich dann die Bewohner, die noch fit sind..." Aber dann haben wir das ja so auch hingekriegt, dass dann wir halt die Jugendlichen angesprochen haben und die Lehrerin. Und die waren dann auf einem Sonntagnachmittag echt da präsent und haben dann beim Schieben geholfen, ne? Haben sich das dann angeguckt und dann nachher die Bewohner zurückgebracht, ne? (EJF I, Absatz 483)

Häufigere Präsentationen sind wegen des großen Aufwands für diese Expertin nicht möglich, da in der Einrichtung ein entsprechender Raum fehlt:

Dass ich auch noch mal gucke, ich initiiere noch mal irgendwann was. Vielleicht auch mal mit Angehörigen zusammen, oder nochmal öffentlich oder so. Bislang scheitert es auch ehrlich gesagt an den Räumlichkeiten. (EJF I, Absatz 471)

Projekte, die sich am Schul-, bzw. Kindergartenjahr orientieren, nutzen den dadurch bedingten Wechsel in der Besetzung der jungen Generation zu einer internen Feier:

Das Projekt „B" hat im Sommer immer eine Abschiedszeremonie (wenn die Schüler in die weiterführende Schule wechseln) und eine Begrüßungszeremonie nach den Sommerferien mit den neuen Kindern. (AL, Absatz 31)

Wenn die beteiligten Senioren schon stark eingeschränkt sind, sehen die Experten jede einzelne intergenerative Begegnung schon als ein eigenes Fest, eine Art von Konzert:

Also, es gibt keinen Leistungsdruck oder irgendwas. Es ist einfach – im Grunde genommen – Musik aus Freude. Und um das gemeinsam zu erleben. Der Moment ist das, was zählt, und nicht irgendwie eine Präsentationsform, die man am Ende haben möchte. (EJF I, Absatz 488)

Und das gemeinsame Treffen, das ist doch sozusagen unser Konzert einfach. [...] Aber wir brauchen da gar keine Zuschauer, sondern es gibt nur Leute, die mitmachen. [...] Es gab jetzt auch Leute, die wollten unbedingt dabei sein, da habe ich gesagt, „Sie können gerne dabei sein, aber bitte setzen Sie sich in den Kreis und machen Sie mit." Ich möchte da keine Zuschauer haben. (AEW, Absatz 428–432)

E.d Allgemeine Ziele

Die Ziele des intergenerativen Singens überschneiden sich mit den Erwartungen der Experten an die Projekte und ebenso mit den formulierten Benefits. Alle Experten möchten durch ihre musikalische Arbeit Beziehungen zwischen den Generationen aufbauen und die Teilnehmer musikalisch fördern und erfreuen. Diese Ziele können augenblickliche Momente der musikalischen Beglückung bedeuten oder groß gedacht die Musikalisierung der Kindergärten ganz Deutschlands im Blick haben:

> *Mit 500 000 Singpaten bundesweit könnte jede der etwa 50 000 Kitas mit einer Singpatengruppe mit etwa 10 Singpaten versorgt werden. Alleine die ehemaligen oder noch aktiven Chormitglieder dieses Alters zählen etwa zwei Millionen. Es spricht vieles dafür, dass man aus diesem Personenkreis bei entsprechender Werbung genügend Singpaten gewinnen kann.* (KA S, Absatz 2)

Besonders schön drückt eine Expertin ihr Anliegen aus:

> *Welche Ziele werden verfolgt? Also, hauptsächlich werden die Ziele verfolgt, dass zwei unterschiedliche Generationen sich begegnen. [...] Und die Musik zueinander, das ist sozusagen unsere Brücke, das ist mein Handwerk, das ist aber unsere Brücke. Also, über die Musik, über diese ganzen musikalischen Aktivitäten begegnen sich zwei Generationen und kommen miteinander in Kontakt. Und sollen ganz viel Freude haben und ganz viel Spaß haben. Und ganz viel von- und miteinander lernen. [...] Und die Musik ist sozusagen der Motor.* (FNH, Absatz 255–259)

Das bereits erwähnte englische Projekt „Henry Croft and the Pearly Kings and Queens" möchte das Bewusstsein für die Potenziale von Musik als generationenverbindendem Medium schärfen, insbesondere im Hinblick auf demenziell veränderte Menschen:

> *To promote the importance of music in bringing together different generations and in combatting Alzheimer's by triggering memories in the older generation.* (ADE, Absatz 34)

Ein besonderes Ziel, das tatsächlich am leichtesten im intergenerativen Singen erreicht werden kann, beschreibt eine andere Expertin:

> *Klangerleben: Stimm-Mix/Farbmischung aus alten und jungen Stimmen erfahren* (SF, Absatz 49)

Diese Erfahrung ist sicherlich für beide Seiten bereichernd, da durch das ständige Vorhandensein von Konservenmusik, die meistens elektronisch aufbereitet ist, das Hören von unterschiedlichen, natürlichen Stimmen selten geworden ist. Obendrein trägt vermutlich auch der Klang des Gesangs von Männerstimmen zum für die Kinder ungewohnten Hörerlebnis bei.

E.e   Ziele für Alt

Einige Experten formulieren explizite Ziele für die alte Generation. Diese Ziele sind selbstverständlich die Beglückung und Belebung durch die Begegnung mit der jungen Generation, gehen aber teilweise darüber hinaus und so wünschen sich die Experten auch von der alten Generation Rücksichtnahme auf und Verständnis für die junge Generation:

> *Senioren sollen Toleranz entwickeln, sie sollen erkennen, dass Kinder heute anders sind als früher* (AL, Absatz 36)

> *Den Senioren soll Freude bereitet werden, indem die Kinder Leben ins Haus bringen.* (AL, Absatz 37)

> *Senioren sollen an ihre eigene Biografie erinnert werden und den Kindern davon erzählen, die dann wiederum ihren Horizont erweitern* (AL, Absatz 40)

Jedoch sieht Adamek die Gefahr, die Anwesenheit der Kinder zu verzwecken:

> *Die Kinder sind ja nicht zur Bespaßung der Alten da.* (KA I, Absatz 47)

Auch demenziell veränderte Senioren können vom gemeinsamen Singen profitieren und sollen deshalb teilnehmen:

> *Aber das Jetzt mit den Kindern zu erleben, ist natürlich auch ein totales Geschenk, auch wenn sie es vielleicht nachher wieder vergessen haben. Weil es anders ist, weil es lebendiger ist, weil es spannungsreicher ist, weil sie miteinander in Aktion kommen.* (AEW, Absatz 220)

E.f   Ziele für Jung

Für die junge Generation werden mehr Ziele formuliert als für die alte Generation. Die Experten erwarten, dass die Kinder und Jugendlichen ein verbessertes Verständnis für Senioren und die mit dem Altern möglicherweise verbundenen Einschränkungen entwickeln:

> *Den Kindern sollen Berührungsängste genommen werden, sie sollen feststellen, dass das Alter zu unserem Leben dazu gehört.* (AL, Absatz 35)

> *Das merke ich schon manchmal, wenn Schüler kommen, die ihre Praktika absolvieren, wo wir dann sagen: „Hast du schon mal Umgang gehabt, oder auch was Demenz betrifft?" Das wissen die teilweise gar nicht. Da hören wir auch: „Nö." Da haben die noch gar keine Erfahrung mit. Und allein, dass man denen in dem Alter schon die Ängste nimmt, mit solchen Bewohnern umzugehen. [...] Und mit diesen Erkrankungen umzugehen. [...] Finde ich einfach eine ganz, ganz wichtige Geschichte, auch für deren Zukunft, ne?* (EJF I, Absatz 521–525)

> *For children to have learnt skills that are cross-curricular, and also learnt about people with Alzheimer's. And of course learnt the History of Henry Croft and the Pearly Kings and Queens.* (ADE, Absatz 40)

Der Umgang mit den Einschränkungen des Alters sollte auch außerhalb der intergenerativen Begegnung thematisiert und aufgefangen werden:

> *Dass sie im Laufe des Jahres immer wieder von der Lehrerin oder auch von den Erziehern gut begleitet werden. Oder auch mal von uns Erwachsenen, wenn es etwas gibt, sozusagen auch in der Stunde. Das braucht dann einfach einen spontanen Platz. Aber, die lernen ja schon vorher, dass es Alterskrankheiten gibt, ne?* (FNH, Absatz 641)

In den intergenerativen Stunden soll durch die Übertragung wichtiger Aufgaben das Selbstwertgefühl der jungen Generation gesteigert werden:

> *Den (Grundschul-) Kindern soll Freude bereitet werden, indem ihnen verantwortungsvolle Aufgaben zugetraut werden.* (AL, Absatz 38)

Adameks vor allen Dingen zur Singförderung gegründetes Projekt „Canto elementar" sieht entsprechend die Ziele bei der Möglichkeit einer gesunden Stimmentwicklung und den damit verbundenen positiven Folgen für die Kinder:

> *Bei Kindern trägt die spielerische Entfaltung der Klangsprache ihrer Stimme – und zwar von Geburt an – sowie damit einhergehend und darauf aufbauend die Entfaltung ihres Singens als unmittelbarem Selbstausdruck zum reinen Selbstzweck, wesentlich zu ihrer gesunden Entwicklung auf allen körperlichen, geistigen und vor allem seelischen Ebenen bei. Über solches Singen mit erwachsenen Menschen, die sich im Singen lediglich selber ausdrücken mit ihren Gefühlen, Haltungen, mit ihrem ganzen Wesen, erfahren die Kinder lebendigen Kontakt im verschmelzenden Klang und zugleich Geborgenheit, Vertrauen in die Anderen, in Gemeinschaft, ins Leben. Deshalb muss die freie Entfaltung des Singens als Grundrecht angesehen werden als Teil der freien Entfaltung der Persönlichkeit.* (KAS, Absatz 2)

E.g Probenteilnahme

Bei zeitlich eng begrenzten Projekten nehmen die meisten Teilnehmer regelmäßig an den Proben teil. Die „Rock'n Rollator-Show" probt nach vielen Aufführungen mittlerweile ausschließlich mit den alten Sängern, da die jungen Mitwirkenden beruflich zu sehr eingebunden sind und ihren Part ohnehin schon können, die Alten jedoch aufgrund nachlassender Merkfähigkeit mehr Proben benötigen:

> *Da sich die jungen Sänger die Texte merken können und das Programm steht, und die jungen neue Berufe und Studiengänge und -orte haben, kommen diese nicht mehr zu den Proben.* (MB, Absatz 47)

> *Die Auffrischproben allerdings nehmen nur die Älteren wahr.* (MB, Absatz 52)

Die in Altenheimen stattfindenden Singprojekte bestehen in den meisten Fällen aus einer festen Gruppe von Senioren und einer Gruppe der jungen Generation (Kindergarten oder (Musik-)Schule). In manchen Projekten wechseln die Kindergruppen. In allen Projekten ist es so, dass alle Teilnehmer nach Möglichkeit an den Singstunden teilnehmen, außer sie sind durch Krankheit oder Termine verhindert. In solchen Fällen werden spontan andere Teilnehmer rekrutiert, damit die gewünschte 1:1-Situation erreicht werden kann:

Denn oftmals können Senioren gesundheitlich nicht teilnehmen, wir laden dann weitere Senioren ein, damit es eine 1:1-Situation gibt. (AL, Absatz 27)

Die Senioren nehmen absolut regelmäßig an den Stunden teil. Aufgrund von Krankheit, Unwohlsein oder Unfällen fallen immer einige Teilnehmer aus. Tendenziell ist der Besuch sehr regelmäßig und die Bewohner versichern mir sehr oft am Ende einer Stunde, wie sehr sie sich schon auf die nächste Woche freuen. (SF, Absatz 83)

Bei den Kindern ist die Teilnahme auch regelmäßig, zumal ich immer nur 2–4 Stunden in Folge anbiete, und gleichsam versuche, den Kindern die regelmäßige Teilnahme schmackhaft und interessant zu machen. (SF, Absatz 84)

Alle Experten betonen die Freiwilligkeit des Musikangebots. Dadurch ist die Bereitschaft bei allen Teilnehmern groß und es kommt nur vereinzelt zu Ausfällen:

Also, die Gruppen, die ich habe, da muss ich sagen, wenn die können, dann kommen sie. Und wenn sie nicht kommen, dann sind sie entweder krank oder es ist dann eben bei den Kindern, ja, wenn der Opa Geburtstag, das Übliche. [...] Und bei den Erwachsenen geben wir diese große Freiwilligkeit. Wir sind halt trotzdem an die Schulferien natürlich gebunden, aber wenn dann Enkeldienste oder Urlaube, Arzttermine kommen. [...] Aber meistens melden sie sich bei mir ab oder untereinander und ich bekomme es dann gesagt. Nein, das, was sie möglich machen konnten – sie haben viel freigeschaufelt – haben sie auch wirklich möglich gemacht. (AVK, Absatz 377–383)

Bemerkenswert ist die Größe der Gruppe in Werners Musikprojekt:

Es gibt keine Verpflichtung, keine Aufnahmeprüfungen und ähnliche burokratische oder finanzielle Hurden. Die Teilnahme ist je nach Gesundheitszustand wechselnd, es gibt aber einen ‚harten Kern' von etwa 40 Teilnehmer*innen. Es kommen viel mehr alte Menschen als Jugendliche. (CW, Absatz 47)

E.h *Alt profitiert von Jung*

Alle Experten berichten von positiven Einflüssen, die das intergenerative Singen auf die älteren Teilnehmer hat. Sie reichen von Stimmungsaufhellung über Aktivierung hin zum Vergessen körperlicher Beschwerden, die vielleicht vor dem Singen noch bestanden haben:

> *Wir erleben, dass Senioren, die mit „Unwohlsein" herkommen und nicht wissen, ob sie die Zeit mit den Kindern komplett schaffen werden, plötzlich keinerlei Beschwerden mehr äußern und davon keine Rede mehr ist.* (AL, Absatz 54)

> *Die Jugendlichen schaffen den älteren Menschen in der gemeinsamen Musikpraxis die „schönste Stunde der Woche."* (CW, Absatz 43)

> *Das Bewegungs-Singen der Kinder beflügelt die Singfreude der Erwachsenen.* (UL, Absatz 58)

Mehrmals beschreiben die Leiter, dass die Senioren im Zusammensein mit den Kindern gelassener sind als sonst:

> *In den gemeinsamen Stunden der Begegnung lassen sich die Senioren sehr gut auf die Kinder ein und lassen hier dann auch mal ‚fünfe gerade sein', wenn etwas nicht so reibungslos klappt. Die Toleranzgrenze ist deutlich erhöht im Vergleich zu anderen Situationen.* (AL, Absatz 65)

> *Und im Mehrgenerationenprojekt, da passiert das fast nie, dass die so komisch oder eher so, vielleicht auch mal aggressiv oder unfreundlich auf Menschen mit Demenz reagieren. Die sind deutlich liebevoller miteinander und auch irgendwie viel netter im Umgang, das finde ich.* (FNH, Absatz 655)

Solche positiven Erlebnisse finden sich auch bei demenziell veränderten Senioren, was zeigt, dass Musik und besonders Singen den Menschen tiefer erreichen als bloße Ansprache:

> *Auch Menschen mit fortgeschrittener dementieller Entwicklung nehmen an dem Angebot teil und wir erleben, dass diese Menschen in diesen Momenten entspannter und fröhlicher sind als sonst.* (AL, Absatz 54)

Wie oben bereits erwähnt, berichten zwei Expertinnen, dass demenziell veränderte Teilnehmer in der Begegnung mit den Kindern sich plötzlich für das Wohlergehen der Kinder verantwortlich fühlen und somit ihre eigene Hilflosigkeit nicht mehr wahrnehmen:

> *Also, da kommt dann so der Blick für die anderen, also für die Kleineren, für die Untergebenen, für die, wo man dann eben Eltern ist, da werden die dann eigentlich dement Pflegebedürftigen sozusagen wieder zu Verantwortlichen.* (AEW, Absatz 563)

In einem intergenerativen Musicalprojekt boten die vorn stehenden Kinder den hinter ihnen stehenden älteren Teilnehmern Schutz. Da manche der älteren Teilnehmer noch nie vorher auf einer Bühne gestanden hatten, waren sie entsprechend unsicher:

> *Die Erwachsenen standen hinten, das war für die auch erst mal ein Schutzraum. Ich muss dazu sagen, ich habe Menschen gehabt, die waren wirklich 70 und die haben das erste Mal auf einer Bühne gestanden. Und ich habe ihnen immer klar gemacht in den*

Chorproben: „Ihr steht hinten, die Kinder stehen vor euch." Und das war für die Erwachsenen ein ganz gutes Gefühl, weil, sie merkten natürlich sowieso schon immer dann die Spannung der Kinder, „jetzt kommt der Einsatz", aber sie waren nicht so in erster Reihe. (AVK, Absatz 274–276)

Die gemeinsame Arbeit mit den Jugendlichen gab den älteren Teilnehmern des Musicalprojekts viel Kraft. Die Chorleiterin hatte den Erwachsenen angeboten, eine Stehhilfe mit auf die Bühne zu nehmen, damit sie nicht das ganze Konzert stehen mussten. Doch die Senioren lehnten das ab, bis hin zu einer Teilnehmerin, die sogar eine anstehende Operation verlegte, um die Aufführung mitsingen zu können:

Ich glaube, dass die Kinder den Erwachsenen viel Kraft gegeben haben. [...] Ein spezieller Fall, [...] von der Dame, die eine schwere Kopf-OP vor sich hatte, und hatte aber ihrem Arzt erklärt: „Ich mache jetzt erst dieses Musical mit. Das hält mich hoch." [...] Da an den Kindern, da hat sie sich dran festgehalten. Inzwischen ist sie operiert. [...] Aber diese Phase hat ihr sehr, sehr viel Kraft gegeben. (AVK, Absatz 300–306)

E.i *Jung profitiert von Alt*

Es profitieren aber nicht nur die Senioren vom intergenerativen Singen. Auch für die junge Generation ist das gemeinsame Singen mit wertvollen positiven Erfahrungen verbunden. Diese können sich schlicht auf den ungewohnten Umgang mit alten Menschen beziehen:

So lernen Kinder den Umgang mit dieser Generation ein bisschen kennen. (ST, Absatz 77)

Dabei werden eventuell vorhandene Vorurteile in Frage gestellt:

Interessant war für mich zu beobachten, dass Stereotype zum ALTSEIN eine ganz neue Bewertung erfahren, nämlich dann, wenn Kinder entdecken, was die Senioren alles KÖNNEN! (SF, Absatz 65)

Tiefer gehen die Erfahrungen im Projekt „Triangel-Partnerschaften" von Werner. Da die beteiligten Institutionen in unmittelbarer Nachbarschaft lagen, war eine Begegnung zwischen den Generationen auch außerhalb der musikalischen Treffen möglich. Dies ermöglichte den Jugendlichen einen tiefer gehenden Kontakt und damit den Gewinn eines Ansprechpartners:

Die Jugendlichen bekamen einen Blick für ihre sozialen Talente, einen Blick für die anderen Menschen nebenan. Die alten Menschen konnten in den Gesprächen ihre Erfahrungen und Lebensweisheit einbringen und Jugendlichen neue Wege aus einer schier verzweifelten Situation aufzeigen oder einfach nur Trost spenden. (CW, Absatz 63)

Da das Hinübergehen auf das Gelände des Seniorenheims nur den Projektteilnehmern gestattet war, eröffneten sich den Jugendlichen buchstäblich neue Räume:

> *Für die Jugendlichen wurde das Altenheim und der Park dahinter zu einer neuen Lebenswelt, für manche zum Rückzugsort. Hier konnten sie sich (das war ein Privileg für jugendliche Projektteilnehmer) allein auch während der Pausenzeiten in der Schulzeit aufhalten, nachdenken oder mit „ihrer Seniorin" unterhalten. (CW, Absatz 63)*

Im „Canto elementar"-Projekt erleben die Kinder im gemeinsamen Gesang mit den Senioren Momente, die vielfach zuhause nicht erfahren werden können:

> *Beim gemeinsamen, spielerischen Singen mit den Singpaten können die Kinder oftmals sehr berührende Momente der menschlichen Begegnung im Blickkontakt erleben, denn die Alten haben wieder „Zeit in den Augen" und diesen freundlichen Blickkontakt brauchen die Kinder für ihre Entwicklung so sehr. Dadurch bekommen die Kinder eine Sicherheit, die sie von ihren meist gestressten Eltern so nicht bekommen können. Hier lag immer die besondere Bedeutung der Großeltern für die Enkel. (KA I, Absatz 53)*

Da das alltägliche Singen vielerorts in Vergessenheit geraten ist, sieht Adamek einen wichtigen Benefit für die Kinder darin, dass den Kindern die Form des alltäglichen Singens nahegebracht wird, die sie andernorts sonst nicht mehr kennenlernen würden (siehe Zitat in Kapitel E.f):

> *Kinder können das Singen nur von Menschen lernen, die selber von Herzen gerne singen und das mit ihnen tun; und sie können es erst einmal nur so lernen, wie diese Menschen es tun. (KA S, Absatz 2)*

Über das Singen hinaus lernen die teilnehmenden Kinder auch viel über Kommunikationsmöglichkeiten und sensiblen Umgang mit Menschen:

> *Und die Chance ist natürlich auch, wenn ich so was in so einer intergenerativen Arbeit mache, dann sind die Kinder Zeuge einer geäußerten Problematik: „Ich sehe, Sie sind sehr müde." Das ist was ganz anderes, wie wenn ein anderes Kind sagt: „Der schläft, der schläft!", ja? (AEW, Absatz 346)*

Sie lernen mehr Gelassenheit und Nachsicht, die in einer leistungsorientierten Umwelt leicht auf der Strecke bleiben könnten:

> *Also, es hat mich jetzt wieder einer gefragt: „Und wenn ich dann falsch spiele?" Und dann habe ich gesagt: „Das ist völlig egal. Ich glaube, dass man trotzdem weiter machen kann. Also, es ist kein Weltuntergang." Die sind manchmal so fixiert auf Fehler. (AEW, Absatz 533)*

> *Die Kinder nehmen da unglaublich viel mit, das können sie in keiner Schulstunde so geschwind nachholen, ja? (AEW, Absatz 607)*

E.j Benefit für alle Beteiligten

Neben dem speziellen Benefit der einzelnen Altersgruppen gibt es Erfahrungen, die für alle Beteiligten wertvoll sind. Zunächst ist das gemeinsame Erleben von Musik ein für alle beglückendes Erlebnis:

Also, mein Eindruck und Gefühl ist, dass es sehr bereichernd ist für alle. So. Und wenn es nicht für alle ist, dann aber für ganz viele Teilnehmer. [...] Die Musik sozusagen als Ausdrucksmittel ist einfach so wunderbar. Weil, sie hat so viele Möglichkeiten, Menschen in Kontakt zu bringen durch Lieder, durch... gerade, weil sie Gefühle irgendwie eröffnet. [...] Für die Senioren, aber auch für die Kinder. Sie beinhaltet Erfahrung. Musik begleitet uns einfach von Baby an bis zu unserem Tod. Und Musik ist sozusagen etwas, was wir alle in uns tragen. Und wir können alle etwas mit Musik anfangen. Und manchmal ist es...Das wird ja auch nicht immer geliebt, aber es weckt unsere Erinnerungen, unsere Gefühle, auch unsere traurigen Gefühle, unsere glücklichen Momente. [...] Und wenn man nicht mehr sprechen kann, dann hat man vielleicht trotzdem leuchtende Augen oder man kriegt rote Wangen und ist einfach dabei. (FNH, Absatz 829–833)

Aus dem wiederholten gemeinsamen Erleben von Musik entstehen Beziehungen, die teilweise sogar über das Projekt hinaus gepflegt werden.

Auch wenn es manchmal recht turbulent zugeht, empfinde ich die Begegnungen als Gewinn sowohl für die Senioren als auch für die Kinder. Gerade beim Projekt „B" mit den Grundschulkindern entstehen richtige Freundschaften zwischen Groß und Klein. Es hat den Anschein, als wenn alle ein Familienmitglied hinzubekommen. (AL, Absatz 102)

Es konnte eine vertrauensvolle Atmosphäre aufgebaut werden, gemeinsame Freude am Miteinander und der Musik heben nach und nach die Hemmschwelle auf. (AT, Absatz 62)

Die Grundschüler aus dem Projekt „B" kennen die Senioren auch namentlich, sie fühlen sich ihnen auch zugehörig. Hier entsteht im Laufe der Zeit eine richtige Beziehung zueinander. Die Kinder kommen oft auch außerhalb des Projekts ins Haus, um ihren Senioren zu besuchen. (AL, Absatz 67)

Die jeweilige Andersartigkeit der beteiligten Generationen wirkt auf die Teilnehmer und gibt ihnen das, was ihnen fehlt:

Man könnte knapp sagen: Alle gewinnen hier im intergenerativen Kontakt. Die Kinder beleben die Alten und die Alten beruhigen die Kinder. (KA I, Absatz 55)

Ein Benefit, der zunächst nur als Gewinn für die junge Generation erscheint, der aber letztlich sogar als ein Gewinn für die Gesellschaft betrachtet werden kann, ist die Aussage einer Expertin, die aus der Reflexion des intergenerativen Singens in der Grundschule berichtet:

Die auffälligste Veränderung habe ich recht früh bei den Kindern erfahren. Dies bezog sich auf ein ganz schnelles Verwerfen von Altersstereotypen. [...] Für mich war ganz interessant, zu sehen, wie viel, was und wie die Kinder beobachtet hatten." (SF, Absatz 152)

Da das Verwerfen von Altersstereotypen ein erklärtes Ziel intergenerativer Bildungsangebote darstellt[61], liefert diese Aussage einen Beleg, dass dieses Ziel tatsächlich erreicht werden kann.

Im Projekt „Triangel-Partnerschaften" von Werner ergaben sich sogar für am Projekt nicht direkt beteiligte Personen neue Perspektiven, da die Öffnung des trennenden Zauns einen neuen Durchgang für alle darstellte. Werner beschreibt diese neu geschaffenen Möglichkeiten und den daraus resultierenden Benefit wie folgt:

> *Die Wege für beide Generationen werden kürzer. Abkürzungen über das Gelände des Partners schaffen größere Freiräume für beide Institutionen, nicht nur wenn ein Ball rüberfliegt, ist dieses Tor eine Hilfe. Es gibt Menschen, die nun in beiden Institutionen einer (bezahlten) Arbeit nachgehen können. Alle nutzen diese Tore. Auf dem Schulgelände entstand ein Rollatorweg für die Rollstuhlfahrer aus dem Altenheim, die es nun viel kürzer zum Supermarkt haben als vorher.* (CW, Absatz 32)

Der Umgang mit Rollstühlen und Rollatoren wurde von den Jugendlichen geübt. Davon profitierten wiederum beide Seiten, weil die Jugendlichen die Senioren geschickter unterstützen konnten und gleichzeitig neue Erfahrungen machten, die nicht nur im intergenerativen Umgang nützlich sein können:

> *Die Jugendlichen luden die Senioren in die Turnhalle ein (Hier war alles ebenerdig und für Rollstühle und Rollatoren geeignet.). Viele Jugendliche im Projekt machten zunächst einen Rollstuhlführerschein, dann stiegen sie in das Projekt ein, die Perspektiven und Blickwinkel änderten sich.* (CW, Absatz 63)

Werner beschreibt sehr treffend Veränderungen im Verhältnis zur anderen Generation, wenn er dieses Verhältnis mit einem „emotionalen Bankkonto" vergleicht, das Ein- und Auszahlungen verbuchen kann:

> *Es entstand durch das gemeinsame Singen und Musizieren ein emotionales Bankkonto zwischen den Generationen, das sehr von den Einzahlungen lebte und auch Abhebungen vertrug. Wenn eine Gruppe Jugendlicher die Senioren von der Schule aus über den Zaun mit Sand beworfen hatten, konnten sie sich nun im Singkreis vor den Senioren (mit Mikrofon in der Hand) entschuldigen. Die 80 Senioren haben sich das angehört und die Entschuldigung mit einem Kopfnicken angenommen.* (CW, Absatz 63)

Zusammenfassend stellt Werner fest:

> *Musik ist für Jung und Alt eine Form der Identifikation. Soziale Musik (community music) ist eine klingende Brücke, die beide Generationen trägt.* (CW, Absatz 65)

Seine Erfahrungen des Projekts, das wissenschaftlich begleitet wurde, hat Werner in einem Buch mit ähnlichem Titel zusammengestellt: „Dialog auf Augenhöhe. Klingende Brücken zwischen Jung und Alt" (Werner 2010).

---

61 Z.B. Creech *et al.* 2014: 112; Jacobs 2010: 66)

F   Lebenssituativer Bezug

Aussagen zu den altersbedingten Bedürfnissen und Befindlichkeiten der Teilnehmer werden in dieser Kategorie gesammelt. Hier geht es um physiologische und um emotionale Bedürfnisse der Sänger. Ebenso werden Verhaltensweisen der beteiligten Generationen aufgelistet. Diesen generationsspezifischen Ausprägungen muss durch einen guten Aufbau der Probe und eine geschickte Liedauswahl Rechnung getragen werden, gleichfalls ist eine gute Vorbereitung aller Beteiligten auf das intergenerative Setting wichtig. Es zeigen sich wiederum Überschneidungen mit den Kategorien „Aktion und Handlung" sowie „Interaktion". Die Unterschiede zwischen den Generationen treten im direkten Vergleich der Generationen auf und würden unter Umständen in einem altershomogenen Setting gar nicht auffallen. Leiter von nicht explizit intergenerativen Singgruppen jedoch haben vermutlich vergleichbare Beobachtungen wie die von mir befragten Experten gemacht.

F.a   Junge Generation

Die jugendlichen Teilnehmer sind erwartungsgemäß in ihrem Handeln und im Erfassen von Sachverhalten schneller als die Senioren. Dieses zeigt sich sowohl bei den Projekten an neutralen Orten als auch beim Singen in Altenheimen. Um die alte Generation nicht zu überfordern, müssen die Leiter entweder differenzieren oder die junge Generation zur Rücksichtnahme ermuntern. Die befragten Leiter intergenerativer Singangebote sind sehr bemüht, beiden Generationen gerecht zu werden und sie in gegenseitiger Rücksichtnahme zu unterstützen:

> *Die Kinder sind mitunter recht schnell in ihrem Sprechen und manche Senioren können das Gesprochene nicht verstehen. Wir bitten die Kinder, das, was sie sagen möchten, laut, deutlich und langsam zu wiederholen, wird es immer noch nicht verstanden, dann wiederholen wir Mitarbeiter. [...] Die Kinder ergreifen viel schneller die Initiative (z.B. beim Verteilen der Instrumente), wir versuchen, ihnen behutsam beizubringen, dass sie auch immer „ihren" Senioren im Blick haben sollten und auch diesen bitte mitversorgen.* (AL, Absatz 52)

> *Der Bewegungsdrang wird durch die Möglichkeit, sich während oder zwischen den Liedern zu bewegen, gar nicht als Problem empfunden. Der kindlichen Neugier versuchen wir mit Erklärungen zu begegnen.* (AL, Absatz 65)

Im Vergleich zur alten Generation bemerken die Experten bei den jungen Teilnehmern ein höheres Lerntempo und erwarten allgemein eine bessere körperliche Verfassung:

> *Bei gleicher Begeisterungsfähigkeit unterschiedliches Lerntempo und Dauer der Konzentration bei Übungsphasen.* (TH, Absatz 43)
>
> *Bei den Kindern, das waren, das hätte ich in fünf Proben einstudieren können vermutlich. [...] Das war nicht wirklich viel Text. [...] Die Erwachsenen brauchen deutlich mehr Wiederholungen.* (AVK, Absatz 292–294)

- *Die Jüngeren halten körperlich besser durch*
- *Die Jüngeren sind offener gegenüber ‚moderner' Musik, gegenüber ‚Neuem'*
- *Jüngere passen sich leichter an schlechte Bedingungen an, z. B. an schwierige Akustik, kleine Schrift, enges Stehen, schlechtes Licht.* (VHW, Absatz 66–68)

Bisweilen führt der Umgang mit den unterschiedlichen, altersbedingten Fähigkeiten doch wieder zu einer Trennung der Generationen:

Da sich die jungen Sänger die Texte merken können und das Programm steht, und die jungen neue Berufe und Studiengänge und -orte haben, kommen diese nicht mehr zu den Proben... (MB, Absatz 47)

Vielfach nutzen die Experten die Lebendigkeit der jungen Teilnehmer und geben ihnen vertrauensvolle Aufgaben innerhalb der intergenerativen Begegnung. Dadurch fühlen sich die Kinder und Jugendlichen wertgeschätzt:

Die Liedinhalte werden von allen gelernt, die Kinder nehmen die Funktion der Assistenten der Gruppenleitung ein, sie machen alle Aktivitäten mit und die Senioren lernen so von den Kindern. (AJ, Absatz 43)

Es gibt viele jüngere Menschen, die als Betreuer sich um das Aufschlagen der Liedtexte (großer Druck, große Seitenzahlen) kümmern. (CW, Absatz 52)

Oder wir zeigen den Kindern, wie man mit dieser Seniorin die Trommel hält. (FNH, Absatz 585)

Obwohl insgesamt mehr auf die Bedürfnisse und Befindlichkeiten der alten Teilnehmer Rücksicht genommen wird, achten die Experten trotzdem darauf, dass die junge Generation gut vorbereitet, begleitet und bei Schwierigkeiten unterstützt wird:

Beeinträchtigungen der Älteren machen den Jüngeren zu schaffen. Auch hier ist zunächst Aufklärung gefragt, z. B. über Demenz, etwa bei Kindern über entsprechende Bilderbücher. (VHW, Absatz 58)

Und wir machen immer eine Getränkepause. [...] Und das ist auch absolut wichtig. Für die Senioren ist es zum Teil wichtig, aber für die Kinder auch. Weil, für die Kinder sind es auch ganz, ganz viele Eindrücke. Das darf man nicht unterschätzen. (FNH, Absatz 587–589)

Und wenn wir plattdeutsche Lieder singen, dann ist es natürlich total wichtig, dass wir die Lieder aufbereiten für die Kinder. (FNH, Absatz 463)

Bei aller Form der Berührung muss ich immer sehr vorsichtig und umsichtig berücksichtigen, wie viel Nähe/Berührung die Kinder spontan zulassen wollen und geben. Erfahrungsgemäß sind aber beide Seiten offen und behutsam in der Annäherung. Wenn ich bei einem Kind eine Unsicherheit spüre, nehme ich dieses Kind sofort zurück an meine Seite. (SF, Absatz 135–136)

F.b Alte Generation

Durch die körperlichen bzw. demenziellen Beeinträchtigungen mancher Senioren, insbesondere in den Projekten in Altenheimen, entsteht ein großer Bedarf an Rücksichtnahme. Das beginnt bei der Bewältigung des Weges und setzt sich während der intergenerativen Begegnung fort durch Schwierigkeiten beim Hören, Singen oder Agieren mit Musikinstrumenten. Manchmal ist die volle Musikstunde zu viel und ein Teilnehmer möchte vorher den Raum verlassen. Hier sind sehr viel Sensibilität auf Seiten der Leitung und Verständnis der Gruppe gefordert:

Die persönliche Verfassung der Teilnehmer (Senioren) erspüre ich in der ersten Begrüßungsrunde beim persönlichen Ansingen, wenn ich nahe vor der Person hocke, die Hände halte und kurz nach dem Befinden frage. (SF, Absatz 80)

Jede*r kann jederzeit gehen oder hinausfahren. Es gibt breite Fahrwege im Saal. (CW, Absatz 52)

Senioren sind eher passiv und zurückhaltend; die Kinder und ich versuchen behutsam auf die Senioren zuzugehen. Einige hören schwer, daher singen wir klar, deutlich und langsam. Ich setze viel Mimik und Körpersprache ein und wähle vorrangig die Methode des imitatorischen Anleitens. (ST, Absatz 52)

The elderly residents often need extra help with wheelchairs or access to toilets which are provided for by the care home workers on site and arranged with the school and project manager beforehand. (ADE, Absatz 54)

Auch in Projekten an neutralen Orten, in denen die Senioren insgesamt wesentlich fitter sind, zeigen sich zwischen den Generationen Unterschiede in der Probenarbeit, auf die sich die Leiter einstellen müssen:

Ja, und die waren auch so ein bisschen... also, die Senioren waren ein bisschen reservierter. [...] So, was auch was Neues angeht. Kinder, die singen ja einfach drauf los dann, ne? [...] Ich mache was vor, dann machen die das nach. So, ne? [...] Dann wird auch nicht hinterfragt, meistens, ne? Sondern das wird einfach gemacht. Und die Senioren mussten schon erst mal so ein bisschen gucken manchmal, also [...] Ja, oder manche sagen, warum denn jetzt was Englisches, oder so, ne? (FB I, Absatz 261–271)

F.c Unterschiede zwischen den Generationen

Neben den generationsspezifischen Bedürfnissen, die entweder die eine oder die andere Generation hat, gibt es Themen, die insbesondere im direkten Vergleich zur anderen Generation augenfällig werden und die unbedingt beachtet werden sollten. Von großer Wichtigkeit sind beim Thema Singen natürlich der Umgang mit der Singstimme und in diesem Zusammenhang die physiologischen Voraussetzungen und Bedürfnisse der Stimme in unterschiedlichen Lebensaltern. Auf diese umstrittene Frage gehe ich in der Diskussion noch näher ein, an dieser Stelle gilt es festzustellen, ob und inwieweit die Experten hierfür ein Bewusstsein haben und dem Rechnung tragen:

> *Altersspezifische Unterschiede. Also, die Stimmlage [...] Die Kinder haben eine ganz andere Stimmlage als die Senioren. [...] Also, ich muss dafür sorgen, dass ich Tonarten auswähle, wo beide gut mitsingen können, ne? (FNH, Absatz 441–445)*

> *Also ein bisschen versetzt natürlich von der Stimmlage. Wenn die Erwachsenen dabei sind, gehe ich halt noch ein bisschen tiefer für meine Männer. Und wenn die Kinder dabei sind, noch ein bisschen höher. Wobei, nein, ich habe im Sopran inzwischen bei den Erwachsenen auch ein paar Damen, die dann gerne auch mal ein hohes g noch von sich geben. (AVK, Absatz 395)*

Nicht bei allen Experten ist solches Bewusstsein vorhanden. Manche gingen in ihren Antworten überhaupt nicht auf diesen Aspekt des intergenerativen Singens ein. Und manche Antworten spiegeln gar eine durchaus fragwürdige Einstellung zu dieser Frage wider:[62]

> *Klar, die Stimme ist natürlich unterschiedlich. Von den Kindern, die sind ja eh hoch. Und bei den Erwachsenen... Ich meine, ich habe eine ziemlich tiefe Stimmlage. Was den Bewohnern natürlich zugutekommt. Die Kindergartenkinder müssen dann einfach mit runter, das ist okay.*

> *Nein, das ging eigentlich. Ja, dass es zu hoch ist, schon. Aber das waren auch keine... Nein, wenn es hoch war, dann fanden die Kinder es auch hoch, so, ne?*

> *Wenn die Kindergärtnerin mal was anstimmt, was auch mal durchaus sein kann, wenn die mal ihr Abschiedslied oder so vorsingen wollen, müssen unsere Bewohner halt gucken, ne? Es geht meistens auch, aber das merkt man natürlich schon. Kindergartenkinder, die singen höher. [...] Manchmal piepsen die mir da schon fast, wenn man das mitkriegt, ein bisschen zu viel rum, [...] aber die Kinderstimmen sind ja auch höher.*

Die themenorientierte Arbeit intergenerativer Singprojekte bietet viele Gesprächsmöglichkeiten. Hierbei ist darauf zu achten, dass die Gesprächsinhalte für alle verständlich sind. Probleme können aus zu schnellen, zu unübersichtlichen Gesprächssituationen erwachsen, aber ebenso aus unterschiedlichen Erfahrungen:

> *Beide Altersgruppen machen in ihrer Kindheit gravierend verschiedene Erfahrungen, z.B. Geschenke zu Weihnachten, Hausarbeit früher – heute. Ich erkläre z.B. oft die Unterschiede früher – heute, damit ein Verständnis füreinander entsteht. (EJF S, Absatz 49–50)*

> *Geschenke muss ich mir oft schon von der Kindergärtnerin erklären lassen, weil ich gar nicht mehr weiß, was die überhaupt meinen. Ich meine, ich habe zwar auch eine Tochter, aber die ist jetzt 16 (lacht). Da haben die Geschenke teilweise Namen, englische Namen, von irgendwelchen Fernsehsendungen, irgendwelche Figuren und so. (EJF I, Absatz 199)*

---

62   Um die Experten nicht bloßzustellen, sind diese Zitate nicht mit Kürzeln gekennzeichnet.

Gezielte Gesprächsführung in der Stunde; Gespräch bedeutet: Kein Durcheinander, kein dauerndes Nebeneinander von Gesprächen (wird von allen als störend empfunden). (SF, Absatz 131)

G Persönliche Angaben

Diese Kategorie sammelt Aussagen zur Person der Experten: Alter, Ausbildung, Erfahrungen, Erwartungen und auch Ergänzungen, die nicht durch die vorgegebenen Fragen abgedeckt wurden. Viele der Aussagen überschneiden sich mit den Kategorien „Aktion und Handlung" und „Hilfen und Voraussetzungen".

Zehn der 17 befragten Experten sind weiblich, sieben sind männlich. Zwei Experten sind unter 40 Jahre alt, alle anderen sind älter.

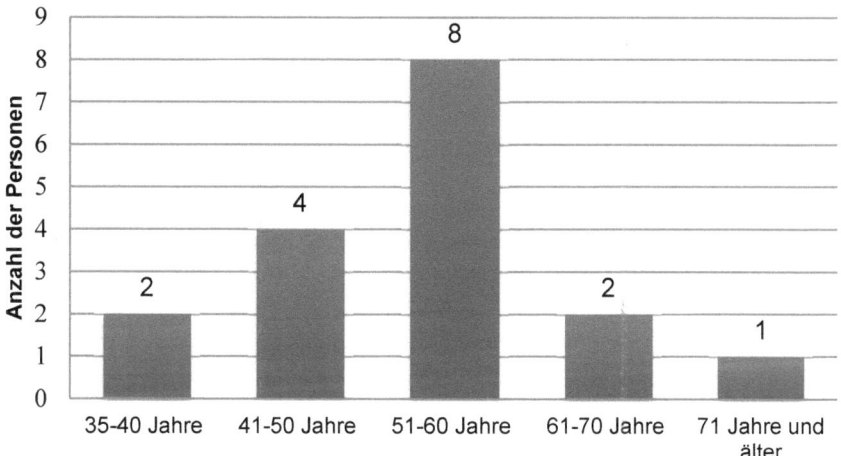

Abbildung 18: Alter der Experten

Abb. 18 zeigt das Alter der von mir befragten Experten. Zwölf der 17 befragten Experten sind zwischen 41 und 60 Jahren alt. Nur zwei der Experten sind jünger. Aus den Gesprächen mit den Experten lässt sich ablesen, dass entweder die eigene Idee oder eine Ausbildung zum Musikgeragogen die Arbeit im intergenerativen Singprojekt initiiert hat (s. Kapitel G.a). Dieser Umstand wie auch die Altersverteilung der Experten machen deutlich, dass eine Ausbildung zum intergenerativen Singleiter wünschenswert wäre, um auch jüngere Menschen für diese Tätigkeit zu gewinnen.

G.a Zugang zum Projekt

Intergeneratives Singen ist in Deutschland noch in keiner Form vernetzt oder fest verortet. Mehrere meiner Interviewpartner haben ihre intergenerativen Projekte selbst entwickelt: Michael Barfuß die „Rock'n-Rollator-Show", Christian Werner nach einem USA-Aufenthalt die „Triangel-Partnerschaften", Karl Adamek entwickelte „Canto elementar", Susanne Filler ein eigenes Konzept „Mit Musik Brücken bauen" und Angelika Jekic „Unter 7 – Über 70":

> *Eigene Idee* (MB, Absatz 21)

> *Impuls aus den USA* (CW, Absatz 20)

> *Zweitens die Erkenntnis: Die Singfähigkeit ist ebenso wie die Sprachfähigkeit nicht angeboren, sondern sie muss von anderen Menschen gelernt werden.* (KA S, Absatz 2)

> *Mit 500 000 Singpaten bundesweit könnte jede der etwa 50 000 Kitas mit einer Singpatengruppe mit etwa 10 Singpaten versorgt werden. Alleine die ehemaligen oder noch aktiven Chormitglieder dieses Alters zählen etwa zwei Millionen. Es spricht vieles dafür, dass man aus diesem Personenkreis bei entsprechender Werbung genügend Singpaten gewinnen kann.* (KA S, Absatz 2)

> *Solange ich als Musikschullehrerin arbeite, bin ich in sehr unterschiedlichen Zusammenhängen mit Schülern zu intergenerativem Musizieren in Alteneinrichtungen gewesen, habe dabei musikalisch Verschiedenstes ausprobiert, wobei das gemeinsam Singen immer im Mittelpunkt stand. Mit meiner Ausbildung zur Musikgeragogin wurden meine eigenen (auch musikalischen) Ansätze für diese Arbeit durch ein grundlegendes konzeptuelles Gerüst untermauert.* (SF, Absatz 26)

> *Musik verbindet die Generationen, gleiche Themen sind vorhanden, Musik mit altem und neuem Liedgut verbindet, Großeltern musizieren mit Enkeln, Senioren können aktiv mit Kindern musizieren – dies waren meine Beweggründe.* (AJ, Absatz 20)

Fast alle diese Projekte wurden durch Auszeichnungen gewürdigt. Trotzdem ist ihr Bekanntheitsgrad über die „Szene" hinaus sehr gering. Durch eine entsprechende Buchpublikation ist einzig das von Angelika Jekic entwickelte Konzept „Unter 7 – Über 70" relativ weit verbreitet. Einige meiner Experten sind über dieses Buch oder eine entsprechende Fortbildung zu ihrer intergenerativen Tätigkeit gekommen.

> *Und dann hat sie ja die ersten Ausbildungsseminare gegeben für „Unter 7 – Über 70". Und ich habe vor ganz vielen Jahren ihr erstes Seminar besucht. Das war in Mainz. Da hatte sie noch nicht mal das Konzept herausgegeben. [...] Das war noch so ein Konzept, was sie handschriftlich geschrieben hatte. Und da habe ich das das erste Mal besucht. Und sie hat mich im Jahre 2012 gefragt, ob ich ein Projekt in Norddeutschland [...] initiieren möchte. Sie hatte ja einen Preis gewonnen von der Granini-Eckes-Stiftung, da sind ja ein paar Projekte draus entstanden.* (FNH, Absatz 34–36)

> *Durch eine Fortbildung mit Angelika Jekic* (AT, Absatz 20)

> *Und habe dann 2012, als ich damals was morgens machen wollte, von unserer Mehrgenerationenbeauftragten dieses Buch [Angelika Jekic: Unter 7 – Über 70], [...] in die Hand gedrückt bekommen und dann fragte sie, ob ich mir das vorstellen könnte, mit Kindergartenkindern und Senioren was zusammen zu machen.* (EJF I, Absatz 8)

Mehrere Experten sind gebeten worden, Projekte fortzuführen oder ein zeitlich begrenztes Projekt zu unterstützen:

> *Mit meiner Besetzung der Stelle im Jahr 2009 ist eine Grundschullehrerin auf mich zugekommen, da sie großes Interesse an einer Wiederbelebung hatte. So ist das ehemalige Projekt mit dem Namen „Kinderprojekt" zu dem Projekt „B" geworden.* (AL, Absatz 21)

> *Das Projekt „R kommt ins Haus" gibt es seit 2016, die Kita R ist auf uns zugekommen.* (AL, Absatz 21)

> *Angebotsstruktur des Arbeitskreises Musik in der Jugend* (TH, Absatz 20)

> *Also, das war was, was dem Orchesterleiter schon bekannt war. Und dann hat er mir das einfach vorgeschlagen, hat mir die Noten ins Fach gelegt. So, und das Tun miteinander, dass ich dann daraus per se eine intergenerative Geschichte gemacht habe, das war gar nicht der ursprüngliche Aufhänger.* (AVK, Absatz 198)

Einige Experten arbeiten ohne ein festes Konzept situativ geleitet mit ihren intergenerativen Gruppen. Die Idee dazu entstand aus ihrer bisherigen Tätigkeit und aus dem Bedürfnis heraus, gemachte Erfahrungen weiterzuentwickeln:

> *Und ich wollte immer mit Klein und Groß singen. Das ist meines, das ist meine große Freude, Menschen zum Singen zu bringen.* (AVK, Absatz 576)

> *Also, das bin einfach ich oder meine Ideen. [...] Also, ich habe jetzt im Altersheim halt gesagt: „Liebe Leut', ich bringe die Kinder mit, nur dass ihr es wisst."* (AEW, Absatz 118)

> *Nach einem Musikprojekt mit Kindern und Jugendlichen im Jahr zuvor war nach einem Nachfolgeprojekt gesucht worden.* (FB S, Absatz 22)

G.b   Persönliche Ergänzungen

Die Experten waren aufgefordert, Dinge zu ergänzen, die sie durch meine Fragen nicht abgedeckt sahen. Aus den vielfältigen Angaben seien exemplarisch drei Gedanken genannt:

> *Intergenerative Projekte könnten ein wichtiger Schlüssel sein. Sie könnten für Verständigung von Jung und Alt sorgen, eine Spielwiese für ein konstruktives Miteinander darstellen. Der demographische Wandel bringt Herausforderungen auf diesem Gebiet. Wenn hierfür in der Schule geübt wird, dann könnten die Konflikte sozial, gerecht und friedlich gelöst werden. Das hält unsere Gesellschaft zusammen und macht sie stark und sicher. Das wäre dann eine Gesellschaft, in der wir gern leben.* (CW, Absatz 77)

Diese Gedanken von Werner könnten fast programmatisch über der ganzen Arbeit stehen. Schule (und auch schon der Kindergarten) sollte der Ort sein, an dem Kinder und Jugendliche nicht nur kognitive Inhalte lernen, sondern wichtiger noch wesentliche Werte für das Leben in Gemeinschaft vermittelt bekommen. Dies geschieht auch in theoretischen Settings, jedoch nachhaltiger und einprägsamer erst durch praktische, tatsächliche Erfahrungen. Die Einführung eines Schulfachs, das dem US-amerikanischen Schulfach „Community Service Learning" ähnelt, wäre wünschenswert (siehe Kapitel 6.6).

Intergeneratives Singen kann zudem helfen, stereotype Vorstellungen über die Institution Altenheim zu überwinden. So können Kinder schon in jungem Alter erfahren, dass der Umgang mit alten Menschen bereichernd und unkompliziert sein kann:

Deswegen ist es auch für mich eigentlich wichtig, dass ich mehr Öffentlichkeitsarbeit mache. Auch mit den Kindern. Damit die Leute einfach sehen, was da gemacht wird, ne? Oft hat ja ein Seniorenheim diesen Touch weg, von wegen: Reingeschoben, Tür zu und keiner kümmert sich um die Leute, so ganz platt gesagt. (EJF I, Absatz 513)

Leiter intergenerativer Singprojekte müssen sehr souverän dazu in der Lage sein, individuell auf die jeweilige Gruppe einzugehen und ein geplantes Programm für diese Gruppe passend zu machen, Dies erfordert hohe musikalische Kompetenz, Flexibilität und musikpädagogisches Geschick:

Die Leitung muss in der Lage sein, „gültiges Musizieren" vorzuleben und zu praktizieren. Es darf im Umgang mit altersinhomogenen Gruppen gar nicht erst die Frage nach „zu einfach" oder „zu schwer" aufkommen, auch das scheinbar Leichte (Elementare) muss im Sinne künstlerischer Qualität angeboten und praktiziert werden. (TH, Absatz 79)

G.c Erwartungen

Die Antworten auf die Frage nach den Erwartungen der Experten an ihre Projektarbeit und an die Teilnehmer decken sich teilweise mit den Antworten zum Benefit und zu den Zielen. Die Experten erwarten allgemein, dass sie die Teilnehmer mit den intergenerativen Stunden bereichern. Sie wollen Freude schenken und musikalische Inhalte weitergeben. Gleichzeitig liegt ihnen die Begegnung der Generationen am Herzen mit dem damit verbundenen Abbau von Stereotypen und Vorurteilen und dem Zuwachs an Verständnis füreinander.

Freude am gemeinsamen Musizieren mit Alt und Jung. Grenzen überwinden, die Lebensqualität der Senioren verbessern, Lernen voneinander. (AT, Absatz 38)

Letztlich arbeiten alle Experten daran, eine Utopie zu entwickeln: Die des friedlichen Miteinanders der Generationen:

Ich habe gar nicht so große Erwartungen gehabt und wollte alles auf mich zukommen lassen. Ich habe mir aber schon vorgestellt, dass sich sowohl Senioren als auch Kinder aufeinander freuen. Die Erwartungen an die Senioren waren, dass sie möglichst nicht an den Kindern „herummäkeln", wenn diese einmal unruhig sind. Von den Kindern habe ich erwartet, dass sie sich auf die Begegnung und das dort herrschende langsamere Tempo einlassen können. Der Umgang sollte natürlich, offen und freundlich sein. (AL, Absatz 47)

Es sollte ein Dialog auf Augenhöhe entstehen. Die klingende Brücke der Musik sollte die Menschen zufriedener machen, der Dialog von Jung und Alt sollte ermöglicht werden. Es sollte ein Forum geschaffen werden, auf dem nach einer Auseinandersetzung von Jung und Alt Versöhnung gelingen kann. Junge Menschen sollten die Möglichkeit erhalten zu reifen, weil sie Verantwortung für andere übernehmen, dienen lernen und im Dialog andere Optionen für ihre Zukunft erfahren. (CW, Absatz 38)

Voneinander Lernen auf beiden Seiten: Geduld, Toleranz, Respekt, Vertrauen, Freude am gemeinsamen Musikerleben. (ST, Absatz 38)

Ich war einfach getrost, dass die Musik das ihrige tut

Experten, die in anderen Settings bereits mit Gruppen verschiedenen Alters gearbeitet haben, gehen aus ihrer Erfahrung heraus sehr selbstbewusst in die intergenerative Arbeit, weil sie schon vorher ahnen, dass es gut wird:

Nein. Ich hatte darum keine Erwartungen, weil ich da ja auch früher schon die Feststellung gemacht hatte, dass in dem Moment, wo verschiedene Gruppen mit mir geprobt hatten und auf mich und meine Art eingestellt waren, dass ich da letztlich zusammenstellen kann, wen ich will. Die haben sofort etwas Verbindendes. (AVK, Absatz 230)

Von daher, zu deiner Ausgangsfrage, hatte ich gar keine Erwartungen, weil, ich war einfach getrost, dass die Musik das ihrige tut. (AVK, Absatz 240)

Also, mein Problem ist, dass ich immer denke, es klappt alles. […] Ich denke, es ist alles gut überlegt und ich bin ziemlich aufgeregt und schweißgebadet. Das muss man schon sagen. Also hinterher bin ich immer irgendwie völlig fix und fertig, aber ich habe immer das Gefühl, dass man mit dem inneren Wollen und dem inneren Hoffen und Glauben, dass man da einfach auch wahnsinnig viel bewegen kann. (AEW, Absatz 322–324)

G.d Erfahrungen

In dieser Kategorie unterscheiden sich die Antworten nach Aussagen zu positiven und zu negativen Erfahrungen, die die Experten in ihrer intergenerativen Arbeit gemacht haben. Insgesamt bewerten alle Experten ihre intergenerative Arbeit als wichtig und für alle Beteiligten gewinnbringend.

Also, ich finde, diese Arbeit macht absolut Sinn. Und ist auch zukunftsweisend, auch für die Kinder. Und für die Senioren in ihrem jetzigen Leben, glaube ich, bringt es viel Lebendigkeit, viel Erfüllung. Also, mein Eindruck und Gefühl ist, dass es sehr bereichernd ist für alle. (FNH, Absatz 829)

Mein Fazit fällt durchweg positiv aus. (AL, Absatz 102)

Ein unbedingtes Muss für die Zukunft; die Überalterung schreitet voran, Lernen voneinander ist ungeheuer wichtig und nötig, um Ausgrenzung zu vermeiden. Mehr Fortbildungsmaßnahmen sind wichtig. Pflichtfach an Fachschulen und Hochschulen mit sozialpädagogischer Ausrichtung. (AT, Absatz 76)

Besonders die Möglichkeit, mehr oder überhaupt Kontaktmöglichkeiten mit der alten Generation zu schaffen, wird als wichtige Begründung für intergeneratives Singen gesehen:

> *Nach meiner Erfahrung liegt es daran, dass sehr viele Kinder heute intergeneratives Leben gar nicht kennen und leben lernen. (Ausnahmen gibt es zum Glück immer.) In vielen Fällen erlebe ich Kinder, bei denen Großeltern entweder gesundheitlich so fit sind, dass sie oft im Urlaub sind; die gebrechlichen Großelternteile sind in einer Einrichtung untergebracht, die die Kinder noch nie gesehen haben; in beiden Fällen sind die Großeltern abwesend.* (SF, Absatz 154)

Nicht alle Experten sind für sich selbst vom Konzept des intergenerativen Singens überzeugt, auch wenn sie angeben, ein ähnliches Projekt noch einmal in Erwägung zu ziehen:

> *Und ich habe, aber das hat auch nicht direkt mit Senioren, das ist auch bei Erwachsenen generell, ich würde persönlich lieber mit Kindern einen Chor machen als mit Erwachsenen. Ich habe bei Erwachsenen immer so das Gefühl, die meckern mehr. Die meinen, sich mehr einmischen zu wollen, so, ne?* (FB I, Absatz 443)

Hier zeigen sich beim Experten selbst stereotype Vorstellungen, die ihn während des Projekts beeinflusst haben, sagt er doch über Unterschiede zum gewohnten Arbeiten im Kinderchor:

> *Ich war nervöser. [...] Weil, ich habe das auch alles mit dem Klavier selber gemacht, so, ne? Und wenn man dann gleichzeitig spielt und dann auch noch Einsätze und so was gibt.* (FB I, Absatz 345–347)

Doch auch manche Eltern stehen dem direkten Kontakt mit der alten Generation skeptisch gegenüber, wie eine Expertin berichtet:

> *Alle intergenerativen sind offene Stunden, zu denen auch die begleitenden Eltern eingeladen sind. Ich erlebe regelmäßig, dass die Eltern dieses Projekt unterstützen, aber viele von ihnen nicht dabei sein wollen, da sie die Nähe zu Alter, Hinfälligkeit und Tod nicht ertragen und sich damit auch nicht in dieser Form und bei dieser Gelegenheit auseinandersetzen wollen. Natürlich wirft diese Arbeit, die Beschäftigung mit alten, eingeschränkten und kranken Menschen, immer die Frage nach eigener Endlichkeit auf; gleichsam würde ich den Eltern manchmal etwas von der gelassenen, unbekümmerten Offenheit und Begeisterungsfähigkeit der Kinder wünschen.* (SF, Absatz 155)

Hier sorgt das intergenerative Singen dann jedenfalls bei den beteiligten Kindern für einen entspannteren Umgang mit diesen zum Leben gehörenden Themen, den sie sich hoffentlich für ihr eigenes Erwachsenenalter bewahren können.

Die meisten Experten haben kaum negative Erfahrungen beim intergenerativen Singen gemacht. Allenfalls erschwerten organisatorische oder logistische Probleme die Arbeit. Gute Kommunikation half bei der Bewältigung:

> *Es entsteht eine zeitliche Problematik: Zu Zeiten, wenn Kindergartenkinder singen können (vormittags), können nicht alle Erwachsenen. Es bestehen zu wenige Einrichtungen, in denen ein intergeneratives Singen durchgeführt werden kann.* (UL, Absatz 77)

> *Also, es ist zweimal vorgekommen, dass eine Stunde total laut war, weil die Kinder ziemlich außer Rand und Band waren. Da war meine Grenze erreicht. [...] Also, einmal bin ich auch sehr deutlich geworden. [...] Dass das überhaupt gar nicht geht, weil, die Senioren haben echt gelitten. Und, also, ich glaube, heutzutage würde ich so eine Stunde auch mal abbrechen und einfach sagen: „So, wir machen jetzt mal Schluss. Heute geht das nicht." [...] Und so haben damals aber die Kollegen das genauso empfunden und auch genauso die Kinder, sozusagen dann auch nochmal mit denen gesprochen. Auch vorm nächsten Mal.* (FNH, Absatz 777–783)

Eine Expertin, die in der Alteneinrichtung ihres intergenerativen Musikprojekts auch als Musikgeragogin tätig ist, sieht hierin einen Vorteil, da sie sich so besser auf die alten Teilnehmer und ihre spezifischen Bedürfnisse einstellen kann:

> *Aber ich glaube, das ist dann auch, sage ich mal, dem zu verdanken, dass ich auch, wenn ich jetzt nur für die Zeit immer kommen würde, und hätte von den Bewohnern sonst keine Ahnung. Ich glaube, dann würde ich schon öfter an meine Grenzen gestoßen sein. Aber so kenne ich ja die Bewohner wirklich gut.* (EJF I, Absatz 501)

Intergeneratives Arbeiten kann immer auch die Konfrontation mit dem Tod bedeuten. Hier sehen die Experten noch Unterstützungsbedarf:

> *Ich glaube, mit den Grenzen, das ist so, für mich ist dieser ganze Bereich mit Sterben und Tod, das ist noch ein Bereich, der wirklich auch schwierig ist. Und da muss ich noch richtig, richtig dran arbeiten. Also, das ist so persönlich auch.* (FNH, Absatz 809)
> *Ich wollte anmerken, als wir in unserem Projekt begonnen haben, mit allen über ein Ereignis wie dem Tod zu sprechen, [...] also, die haben so leichte Anfänge gemacht, und ich glaube, wenn ich Unterstützung mir wünschen würde, dann vielleicht mal auch in dieser Frage.* (FNH, Absatz 845)

In der Diskussion werde ich auf diese Frage näher eingehen (Kapitel 9.4.5).

G.e   *Ausbildung und Defizite/Kompetenzen*

Die Kompetenzen der befragten Experten sind sehr verschieden: Ein Teil der Experten verfügt über eine klassische Musikpädagogik- oder Kirchenmusikausbildung. Zu einem großen Teil sind die Experten über eine Musikgeragogik-Ausbildung zum intergenerativen Singen gekommen und einige wenige arbeiten komplett autodidaktisch. Beim intergenerativen Singen vereinigen sich Inhalte von Musikpädagogik und Musikgeragogik. Die Notwendigkeit einer Ausbildung zum intergenerativen Singen wird gesehen:

> *Die Ausbildung zum Musikgeragogen ist ein wichtiger Schritt, um Musik im Altenheim zu etablieren. Intergenerative Musikprojekte brauchen wissenschaftliche Forschung, eine eigene Methodik und Didaktik. Sie brauchen gesellschaftlichen Rückhalt und einen langen Atem. Das sollte eine Leiter*in als fundierte Ausbildung mitbekommen. Derzeit sind Menschen, die sich in diesem Gebiet engagieren, Pionier*innen.* (CW, Absatz 72)

Befragt, welche Kompetenzen sie für Leiter intergenerativer Singgruppen für erforderlich halten, zeigen sich drei wesentliche Felder: Es werden menschliche Kompetenzen wie Empathie und Flexibilität sowie Fachwissen über die anvertrauten Altersgruppen gefordert. Zudem legen insbesondere die selbst musikalisch gut ausgebildeten Experten Wert auf ein musikalisches Fundament. Zwei Expertinnen bringen die Erfordernisse treffend auf den Punkt:

> - *Ausbildung in der Arbeit mit Senioren und/oder Kindern (Soziale Arbeit, Pädagogik, Ergotherapie, Altentherapie, Altenpflege) ist wünschenswert, oder Erfahrungen im Umgang mit Senioren und/oder Kindern*
> - *musikalische Ausbildung (Studium, Instrument, Musikgeragogik) ist wünschenswert, oder eine große Affinität zu Musik*
> - *Anleitung intergenerativer Gruppen erfordert besondere Vorgehensweisen: Aufgrund der unterschiedlichen Voraussetzungen (Gesundheit, Kompetenzen, Vorstellungen etc.), die das Alter und das „Kindsein" nun mal mit sich bringen, muss das Handeln in den Gruppensituationen individuell und dialogorientiert ausgerichtet sein. Der Einzelne ist in den Blick zu nehmen, ohne die Gruppenentwicklung aus den Augen zu verlieren. Das erfordert Empathie, eine gute Beobachtungsgabe und ein hohes Maß an Flexibilität. Zudem muss man in der Lage sein, eine gewisse Dynamik zulassen zu können, um bei aufkommender Notwendigkeit kreativ andere Wege als die ursprünglich geplanten einzuschlagen.* (AL, Absatz 95–97)

> 1. *Solide vokale und instrumentale Vorkenntnisse: Kenntnisse über die Stimme in allen Altersgruppen, Stimmbildung für alle, methodisches Wissen: WIE lehre ich? Klavierspiel zum Üben und Begleiten*
> 2. *Große Bereitschaft, unterschiedliche Literatur für alle kennenzulernen und zu suchen*
> 3. *Flexibilität während des Probens: Elementarisierung, Vereinfachung*
> 4. *Sehr gute Ansprache/Umgangston für alle, Motivation und gemeinsame Reflexion*
> 5. *Einfühlungsvermögen und Empathie für die Bedürfnisse aller Teilnehmer*
> 6. *Klares eigenes Konzept: warum möchte ich intergenerativ arbeiten? Eigene Ziele formulieren und reflektieren.* (SF, Absatz 164–169)

Speziell in musikalischer Hinsicht sehen die Experten mit Musikstudium einen Vorteil in ihrer guten Ausbildung, die ihnen während der Proben Souveränität und Flexibilität und die Elementarisierung komplexer musikalischer Inhalte ermöglicht:

> *Also, ich bin sehr, sehr froh über mein fundiertes Studium und fundierte Gesangsausbildung und dass ich einfach Akkorde und Kadenzen beherrsche. [...] Und nicht nur da im Trüben fische, und das geht mir eigentlich jetzt mit der Musikgeragogik ganz ähnlich.* (AEW, Absatz 34–36)

> *Mich hat mal jemand gefragt: „Bist du für solche Arbeit, die du tust, auch mit den Projekten, die du sonst machst, nicht überqualifiziert?" Da merkte ich, da wurde ich innerlich*

ganz böse, ganz wütend. [...] Weil ich fand, dass man, um mit Menschen musikalisch zu arbeiten, oder überhaupt zu arbeiten, überhaupt nicht qualifiziert genug sein kann. [...] Und dann aber die Befähigung zu haben, trotz hochgradigem A-Kirchenmusikstudium es aber dann für die Menschen so runterzubrechen, dass es für sie einfach wird. Das ist, glaube ich, die Fähigkeit, die man dann braucht. (AVK, Absatz 552–556)

Vertrauen, Achtung und Respekt vor den Teilnehmern werden als ausgesprochen wichtig angesehen. Ist eine solche Haltung der Leiter für die Teilnehmer spürbar, sind diese im Gegenzug bereit, sich voll und ganz auf das Projekt einzulassen:

Es hat einmal so ein Alter gesagt: „Wissen Sie, Sie können eigentlich alles mit uns machen. Wissen Sie, warum?" Dann habe ich gesagt, „Nein, das weiß ich gar nicht." „Ja, wissen Sie, Sie lieben uns einfach. Und deshalb machen wir einfach alles." (AEW, Absatz 619–621)

Also man muss einfach eine Riesen-Achtung und Respekt und aber auch einfach eine Liebe zu diesen Menschen haben. (AEW, Absatz 629)

Aber wenn die Menschen das Vertrauen in einen haben, dann machen die alles mit einem. Dann singen die auch alles mit einem. (AVK, Absatz 562)

Die Bereitschaft, sich auf intergeneratives Arbeiten einzulassen, erfordert von den Experten auch die Bereitschaft, sich dafür weiterzubilden:

Wie bringt man zwei Generationen in ein gemeinsames musikalisches Tun? Also, das muss man irgendwie schon auch wissen. Wie macht man das? [...] Oder man muss Lust haben, sich das anzueignen. (FNH, Absatz 769)

Diese Ergebnisse decken sich mit den Erfahrungen Kochs, der Chorleiter von Seniorenchören zu erforderlichen Kompetenzen befragt hat. Koch gliedert die Chorleitungsanforderungen für Seniorenchorleiter in die drei Kompetenzbereiche grundlegende musikalische Kompetenz, soziale Kompetenz und interdisziplinäre Kompetenz (2017: 189; 2016: 309ff.).

H Beteiligte Institutionen

Die institutionelle Beteiligung und Unterstützung lassen sich mit dieser Kategorie ordnen. Dabei geht es um die Fragen, von welcher Seite die Initiative zum Singprojekt ausgeht und wie das Projekt institutionell eingebunden sowie möglicherweise vertraglich abgesichert ist. Aus dem Umstand, dass in fast alle Projekte eine oder zwei Institutionen eingebunden sind (s. Abb. 19), erwachsen Fragestellungen hinsichtlich der Bezahlung der Leiter und gegebenenfalls der Akquise von Fördermitteln sowie der logistischen Organisation. Gleichzeitig kann die institutionelle Anbindung eine organisatorische Erleichterung für die Leitung darstellen, etwa, wenn der Hausmeisterdienst im Altenheim für die Vorbereitung des Musikraums sorgt oder die Hauswirtschaft eine Getränkepause ermöglicht.

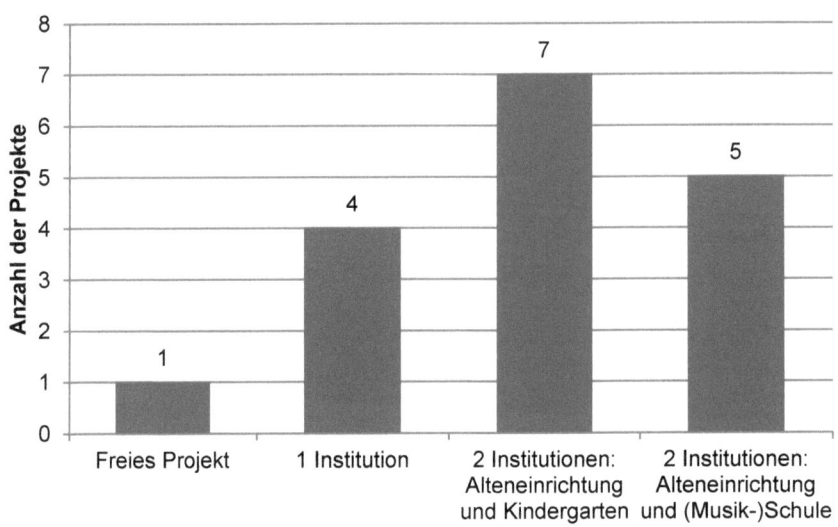

Abbildung 19: Beteiligte Institutionen der untersuchten intergenerativen Singprojekte

Von den 17 untersuchten Singprojekten ist lediglich eines selbstorganisiert, vier sind an eine Institution angebunden, die übrigen zwölf entstehen aus der Kooperation von wenigstens zwei Institutionen. Die „Rock'n-Rollator-Show" von Michael Barfuß, die ursprünglich am Theater Bonn angesiedelt war, hat sich nach einiger Zeit als eigenständiger Verein gegründet. Damit ist dieses Projekt das einzige, das institutionell unabhängig arbeitet. Alle anderen Projekte benötigen wenigstens einen, der Großteil zwei oder mehr Kooperationspartner. Dies sind Altenheime, Nachbarschafts- bzw. Mehrgenerationenhäuser, Kulturhäuser, Kirchengemeinden, Musikschulen, Kindergärten und Schulen sowie in einem Fall der „Arbeitskreis Musik in der Jugend" (AMJ). In einigen Fällen sind auch Kommunen beteiligt, die über Familienbüros oder Generationenbeauftragte finanzielle Unterstützung leisten.

Die Experten betonen mehrfach, wie wichtig die vertrauensvolle institutionelle Unterstützung ist:

Also, wir brauchen auf jeden Fall eine Einrichtungsleitung und ein gutes Team, was auf jeden Fall einen besonderen Sinn in dieser Mehrgenerationenmusik sieht. (FNH, Absatz 721)

- *Einrichtungsleitung muss mit den Projekten einverstanden sein*
- *Team des Sozialen Dienstes, welches die Maßnahmen der Tagesstrukturierung verantwortlich durchführt, muss offen sein für solche Projekte und diese auch zeitlich mittragen wollen* (AL, Absatz 90–91)

Die Bezahlung der Leiter intergenerativer Singprojekte ist unterschiedlich. Einige Leiter arbeiten an Musikschulen und die Projektarbeit ist Teil ihrer regulären Stundenzahl, andere sind freiberuflich tätig und werden entsprechend auf Honorarbasis bezahlt. Manche Leiter sind ehrenamtlich tätig:

Als Musikgeragogin führe ich das Projekt allein durch, tue dies im Rahmen meiner hauptamtlichen Musikschultätigkeit. (SF, Absatz 28)

Manche Projekte werden kommunal finanziert, finden in Altenheimen statt und die musikalische Leitung arbeitet auf Honorarbasis.

Und dieses Musikprojekt wird immer noch vom Mehrgenerationenbüro finanziert. (EJF I, Absatz 20)

Die Kitas bzw. die Träger finanzieren in der Regel die Kosten. Manchmal haben wir auch Stiftungen oder Förderer gewonnen, die die Kosten übernommen haben. Die öffentliche Hand konnten wir bisher nur in Hamburg als Geldgeber gewinnen. (KA S, Absatz 9)

Und ich bin dann zu dem Geschäftsführer vom Kulturhaus E. gegangen, das ist KK. Das ist jemand, der schon lange in der kulturellen sozialen Arbeit drin ist, halt in einem Kulturhaus, der absolut vernetzt ist. Und mit dem zusammen, der war gleich schwer begeistert, mit dem zusammen und mit dem Verein „M.e." haben wir uns Partner gesucht. Einmal eine Kita und ein Seniorenzentrum, die auch sofort alle Türen geöffnet haben, weil, alle waren sehr, sehr begeistert von dieser Idee. Und natürlich war es ganz toll, weil wir im ersten Jahr, da wurden wir ja komplett finanziert. Also, meine Honorare wurden komplett finanziert. Und wir haben eine Grundausstattung an Instrumenten bekommen. Das war schon ein super Start, ne? (FNH, Absatz 46)

Nach einem guten Start können aber nicht alle Projekte fortgesetzt werden, wenn nach der Anschubfinanzierung die finanziellen Mittel fehlen oder die Bereitschaft zur Einwerbung solcher Mittel fehlt:

Mein Projekt scheiterte daran, dass die Heimleitung keine finanzielle Möglichkeit sah, meine Stunden der Musikschule zu bezahlen. Sie war auch nicht bereit, sich dafür einzusetzen. Auch mein Musikschulleiter hielt sich zurück. (ST, Absatz 70)

H.a Vertragliche Absicherung

Die Frage nach der Absicherung regelmäßigen Entgeltes bei den intergenerativen Singleitern ergab, dass ein Großteil nicht längerfristig planen kann, da die Fördermittel nur von Jahr zu Jahr bewilligt werden.

Von den 17 untersuchten Projekten haben fünf Leiter eine vertragliche Absicherung ihrer intergenerativen Tätigkeit, wobei die Leitung des Singprojekts nur einen Teil der Tätigkeit darstellt. Drei Projekte werden ehrenamtlich geleitet, die anderen auf Honorarbasis, oft ohne eine vertragliche Absicherung (Abb. 20).

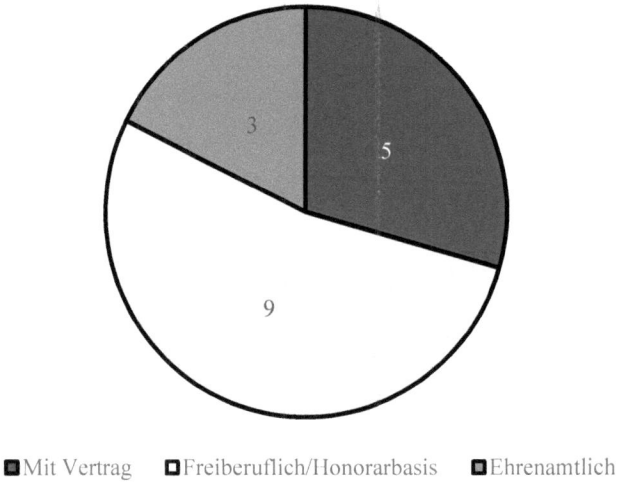

■ Mit Vertrag   □ Freiberuflich/Honorarbasis   ■ Ehrenamtlich

Abbildung 20:   Vertragliche Absicherung der Experten

Innerhalb meiner Musikschultätigkeit habe ich pro Woche eine Stunde, 45 Minuten, mit den Senioren. (SF, Absatz 32)

Also, ich muss sagen, dieses Musikprojekt mache ich ja im Prinzip schon als Selbstständige, diese Geschichte. Da schreibe ich auch dann dem Mehrgenerationenbüro Rechnungen, ne? (EJF I, Absatz 30)

Die Expertin meint damit, dass sie das intergenerative Singen anbietet und dem kommunalen Mehrgenerationenbüro in Rechnung stellt. Auf diese Weise hat die Expertin keine Absicherung, und die Kommune keine Verpflichtungen der Expertin gegenüber. Die „Canto elementar"-Kitas schließen sich dem Netzwerk an und gewährleisten auf diese Weise das intergenerative Singen für mindestens zwei Jahre:

Es werden mit den Kitas oder den Trägern der Kitas Verträge abgeschlossen. Die Singpaten sind über das Bundesland als Ehrenamtler versichert. (KA S, Absatz 7)

Eine solche Sicherheit ist in vielen anderen intergenerativen Singprojekten nicht gegeben:

V: Und haben Sie einen Vertrag dafür, das ist also ein Honorarvertrag oder so?
FN: Nein, ich habe keinen Vertrag. Nein.
V: Es ist nicht abgesichert, in keiner Weise?
FN: Nein, das ist prekär, sozusagen. Diese ganzen Projekte, wenn man selbstständig ist, das ist ja oft das Problem. (FNH, Absatz 242–245)

Leiter intergenerativer Singprojekte benötigen viel Mut und Idealismus, um unter diesen Bedingungen ihrer Tätigkeit nachzugehen.

H.b   Institutionell oder persönlich initiiert

Unter der Kategorie „Zugang zum Projekt" sind bereits mehrere Antworten gesammelt worden zur Frage, von welcher Seite die Initiative zum intergenerativen Singprojekt ausging. Der Erfolg eines intergenerativen Singprojekts hängt stark davon ab, ob es den Initiatoren gelingt, Verantwortliche in den Institutionen für das Projekt zu begeistern:

> *Einmal eine Kita und ein Seniorenzentrum, die auch sofort alle Türen geöffnet haben, weil, alle waren sehr, sehr begeistert von dieser Idee.* (FNH, Absatz 46)

Viele Leiter haben ihr Projekt selbst entwickelt und sind dadurch stark zur intergenerativen Arbeit motiviert. Nur einige wenige Experten haben den Anstoß zur intergenerativen Tätigkeit von außen (etwa Arbeitgeber oder Kollegen) bekommen. Wie bereits dargestellt, erfordern die nicht sehr glücklichen, strukturellen Bedingungen des intergenerativen Singens von allen Leitern ein hohes Maß an Motivation, um ihre Tätigkeit dennoch für alle Beteiligten bereichernd durchzuführen. Dass dies gelingt, zeigen die Aussagen der Teilnehmerbefragung im folgenden Kapitel.

8.6   Auswertung der Teilnehmerbefragung

Aus den Ergebnissen der Expertenbefragung entwickelte ich den Teilnehmerfragebogen. Mich interessierten neben dem Alter der Teilnehmer die Chorerfahrung der Teilnehmer, die jeweiligen Erfahrungen im intergenerativen Singprojekt (hier besonders Unterschiede zum Singen in altershomogenen Gruppen) und die Wahrnehmung der jeweils anderen Generation. Ich konnte die Teilnehmer zweier Projekte befragen. Beide Projekte fanden in Norddeutschland statt. Zu Projekt A bestand kein direkter Kontakt, sondern die Leiterin des Projekts hat in meinem Namen bei ihren Chören um die Bereitschaft zur Unterstützung meiner Studie gebeten.

Im zeitlich begrenzten Projekt A wurde in einer Musikschule (als Probenort) ein Musical für Chor und Blasorchester erarbeitet. Dass das Projekt intergenerativ durchgeführt wurde, lag daran, dass die beiden beteiligten Chöre jeweils ohne Unterstützung des anderen Chores nicht in der Lage gewesen wären, sich stimmlich gegen das Blasorchester zu behaupten. Da die Chorleiterin beide Chöre leitet, hat sie ihre Chöre zum intergenerativen Singen motiviert. Die Teilnehmer beider Generationen beantworteten schriftlich einen Fragebogen mit offenen Fragen (s. Anhang IV und VI). Diese Fragebögen waren den Teilnehmern von der Chorleiterin zusammen mit einem von mir verfassten Begleitschreiben (s. Anhang III und V) in der Probe ausgehändigt worden. Jedem Fragebogen lag zudem ein an mich adressierter, frankierter Rückumschlag bei, sodass alle Teilnehmer den Bogen in Ruhe zuhause ausfüllen und anonym an mich zurücksenden konnten. Insgesamt antworteten 13 von 14 Erwachsenen (A1–A13) und neun von 13 Kindern (a1–a9). Die Erwachsenen aus Projekt A sind nicht alle im Seniorenalter.

Projekt B ist ein fortlaufendes Projekt in einem Altenheim mit stark eingeschränkten Senioren. Das Altenheim wird einmal wöchentlich von Kindern eines benachbarten Kindergartens für eine gemeinsame Musikstunde besucht. Eine schriftliche Befragung war in diesem Projekt nicht möglich. Die Teilnehmer kannten mich von einem früheren Besuch im Projekt und waren zu Gesprächen mit mir bereit. Ich führte mit drei Seniorinnen ein kurzes Gruppeninterview (B123), sowie mit fünf weiteren Seniorinnen und zwei Senioren (B4–B10) kurze Einzelgespräche. Meine Fragen orientierten sich an den offenen Fragen des Fragebogens für Projekt A. Vier der befragten Senioren aus Projekt B wurden aufgrund einer demenziellen Veränderung direkt im Anschluss an das gemeinsame Singen befragt. Dennoch war bei diesen Personen der Eindruck des gemeinsamen Singens schon verwischt und es war bei manchen Antworten nicht zu erkennen, ob sich die Antworten tatsächlich auf die vorangegangene Stunde bezogen. Für die Kinder wurde die begleitende Erzieherin schriftlich nach ihren Eindrücken befragt, ebenfalls am Fragebogen aus Projekt A angelehnt (s. Anhang VII).

Insgesamt fällt es den meisten Teilnehmern schwer, sich tiefergehend zum Projekt zu äußern. Allen Teilnehmern gefällt das intergenerative Singen, jedoch können sie kaum Unterschiede zum Singen in nicht-intergenerativen Gruppen benennen. Auch die Wahrnehmung der jeweils anderen Generation wird zumeist nur sehr knapp mit freundlichen Worten beschrieben. Entsprechend lassen sich die Gespräche kaum auswerten. Orientiert am Teilnehmerfragebogen sowie an meinen Ergebnissen aus den Experteninterviews entwickelte ich die Auswertungskategorien Alter, Geschlecht, Chorerfahrung, Projekterfahrungen sowie Wahrnehmung der anderen Generation. Aufgrund der gewonnenen Interviewerfahrungen, besonders aufgrund der differenzierten Antworten der Teilnehmer aus Projekt A erweiterte ich das Kategoriensystem um die Kategorien „Motivation" und „Barrieren". Die Kategorien Alter und Geschlecht wurden sinnvollerweise in Subcodes wie Jahresspannen und männlich und weiblich differenziert. Zudem unterteilte ich die Kategorien Chorerfahrung und Projekterfahrungen in Subcodes (s. Tabelle 6). Die mündlichen Interviews wurden mit dem Programm f4-Transkript verschriftlicht. Alle Interviews wurden mit dem Programm f4-Analyse in folgenden Kategorien und Subcodes ausgewertet, wobei ich jede Kategorie in Alt und Jung eingeteilt habe (in Tabelle 6 nicht dargestellt), um die Aussagen der Generationen gegenüberstellen zu können:

Kategorie	Subcode
Alter	91 und älter
	75–90
	60–74
	40–59
	10–14
Geschlecht	Männlich
	Weiblich
Chorerfahrung	Keine Erfahrung
	Vorher schon gesungen
Projekterfahrungen	Allgemein
	Unterschiede
Wahrnehmung der jeweils anderen Generation	
Motivation	
Barrieren	
Persönliche Anmerkungen	

Tabelle 6: Kategoriensystem Teilnehmerbefragung

Im Folgenden sind den inhaltlichen Kategorien Ankerbeispiele jeweils von Alt und Jung zugeordnet:

Kategorie	Subcode	Ankerbeispiel Alt	Ankerbeispiel Jung
K. Chorerfahrung	Keine Erfahrung	- „Keine Vorkenntnisse - keine weiteren Chorgemeinschaften" (A9, Absatz 15–16)	„Nein, ich singe nicht in anderen Chören." (a1, Absatz 15)
	Vorher schon gesungen	„Wir hatten einen Chor in der Schule." (B5, Absatz 12)	„Ich singe jetzt seit ca. 7 Jahren bei A. Außer im Schulchor singe ich auch noch im Kinderchor in L. und habe Privatunterricht." (a9, Absatz 15)
L. Projekterfahrungen	L.a Allgemein	„Die gemeinsamen Proben waren eine Bereicherung. Das Miteinander zwischen den Chören war sehr gut! Menschlich und gesanglich klappte alles. Die jungen und alten Stimmen ergänzten sich harmonisch. Es gab keine Berührungsängste." (A10, Absatz 20–21)	„Ich fand es cool, dass es verschiedene Altersgruppen gab, weil die Erwachsenen ja eine viel tiefere Stimme haben und das sich mit unseren Stimmen ausgleicht." (a1, Absatz 18)
	L.b Unterschiede	„Ja, die Kinder, die singen ja nicht so, die singen ja ihre Lieder und im Singkreis, da singen wir Volkslieder und Schlager." (B123, Absatz 45)	„Die Kinder aus meinem Chor waren um einiges stiller. Außerdem wussten wir mehr von den Liedern." (a7, Absatz 24)
M. Wahrnehmung der jeweils anderen Generation		„Sehr nette und relativ disziplinierte Kinder. Die Kinder hatten weniger	„Ich habe sie als sehr nett und offen wahrgenommen. Außerdem wollten

		Scheu vor den Erwachsenen als ich erwartet hätte." (A6, Absatz 22)	sie viel mit uns reden und haben uns viele Fragen gestellt." (a7, Absatz 22)
N. Motivation		„Für mich war der positive Aspekt: Raus aus dem ‚Senioren-Ghetto'– rein in die normale Altersgemischtheit" (A3, Absatz 18)	„Es hat mir gefallen, dass wir alle so unterschiedlich alt waren, aber trotzdem super miteinander Musik machen konnten" (a9, Absatz 18)
O. Barrieren		„Die Betonung des intergenerativen Zusammenwirkens, weil ich dadurch das Gefühl hatte, als ‚Seniorin' angesehen zu werden, obwohl ich mich dieser ‚Schublade' nicht zugehörig fühle, da ich vom Alter her zu den meisten anderen Chormitgliedern einen relativ großen Abstand habe." (A6, Absatz 20)	„Den Kindern gefällt es nicht, wenn die Zeit zu lang wird. Und auch nicht, wenn die Senioren sie immer anfassen und drücken wollen." (B-Fragebogen für begleitende Erzieherinnen, Absatz 20)
P. Persönliche Anmerkungen			„Dass ich mit den Großen tanzen durfte! Weil es mir richtig Spaß macht!" (a8, Absatz 19)

I Alter der Teilnehmer

Projekt A: Es erreichten mich 13 beantwortete Fragebögen (A1–13) von erwachsenen Teilnehmern. Hiervon waren fünf Teilnehmer zwischen 40 und 60 Jahre alt, fünf zwischen 61 und 70 Jahren und drei Teilnehmer zwischen 71 und 79 Jahren. Die jungen Sänger (a1–9) stammen aus einem bestehenden Chor für jüngere Jugendliche. Ich erhielt von ihnen neun Antworten von Jugendlichen zwischen 10 und 13 Jahren.

Projekt B: Die alten Teilnehmer aus diesem Projekt wohnen alle in einem Altenwohnheim. Eine Teilnehmerin ist unter 70 Jahre alt, von den anderen befragten Teilnehmern sind zwei Personen zwischen 71 und 80 Jahren, vier Teilnehmer zwischen 81 und 89 Jahren und drei über 90 Jahre alt. Die jungen Teilnehmer dieses Projekts sind im Kindergartenalter und konnten nicht befragt werden. Einige Eindrücke konnte die begleitende Erzieherin schildern.

J   Geschlecht

Projekt A: Eine der 13 Antworten der Erwachsenen kam von einem männlichen Teilnehmer, alle anderen Antworten stammen von weiblichen Teilnehmerinnen. Bei den Jugendlichen war das Verhältnis ähnlich; es antworteten zwei Jungen und sieben Mädchen. Die Gesamtgruppe des Jugendchores ist laut Aussage der Leiterin größer, der überwiegende Teil der „fehlenden" Antworten hätte von Mädchen zurückgeschickt werden müssen.

Projekt B: Zwei der neun befragten Senioren sind Männer, die übrigen sind Frauen. Die Kindergartengruppe wechselt von Woche zu Woche, jedoch ist hier das Verhältnis Jungen Mädchen etwa ausgeglichen.

K   Chorerfahrung

Projekt A: Drei der 13 erwachsenen Teilnehmer verfügen über keine Chorerfahrung und singen in keinem anderen Chor.

- *Keine Vorkenntnisse*
- *keine weiteren Chorgemeinschaften* (A9, Absatz 15–16)

Die anderen Teilnehmer haben unterschiedlich lange Singerfahrungen. Manche singen schon ihr ganzes Leben lang:

Ich singe, seit ich 7 Jahre alt bin, immer in Kirchenchören, der Kantorei und Oratorienchor. (A1, Absatz 15)

Andere haben zwischendurch eine längere Unterbrechung in ihrer Singbiografie:

In jungen Jahren sang ich im Gemeindechor; erst seit 2017 singe ich wieder, nehme seitdem auch an Gospelworkshops teil. (A4, Absatz 15)

Drei der jugendlichen Teilnehmer singen ausschließlich in ihrem Jugendchor und haben vorher nicht gesungen.

Nein, ich singe nicht in anderen Chören. (a1, Absatz 15)

Die anderen Jugendlichen berichten von schon sehr langen Singbiografien, gemessen an ihrem Lebensalter:

4–6 Jahre Musikalische Früherziehung, 6–8 Jahre Schulchor, 8–9 Jahre Kinderchor, 9 bis jetzt S., 12 bis jetzt Singverein E. (a6, Absatz 15)

Ich singe jetzt seit ca. 7 Jahren bei A. Außer im Schulchor singe ich auch noch im Kinderchor in L. und habe Privatunterricht. (a9, Absatz 15)

Projekt B: Fünf Senioren geben an, über keine Singerfahrung zu verfügen. Die anderen fünf Senioren berichten von Singerfahrungen in der Schule oder im Kirchenchor:

Ich habe gerne gesungen. (B5, Absatz 6)

Wir hatten einen Chor in der Schule. (B5, Absatz 12)

Und das hat mir sehr gefallen. (B5, Absatz 14)

Ein Teilnehmer gab zunächst an, über keine Chorerfahrung zu verfügen, erzählte dann aber, „in der Kirche" gesungen zu haben. Da dieser Teilnehmer demenziell verändert ist, lässt sich nicht feststellen, ob er den Gemeindegesang in der Kirche meint oder eigenes Mitwirken im Kirchenchor. Alle Teilnehmer verbinden positive Erinnerungen mit früherem Singen.

L   Projekterfahrungen

Die Teilnehmer waren aufgefordert, sowohl positive als auch negative Erfahrungen des intergenerativen Singens zu schildern. Dabei wurde auch nach Unterschieden zum Singen in nicht-intergenerativen Settings gefragt. Nur wenige Teilnehmer äußern sich zu negativen Aspekten. Viele Teilnehmer geben pauschale Antworten:

Mir hat alles gefallen. (A12, Absatz 22)

Mir gefällt alles. (B6, Absatz 12)

Mir hat nichts nicht gefallen. (a2, Absatz 20)

L.a   Allgemeine Projekterfahrungen

Die Teilnehmer äußern sich insgesamt positiv zu ihren allgemeinen Erfahrungen beim intergenerativen Singen. Die schriftlichen Antworten der Projektteilnehmer aus Projekt A sind im Verhältnis zu den teilweise sehr knappen Antworten aus den mündlichen Interviews in Projekt B detaillierter und reflektierter. Dieser Umstand ist sicherlich der entspannteren Befragungssituation und dem Gesundheitszustand der Teilnehmer geschuldet.

Projekt A: Das zeitlich begrenzte Projekt hat beiden Generationen gut gefallen. Die Antworten der Jugendlichen sind zum großen Teil so formuliert, dass es klingt, als wollten sie meine Erwartungen erfüllen. Es werden Allgemeinplätze benannt, jedoch nicht erklärt, woran die Jugendlichen diese festmachen:

Singen macht immer Spaß und mit älteren und jüngeren Menschen zusammen sowieso. (a6, Absatz 18)

> *Der Kontakt zu den jungen und alten Personen, weil ich Kontakte mag. Singen mit vielen, Jungen und Alten macht Spaß.* (a4, Absatz 18)

Andere Jugendliche geben längere Antworten und betonen, wie gut die Zusammenarbeit geklappt hat:

> *Es hat mir gefallen, dass wir alle so unterschiedlich alt waren, aber trotzdem super miteinander Musik machen konnten. Außerdem hat es mir gefallen, dass wir alle immer freundlich zueinander waren und wir schon nach der ersten Probe ein richtiges Team waren. Auch dass jeder seine Stärken ein bisschen zeigen konnte, fand ich toll!* (a9, Absatz 18)

> *Ich fand es cool, dass es verschiedene Altersgruppen gab, weil die Erwachsenen ja eine viel tiefere Stimme haben und das sich mit unseren Stimmen ausgleicht.* (a1, Absatz 18)

> *Die Erwachsenen waren sehr freundlich und offen zu uns. Die Proben mit ihnen haben sehr viel Spaß gemacht! Es kam mir schon bei der ersten Probe so vor, als wenn ich die Erwachsenen schon ewig kennen würde.* (a9, Absatz 22)

Auch manche der erwachsenen Teilnehmer äußern sich ausführlich und reflektiert:

> *Die gemeinsamen Proben waren eine Bereicherung. Das Miteinander zwischen den Chören war sehr gut! Menschlich und gesanglich klappte alles. Die jungen und alten Stimmen ergänzten sich harmonisch. Es gab keine Berührungsängste.* (A10, Absatz 20–21)

Mehrere erwachsene Teilnehmer berichten, wie sie sich durch die Zusammenarbeit mit der jungen Generation angeregt und motiviert fühlten, bei der nächsten gemeinsamen Probe gut vorbereitet zu sein:

> *Es war für mich mal „ganz etwas anderes". Schön mit den Kindern, erfrischend.* (A1, Absatz 18)

> *Mit den Kindern zu singen, hat einfach Spaß gemacht. Die Kinder konnten ihre Texte bereits auswendig, während wir Erwachsenen immer noch ablesen mussten. Es spornte an, beim nächsten Proben auch auswendig zu singen mit den entsprechenden Einsätzen.* (A7, Absatz 18–19)

> *Das intuitive und unkomplizierte Verhalten der Kinder beeinflusste positiv meine Lust, Bereitschaft, Motivation und schließlich auch den Mut, an dem Projekt bis zur Aufführung mitzumachen.* (A11, Absatz 20)

Die Heterogenität der Erwachsenengruppe bemerkt ein Teilnehmer und beschreibt, dass dies die Arbeit nicht eingeschränkt hat:

> *Gefallen hat mir, dass mehrere Generationen zusammen singen. Auch bei unserem Chor gibt es zwei Generationen. Die jüngere Generation ist eher spontan, intuitiv, vielleicht auch neugieriger. Aber auch die ältere Generation ist nicht homogen, einige haben sehr*

viel Singerfahrung, andere weniger, allerdings ist das kein Problem, da alle durch die Chorleiterin „mitgenommen" werden. (A13, Absatz 18)

Teilnehmerin A4 beschreibt die auch von den Experten erwähnte Fürsorge, die zwischen den Generationen entsteht:

Fürsorge zwischen Alt und Jung. Es ist ein gegenseitiges Geben und Nehmen. (A4, Absatz 22)

Eine jüngere erwachsene Teilnehmerin aus Projekt A stand im Projekt mit ihrer Tochter gemeinsam auf der Bühne und dieses gemeinsame Erlebnis stellt für sie eine besonders angenehme Erfahrung der Projektteilnahme dar:

Singen macht immer Spaß. Mit älteren und jungen Menschen zusammen ist es irgendwie noch fröhlicher. Hab mit meiner Tochter zusammengesungen, da hatten wir was schönes Gemeinsames. (A8, Absatz 18–20)

Zwei Teilnehmerinnen geben besonders bemerkenswerte Antworten, die die Sinnhaftigkeit intergenerativer Singprojekte unterstreichen. Teilnehmerin A3 formuliert treffend:

Für mich war der positive Aspekt: Raus aus dem „Senioren-Ghetto" – rein in die normale Altersgemischtheit. (A3, Absatz 18)

Und Teilnehmerin A11 führt in ihrer Antwort gleich mehrere Benefits intergenerativen Singens an:

- *Die wachsende Freude beider Gruppen am gemeinsamen Weg zum Ziel.*
- *Das Singen als ein Medium zwischen Generationen gefiel mir, weil in den beiden so divergenten Gruppen schnell eine gemeinsame Ebene gefunden werden konnte.*
- *Mir ist keine andere Disziplin bekannt, in der in so kurzer Zeit und ohne größere Anpassungsphasen eine intensive kollektive und kreative Erfahrung, gepaart mit Freude und Spaß sowie Lampenfieber und Anspannung, gemacht werden kann; in unserem Beispiel sogar mit einem erfolgreichen Ergebnis.* (A11, Absatz 21–23)

Aus beiden Generationen gibt es nur wenige negative Erfahrungsberichte. Ein Jugendlicher bemängelt:

Lange Probenzeiten. (a4, Absatz 20)

Eine andere bedauert, dass es keine Möglichkeit zu rappen gab:

Dass ich nicht rappen durfte. Ich hätte gerne gerappt, weil ich es toll finde zu rappen! (a8, Absatz 21)

Eine Teilnehmerin aus der älteren Generation hätte sich mehr Kontakt zwischen den Generationen gewünscht:

> *Trotz positiver Entwicklung des Kontaktes [...] blieb eine gewisse Distanz bestehen, die weitgehend hätte überwunden werden können, wenn wir außer Proben noch etwas anderes (z.B. etwas spielen, zusammen essen) zusammen gemacht hätten.* (A3, Absatz 20)

Die zeitliche Begrenzung des intergenerativen Singens bedauert eine andere erwachsene Teilnehmerin. Überdies sieht sie Mängel in der Abstimmung mit dem (Blas-)Orchester. Dort hätten zusätzliche Proben möglicherweise eine Gewöhnung bewirkt:

- *Leider zu kurz*
- *Orchester hätte sich in der Lautstärke des Chores anpassen können; zu testen wäre es, wenn Chor und Orchester ein- und denselben Leiter hätten.* (A4, Absatz 25–26)

Und eine dritte Seniorin beklagt das, was bei einmaligen Projekten oft für eine gewisse Enttäuschung sorgt, nämlich das Missverhältnis von Probendauer zu Aufführungsdauer, bzw. -anzahl:

> *Schade, dass das Musical nur einmal aufgeführt wurde. Viel Zeit und Aufwand für eine einmalige Aufführung ... ist ja oftmals so...* (A5, Absatz 27)

Für mich sehr interessant ist die Kritik von Teilnehmerin A6 (44 Jahre alt), die sich nicht den Senioren zugehörig fühlt. Der Erwachsenenchor, in dem sie mitsingt, wird nicht als Seniorenchor geführt, zieht aber durch seine Probezeit am Vormittag überwiegend ältere Teilnehmer an. Die Leiterin der beiden am Projekt beteiligten Chöre hat die intergenerative Zusammenarbeit im Projekt angeregt, weil keiner der Chöre zahlenmäßig allein in der Lage gewesen wäre, das vom Blasorchester vorgeschlagene Musical zu singen:

> *Die Betonung des intergenerativen Zusammenwirkens, weil ich dadurch das Gefühl hatte, als „Seniorin" angesehen zu werden, obwohl ich mich dieser „Schublade" nicht zugehörig fühle, da ich vom Alter her zu den meisten anderen Chormitgliedern einen relativ großen Abstand habe.* (A6, Absatz 20)

In dieser Aussage zeigt sich eine negative Färbung des Begriffs „Senioren", wenn sie von „Schubladen" spricht.

Projekt B: Die Teilnehmer von Projekt B sind in ihren Aussagen wesentlich wortkarger. Die Erzieherin der Kindergartenkinder beschreibt die nach anfänglicher Zurückhaltung positive Einstellung der Kinder:

> *Zu Beginn eines neuen Kindergartenjahres ist es eher Neugier, manchmal etwas Ängstlichkeit vor dem Unbekannten. Danach gehen die Kinder meistens ganz gerne mit mir dorthin. Es gibt Tage, an denen mehr mit wollen, als ich mitnehmen kann und dann gibt es auch Tage, an denen nur wenige mitgehen.* (B-Fragebogen für begleitende Erzieherinnen, Absatz 11)

Allerdings sprechen die Kinder selbst selten vom intergenerativen Singen, sodass sich die Erzieherin in ihren Aussagen auf ihre Beobachtungen stützen muss:

> *Die Kinder erzählen relativ wenig von den Musikstunden. Selbst, wenn etwas Besonderes war, wie z.B., dass ein Hund bei der Musikstunde war oder dass es in der Trinkpause auch Süßes oder Eis gab, erzählen die Kinder oft nichts. Manchmal kommt etwas bruchstückhaft in den Gruppen an.* (B-Fragebogen für begleitende Erzieherinnen, Absatz 13)

Die Senioren äußern sich übereinstimmend positiv über die intergenerativen Singstunden:

> *Mir gefällt alles.* (B4, Absatz 12)

> *Ah. Singen. Ich mochte die immer gerne, die Kinder.* (B8, Absatz 34)

Allerdings können die Senioren nicht benennen, was ihnen am gemeinsamen Singen gefällt. Einige finden das Singen „interessant", weil die Kinder verschieden sind, eine Seniorin kommt gern, weil sie Musik mag:

> *Ganz interessant. Die Kinder sind verschieden, nicht?* (B123, Absatz 24)

> *Weil ich gerne Musik höre.* (B5, Absatz 22)

Befragt, ob ihnen irgendetwas nicht gefällt, beteuern alle Senioren, dass es schön sei. Ich hatte den Eindruck, dass die Teilnehmer gedacht haben könnten, ich wolle ihre Musikgeragogin prüfen und sie dürften nichts Negatives äußern:

> *Nein, habe ich keine Ecken gefunden.* (B9, Absatz 20)

> *Was mir nicht gefällt, fällt mir im Moment nicht ein. Also, wir wollen mal sagen, mir gefällt das alles. Das ganze Musikprogramm, nicht?* (B5, Absatz 30)
> *Ich kann nichts Schlechtes sagen.* (B5, Absatz 80)

Nur eine demenziell erkrankte Seniorin erzählt von Ablehnung, die sie beim intergenerativen Singen erfahren habe. Allerdings ist nicht nachzuvollziehen, ob es eine solche Situation wirklich gegeben hat. Ihre Erzählung ist unklar und die Seniorin ist den Tränen nahe. Sie äußert schon zu Beginn des Gesprächs, dass sie sehr nervös sei. Ich versichere ihr mehrmals, dass sie nicht geprüft werde. Nach einer Weile berichtet sie dann von der Ablehnung:

> *Aber mir ist das dann immer so peinlich, wenn man selber so nichts so kann wie die anderen das. Ist mir ganz peinlich [...] Weil, ich denke immer, die denken, „was will die denn hier wieder?" Nehme ich an. Ich weiß es nicht. Gehört habe ich das noch nicht, aber... [...] Wenn ich es auch nicht so meine, das kannst du denen sofort anmerken. Das Mädchen, die Jungs nicht so. Aber die Mädchen, oh. Was wollen sie, der eine da, die sagte einmal: „Was will die hier denn überhaupt? Die soll doch dableiben, wo sie auch" [...] Das tut einem ganz tüchtig weh. [...] Nein, das ist nicht schön. So was würde ich nie über die Lippen bringen.* (B8, Absatz 74–90)

Auch wenn nicht klar ist, ob sich diese Situation tatsächlich einmal so abgespielt hat, zeigt sich hier, wie wichtig die Sensibilisierung der Kinder für den Umgang mit demenziell veränderten Menschen ist. Unbedachte Äußerungen, die sich gar nicht auf die demente Person beziehen müssen, können von dieser leicht missverstanden werden. Trotz ihrer eigenen Demenz sind der Teilnehmerin ihre Defizite schmerzlich bewusst („mir ist das dann immer so peinlich...").

Die Erzieherin der Kindergartenkinder berichtet, dass lediglich die Dauer des gemeinsamen Singens gelegentlich ein Problem darstellt. Darüber hinaus beobachtet sie ebenso wie eine Expertin, dass manche der Senioren ihr Bedürfnis nach körperlicher Nähe der Kinder nicht gut steuern können und dies den Kindern unangenehm ist:

> *Den Kindern gefällt es nicht, wenn die Zeit zu lang wird. Und auch nicht, wenn die Senioren sie immer anfassen und drücken wollen. Das sprechen wir dann auch an.* (B-Fragebogen für begleitende Erzieherinnen, Absatz 20)

L.b   Unterschiede

In dieser Unterkategorie werden die Aussagen der Teilnehmer zu empfundenen Unterschieden zwischen dem Singen in intergenerativen Gruppen und in altershomogenen Gruppen gesammelt.

Projekt A: Interessant ist, dass Teilnehmer beider Generationen den Eindruck haben, dass die intergenerativen Proben disziplinierter ablaufen als die normalen Chorproben:

> *Während unserer „normalen" Chorprobe wird mehr dazwischengeredet.* (A10, Absatz 27)

> *Die Kinder aus meinem Chor waren um einiges stiller. Außerdem wussten wir mehr von den Liedern.* (a7, Absatz 24)

Diese Wahrnehmung korrespondiert mit der Beobachtung mehrerer Experten, die ebenfalls eine verbesserte Disziplin in den intergenerativen Musikstunden ausmachen.

Die jungen Teilnehmer freuen sich darüber hinaus besonders am anderen, volleren Klang:

> *Dass es schöner geklungen hat.* (a2, Absatz 24)

> - *Klingt schöner, voller.*
> - *Man kann mehrstimmig singen.* (a4, Absatz 26–27)

> *Die Stimmen der Erwachsenen waren kräftiger, manchmal lauter und dunkler.* (a5, Absatz 25)

> *Dass es sich besser angehört hat. Also lauter.* (a8, Absatz 25)

Ich finde, es klang noch schöner als nur mit meiner Chorgruppe, da sich unsere hohen Stimmen toll mit den tiefen Stimmen der Erwachsenen gemischt haben. Sonst gab es keine Unterschiede. (a9, Absatz 24)

Das Selbstwertgefühl der Jugendlichen wird durch die Erkenntnis gesteigert, dass sie musikalisch fitter als die Erwachsenen waren:

Außerdem wussten wir mehr von den Liedern. (a7, Absatz 24)

Auch die erwachsenen Sänger stellen diese musikalische Überlegenheit fest:

Die jungen Leute waren deutlich disziplinierter und fitter als wir: Sie konnten alles auswendig! (A3, Absatz 24)

Die „Jungen" konnten schon ihre Texte auswendig, während wir „Alten" zu kämpfen hatten. (A4, Absatz 36)

Manche der älteren Teilnehmer stellen fest, dass ihre Aufmerksamkeit in den gemeinsamen Proben deutlich bei den Jugendlichen lag:

Ich bin es gewohnt, auf die anderen Stimmen zu hören. Hier fiel es auf, dass ich sehr auf den Jugendchor achtete. (A1, Absatz 23)

Durch teilweises Üben einzelner Teile durch Kleingruppen die Möglichkeit, in den eigenen „Pausen" gezielt auf die anderen achten zu können. (A6, Absatz 24)

Insgesamt stellen die erwachsenen Teilnehmer weniger Unterschiede fest und fühlen sich schnell eins mit dem Jugendchor:

Bemerkenswert: Von der ersten Probe an waren wir (Jung und Alt) eine Einheit, deshalb wenig Unterschied zur normalen Chorprobe. (A4, Absatz 36)

Dass die erwachsenen Sänger vom gemeinsamen Klang nicht so überrascht sind wie die Jugendlichen, liegt vermutlich daran, dass sie stets im vollen Klang eines Erwachsenenchores (mit Männerstimmen) proben.

Projekt B: Viele der Senioren im Altenheim stellen keine oder kaum Unterschiede zwischen den intergenerativen Musikstunden und dem Singen im Singkreis fest.[63] Einige bemerken, dass die Singkreisstunden ruhiger als die intergenerativen Stunden seien. Doch eine Seniorin sagt spontan:

---

63 Einmal wöchentlich singen die Senioren ohne die Kinder in einem Singkreis mit Akkordeonbegleitung.

> *B6: Mit dem Akkordeon ist schöner.*
> *V: Ist schöner.*
> *B6: Ja, weil da die Lieder alle gespielt werden von früher.*
> *V: Ah, ja.*
> *B6: Die man früher kannte.*
> *V: Ja.*
> *B6: Heute singen sie ja nicht mehr die Lieder, ne?*
> *V: Ja. Okay.*
> *B6: Die kennt man alle, die ganzen Lieder, die er spielt, und kann man mitsingen* (B6, Absatz 42–50)

Auch einer weiteren Seniorin gefällt das Singen im Singkreis wegen der Liedauswahl besser:

> *Ja, die Kinder, die singen ja nicht so, die singen ja ihre Lieder und im Singkreis, da singen wir Volkslieder und Schlager.* (B123, Absatz 45)

Eine Teilnehmerin freut sich besonders über die Akkordeonbegleitung:

> *Naja, das Akkordeon mag ich sehr gerne.* (B5, Absatz 72)

Alle Teilnehmer beteuern, dass ihnen beide Singgruppen Freude bereiten. Allerdings sind die Aussagen der Teilnehmer zur Liedauswahl wichtig für die Leiter intergenerativer Singprojekte. Die von mir befragten Senioren wünschen sich Lieder, die sie kennen, die ihnen in der Vergangenheit etwas bedeutet haben und auch Lieder, die sie herausfordern.

M *Wahrnehmung der jeweils anderen Generation*

Die Sänger waren aufgefordert, sich zur jeweils anderen Generation zu äußern. Auch hier fällt auf, dass alle Teilnehmer sich wohlwollend äußern und von gegenseitigem Respekt und großer Freundlichkeit der jeweils anderen Generation berichten.

Projekt A: Die erwachsenen Teilnehmer äußern sich alle sehr positiv über die Jugendlichen. Einige beobachten, dass sich das Verhältnis im Verlauf des Projekts verbesserte:

> *Am Anfang skeptisch zurückhaltend, später, nachdem einige von uns auf die jungen Leute zugegangen waren, wirkten sie kommunikativer und aufgeschlossener.* (A3, Absatz 22)

> *Besonders bei der ersten und zweiten Probe fand ich die junge Generation eher zurückhaltend, aber neugierig. („Was können wohl die Alten?", hat sich sicher manch einer von ihnen gefragt.) In den nachfolgenden Proben wurde die Stimmung untereinander viel lockerer, wir begrüßten uns freundlich, manche Erwachsene kannten bereits einige Kinder, die in ihrer näheren Umgebung saßen, bei Namen. Vor den Generalproben hatte ich bereits den Eindruck, dass die Kinder das Projekt mit uns „ganz cool" fanden und sich auf die gemeinsamen Aufführungen mit uns „Alten" auch freuten.* (A11, Absatz 27–28)

Auch die Jugendlichen bemerken das Wohlwollen der Erwachsenen und stellen fest, dass sich die Erwachsenen über die Zusammenarbeit freuen:

Ich fand es toll, weil es halt Spaß gemacht hat, mit denen zu singen. Sie haben sich, glaube ich, gefreut, dass sie mit uns zusammen singen durften. (a8, Absatz 23)

Die von der Seniorin erwähnte bewusste Ansprache der Jugendlichen, um das Eis zu brechen, ist von den Jugendlichen positiv wahrgenommen worden:

Ich habe sie als sehr nett und offen wahrgenommen. Außerdem wollten sie viel mit uns reden und haben uns viele Fragen gestellt. (a7, Absatz 22)

In diesem Projekt sind also beide Seiten ganz gezielt aufeinander zugegangen und haben sich erfolgreich umeinander bemüht. Die jugendlichen Teilnehmer haben sich unter dieser Fragestellung insgesamt weniger ausführlich als die Erwachsenen geäußert, die sich auch hier wieder von der guten Disziplin der Jugendlichen beeindruckt zeigen:

Die jungen Sänger waren sehr diszipliniert. Sie saßen gerade, sprachen nicht während der Probe und waren sehr konzentriert. (A10, Absatz 25

- *Als sehr positive Mitsänger*
- *Sie waren immer mit viel Eifer dabei.*
- *Kannten ihre Texte lange vor uns.*
- *Sie waren konzentriert und diszipliniert.*
- *Sie hatten viel Spaß und Freude an ihrem Singen.* (A12, Absatz 24–28)

- *Eifrig*
- *Höflich*
- *Hilfsbereit*
- *Geduldig*
- *Neugierig*
- *Diszipliniert* (A4, Absatz 28–33)

Drei erwachsene Teilnehmerinnen betonen den über die Generationen hinweg entstandenen Kontakt:

Offen für mich „Alte" (A4, Absatz 34)

Sehr nette und relativ disziplinierte Kinder. Die Kinder hatten weniger Scheu vor den Erwachsenen als ich erwartet hätte, was auch für uns Erwachsene den zwanglosen Umgang miteinander (also mit den Kindern) erleichtert hat. Es entstand meiner Meinung nach ein Gemeinschaftsgefühl über die Generationen hinweg. (A6, Absatz 22)

Sie waren gut vorbereitet auf das Stück, konnten durchaus entspannt agieren, haben uns Ältere offen aufgenommen. (A13, Absatz 22)

Projekt B: Die Erzieherin der Kindergartenkinder beschreibt anfängliche Zurückhaltung, die sich aber schnell gebe. Insgesamt pflegt der Kindergarten durch die räumliche Nähe zum Altenheim häufigen Umgang mit den Bewohnern, sodass das intergenerative Singen als weitgehend normal wahrgenommen wird:

> *Anfänglich gibt es immer Berührungsängste, doch jetzt, mit der neuen Sitzordnung (alle sitzen auf Stühlen, abwechselnd ein Kind – ein Erwachsener) nehmen beide Seiten schneller Kontakt miteinander auf, kommen ins Gespräch und machen alle aktiver mit.* (B-Fragebogen für begleitende Erzieherinnen, Absatz 15–16)

> *Da wir immer schon regelmäßigen Kontakt zum Pflegeheim hatten und haben, z.B. beim Mehrgenerationenfrühstück. Für unsere Kinder ist der Umgang mit älteren Menschen ganz natürlich und sie gehen mit körperlichen Einschränkungen recht offen um.* (B-Fragebogen für begleitende Erzieherinnen, Absatz 18)

Bemerkenswert ist hier die Aussage der Erzieherin, dass die gemischte Sitzordnung einen verbesserten Kontakt ermöglicht. Bei meinem Besuch im Musikprojekt hatten die Kinder noch an einer Seite des Raums auf Kissen am Boden gesessen. Allerdings zeigen die Aussagen eines demenziell erkrankten Seniors, dass er möglicherweise von der neuen Sitzordnung verwirrt ist:

> *Das ist ja gar nicht so leicht, in dem ganzen Gewusel zurecht zu kommen.* (B10, Absatz 66)

> *Das bleibt ja nicht so, wie es da steht, aufgebaut.* (B10, Absatz 70)

Die Senioren sprechen positiv von den Kindern. Sie fühlen sich auch dann nicht gestört, wenn die Kinder unruhig sind:

> *Das ist manchmal so, wenn einer dabei ist, der dann so lärmt, dann machen die anderen da alle mit.* (B123, Absatz 25)

> *Und auch, die sind ja sowieso alle lebendig.* (B123, Absatz 29)

> *Und vorlaut. (lacht)* (B123, Absatz 60)

Mehrere der Senioren stellen fest, dass Kinder heute „freier" sind als sie selbst es waren:

> *B1: Freier, nicht? Wir standen mehr in der Ecke und mochten nichts sagen und irgendwie was. Heute sind die freier und sagen alles so, wie sie denken. […]*
> *B3: Das ist schön.*
> *V: […] Es könnte ja auch sein, dass Sie denken, 'Ach, die könnten sich auch ein bisschen besser benehmen', oder so.*
> *B1: Nein, nein. Das ist ganz schön, dass sie das alles so sagen, wie sie sind.*
> *B2: So ist es, ne?*

> *B1: Dann weiß man auch, was die Kinder dazu denken. Und was sie machen und so, nicht?* (B123, Absatz 71–84)

Ich glaube, die sind etwas freier geworden. [...] Nicht? Glaube ich schon. [...] Wenn ich die Kindergartenkinder so sehe, also, das fällt mir so ein. (B5, Absatz 42–46)

N Motivation

„Raus aus dem Senioren-Ghetto!"[64]

Aus den Antworten der Teilnehmer lässt sich die Motivation zur Teilnahme ablesen. In beiden Projekten wird bei nur sehr wenigen kritischen Anmerkungen positiv vom intergenerativen Singprojekt gesprochen und die Sänger beider Generationen betonen, mit wie viel Freude sie am gemeinsamen Singen teilnehmen.

Projekt A: Die Freude am Singen ist für die meisten Teilnehmer die größte Motivation, am Projekt teilzunehmen:

> *Es verbreitet gute Laune und man kann wunderbar aus dem Alltagsstress abschalten.* (A9, Absatz 19)

> *Singen macht immer Spaß.* (a6, Absatz 18)

Einige Antworten zeigen, dass die intergenerative Zusammenarbeit einen zusätzlichen Reiz ausgeübt hat, wobei insbesondere bei den Antworten der Jugendlichen nicht immer klar ist, worin dieser genau gelegen hat:

> *Dass man nicht immer nur mit anderen Kindern und Jugendlichen singen muss, sondern auch mit Erwachsenen verschiedenen Alters singen konnte.* (a3, Absatz 18)

> *Es war auch toll, dass wir viel von den Älteren mitgenommen haben.* (a7, Absatz 18)

> *Es hat mir gefallen, dass wir alle so unterschiedlich alt waren, aber trotzdem super miteinander Musik machen konnten.* (a9, Absatz 18)

Möglicherweise fühlen sich die Jugendlichen schon durch die Tatsache, mit den Erwachsenen etwas zusammen zu machen (und dabei auch noch fachlich ein Stück voraus zu sein), in ihrem Selbstwertgefühl gestärkt und ernst genommen. Die Erwachsenen fühlen sich ebenfalls gerade durch die Intergenerativität des Projekts motiviert:

> *Für mich war der positive Aspekt: raus aus dem „Senioren-Ghetto" – rein in die normale Altersgemischtheit.* (A3, Absatz 18)

---

64 A3, Absatz 18

Das intuitive und unkomplizierte Verhalten der Kinder beeinflussten positiv meine Lust, Bereitschaft, Motivation und schließlich auch den Mut, an dem Projekt bis zur Aufführung mitzumachen. (A11, Absatz 20)

Projekt B: Die Erzieherin gibt an, dass die Kinder „meistens ganz gerne" mitgehen. Die Senioren sind teilweise schon seit vielen Jahren beim intergenerativen Singprojekt dabei und teilen dies mit einem gewissen Stolz mit:

B1: Ich bin schon acht Jahre hier.
B2: Solange wir hier sind.
B1: Und bin schon immer dabei.
V: Ach toll.
B3: Ich glaube, ich bin noch länger hier. (B123, Absatz 94–98)

Ein Bewohner sagt explizit, dass er nicht mitmachen würde, wenn es ihm nicht gefiele, somit zeigt diese Aussage, dass auch in Altenheimen eine intrinsische Motivation zur Teilnahme gegeben sein kann:

V: Gefällt Ihnen gut.
B9: Ja, sonst würde ich hier nicht zum Singen runtergehen. (B9, Absatz 17–18)

O   Barrieren

Mit dem Begriff „Barrieren" sind weniger tatsächlich bestehende Hindernisse gemeint, die der Probenteilnahme im Wege stehen, wie beispielsweise für Rollstühle oder Rollatoren ungeeignete Wege, sondern eher gefühlte Hindernisse: Eine depressive, demente Teilnehmerin des Projekts B fühlt sich von der Gruppe abgelehnt. Teilnehmerin A6 stört sich an der intergenerativen Ausrichtung des Projekts, da sie dadurch den Senioren zugeordnet würde. Auf die Frage nach Aspekten, die ihr nicht so gefallen hätten, antwortet sie:

Die Betonung des intergenerativen Zusammenwirkens, weil ich dadurch das Gefühl hatte, als „Seniorin" angesehen zu werden, obwohl ich mich dieser „Schublade" nicht zugehörig fühle, da ich vom Alter her zu den meisten anderen Chormitgliedern einen relativ großen Abstand habe. (A6, Absatz 20)

Diese Erfahrung hält sie möglicherweise in Zukunft davon ab, an weiteren intergenerativen Projekten dieses Chores teilzunehmen.

Teilnehmerin A4 findet es gut, dass man nicht vorsingen musste, um mitmachen zu dürfen. Ein solches Vorsingen könnte somit auch eine Barriere für die Teilnahme an intergenerativen Singprojekten darstellen:

Kein Vorsingen. (A4, Absatz 18)

Da Projekt A von vornherein auf eine abschließende Bühnenpräsentation hin ausgelegt war, könnte auch der Respekt vor einem solchen öffentlichen Auftritt als Barriere zur Teilnahme wirken:

Auch den Mut, an dem Projekt bis zur Aufführung mitzumachen. (A11, Absatz 20)

Ob die demente Seniorin aus Projekt B die gefühlte Ablehnung tatsächlich erfahren hat, ließ sich nicht klären. Im Gespräch äußerte sie sich spontan ohne konkrete Nachfrage:

Aber die Mädchen, oh. Was wollen sie, der eine da, die sagte einmal: „Was will die hier denn überhaupt? Die soll doch dableiben, wo sie auch..." [...] Das tut einem ganz tüchtig weh. (B8, Absatz 86–88)

Eine Teilnehmerin aus Projekt A sieht noch gewisse Barrieren zwischen den Generationen:

Trotz positiver Entwicklung des Kontaktes [...] blieb eine gewisse Distanz bestehen, die weitgehend hätte überwunden werden können, wenn wir außer Proben noch etwas anderes (z.B. etwas spielen, zusammen essen) zusammen gemacht hätten. (A3, Absatz 20)

Eine mögliche Barriere zur Teilnahme von Kindern und Jugendlichen an intergenerativen Singprojekten sieht eine Teilnehmerin aus Projekt A in der mangelnden Unterstützung von zuhause:

Die „Elternhäuser" müssten noch viel mehr darauf achten und es ermöglichen. (A5, Absatz 30)

Für die teilnehmenden Kinder aus Projekt B sieht die Erzieherin allenfalls Schwierigkeiten in der Länge der jeweiligen intergenerativen Begegnung bzw. im zu intensiven körperlichen Kontakt zu einzelnen Senioren:

Den Kindern gefällt es nicht, wenn die Zeit zu lang wird. Und auch nicht, wenn die Senioren sie immer anfassen und drücken wollen. Das sprechen wir dann auch an (B-Fragebogen für begleitende Erzieherinnen, Absatz 20)

Jedoch wechseln die teilnehmenden Kinder des Projekts in regelmäßigen Abständen, sodass vermutlich diese punktuell als unangenehm empfundenen Situationen keine Barriere für eine weitere Teilnahme darstellen.

P   *Persönliche Anmerkungen*

In dieser Kategorie werden Aussagen gesammelt, die nicht in die vorherigen Kategorien passen. Einige junge Sänger aus Projekt A nennen spezielle Einzelheiten ihres Projekts, die ihnen besonders gut gefallen haben, oder aber treffen allgemeine Aussagen zu ihren Vorlieben:

Es hat mir gefallen, dass wir mit den Großen am Ende getanzt haben. (a2, Absatz 18)

Ich singe mit sehr viel Freude. (a3, Absatz 15)

Dass ich mit den Großen tanzen durfte! Weil es mir richtig Spaß macht. (a8, Absatz 19)

8.7 Fragen zum Raumkonzept

Angeregt durch Darstellungen verschiedener Raumkonzepte beim Musizieren mit alten Menschen in Creech *et al*.s Buch „Active Ageing with Music" (2014: 128ff.) schrieb ich diejenigen Experten noch einmal an, die auf dieses Thema, das im Fragebogen nicht explizit vorkam, in ihren Antworten nicht eingegangen waren.

Projekte an neutralen Orten

Es zeigt sich, dass in neutralen Projekten die Teilnehmer in normaler Choraufstellung sitzen, dabei meist die junge Generation vor der alten Generation (Abb. 21). Diese Aufteilung wird damit begründet, dass die junge Generation dann besser sehen kann. Ein weiteres Argument für diese Aufstellung ist, dass auf diese Weise die alte Generation sich etwas hinter den Kindern und Jugendlichen verbergen kann, was für Menschen, die bis ins höhere Alter hinein noch nie auf einer Bühne gestanden haben, eine Hilfe sein kann:

> *Die Erwachsenen standen hinten, das war für die auch erst mal ein Schutzraum. Ich muss dazu sagen, ich habe Menschen gehabt, die waren wirklich 70 und die haben das erste Mal auf einer Bühne gestanden.* (AVK, Absatz 274)

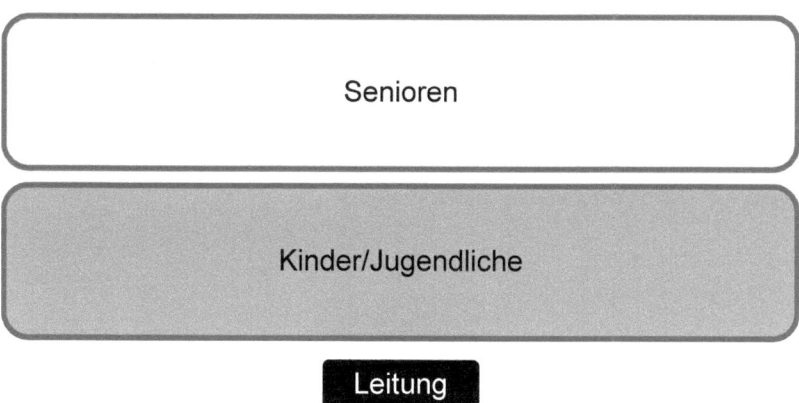

Abbildung 21: Aufstellung der Sänger in Projekten an neutralen Probenorten

Jung-zu-Alt-Projekte

In den Jung-zu-Alt-Projekten werden verschiedene Settings verwendet. Angelika Jekic schlägt vor, die Kinder in der Raummitte am Boden sitzen zu lassen und um sie herum einen Stuhlkreis für die Senioren zu bilden (Jekic 2009: 6). Die Leitung sitzt in der Runde der Senioren und agiert aus der Runde heraus. Die Kinder können sich von dieser Position aus sowohl zu Interaktionen zu den Senioren bewegen als auch als Gruppe in der Mitte eine eigene Aktion ausüben (Abb. 22).

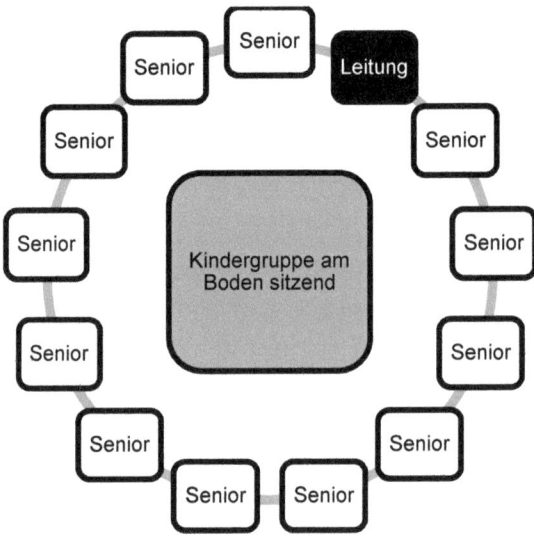

Abbildung 22:   Sitzordnung in Jung-zu-Alt-Projekten

Einige Experten lassen die beiden Generationen gegenüber voneinander in zwei Halbkreisen oder an den Seiten des Raumes entlangsitzen. In den folgenden Grafiken sind bei der Bezeichnung „Kind" stets auch Jugendliche gemeint, je nachdem, wie alt die Teilnehmer der jungen Generation sind. Die Leitung sitzt an der Grenze zwischen den Generationen und agiert aus der Runde heraus (Abb. 23).

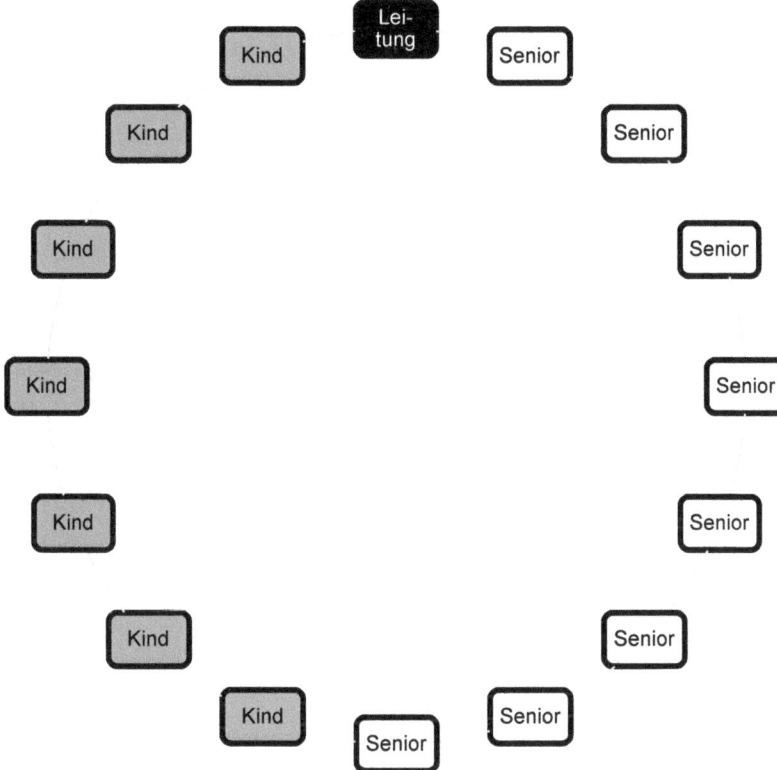

Abbildung 23: Alternative Sitzordnung in Jung-zu-Alt-Projekten

Weitere Experten nutzen eine gemischte Aufstellung im Kreis, je ein bis zwei Kinder/Jugendliche zwischen den Senioren, da auf diese Weise die Generationen besser miteinander in Kontakt kommen. Die Leitung sitzt inmitten der Runde (Abb. 24). Eine Expertin beschreibt ihre Sitzordnung so:

> *„Die Kinder sitzen zwischen den Älteren, meist wollen sie aber zu zweit bleiben, so dass es fünf junge Hefe-Zellen im Kreis gibt – bei zehn Kindern!"* (AEW, E-Mail an mich am 25.6.2018)

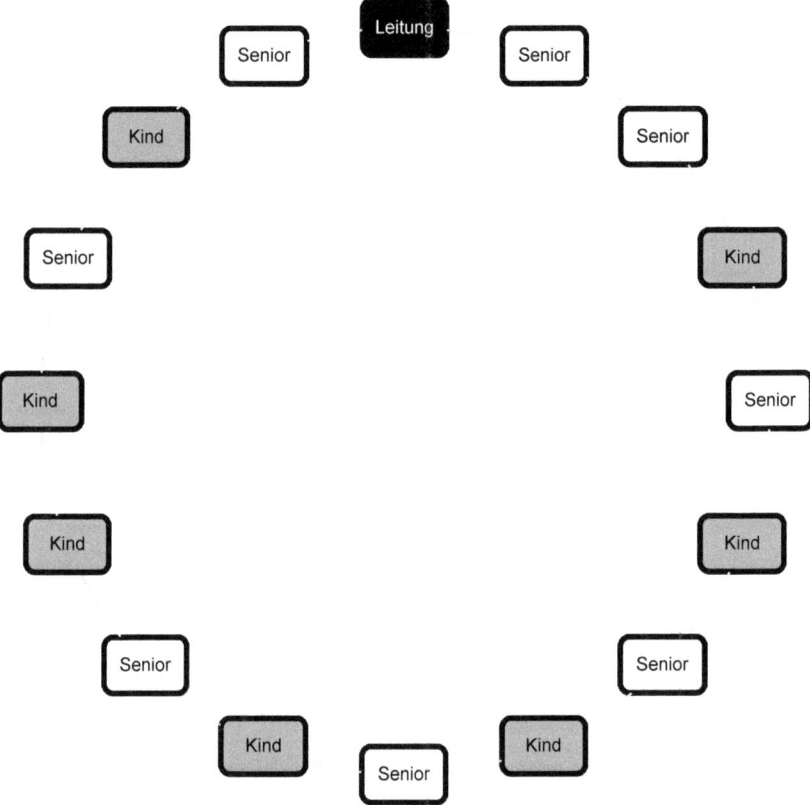

Abbildung 24: Altersgemischte Sitzordnung in Jung-zu-Alt-Projekten

Diese Aufstellung bietet in der Tat eine gute Möglichkeit des direkten Kontakts zwischen den Generationen.

Alt-zu-Jung-Projekte

Das „Canto elementar"-Projekt (Alt-zu-Jung) ist konzeptionell so angelegt, dass alle Teilnehmer in einem großen Kreis sitzen (Abb. 25). Dabei verteilen sich die Singpaten gleichmäßig im Raum, damit möglichst viele Kinder mit ihnen in Kontakt kommen können. Es gibt zwar eine erwachsene Person, die das Singen hauptsächlich anleitet, jedoch tritt diese Person nicht als Chorleitung auf.

> *Jeder hat so vier Kinder direkt ganz nah und das sind dann in der Regel die Lieblingssingpaten, wenn die Kinder singen.* (KA I, Absatz 129)

Adamek begründet diese Sitzordnung in einer Mail an mich folgendermaßen:

> *Diese Nähe ist nicht nur menschlich, sondern auch musikalisch wichtig. Denn durch die Nähe können sich die Kinder am dadurch lauteren Klang der Singpat*innen direkt und sicher orientieren und werden nicht so leicht durch die natürlicherweise noch stimmunsicheren anderen Kinder selbst verunsichert, wie es geschieht, wenn die Kinder im Pulk zum Beispiel einem Erwachsenen gegenüber sitzen. Es sollen ja auch bewusst U3-Kinder*[65] *dabei sein können, die voll Freude eher mitkrähen als singen. Das ist der großfamiliäre Ansatz jenseits von Korrektur durch Lernen am Vorbild.* (Mail von K. Adamek an mich vom 20.10.2018)

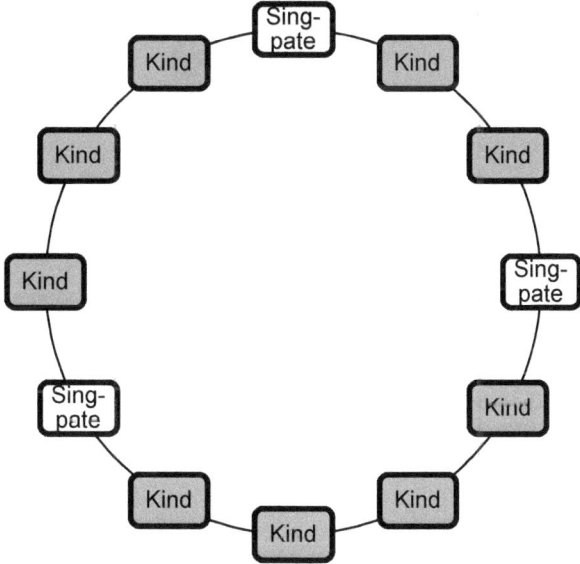

Abbildung 25: Sitzordnung in „Canto-elementar"-Gruppen

---

65 Gemeint sind Kinder unter drei Jahren.

Vorschlag für eine altersgemischte Aufstellung in Projekten an neutralen Orten

Es wäre wünschenswert, eine vergleichbare Aufstellung auch in Projekten an neutralen Orten vorzunehmen. Bei der Platzierung in Reihen könnten die Teilnehmer auch dann altersgemischt sitzen/stehen, wenn die hinteren Reihen erhöht werden oder die jüngeren Sänger jeweils hinter Kindern/Jugendlichen aufgestellt werden. Auf diese Weise wäre der Blickkontakt zur frontal ausgerichteten Chorleitung trotz unterschiedlicher Körpergröße sichergestellt (Abb. 26):

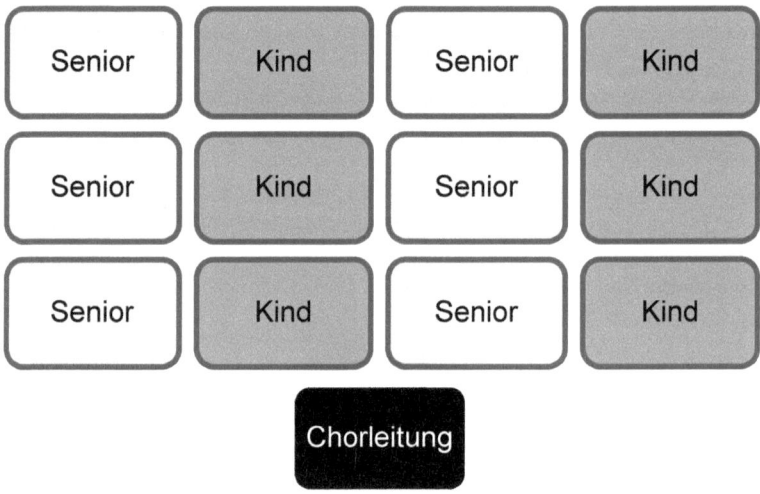

Abbildung 26:   Vorschlag für eine altersgemischte Aufstellung in neutralen Singprojekten

Es ist wichtig, die Raumaufteilung gut zu planen. Eine einmal gefundene Raumaufteilung sollte, besonders wenn demente Teilnehmer dabei sind, möglichst beibehalten werden, um die Orientierung zu erleichtern und damit ein besseres Einlassen auf das intergenerative Singen zu ermöglichen (s. Kapitel 8.6 M).

In diesem Kapitel wurde das Feld des intergenerativen Singens aus Sicht von Leitern und Teilnehmern intergenerativer Projekte sowie aus eigener Beobachtung beschrieben. Die wesentlichen Ergebnisse werden im folgenden Kapitel 9 ausführlicher diskutiert.

9. Diskussion der Ergebnisse

In diesem Kapitel werden vor dem theoretischen Hintergrund der ersten Kapitel die Ergebnisse der Studie aus Kapitel 8 diskutiert. Dabei orientiere ich mich nicht mehr an allen Kategorien des vorangegangenen Kapitels, sondern fasse für das intergenerative Singen wesentliche Ergebnisse zusammen. Zudem werde ich die Ergebnisse im Hinblick auf die Beantwortung meiner Forschungsfragen diskutieren:

1. Stellt Singen eine geeignete Form intergenerativer Bildung dar?
2. Welche Voraussetzungen müssen für erfolgreiches intergeneratives Singen gegeben sein?
3. Kann intergeneratives Singen stereotype Vorstellungen und Vorurteile abbauen helfen?
4. Welche Inhalte sollten in Ausbildungen für Leiter intergenerativer Singangebote enthalten sein?

Zunächst werde ich das Feld „Intergeneratives Singen" beschreiben und theoretisch verorten. Die Ergebnisse der Befragungen werden nach Themenschwerpunkten gebündelt. Des Weiteren sollen die Benefits intergenerativen Singens dargestellt werden. Im folgenden Unterkapitel werde ich aufführen, wo es Probleme und Herausforderungen beim Umgang mit intergenerativem Singen gibt. Im fünften Abschnitt dieses Kapitels werde ich didaktisch-methodische Aspekte des intergenerativen Singens beschreiben, anschließend in Kapitel 9.6 die Forschungsfragen beantworten und zum Didaktischen Konzept in Kapitel 10 überleiten. Die Gliederung des Kapitels ist zur besseren Übersicht in Abbildung 27 dargestellt.

9.1 Einleitung	• 9.1.1 Feldbeschreibung und theoretische Einordnung • 9.1.2 Die Projekte 　- Teilnehmer (Wünsche, Erfahrungen) 　- Partizipation-Aktion-Handlung 　- Präsentation
9.2 Themenschwerpunkte	• 9.2.1 Ziele • 9.2.2 Die Leitungen • 9.2.3 Umfeld • 9.2.4 Interaktion
9.3 Benefits intergenerativen Singens	• 9.3.1 Individueller Benefit • 9.3.2 Gesellschaftlicher Benefit
9.4 Probleme und Herausforderungen	• 9.4.1 Personelle Überforderung • 9.4.2 Institutionelle Probleme • 9.4.3 Das richtige Singen mit Kindern • 9.4.4 Barrieren für die Teilnehmer • 9.4.5 Umgang mit dem Thema „Tod" • 9.4.6 Die Leistungsdiskussion • 9.4.7 Umgang mit zu viel Nähe
9.5 Didaktisch-methodische Aspekte	• 9.5.1 Gelingensbedingungen • 9.5.2 Voraussetzungen, Bedarfe und Forderungen
9.6 Beantwortung der Forschungsfragen	

Abbildung 27:　Gliederung von Kapitel 9

9.1 Einleitung

Der demografische Wandel und die Verlängerung der Lebenszeit haben zu einem Wandel des Altersbildes geführt. Vormals stellte das Alter die durch Verluste und Abbau von Fähigkeiten geprägte letzte Lebensphase des Menschen dar. Die verlängerte Lebenserwartung und bessere medizinische Versorgung haben das sogenannte „Dritte Alter" (Laslett 1995) zu einer Phase der Selbstbestimmtheit bei relativ guter Gesundheit und beruflicher sowie familiärer Entpflichtung werden lassen, bevor das Vierte Lebensalter zum Tod führt. Durch demografische Segregation gibt es allerdings weniger Kontakt zwischen den Generationen, insbesondere zwischen nicht benachbarten Generationen. Intergenerative Bildungsprojekte wollen den Kontakt zwischen den Generationen ermöglichen und damit ein neues Bild auf Alter und Altern ermöglichen. Auch intergenerative Singprojekte bieten hierfür gute Möglichkeiten, wie die durchgeführte Studie zeigt. Dabei ist es wichtig, die didaktischen Orientierungen zu intergenerativer Bildung ebenso zu beachten wie Orientierungen zum geragogischen Arbeiten. Insbesondere die dialogische Ausrichtung geragogischen Arbeitens ist in den Blick zu nehmen, um Bildungsangebote an die jeweilige Gruppe anzupassen. Die heutigen Alten haben sich ihr eigenes Leben bunt und reich gemacht. In der Wirtschaftswunderzeit der 50-er Jahre haben viele von ihnen hart gearbeitet, um dann die rasante technische und wirtschaftliche Entwicklung der zweiten Hälfte des 20. Jahrhunderts mitzuerleben und mitzugestalten. Einer meiner Experten bringt diesen Umstand auf den Punkt, wenn er schreibt:

> *Als die heutigen Senioren Kinder waren, gab es Eis in drei Sorten, Vanille, Erdbeere und Schokolade, heute sind es tausend. Was diese Generation mit Eis gemacht hat, wird sie nun mit Altenheimen machen. Sie hat alles, was sie dazu braucht, gelernt und sie hat die Mittel, um ihre Vision für ein anderes Altern in Vielfalt und Würde umzusetzen* (CW, Absatz 79).

Dennoch ist es beim intergenerativen Singen notwendig, die Bedürfnisse der Teilnehmer aller Altersgruppen, also auch die der jungen Generation, im Blick zu behalten, damit das Angebot für beide Generationen attraktiv bleibt.

9.1.1 Feldbeschreibung

Etwa seit der Jahrtausendwende gibt es in Deutschland verschiedene Projekte intergenerativen Singens in drei Formen: Singgruppen an neutralen Probenorten, Jung-zu-Alt-Projekte und Alt-zu-Jung-Projekte (Abb. 28).

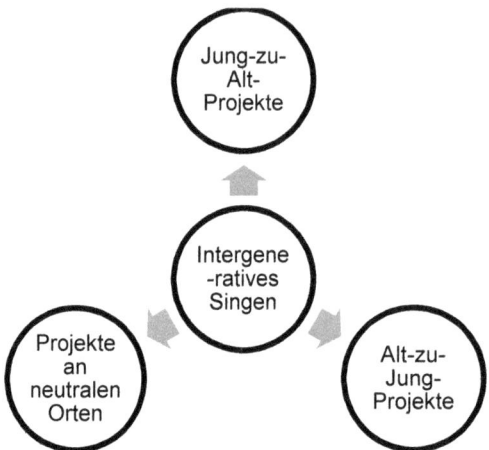

Abbildung 28: Formen intergenerativen Singens

Alle drei Arten intergenerativen Singens haben das gemeinsame Ziel, über das Singen Generationen zu verbinden, unterscheiden sich aber inhaltlich je nach Probenort. Insofern ist es sinnvoll, intergenerative Singprojekte nicht in die modifizierte Matrix von Franz & Scheunpflug (s. Kapitel 6.3) einzuordnen, sondern nach dem Ort der Begegnung zu unterscheiden. Die Matrix von Franz & Scheunpflug ordnet Bildungsprojekte nach Lernform und Generationenbegriffen. Beim intergenerativen Singen ist in den allermeisten von mir untersuchten Projekten die Lernform dieselbe: Die Generationen lernen miteinander. So finden sich 13 von 14 untersuchten Projekten im Matrixfeld e (Miteinander Lernen bei Historisch-soziologischem Generationenbegriff, s. Kapitel 7.2).[66] Aus diesem Grund empfiehlt sich die Ordnung intergenerativer Singprojekte nach dem Ort der Begegnung (Abb. 29):

---

66 Zwar wurden 17 intergenerative Singprojekte untersucht, jedoch arbeiten mehrere Experten nach dem „Unter 7 – Über 70"- Konzept von Angelika Jekic. Diese Projekte tauchen in der Matrix Abb. 11 nicht gesondert auf.

Intergeneratives Singen

Neutraler Probenort	Jung-zu-Alt	Alt-zu-Jung
• „Singen für Groß und Klein" • „Rock'n Rollator-Show" • „beziehungsweise" • „Freude" • „3 auf einem Teppich" • Familien-Musikwochen • Eltern-Kind-Singen • Projekt Kreisau-Initiative • „The Circle of Music Intergenerational Choir"	• „Unter 7-Über 70" • „Unsere Hände sollen eine starke Brücke sein" • „The Music Project" • „Rappelkiste" • „Begegnung" • „Henry Croft and the Pearly Kings and Queens" • „Musik tut gut" • „Kultur-Arche" • „Musik verbindet Generationen"	• „Canto elementar" • „Kultur-Arche" • „Ubuntu"

Abbildung 29: Einordnung der Singprojekte aus Kapitel 7.2 in eine Matrix Intergenerativen Singens

Neutrale Projekte

Intergenerative Singprojekte an neutralen Probenorten wie Musikschulen, Mehrgenerationen- und Bildungshäusern sowie Kirchengemeinden unterscheiden sich kaum von nicht explizit intergenerativ ausgerichteten Chören. Zwar haben auch intergenerative Singprojekte an neutralen Orten das Ziel der Generationenzusammenführung, jedoch steht dieses meistens wenigstens gleichwertig neben dem Ziel einer gelungenen musikalischen Präsentation. Oftmals sind die Chöre eigens für ein bestimmtes Projekt gegründet worden. Für Leiter intergenerativer Singprojekte an neutralen Orten bedeutet dies eine klar auf die Präsentation hin ausgerichtete musikalische Arbeit, die Rücksicht auf die beteiligten Altersgruppen nimmt. Da in nicht-intergenerativen Chören selten Kinder und Erwachsene zusammen singen, ergibt sich eine neue Herausforderung für die Chorleiter, beiden Altersgruppen in der gemeinsamen Probenarbeit gerecht zu werden.

Auch wenn die Generationenzusammenführung einen nicht so hohen Stellenwert wie in den anderen Projektarten hat, sollte trotzdem auch in Projekten an neutralen Orten Raum dafür gegeben werden. Dies zeigt die Teilnehmerbefragung in Projekt A, dessen Proben in einer Musikschule stattfinden. Explizit wünschen sich die älteren Teilnehmer Zeit für außermusikalische gemeinsame Tätigkeiten im Rahmen des Projekts, damit ein besserer Kontakt entsteht. Dies wäre insbesondere auch für eine Fortführung solcher Projekte wichtig. Es könnten im außermusikalischen gemeinsamen Tun tragfähige Beziehungen begonnen werden, an die bei weiteren Projekten angeknüpft werden kann. Leiter intergenerativer Projekte an neutralen Probenorten sollten also für die generationenübergreifende Chorarbeit mehr Zeit einplanen als in der altershomogenen Chorarbeit, um Gelegenheiten zum intergenerativen Austausch zu schaffen.

Die alten Teilnehmer von intergenerativen Chorprojekten an neutralen Orten entscheiden sich bewusst für die Teilnahme. Sie sind entsprechend motiviert und haben hohe Erwartungen an das Chorprojekt und an die Chorleitung. Bei den jungen Teilnehmern kann die Teilnahme bewusst und freiwillig geschehen, wenn es sich um ein Projekt handelt, zu dem öffentlich eingeladen wurde. Es gibt aber ebenso Projekte, in denen ein gesamter (Schul-)Chor an einem intergenerativen Projekt teilnimmt. Die einzelnen Sänger als Teil der Gruppe sind dann durch ihre Teilnahme am Chor an die Projektteilnahme gebunden.

Jung-zu-Alt

Jung-zu-Alt-Projekte in Altenheimen stellen in den meisten Fällen das gemeinsame musikalische Tun im Augenblick in den Vordergrund. Kindergruppen aus Kindergärten, Schulen oder Musikschulen besuchen Gruppen von Senioren in Altenheimen. Die Regelmäßigkeit der Teilnahme ist in den Projekten verschieden: In einigen Projekten nehmen jede Woche dieselben Senioren an der Stunde teil, in anderen entscheiden sich die Senioren jede Woche neu. Auch bei der jungen Generation gibt es in einigen Projekten feste Gruppen, in anderen Projekten wechseln die Teilnehmer in einem bestimmten Rotationsrhythmus. In manchen Projekten gibt es Präsentationen bei (internen) Feiern im Altenheim. In den meisten von mir untersuchten Projekten geht es aber nicht um die aufführungsreife Einstudierung bestimmter Werke, sondern um das gemeinsame musikalische Erleben im Augenblick und den Kontakt zwischen den Generationen.

Alt-zu-Jung

Das Alt-zu-Jung-Projekt „Canto elementar" hat die Begegnung der Generationen im gemeinsamen Singen als eines von zwei großen Zielen. Das andere beherrschende Ziel ist die Singförderung in Kindergärten, da durch Versäumnisse in der bundesdeutschen Schulmusikentwicklung der 60er und 70er Jahre das alltägliche Singen in Elternhäusern, Kindergärten und Schulen in den Hintergrund getreten ist. Dadurch sind auch die heute tätigen Erzieher oft nicht mit natürlichem, alltäglichem Singen aufgewachsen und unter Umständen ebenso wenig in ihrer Ausbildung damit in Kontakt gekommen. Die Singpaten des „Canto elementar"-Projekts, in der Regel sind dies Chorsänger aus der Umgebung der beteiligten Kindertagesstätten, sollen somit nicht nur die Kinder musikalisch fördern, sondern auch die Erzieher. Die Senioren entscheiden sich bewusst für den Einsatz im Projekt. Sie sind entsprechend hoch motiviert. Das Personal der beteiligten Kindertagesstätten entscheidet sich ebenfalls bewusst für die intergenerative Zusammenarbeit und schließt einen Vertrag über zwei Jahre mit dem Canto-Netzwerk. Somit sollten auf Seiten des Kita-Personals eine hohe Motivation und Bereitschaft zur Zusammenarbeit gegeben sein. Die Kinder können sich in

Kitas mit offenem Konzept jede Woche neu zur Teilnahme am intergenerativen Singen entscheiden. In anderen Kitas entscheidet das Personal, welche Kindergruppe für die Dauer eines Kindergartenjahres am Projekt teilnimmt. Die Kinder können sich in einem solchen Fall nicht selbst für die Teilnahme entscheiden. Da jedoch Singen für Kinder in den meisten Fällen positiv besetzt ist, sind die Kinder vermutlich trotzdem motiviert bei der Sache.

Der Besuch in einer „Canto elementar"-Kita zeigte, dass die Kinder, ihre Erzieherin und die Singpatinnen mit Begeisterung bei der Sache waren. In der besuchten Kita singt eine stets gleichbleibende Kindergruppe mit den Singpatinnen. Die Kinder hatten sich also nicht freiwillig für das Projekt gemeldet, waren aber mit spürbarer Freude dabei. Die Singpatinnen werden vom Kita-Personal in ihrer Tätigkeit unterstützt. Dies zeigt sich durch die Bereitstellung eines Besprechungsraumes, die Verpflegung mit Getränken und Gebäck und große Rücksicht auch der unbeteiligten Gruppen, damit das gemeinsame Singen ungestört verlaufen kann. Die Singpatinnen äußerten im Gespräch, dass ihnen die Wertschätzung durch die Kita wohl tue und sie dazu anspore, ihr Singprojekt fortzusetzen.

Die Initiative „Canto elementar" wird von den deutschen Chorverbänden nicht nur positiv gesehen, weil die Befürchtung besteht, dass die Singpaten nicht in einer für Kinder geeigneten Tonlage singen. Mein Besuch in der „Canto elementar"-Kita hat diese Befürchtung zwar bestätigt, jedoch gleichzeitig die große Begeisterung der Kinder und der Erzieherin gezeigt. Wenn man bedenkt, dass auch die täglich überall gespielte Popmusik, die einen großen Einfluss auf die musikalische Sozialisation von Kindern hat, in einer für Kinder nicht geeigneten Tonlage erklingt, relativiert dies in meinen Augen die Befürchtungen der Chorverbände. Dieses kontrovers diskutierte Thema werde ich in Kapitel 9.4.3 noch näher behandeln.

Zusammenfassend lassen sich folgende Aussagen zu Zielen und Motivation der Teilnehmer aller drei Arten von intergenerativem Singen treffen, wobei die Grenzen fließend sind und nicht ausgeschlossen werden soll, dass diese Zuschreibungen in Einzelfällen nicht voll umfänglich zutreffen (Tabelle 7).

Zuschreibungen	Ort des intergenerativen Singprojekts		
	Neutraler Ort	Jung-zu-Alt	Alt-zu-Jung
Ziele bei allen	Intergenerative Begegnung		
	Freude am gemeinsamen Musizieren		
Spezifische Ziele	Musikalisches Erlebnis Konzert	Erfüllende Freizeitbeschäftigung	Singförderung/ bürgerschaftliches Engagement
Motivation junger Teilnehmer	Intrinsisch/extrinsisch	Extrinsisch/evtl. intrinsisch	Extrinsisch/evtl. intrinsisch
Motivation alter Teilnehmer	Intrinsisch	Extrinsisch/evtl. intrinsisch	Intrinsisch

Tabelle 7: Ziele und Motivation der Teilnehmer unterschieden nach dem Ort der Begegnung

Die theoretische Verortung von intergenerativem Singen in der Musikpädagogik ist nicht eindeutig festzuschreiben. Während neutrale intergenerative Singprojekte wie andere Chöre als eine Form von musikalischem Laienmusizieren einzuordnen sind, lassen sich Alt-zu-Jung-Projekte wie „Canto elementar" und Jung-zu-Alt-Projekte der Community Music zuordnen. Obwohl Kertz-Welzel Community Music als häufig außerhalb von Schule stattfindende Musizierpraxis beschreibt (2018: 363) und viele der Jung-zu-Alt-Projekte in der Kooperation von (Musik-) Schulen und Altenheimen bestehen, rechtfertigen doch der nicht vorhandene Leistungsdruck und die „bewusste musikalische Barrierefreiheit" solcher Projekte die Einordnung als Community Music (*ibid.*). Eine Einordnung als Community Music bedeutete dann die Bezeichnung der Leiter intergenerativer Singprojekte als *facilitator* (s. Kapitel 9.2.2).

Intergeneratives Singen hat – wie oben gezeigt – nicht nur musikalische Ziele, sondern möchte Generationen zusammenführen und Beziehungen schaffen: Im Austausch der Generationen nicht nur während der musikalischen Begegnung sowie in der aktiven Teilhabe und Partizipation des Einzelnen und der Gruppe. Auch dies entspricht dem Anspruch von Community Music, welche „durch Musik unterstützte gesellschaftliche Veränderungsprozesse" anstrebt (Kertz-Welzel 2018: 373). Besonders die von Hill geforderte situative Anpassung (2017: 19) ist ein wichtiger Aspekt, auf den die von mir befragten Experten hinweisen. Bei aller Vorbereitung muss das Angebot stets an der momentanen Verfassung der Teilnehmer ausgerichtet werden.

In der folgenden Tabelle 8 werden die didaktischen Verortungen und theoretischen Hauptgedanken verschiedener Bildungsansätze (Tab 1 und 2) auf ihre Anwendbarkeit in den drei Typen von intergenerativem Singen überprüft:

Didaktische Verortungen	Bildungsansatz/ Didaktische Grundlagen				Intergeneratives Singprojekt		
	Freiwilliges Engagement (nach Bubolz-Lutz & Steinfort-Diedenhofen 2018)	Musikgeragogik (nach Hartogh 2005 und Hartogh & Wickel 2018 und Creech et al. 2014)	Community Music (nach Hill 2017)	Intergenerative Bildung (nach Scheunpflug & Franz 2014)	Neutral	Jung-zu-Alt	Alt-zu-Jung
Biografieorientierung	x	x	x	x	x	x	x
Dialogische Ausrichtung	x	x	x			x	x
Teilhabe/ Partizipation	x	x	x	x	x	x	x
Offenheit der Ziele	x	x	x			x	x
Selbstbestimmtes Lernen		x	x			x	x
Reflexion	x	x	x	x		x	x
Offenheit der Lernrichtung	x	x		x	x	x	
Lernfortschritt	x	x		x	x	x	x
Leistungsdenken		x			x		
Interaktion	x		x	x	x	x	x
Offenheit für Neues	x	x	x	x	x	x	x
Prozessorientierung	x	x	x	x	x	x	x
Motivation	x	x	x	x	x	x	x

Tabelle 8: Didaktische Verortungen und theoretische Hauptgedanken verschiedener Bildungsansätze und ihre Anwendbarkeit auf intergeneratives Singen

Abbildung 30 zeigt eine Möglichkeit der musikpädagogischen Verortung von intergenerativem Singen unter Einbeziehung der verschiedenen Projektarten und theoretischen Zuschreibungen von Community Music, Musikgeragogik und Musikpädagogik. Als eine Form der musikalischen Altenbildung lässt sich intergeneratives Singen, zumindest für die Teilnehmer der alten Generation, der Musikgeragogik zuordnen. Die starke Subjektbezogenheit der Musikgeragogik stellt bei solch heterogenen Gruppen wie intergenerativen Chören freilich eine Herausforderung dar. So ist intergeneratives Singen im Schnittfeld der Themenfelder Musikgeragogik, Laienmusizieren, Musikpädagogik und Community Music anzusiedeln. Folgt man der Auffassung Higgins', dass Leiter von Community Music nach „excellence in both the processes and the products of Music making" streben (2012a: 5), ließen sich auch neutrale Projekte der Community Music zuordnen, jedoch stellen die Leiter der untersuchten neutralen Projekte in den meisten Fällen das musikalische Ziel in den Fokus. Aus diesem Grund sind neutrale Projekte in der Darstellung nicht der Community Music, sondern dem Laienmusizieren zugeordnet. Jung-zu-Alt- und Alt-zu-Jung-Projekte können hingegen als eine Form der Community Music angesehen werden, da insbesondere bei in Altenheimen stattfindenden Begegnungen die Prozessorientierung im Vordergrund steht. Prozessorientierung hat in der Community Music wenigstens den gleichen Stellenwert wie die Ergebnisse der musikalischen Arbeit (*ibid.*).[67] Mehrere Experten haben genau diese Prozessorientierung als entscheidend für ihre intergenerativen Musikprojekte benannt. Obwohl gemeinsames Singen prinzipiell immer eine Form der Singförderung darstellt, habe ich einzig die Alt-zu-Jung-Projekte in das Themenfeld „Singförderung" eingeordnet, da das Anliegen der Singförderung Anlass zur Entwicklung des „Canto elementar"-Konzepts war. Die verallgemeinernde Darstellung in Abb. 30 ist sicherlich nicht auf jedes einzelne Projekt vollumfänglich übertragbar, gibt aber einen Überblick, wo es Überschneidungen der musiktheoretischen Themenfelder gibt.

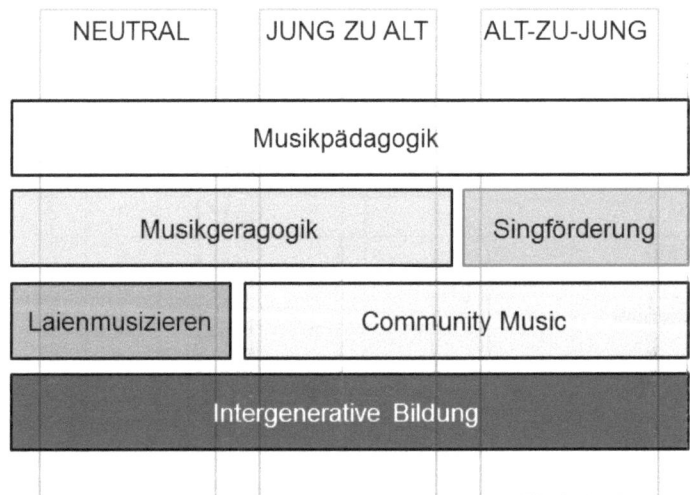

Abbildung 30: Musiktheoretische Verortung der drei Arten intergenerativen Singens

---

67 Auch in der Andragogik wird Lernen eher als ein Prozess gesehen. Knowles, Holton III. & Swanson grenzen dieses prozessorientierte Lernmodell von inhaltsbezogenen Lernmodellen der traditionellen Pädagogik ab (2007 [1973]: 103f.). Dabei geht es auch in der Andragogik um Inhalte, jedoch werden den Lernenden „Verfahren und Ressourcen" zum Erfassen der Inhalte zur Verfügung gestellt (*ibid.*).

Abschließend sei bemerkt, dass die Bezeichnung „intergenerativ" oft für Projekte verwendet wird, in denen Teilnehmer aller Generationen willkommen sind. Ebenso gibt es Chöre, die sich „Chor der Generationen" oder ähnlich nennen und damit ihre Offenheit für Teilnehmer aller Generationen dokumentieren. Da in solchen Chören jedoch meistens auch viele Teilnehmer der mittleren Generation mitsingen, würde ich diese Art von Chören eher als Mehrgenerationenchor und nicht als intergenerativen Chor bezeichnen. Intergenerativität zeichnet sich nach Miedaner dadurch aus, dass nicht direkt benachbarte Generationen in ein inszeniertes gemeinsames Tun kommen (2001:10; s. Kapitel 6.1 und 7.1). Die Definition des Begriffs „intergenerativer Chor" oder „intergeneratives Singprojekt" als eine Gruppe von Menschen zweier nicht benachbarter Generationen, die miteinander singen und eine Zusammenführung der Generationen erleben möchten, muss sich also erst noch durchsetzen.

9.1.2   Die Projekte

Die drei Arten intergenerativen Singens sind im vorangegangen Kapitel 9.1.1 allgemein sowie in Kapitel 7.3 kurz einzeln beschrieben worden. An dieser Stelle werden deshalb nur einzelne Aspekte der Projekte behandelt.

Teilnehmer (Wünsche, Erfahrungen)

Die Teilnehmer der alten Generation sind in den meisten untersuchten Projekten bereits im Rentenalter, von einzelnen jüngeren Erwachsenen abgesehen. Knapp die Hälfte der jungen Teilnehmer ist im Kindergartenalter, in den anderen Projekten singen Schulkinder oder Jugendliche und junge Erwachsene.

Alle Teilnehmer äußern sich positiv zu ihren intergenerativen Singerfahrungen. Auch die Leiter der Projekte beschreiben bei den Teilnehmern ihrer Projekte eine hohe Motivation und Freude am gemeinsamen Tun. Wie schon in 9.1.1 erwähnt, sind jedoch Unterschiede zwischen den Generationen festzumachen, ob und wie sich die Teilnehmer für das intergenerative Singen entscheiden. Während die Senioren die Entscheidung über die Teilnahme am Singprojekt selbst treffen, gelangen die jungen Teilnehmer meist erst durch einen äußeren Anstoß zum Projekt: Die Schule bietet das Singen an oder der Kindergarten nimmt am intergenerativen Austausch teil. Dieser meist extrinsische Anstoß mindert aber nicht die Freude am gemeinsamen Tun. Vermutlich müsste intergeneratives Singen selbstverständlicher und bekannter werden, damit die Nachfrage nach entsprechenden Angeboten auch in der jungen Generation steigt und die junge Generation intrinsisch motiviert die Teilnahme an intergenerativen Singprojekten sucht.[68]

Die Teilnehmer aus Projekt A betonen, dass ihnen gerade die Altersmischung gut gefallen hat. Die alten Teilnehmer sehen im intergenerativen Singen eine Bereicherung und freuen sich, dass die Jugendlichen dazu bereit waren, mit ihnen

---

[68] Kalbermatten führt die Teilnahme der jungen Generation „nur im Rahmen von schulischen Vorschriften, also unfreiwillig" als einen Schwachpunkt intergenerativer Projekte an (2004: 120).

gemeinsamen zu singen. Und die Jugendlichen genießen die große Klangfülle, die durch das Singen mit den Erwachsenen entsteht. Da zuhause in den Familien vielfach nicht mehr gesungen wird, stellt gerade das Singen mit Männerstimmen für Kinder eine neue Erfahrung dar. Dies umso mehr, als dass in Kindergärten und Grundschulen wesentlich mehr Frauen als Männer arbeiten und die Kinder dadurch auch in ihren ersten Bildungseinrichtungen selten Männer singen hören. Der Klang elektronisch bearbeiteter Männerstimmen in der Unterhaltungsmusik ist nicht mit natürlichem, unbearbeitetem Gesang zu vergleichen, und solcher Gesang stellt somit für viele Kinder ein völlig neues Klangerlebnis dar. Eine Expertin bezeichnet das Klangerlebnis in einem intergenerativen Chor als das Hören der „Farben der Lebensalter" und eine natürliche und wichtige Erfahrung, die in Familien oft nicht mehr gemacht werden kann.

Eine andere Expertin erwähnt eine Erfahrung, die ihr in ihrem Seniorenchor mitgeteilt wurde, die aber auch auf intergenerative Singprojekte übertragbar ist: Insbesondere wenn Menschen als Zugezogene in einen ortsansässigen Chor eintreten wollen, werden sie dort oft nicht als vollwertiges Mitglied akzeptiert.[69] Intergenerative Chöre, die an neutralen Orten proben, gründen sich meist für ein Projekt neu und alle Mitglieder haben quasi den gleichen Status. Dies kann für Sänger, die in anderen Chören schon einmal Ausgrenzung erlebt haben, eine wohltuende Erfahrung sein. Es fühlen sich somit auch Personen angesprochen, die auf Chorsingen bisher verzichtet haben, weil sie Sorge hatten, nicht akzeptiert zu werden.

Bei den Teilnehmern bleiben nur wenige Wünsche offen. Im zeitlich begrenzten Projekt A, das eigens für die Einstudierung und einmalige Aufführung eines Musicals ins Leben gerufen wurde, äußert eine Teilnehmerin Bedauern darüber, dass die viele Probenzeit in nur eine Aufführung investiert wurde: *Schade, dass das Musical nur einmal aufgeführt wurde. Viel Zeit und Aufwand für eine einmalige Aufführung ... ist ja oftmals so ...* (A5, Absatz 27). Dies ist tatsächlich ein Dilemma, dem Musiker ausgesetzt sind: Es wird viel Zeit benötigt, um eine perfekte Aufführung zu realisieren. Während Berufsmusiker und damit auch die Leiter eines (intergenerativen) Chores solches als einen normalen Bestandteil ihrer Tätigkeit kennen, sind musikalische Laien oft enttäuscht, dass es nur ein oder zwei Aufführungen eines lange erarbeiteten Stückes gibt. Leiter intergenerativer Singprojekte sollten – wie jeder andere Chorleiter auch – ihren Chor darauf vorbereiten und möglichst zu einem spannenden Anschlussprojekt einladen. Für Jung-zu-Alt-Projekte und Alt-zu-Jung-Projekte stellt sich diese Problematik weniger, da in beiden Arten intergenerativen Singens in den meisten Fällen auf öffentliche Präsentationen der Arbeit verzichtet wird. Dort steht das gemeinsame musikalische Tun im Augenblick im Vordergrund.

Die Teilnehmer aus Projekt A hätten zudem gern mehr Zeit für außermusikalische gemeinsame Aktivitäten gehabt. Für die Leiter intergenerativer Singprojekte sind solche Aussagen ermutigend, da nicht nur klar wird, dass die Form des Projekts für die Teilnehmer ansprechend war, sondern zu hoffen ist, dass ein Folgeprojekt auf eine hohe Resonanz und Bereitschaft zur Teilnahme stoßen dürfte.

---

69 *Nicht dieses „Ich bin ein Kreis" und dann... Und man ist nach 30 Jahren und zwei Generationen noch neu, sondern jeder, der kommt, ist herzlich willkommen.* (AVK, Absatz 74)

Partizipation/Aktion/Handlung

Es würde zu weit führen, hier im Einzelnen aufzulisten, was in den jeweiligen Projekten gesungen wird. Das gemeinsame Singen erfüllt die Teilnehmer in allen drei Projektformen mit Freude. Die gesungene Literatur sowie die Partizipation bzw. das aktive Mittun unterscheiden sich je nach Projektart.

In neutralen Projekten sind die Teilnehmer beider Generationen aktiv involviert und sorgen durch ihr Mitsingen für das Gelingen des Projekts. Da es sich in neutralen Projekten bei der jungen Generation häufig bereits um Schulkinder, Jugendliche oder junge Erwachsenen handelt, bringt sich die junge Generation oft stärker in das intergenerative Chorprojekt ein als die Senioren. Auch kann es sein, dass die alte Generation von der jungen Generation lernt, wenngleich prinzipiell in neutralen Projekten beide Generationen gemeinsam etwas Neues erarbeiten und somit das Miteinanderlernen im Vordergrund steht. Die beteiligten Senioren in neutralen Projekten befinden sich im Dritten Lebensalter, einer Lebensspanne, die nach familiären und beruflichen Verpflichtungen Zeit und Raum für eigene Interessen bietet (s. Kapitel 4.2 und 9.1): Sie sind zumeist fit und damit in der Lage, selbstständig zum gemeinsamen Singen zu gelangen. Das bedeutet, dass sie, wenn überhaupt, körperlich nur wenig eingeschränkt sind. Je nach Ausrichtung des neutralen Projekts kann es sich um die Einstudierung eines geschlossenen Werkes handeln oder es wird ein Programm mit mehreren Einzeltiteln erarbeitet. Wie bereits ausgeführt, kommt es durch die klare Zielausrichtung neutraler Projekte in den von mir untersuchten Projekten nur am Rande zu einem intergenerativen Austausch. Die musikalische Arbeit steht im Vordergrund. Dies wird von den Teilnehmern aus Projekt A bedauert. Die Teilnehmer aus Projekt A und auch ein Experte stellen fest, dass die Erwachsenen im intergenerativen Singen aktiver und motivierter sind als in ihren altershomogenen Chören.

In den Jung-zu-Alt-Projekten sind meist die Kinder die aktivere der beiden Generationen. Die Altenheimbewohner befinden sich vielfach bereits im Vierten Lebensalter und haben mit entsprechenden Einschränkungen zu tun (s. Kapitel 4.2). Die Senioren nehmen zwar mit Freude am intergenerativen Singprojekt teil, können dies aber manchmal nicht mehr aktiv zum Ausdruck bringen: *Dann hat man vielleicht trotzdem leuchtende Augen oder man kriegt rote Wangen und ist einfach dabei* (FNH, Absatz 833). Doch auch diese stille Partizipation ist wichtig und für die Senioren bereichernd, und sei es nur, weil die gemeinsame Singstunde eine Abwechslung zum ansonsten im Zimmer verbrachten Alltag darstellt. In den Jung-zu-Alt-Projekten folgen die Stunden meist einem festen Schema mit Begrüßungs- und Abschiedsrituallied und einer festgelegten Reihenfolge von Liedern, Sprechversen, elementarmusikalischem Instrumentalspiel und Erzählrunden. Dabei werden zumeist Volks- und Kinderlieder gesungen, die, wie in musikgeragogischen Angeboten üblich, zu einem für die Stunde gewählten Thema passen. Bewegungselemente für die Kinder oder Sitztänze werden zu alten Schlagern oder Folkloretanzmusik ausgeführt, je nach den Vorlieben und Fähigkeiten der Leiter. Auch bei solchen Bewegungselementen liegt der aktivere Part meist bei den Kindern. Doch nach Aussage der befragten Experten freuen sich die Senioren auch über die Möglichkeit, den Kindern beim Tanzen zuzusehen. Wichtig ist, dass sich die Leiter bei der Lied- und Musikauswahl an beiden Generationen orientieren und das Programm nicht zu infantil gestalten. Während sich die „Canto elementar"-Singpaten und ebenso die Senioren in neutralen Projekten völlig freiwillig für ihr jeweiliges Projekt entscheiden und dadurch aktiv Einfluss auf die von ihnen zu singende Literatur nehmen, sind die Senioren in Jung-zu-Alt-Projekten davon abhängig, dass der jeweilige Leiter des Projekts das Programm so gestaltet, dass es für alle ansprechend ist. Eine Seniorin aus Projekt B sagt ganz klar, dass ihr die Liedauswahl im nicht-intergenerativen Seniorensingkreis besser gefällt (s. Kapitel 8.6 L). Die Expertin Lepis leitet zwei intergenerative Musikprojekte, von denen eines mit stärker eingeschränkten Senioren arbeitet. Ihre Aussage zur Programmgestaltung in den beiden unterschiedlichen Projekten zeigt, wie sehr sich Singen als intergeneratives Bildungsangebot eignet, auch bei stärkeren altersbedingten Einschränkungen:

Das Projekt „R" wird überwiegend mit musikalischen Inhalten durchgeführt. Beim Projekt „B" mit den Grundschulkindern gibt es zwischendurch zwar auch reine Singstunden, aber grundsätzlich werden in den Begegnungen viele andere Inhalte wie Basteln, Malen, Kaffeeklatsch etc. angeboten (AL, Absatz 63).[70]

Wesentlich ist, dass die Leiter von Jung-zu-Alt-Projekten zwar ihre Singstunden sorgfältig planen sollten, dabei jedoch stets bereit sein müssen, das Angebot situativ bedarfsgerecht zu ändern. Es geht nicht darum, einen vorher festgelegten Plan zu absolvieren, sondern alle Beteiligten sollen im Moment der intergenerativen Begegnung eine erfüllende, gemeinsam musikalisch verbrachte Zeit genießen können. Eine Expertin beschreibt treffend ihre Stundenplanung, wenn sie sagt: *Meine Vorbereitung ist meine Nachbereitung* (AEW, Absatz 284). Es geht somit darum, Dinge, die besonders ansprechend für beide Generationen waren, beim nächsten Mal wieder ins Programm mit aufzunehmen, zu modifizieren oder zu vertiefen. Dabei muss nicht zwangsläufig immer die Erarbeitung eines Themas im Mittelpunkt der intergenerativen Begegnung stehen. Es kann auch eine rein musikalische Begegnung stattfinden, ohne die Zutat von aufwendigen Requisiten oder langen Geschichten. Jeder Leiter intergenerativer Jung-zu-Alt-Projekte sollte eine für die jeweilige Gruppe passende Stunde planen, aber bereit sein, diese Planung bei Bedarf anzupassen oder vollständig zu verwerfen. Dies unterscheidet intergeneratives Singen in Jung-zu-Alt-Projekten ganz klar von neutralen Projekten und von der Arbeit in altershomogenen Chören, die meist die erfolgreiche Erarbeitung eines festgelegten Programms zum Ziel haben. Es geht in Jung-zu-Alt-Projekten um das „Jetzt" und nicht um das „Künftig".

Mehrere Expertinnen betonen, dass es wichtig ist, das intergenerative Singen nur phasenweise anzubieten, damit beide Generationen sich weiterhin innerhalb ihrer Gruppe identifizieren können, und damit die intergenerativen Begegnungen ihren

---

70 An Projekt „B" nehmen rüstigere Senioren des Altenheims teil, während Projekt „R" in den Wohnbereichen stattfindet, in denen eingeschränkte Senioren leben, die den Wohnbereich nicht mehr verlassen.

Reiz und ihre Spannung behalten. Ein regelmäßiges Treffen wie im „Unter 7 – Über 70"-Programm kann sich nicht jeder Experte für die persönliche Arbeit vorstellen.[71]

Im Alt-zu-Jung-Projekt „Canto elementar" ist durch die Zielsetzung des Programms eine klare Lernrichtung nach dem Senioritätsprinzip „Jung lernt von Alt" vorgegeben. Die Generationen lernen also voneinander, um bei den Lernfeldern der modifizierten Matrix von Franz & Scheunpflug zu bleiben (2014: 122). Es werden klassische Kinder- und Volkslieder gesungen, die von den beteiligten Senioren mit den Kindern einer Kita einstudiert werden. Im von mir besuchten Projekt wurden nicht nur Kinderlieder aus den „Canto elementar"-Büchern gesungen, sondern auch aus selbst gewählten Liederbüchern der Singpatinnen. Die Partizipation der Kinder zeigt sich nicht immer im aktiven Mitsingen. Dennoch hören die Kinder aufmerksam zu und begleiten das Singen durch Klatschen oder Tanzen. Der aktive Part beim „Canto elementar"-Projekt liegt jedoch bei den Senioren, die die Stunden planen und gestalten. Die Singpaten sind Senioren im Dritten Lebensalter (s. Kapitel 4.2 und 9.1), die die Tätigkeit als erfüllende Freizeitbeschäftigung ihres oftmals von beruflichen Verpflichtungen befreiten Alltags erleben.

Präsentation

Das Thema „Präsentation" ist ebenso eng mit der Projektart verbunden. Lediglich neutrale intergenerative Singprojekte arbeiten explizit auf eine Präsentation der erarbeiteten Literatur hin. Bei den beiden anderen Projektarten geht es von der Zielsetzung der Projekte her stets mehr um das aktuelle musikalische Geschehen, also um die von der Community Music bevorzugte Prozessorientierung (z.B. Willingham 2017: 75). Auch die an den Bedürfnissen der Teilnehmer orientierte Ausrichtung von Community Musik sowie die Ablehnung vorher institutionell festgelegter Ziele (de Banffy-Hall 2017: 33), lässt Alt- zu-Jung- und Jung-zu-Alt-Singprojekte als eine Form von Community Music erscheinen, die nicht ein vorher festgelegtes Ziel (eine Präsentation) erreichen müssen. Dies betonen die von mir befragten Experten: Ihnen ist es wichtig, dass die Teilnehmer Erfüllung im gemeinsamen Singen finden. Wenn gelegentlich bei Feiern innerhalb der Institutionen oder am Ende eines Kindergarten- oder Schuljahres eine interne Präsentation stattfindet, ist dies als musikalisches Ziel ausreichend. Diesem Ansinnen muss allerdings stets die durchaus auch bei Senioren vorhandene Leistungs- und Entwicklungserwartung entgegengehalten werden. Leiter intergenerativer Singprojekte müssen gut abwägen, wie sie – selbst ohne das Ziel einer bühnenreifen Präsentation – die Teilnehmer fordern und ihnen das Gefühl einer musikalischen Weiterentwicklung vermitteln. Eine weitere Spannung entsteht aus dem Anspruch der Musikgeragogik, die inhaltliche Ausrichtung eines musikalischen Projekts mit Senioren nicht von „Normen eines fremdbestimmten Curriculums", sondern an die jeweilige beteiligte Gruppe und deren „Wertorientierungen" anzupassen (Hartogh 2005: 186). Die beteiligten Generationen eines intergenerativen Singprojekts un-

---

71 *Wir hatten Kollegen da jetzt in der Ausbildung, die machen... Jede Woche gehen die mit dem Kindergarten ins Altersheim. Bitte nicht! Also, das kann ich mir nicht vorstellen.* (AEW, Absatz 418)

terscheiden sich stark voneinander in ihren Erfahrungen und Erwartungen, was für die Leiter eine besondere Herausforderung bedeutet. Teilnehmerin A11 sieht Singen aber als ein besonders geeignetes Medium an, solche Divergenzen zu überwinden:

> *Das Singen als ein Medium zwischen Generationen gefiel mir, weil in den beiden so divergenten Gruppen schnell eine gemeinsame Ebene gefunden werden konnte. Mir ist keine andere Disziplin bekannt, in der in so kurzer Zeit […] eine intensive kollektive und kreative Erfahrung […] gemacht werden kann* (A11, Absatz 22–23).

9.2 Themenschwerpunkte

9.2.1 Ziele

Die von den Experten benannten Ziele und Erwartungen gliedern sich in zwei Gruppen: In musikalische und außermusikalische Ziele (s. Tab. 9). Hierbei sind die Ziele von der Art des Projekts abhängig: In neutralen Projekten ist den Leitern in erster Linie eine gelungene Präsentation am Ende des Projekts wichtig. Die gesamte Arbeit mit den beiden Generationen ist so hauptsächlich dem musikalischen Ziel verpflichtet. Zwar wünschen sich die Leiter auch, dass der Generationenaspekt Beachtung findet, jedoch ist dieser eher ein Nebenprodukt. Da das musikalische Ziel und damit die erarbeitete Literatur in neutralen Projekten in der Regel von den Leitern ausgewählt wird, erfordert die Teilnahme am Projekt von den Teilnehmern beider Generationen Offenheit für nicht explizit biografieorientierte Musik (s. Tabelle 8). Bei rein musikgeragogisch ausgerichteten Projekten ist die ausgewählte Musik häufig an der Biografie der Teilnehmer ausgerichtet. Somit könnte die von den Teilnehmern erforderliche Offenheit für die jeweiligen Probeninhalte als ein außermusikalisches Ziel in neutralen intergenerativen Singprojekten bezeichnet werden. Bedenkt man die von Hartogh und Wickel für musikgeragogische Arbeit geforderte bedarfsgerechte Anpassung der Ziele und Rücksicht auf altersbedingte Einschränkungen und Veränderungen (Hartogh 2018: 303f; Hartogh & Wickel 2018: 201f.), wird klar, dass Leiter intergenerativer Singprojekte, welcher Art auch immer, flexibel mit den gesteckten Erwartungen und Zielen umgehen sollten. Bei neutralen Projekten, in denen zu einem bestimmten Zeitpunkt ein festgelegtes Programm aufführungsreif eingeübt sein soll, könnte solche Anpassung der Ziele das Gelingen des Projekts gefährden. Es gilt somit, schon vor Beginn des Projekts realistisch zu planen und das Programm eher zu leicht als zu schwer zu konzipieren, um allen Teilnehmern ein souveränes Erfolgserlebnis zu ermöglichen. Das „Seitwärts-Unterrichten", das Spiekermann für Instrumentalunterricht mit Senioren vorschlägt, also den Lernfortschritt nicht nur im Erreichen eines immer höheren Niveaus festzumachen (2016: 293), stellt auch für (neutrale) intergenerative Singprojekte eine gute Möglichkeit dar, ein Programm musikalisch zu erarbeiten und zu durchdringen, ohne die Gruppe zu überfordern. Dennoch muss gerade bei neutralen Projekten immer die Arbeit auch an den Fähigkeiten und Wünschen der jungen Generation festgemacht werden, damit das Projekt für die jungen Teilnehmer attraktiv bleibt.

In Jung-zu-Alt-Projekten wird das gemeinsame Singen als generationenverbindendes Erlebnis als ein wichtiges Ziel genannt. Wobei es den Experten nicht auf ein spezielles Ergebnis ankommt, sondern – wie bei der Community Music – der Prozess wichtiger ist als das Produkt. Im gemeinsam erlebten musikalischen Augenblick soll die altersbedingte Stimmenvielfalt durch alte und junge Stimmen erfahren werden („Farben der Lebensalter"). Genau diese Stimmenvielfalt benennen mehrere junge Teilnehmer aus Projekt A als positive Erfahrung ihres intergenerativen Singprojekts. Das Ziel, Stimmenvielfalt zu erleben, wurde somit erreicht. Außerdem wünschen sich die Experten, dass die alten Menschen durch das Singen von Liedern ihrer Vergangenheit eine Brücke in die eigene Vergangenheit schlagen können und demenziell erkrankte Personen sich für den Moment wiedererkennen. Die Projektleiterin des englischen Projekts „Henry Croft and the Pearly Kings and Queens wünscht sich gar, „Alzheimer zu bekämpfen", indem Erinnerungen in der alten Generation getriggert werden.[72] Die außermusikalischen Ziele von Jung-zu-Alt-Projekten liegen im gegenseitigen Anerkennen und Wertschätzen der anderen Generation. Die Experten wünschen sich Respekt und Toleranz in beiden Generationen. Explizit wünscht sich eine Expertin, dass die Senioren „erkennen, dass Kinder heute anders sind als früher" (AL, Absatz 36). In der Befragung der Senioren in Projekt B habe ich genau diese Frage gestellt und von mehreren Teilnehmern die Antwort erhalten, dass Kinder heute freier seien als früher. Somit ist dieses (außermusikalische) Ziel erreicht worden.

Weiterhin hoffen die Experten, dass den jungen Teilnehmern Berührungsängste mit dem Themenkomplex „Alter und Demenz" genommen werden und vielleicht auch ihr Interesse an den verschiedenen Berufsgruppen in diesem Umfeld geweckt wird. Im Umgang mit einer stark demenziell veränderten Teilnehmerin nutzt eine Expertin das Singen, um gelegentlich auftretende verbalaggressive Attacken der Teilnehmerin zu beenden: *Dann könnte es einmal sein, dass ich denke: ‚A., fang einfach an zu singen, irgendwas. Völlig wurscht, in dem Moment, wo sie singen kann, ist es gut'* (AEW, Absatz 374).

Das Alt-zu-Jung-Projekt „Canto elementar" verfolgt in erster Linie das große Ziel Singförderung im Kindergartenalter, möglichst deutschlandweit. Dabei geht es dem Gründer Adamek auch darum, dass Kinder alltägliches Singen erfahren und ausüben. Adamek sieht solches Singen als ein „Grundrecht […] als Teil der freien Entfaltung der Persönlichkeit" an (KA S, Absatz 2). Dies deckt sich mit seiner Aussage an anderer Stelle, dass Singen ein „Existential des Menschen" ist (2008 [1996]: 199). In diesem Kontext bezieht sich Adamek auf Klausmeiers Feststellung, dass Singen „als Teil der humanen Existenz […] nicht ohne Beschädigung ihrer Existenz verloren werden" kann (1978: 45). Da aber viele Kinder heute eher mit medialer Musik als mit selbst gesungenen Liedern aufwachsen, sieht Adamek im intergenerativen Singen eine Möglichkeit, Kindern das „Existential Singen" überhaupt erst zu verschaffen. Durch die Sitzordnung in den „Canto elementar"-Gruppen, nämlich im Stuhlkreis verteilte Singpaten zwischen den Kindern, soll laut Adamek ein „großfamiliärer Ansatz

---

72 *Combatting Alzheimer's by triggering memories in the older generation.* (ADE, Absatz 34)

jenseits von Korrektur durch Lernen am Vorbild erreicht werden".[73] Es geht also nicht nur um die Vermittlung von Liedgut, sondern darüber hinaus auch um ein durch das Singen vermitteltes Gefühl von Geborgenheit, das gleichzeitig durch das souveräne Singen der Singpaten Sicherheit beim Erlernen der Lieder gibt.

Zusammenfassend werden die verfolgten musikalischen und außermusikalischen Ziele tabellarisch dargestellt (Tab. 9):

Ziel	Projektform		
	Neutral	Jung-zu-Alt	Alt-zu-Jung
Musikalische Ziele			
Gelungene Präsentation	x		
Singförderung	x	x	x
Gemeinsames musikalisches Erleben	x	x	x
Erleben verschiedener Stimmfarben	x	x	x
Biografieorientierte Musik erleben		x	x
Außermusikalische Ziele			
Offenheit für Neues/nicht-biografieorientierte Musik	x		
Sinnvoll miteinander verbrachte Zeit	x	x	x
Geborgenheit/Sicherheit			x
Freude	x	x	x
Respekt für die andere Generation	x	x	x
Geduld	x	x	
Toleranz	x	x	
Berührungsängste abbauen		x	
Kennenlernen von Altenheimen und Berufsgruppen dort		x	
Übernahme von Verantwortung, dadurch Zuwachs an Selbstvertrauen	x	x	
Aktivierung		x	
Erinnerung an die eigene Biografie		x	

Tabelle 9: Explizit von Leitern intergenerativer Singprojekte geäußerte Ziele

---

73 Mail von K. Adamek an mich vom 20.10.2018

9.2.2 Die Leitungen

In diesem Unterkapitel geht es um die Motivation der Leiter, die verschiedenen Gestalterprofile sowie um die erforderlichen (außermusikalischen) Kompetenzen und Voraussetzungen, über die Leiter intergenerativer Singprojekte verfügen sollten. Auf die erforderlichen musikalischen Kompetenzen gehe ich in Kapitel 10 detailliert ein.

Motivation

Bei den Leitern intergenerativer Singprojekte kann ebenso wie bei den Teilnehmern zwischen extrinsischer und intrinsischer Motivation zur Leitung eines intergenerativen Singprojekts unterschieden werden (s Kapitel 9.1.1). Wobei ein extrinsischer Impuls nicht bedeuten muss, dass die Leiter weniger motiviert wären. Wie in Kapitel 8.5 G.a beschrieben, haben fünf der von mir befragten Experten ihre Projekte selbst entwickelt. Die anderen Experten haben sich entweder von diesen Initiativprojekten inspirieren lassen (besonders vom „Unter 7 – Über 70"-Konzept von Angelika Jekic), oder sie wurden von Arbeitskollegen zur Leitung eines intergenerativen Singprojekts ermuntert. Ganz gleich, aus welcher Motivation heraus die Experten ihre Singprojekte leiten: Alle engagieren sich mit viel Idealismus, und dies trotz einiger Schwierigkeiten bei organisatorischen, bürokratischen oder finanziellen Fragen.

Gestalterprofil

Bezugnehmend auf den theoretischen Rahmen von Franz und die von ihr beschriebenen verschiedenen Typen von Leitern intergenerativer Bildung (s. Kapitel 6.3) ergibt sich für intergeneratives Singen eine Mischung aus Typ 2, dem *thematisch-intentionalen Gestalter,* und Typ 3, dem *explizierend-intentionalen Gestalter*: Die Leiter intergenerativer Singangebote nehmen zwar Rücksicht auf die Heterogenität der Gruppe, sind jedoch nicht, wie Franz für Typ 2 ausführt, beliebig in der Alterszusammensetzung der Teilnehmer, sondern intendieren durchaus die Begegnung von Alt und Jung. Gleichzeitig nehmen sie zwar die Andersartigkeit der beteiligten Generationen wahr und möchten beide Generationen dafür sensibilisieren, thematisieren aber diese Unterschiede nicht explizit, wie es Gestalter vom Typ 3 tun würden (Franz 2010: 160).[74] Für die „Canto elementar"-Projekte trifft diese Einordnung allerdings nicht zu. Das Projekt baut ausdrücklich auf dem Senioritätsprinzip auf: Die Singpaten sollen ihre vorhandene Liedkenntnis an die junge Generation aktiv weitergeben. Dabei treten sie zwar nicht explizit als Leiter auf, leiten aber dennoch die jeweiligen Singstunden. Somit sind die Singpaten in der Franz'schen Eingruppierung als *genealogisch-exten-*

---

74   Es kommt zwar – besonders in nach Jekics Programm „Unter 7 – Über 70" arbeitenden – intergenerativen Singgruppen zu Gesprächen über das Leben früher und heute, doch ist dieser Unterschied der Generationen-Lebenswelten eher ein Randthema beim intergenerativen Singen. Gleichwohl trifft die von Franz beschriebene Wahrnehmung der „generationsbedingten Vielfalt" als Chance (2010: 187) durchaus auf intergeneratives Singen zu. Dies jedoch eher in den jeweiligen altersspezifischen musikalischen Fähigkeiten, die in das gemeinsame Singen hineinwirken.

sionale Gestalter, dem Typ 1, anzusehen, die sich am „Senioritätsprinzip der älteren Generation sowie an einem genealogischen Generationenbegriff" orientieren (*ibid.*: 159).

Sieht man intergenerative Singprojekte als eine Form der Community Music, sind die Leiter solcher Projekte *facilitators*, also Begleiter eines musikalischen Erlebens der Teilnehmer. Sie haben als Gestalter intergenerativer Musikerfahrungen die Aufgabe, die Heterogenität der anvertrauten Gruppen wahrzunehmen und für ihr eigenes Handeln als wegweisend zu betrachten (Kertz-Welzel 2018: 369f.). Ich würde den Begriff *facilitator* zusätzlich als „Ermöglicher" übertragen, denn die *facilitators* begleiten nicht nur musikalisches Erleben, sondern machen es durch ihr Tun vielfach überhaupt erst möglich. Da Community Music als eine demokratische Form des Musizierens gilt, wird kontrovers diskutiert, ob es eine Art von Ausbildung für *Community Musicians* geben sollte (Higgins 2012a: 89). Gleichwohl besteht die Gefahr, dass unzureichend ausgebildete *facilitators* schnell an ihre Grenzen stoßen und wenig weiterzugeben haben (Camlin & Zeserson 2018: 715). Die britische Community Music Organisation „Sound Sense" hat sich deshalb Statuten gegeben, die jeder *facilitator* der Organisation einhalten soll:

- *Be well prepared and organized*
- *Be safe and responsible*
- *Have appropriate musical skills*
- *Work well with people*
- *Evaluate and reflect on the work*
- *Commit to professional development*[75]

Diese Statuten sollten für Leiter intergenerativer Singprojekte genauso gelten. Auch bei der Community Music zeigt sich die Spannung zwischen künstlerischem und sozialem Anspruch. Smilde stellt dazu fest, dass es kein Entweder – Oder dabei geben sollte, sondern eine inklusive Entscheidung für beides gefällt werden sollte, bei der die künstlerische Qualität stets auf dem höchsten Niveau liegen sollte (2018: 688).[76]

Ausbildung der befragten Experten

Mehrere der befragten Experten sind aus der Musikgeragogik zum intergenerativen Singen gekommen. Eine kürzlich abgeschlossene Fortbildung zum Musikgeragogen lässt sie aufmerksam für die Bedürfnisse der Senioren sein. Gleichzeitig laufen sie jedoch Gefahr, nicht ausreichend auf die Bedürfnisse der Kinder zu achten. Dies gilt insbesondere im Umgang mit der Kinderstimme (s.u.). Dennoch müssen Leiter intergenerativer Singprojekte darauf achten, die Senioren nicht zu infantilisieren durch zu stark an den Kindern ausgerichtetes Repertoire und inhaltliche Stundenplanung. Diese

---

75 Zitiert von: https://www.soundsense.org/developing-practice/professional-conduct
76 „It is clear that in community engagement it is never a matter of choice for either *l'art pour l'art* or 'social practice'; it is an inclusive choice for both, within a definition of 'multiple qualities', of which artistic quality is always of the highest level." (Smilde 2018: 688)

Überlegungen zeigen deutlich, dass es erforderlich ist, gezielte Bildungsmaßnahmen für das intergenerative Singen zu entwickeln und zu implementieren. Wenn Coffman fordert, dass Leiter von Bildungsangeboten für Erwachsene mehr Einfühlungsvermögen haben und Individualisierung beachten sollten (2017: 111), so gilt dies umso mehr für Leiter intergenerativer (Sing-) Angebote. Die Heterogenität zwischen den Generationen aber auch schon innerhalb der Generationen muss stets im Blick behalten werden. Es gibt weder „die Alten" noch „die Jugendlichen" oder „die Kinder".

Erforderliche Kompetenzen für Leiter intergenerativer Singprojekte
Kommunikationsfähigkeiten

Leiter intergenerativer Singprojekte müssen über gute Kommunikationsfähigkeiten verfügen. Marquard, Schabacker-Bock & Stadelhofer fordern explizit „intergenerationelle Kommunikationsfähigkeit", die von Kontaktfähigkeit, Offenheit, Authentizität, Empathie, Akzeptanz sowie Ambiguitäts- und Frustrationstoleranz geprägt sein sollte (2008: 31). Es kommt für die Leiter darauf an, mit den anvertrauten Sängern angemessen kommunizieren zu können und so durch das gelebte Vorbild die Kommunikation in der Singgruppe positiv zu beeinflussen. Dies beschreibt eine Expertin, wenn sie berichtet, dass sie zu einem sehr müden Teilnehmer ihrer Singgruppe nur sagt, dass sie wahrnehme, dass er sehr müde sei. Eine solche ruhige Aussage bringt den Teilnehmer nicht in Verlegenheit und signalisiert allen anderen Teilnehmern, dass die Leitung die Müdigkeit zwar wahrgenommen hat, jedoch solche Müdigkeit kein Anlass zu Spott ist (s. Kapitel 8.5 E.i). Wenn Kinder im intergenerativen Singen solche offene Kommunikation und solches „Spiegeln" seitens der Leitung erleben, lernen sie ganz nebenbei, wie respektvolle, empathische Kommunikation gelingt und wie sehr solche Kommunikation zur Entspannung schwieriger Situationen beitragen kann.

Gerade im Hinblick auf demenziell erkrankte Teilnehmer ist es wichtig, inhaltlich klar zu formulieren, damit Missverständnisse möglichst vermieden werden. Die Äußerungen von Teilnehmerin B8 zeigen, wie leicht eine unbedachte Äußerung zu Kränkungen führen kann. Auch wenn nicht festzustellen ist, ob es der Teilnehmerin gegenüber eine abwertende Bemerkung gegeben hat, machen ihre Aussagen nachdenklich (s. Kapitel 8.6 L). Filipp & Mayer listen verschiedene Studien zum Kommunikationsverhalten zwischen Alt und Jung auf, die zeigen, dass es in der Kommunikation mit alten Menschen zu asynchronen Situationen kommen kann, wenn beispielsweise *patronizing speech* oder *secondary baby talk* verwendet wird, im Gegensatz zur Alltagssprache unter Angehörigen der mittleren Generation (1999: 162ff.). Leiter intergenerativen Singens sollten für diese Gefahr sensibilisiert sein, um der jungen Generation eine natürliche, wertschätzende Kommunikation vorzuleben.

Weiterhin ist gute Kommunikation mit den involvierten Institutionen erforderlich. Gerade die Frage nach der Finanzierung intergenerativer Projekte ist ein sensibles Thema (s. Kapitel 9.4.2). Die Leiter intergenerativer Singprojekte sind vom Wohlwollen und der Bereitschaft der beteiligten Institutionen abhängig. Da die Leiter hoch motiviert und engagiert ihre Projekte vorantreiben, ist es bitter, wenn durch mangelnde Unterstützung der Institutionen Projekte beendet werden müssen (s. Kapitel 8.6 D.b). Leiter intergenerativer Projekte sollten also in der Lage sein, ihre Projekte überzeugend zu vertreten.

Zudem benötigen die Leiter von Jung-zu-Alt-Projekten Unterstützung, um die alten Teilnehmer zum gemeinsamen Singen zu begleiten. Hierfür Ehrenamtliche oder Personal des Altenheims zu gewinnen, gelingt leichter, wenn klar und freundlich formuliert wird, in welchem Umfang Hilfe benötigt wird. Bei Projekten, die außerhalb offizieller Betreuungszeiten für Kinder stattfinden, müssen die Erziehungsberechtigten der teilnehmenden Kinder eingebunden werden. Positive, klare Kommunikation hilft, die Bereitschaft der Eltern und Erziehungsberechtigten zur Unterstützung der Projekte zu erhöhen.

Geragogisches Fachwissen

Neben den bereits benannten Fertigkeiten sollten Leiter intergenerativer Singprojekte in der Lage sein, auf geragogische Besonderheiten einzugehen: Kricheldorff bezeichnet Bildung im Alter als Anpassung an veränderte Lebensumstände (2018: 47ff.). Für die alten Teilnehmer intergenerativer Singprojekte kann dies die Akzeptanz einer beim Singen spürbar werdenden altersbedingt veränderten Stimme oder nachlassender Atemkapazität bedeuten. Leiter intergenerativer Singprojekte benötigen sensibles Gespür für angepasste Stimmbildung, um die gesanglichen Fähigkeiten aller Teilnehmer weiterhin zu fördern. Und sie sollten in der Lage sein, Anspruchsvolles für die Sänger fassbar und erlernbar zu machen und dort, wo es möglich und sinnvoll ist, zu elementarisieren. Manche der alten Teilnehmer befinden sich möglicherweise gerade am Übergang vom Berufsleben in die nachberufliche Phase. Das intergenerative Singen kann bei der Bewältigung dieser Phase helfen und hat so für einzelne Teilnehmer einen besonders hohen Stellenwert. Leiter intergenerativer Chöre sollten sich dessen bewusst sein und gewissenhaft jede einzelne Chorprobe vorbereiten, um dem Anspruch der Teilnehmer gerecht zu werden. Auch für manchen „Canto elementar"-Singpaten stellt das intergenerative Singen sicherlich eine erfüllende Aufgabe am Übergang in die Rente dar.

Eine für die Leiter intergenerativer Singprojekte wichtige Fähigkeit ist, die Bedürfnisse der Gruppe und der einzelnen Sänger wahrzunehmen. Interessant ist, dass eine Expertin sagte, sie würde die Kinder eher als eine Gruppe und die Erwachsenen eher als Individuen wahrnehmen. Dies deckt sich mit der starken Subjektbezogenheit, die für die Musikgeragogik eingefordert wird. Dass die Kinder eher als Gruppe und weniger als Individuen wahrgenommen werden, kann verschiedene Gründe haben: Kinder befinden sich in einer Lebensphase, in der sie ganz alltäglich in Gruppen unterrichtet werden; es ist für sie also völlig normal, sich in einer Gruppe anzupassen und in solchen Situationen nur wenige eigene Bedürfnisse zu formulieren. Vieles ist für sie noch neu und so wird durch das gemeinsame Lernen/Singen bereits ein wesentliches Bedürfnis, nämlich die Neugierde, befriedigt. Und Kinder verfügen noch nicht über ein so großes Maß an eigenen Erfahrungen, die in die Probensituation einfließen könnten. Erwachsene und erst recht Senioren haben hingegen die Zeit des gemeinsamen Lernens und Anpassens in einer Gruppe schon längere Zeit hinter sich gelassen und können sich unter Umständen nur bedingt in eine Gruppe einfügen. Wer sein Leben lang im Chor gesungen hat, kann sicherlich besser mit solchen Situationen umgehen als Sänger, die im Alter das erste Mal in einen Chor eintreten. Eigenes Erfahrungswissen kann dazu führen, sich schwer zu tun mit der Situation, sich der Chorleitung unterzuordnen. Solche Diversität spiegelt sich in den Gesichtern und im Verhalten der Chorsänger und wirkt so auf die Chorleitung.

Ambiguitätstoleranz

Die von Marquard, Schabacker-Bock & Stadelhofer für Kommunikationsfähigkeiten geforderte Ambiguitätstoleranz (2008: 31) sollte für Leiter intergenerativer Singgruppen nicht nur für Kommunikation gelten. Als Leiter eines intergenerativen Singprojekts müssen Kompromisse gemacht werden, die möglicherweise mit bisherigen Erfahrungen und Werthaltungen im Widerspruch stehen. So wird beispielsweise Literatur ausgewählt, die den eigenen musikalischen Ansprüchen nur in Teilen entspricht, die aber für die beteiligte Gruppe einen wichtigen lebenssituativen Bezug darstellt. Der Tonraum, in dem gesungen wird, entspricht vermutlich nicht haargenau der „guten Lage" für die Kinderstimme, ist aber für beide Generationen bei guter Vorbereitung machbar (s. Kapitel 9.4.3). Und auch die Leitung des Singens an sich beschreibt eine Expertin als *einfacher, dafür aber weniger spannend* (AL, Absatz 73). Einhergehend mit Einschränkungen bei der Literaturauswahl bedeutet die Leitung eines intergenerativen Singprojekts somit für den Leiter das Zurückstellen persönlicher und künstlerischer Ambitionen. Wichtig ist, dass Leiter intergenerativer Singprojekte trotz dieser Herausforderungen das, was sie tun, bei aller Ambiguität authentisch verkörpern und mit höchstem Anspruch an die eigene Arbeit ihrer anvertrauten Gruppe entsprechend vermitteln.

Einschätzung der Experten, ob spezielle Fähigkeiten zur Leitung intergenerativer Singprojekte nötig sind

Bei den befragten Experten gehen die Meinungen auseinander, ob Leiter intergenerativer Singprojekte über besondere Fähigkeiten verfügen sollten. Zwar sagen alle Leiter, dass es wichtig sei, das, was man tue, aus innerer Überzeugung und mit großer Freude zu tun, nur dann könne man als Leiter authentisch sein und überzeugen. Jedoch sagt eine Expertin, dass Leiter intergenerativer Singprojekte nicht zwingend studiert haben müssten, da es sich ja um ein niederschwelliges Angebot handele.[77] Ebenso wenig ersetzt die Anwesenheit einer Erzieherin während des gemeinsamen Singens eine pädagogische Ausbildung für die Leitung des Singprojekts.[78] Zumal viele Erzie-

---

77 *Man muss jetzt nicht, glaube ich, gerade das von der Pike auf an in dem Sinne studiert haben, das ist ja ein niederschwelliges Angebot.* (Um die Expertin nicht bloßzustellen, wird hier auf das Autorenkürzel verzichtet.)
78 *Da ich die Kindergärtnerin ja dabei habe, fängt die natürlich auch einiges auf. Ich bin selber Mutter, das ist vielleicht jetzt auch keine schlechte Voraussetzung dafür, würde ich mal so spontan behaupten. [...] Man muss natürlich Kindern gegenüber auch offen sein, das ist ganz klar, ne? Ja, dass die vom Singen her eigentlich höher sind, und solche*

her aufgrund bildungspolitischer Entscheidungen in der Vergangenheit während ihrer Ausbildung nur selten ausreichende Kenntnisse über das gesunde Singen mit Kindern und auch den Umgang mit der eigenen Stimme vermittelt bekommen. Gerade eine fundierte musikalische sowie musikpädagogische und -geragogische Ausbildung gibt dem Leiter einer intergenerativen Singgruppe doch erst die Souveränität, auf die sehr heterogene Gruppe einzugehen und die Probe bei Bedarf situativ anzupassen. Solch eine Auffassung, dass ein niederschwelliges Angebot keine hoch ausgebildete Leitung benötige, ist dem Entstehen eines Berufsbildes „Leiter intergenerativer Singgruppen" nicht förderlich, da der Eindruck entsteht, es handele sich hier um eine leichte Aufgabe, die jeder, der etwas singen kann, übernehmen könne. Dass die Leiter intergenerativer Singgruppen eine hohe Verantwortung tragen insbesondere im Hinblick auf die gesunde Stimmentwicklung der beteiligten Kinder sowie im respektvollen Umgang mit allen beteiligten Sängern, gerät bei einer solch laxen Auffassung der Anforderungen gefährlich weit aus dem Blick. Soll sich hier ein Tätigkeitsfeld entwickeln, das eine qualifizierte Ausbildung und Vergütung bekommt, müssen auch aktuell tätige Leiter intergenerativer Singprojekte umdenken und ihre eigene Arbeit kritisch hinterfragen, auf Qualität überprüfen und selbst ausreichend wertschätzen.

Neutralität der Leiter

Ein weiterer Experte gibt den wichtigen Hinweis, dass Leiter intergenerativer Singprojekte im Umgang mit den beiden Generationen neutral bleiben, also sich nicht mit einer der beiden Generationen solidarisieren sollten. Diese Gefahr besteht, wenn Leiter nur musikgeragogisch oder nur musikpädagogisch ausgebildet sind. In solchen Fällen sehen Leiter nur die Herausforderungen, für die sie in der Ausbildung sensibilisiert wurden, verlieren die Bedürfnisse der anderen Generation aus dem Blick oder entwickeln gar Vorbehalte gegenüber der anderen Generation. Auch dieser Prunkt macht die Notwendigkeit einer Ausbildung für Leiter intergenerativer Singgruppen sehr deutlich.

In Kapitel 10.8 stelle ich im „Didaktischen Dreiklang" die erforderlichen Kompetenzen für Leiter intergenerativer Singprojekte zusammenfassend in einer Übersicht dar.

9.2.3 Umfeld und Sozialraum

Beim Umfeld der von mir untersuchten intergenerativen Singangebote fällt auf, dass diese überwiegend im städtischen Raum stattfinden. Diese Beobachtung wirft Fragen auf:

- Warum gibt es nur wenige intergenerative Singangebote im ländlichen Raum?
- Ist die Nachfrage nicht groß genug?

Sachen. Die muss man schon wissen. Woher man sie im Endeffekt nachher weiß, durch eine musikalische Ausbildung oder weil man halt Erzieherin ist oder so, das ist dann auch egal. (Auch dieses Zitat wird aus dem oben genannten Grund nicht namentlich belegt.)

- Gibt es nicht ausreichend Personal?

Möglicherweise sind die familiären Strukturen auf dem Land noch so gut, dass die Nachfrage nach intergenerativen Bildungsangeboten nicht da ist. Diese Vermutung könnte durch die Ergebnisse einer Studie gestützt werden, die das Problem der (nicht nur demografischen) Segregation als „ein städtisches Phänomen" bezeichnet (Helbig, Jähnen 2018: 1).

Oder fehlt es an logistischen Möglichkeiten: Wie sollen die Gruppen zueinander gelangen, wenn der öffentliche Nahverkehr zeitliche und räumliche Vorgaben macht? Schon das Erreichen von medizinischen Angeboten stellt oft eine Herausforderung dar. Kann und will man solche Umstände für ein Freizeitangebot auf sich nehmen? Ferner stellt sich die die Frage, wer ein solches intergeneratives Sing-Angebot im ländlichen Raum anbieten und leiten kann. Gerade kleine Gemeinden haben häufig keinen eigenen hauptamtlichen Kirchenmusiker. Wenn es eine Schule im Dorf gibt, ist damit noch nicht gewährleistet, dass es dort auch einen Schulmusiker gibt. Dörfliche Chöre leiden vielfach unter Chorleitermangel. Es ist somit schwierig, jemanden zu finden, der Fachkompetenz, Zeit und Motivation hat, in dörflichen Strukturen mit Kindern und Alten gemeinsam zu singen.

Dieses, freilich nicht repräsentative Ergebnis meiner Studie steht im Kontrast zu einer Beobachtung Kochs, der in ländlichen Regionen eine stärkere Verbreitung von „generationsübergreifende[n] Chorangebote[n]" sieht, in denen mitunter drei Generationen gemeinsam im Chor singen (Koch 2017: 250f.). Solche Chöre sind dann jedoch eher als Mehrgenerationenchöre einzuordnen. Überdies sind solche Chorangebote wahrscheinlich weniger als intergenerativ intendiert gegründet worden, sondern quasi historisch gewachsen oder einfach aus Mangel an speziellen Angeboten für einzelne Altersgruppen entstanden.

Der Sozialraum bzw. der Probenort eines intergenerativen Singangebots hat starken Einfluss auf Anspruch und Inhalte desselben. Das Alt-zu-Jung-Projekt „Canto elementar", das in Kindergärten stattfindet, hat als Singförderprojekt ausschließlich das Singen von Kinder- und Volksliedern zum Thema. In neutralen Projekten proben die Sänger ein auf den jeweiligen Anlass hin ausgerichtetes Programm, das von Liedern über Folklore bis hin zu bühnenreifen Musicals reichen kann. Jung-zu-Alt-Projekte in Altenheimen haben in der alten Generation oft mit hochaltrigen Teilnehmern zu tun. Das bedeutet, dass bei dieser Art von intergenerativem Singprojekt am meisten Rücksicht auf körperliche oder mentale Einschränkungen genommen werden muss. Zusammenfassend lässt sich sagen, dass alle Parameter intergenerativen Singens vom Ort der Begegnung abhängig sind, da die körperliche und geistige Fitness der Teilnehmer einen starken Einfluss auf die gesungene Literatur und die Probengestaltung hat. Franz & Schmidt-Hertha sehen den Sozialraum der Teilnehmer als „Ressource für die Gestaltung von Lernprozessen" (2018: 168). Dies trifft insofern auch auf intergeneratives Singen zu, als dass die körperliche und mentale Verfassung der Teilnehmer Auswirkungen auf Inhalt und Ausrichtung eines intergenerativen Singprojektes hat.

Im Zusammenhang mit dem Sozialraum sei hier nochmals auf Kapitel 8.7 verwiesen, in dem es um die Raumorganisation der einzelnen Singprojekte geht. Es zeigt sich, dass Interaktion zwischen den Generationen besser gelingt, wenn die Generationen beim gemeinsamen Singen altersgemischt sitzen. Dies kann in neutralen Projekten nicht immer klappen, da in frontal ausgerichteten Chorproben der Blick zur Chorleitung gewährleistet sein muss. Große Erwachsene würden hinter ihnen sitzenden Kindern den Blick versperren. Ob die von mir vorgeschlagene altersgemischte Sitzordnung in neutralen Projekten (Abb. 26) wirklich funktional ist, muss sich zeigen. Eine Expertin bemerkt, dass sie manche Konstellationen von Erwachsenen nicht auseinanderreißen möchte, da die Sänger unsicher bzw. schon recht betagt sind und es hilfreich ist, wenn fitte Erwachsene die betagten Personen im Blick behalten.[79]

In intergenerativen Chorprojekten mit demenziell eingeschränkten Teilnehmern ist eine feste Sitzordnung hilfreich. Ein demenziell eingeschränkter Teilnehmer aus Projekt B äußert im Gespräch mit mir seine Verwirrung über die kürzlich veränderte Sitzordnung (s. Kapitel 8.6 M). Im kanadischen Projekt „Circle of Music", das demenziell veränderte Senioren, ihre pflegenden Angehörigen und Studenten im gemeinsamen Singen vereint, wird großer Wert auf eine immer gleichbleibende Sitzordnung gelegt. Da das intergenerative Singen in dieser Gruppe die pflegenden Angehörigen während der Singstunde entlasten soll, wird das Mitglied der jungen Generation stets in die Mitte der Dreiergruppe aus Demenz-Patient, Pfleger und Student gesetzt. Auf diese Weise sitzen die pflegenden Angehörigen nicht neben „ihrem" Senioren, sondern neben einer anderen demenziell veränderten Person, für die sie sich nicht zuständig fühlen müssen, und können das gemeinsame Singen als eine Atempause in der alltäglichen Verantwortung genießen (Judelson 2020 (im Druck)).

9.2.4 Interaktion

Interaktion zwischen den Generationen gelingt in den untersuchten Singprojekten immer dann besonders gut, wenn die Gruppen sich gut kennen und regelmäßig besuchen. Dies entspricht der von Franz & Scheunpflug beschriebenen Gelingensbedingung intergenerativer Bildung *Zeit* (2014: 140). Dabei ist es auch den Teilnehmern wichtig, nicht nur gemeinsam zu musizieren, sondern ebenso Zeit für außermusikalische Tätigkeiten zu haben (siehe 8.6 L). Ohne solch außermusikalisches gemeinsames Tun unterscheidet sich intergeneratives Singen nicht von anderen Chorgemeinschaften und die Generationenbegegnung bleibt an der Oberfläche. Um Begegnung zwischen den Generationen zu ermöglichen, fordern Roß & Tries die „*Inszenierung von Gelegenheiten generationenübergreifender* Begegnung" (2014: 170; Hervorhebung im Original). Dabei muss diese Begegnung nicht explizit inszeniert werden, vielmehr ist es wichtig, dass die Leiter von intergenerativen Singprojekten Zeit und Raum auch für zufällige Annäherungen im Verlauf der Singstunde geben. Die Experten berichten

---

79 *Bei den Erwachsenen im Prinzip auch, wobei ich da ein paar Singeverbindungen akzeptiert habe. Oder auch zum Beispiel, wir haben eine ältere Dame, meine fast 80-jährige, wo ich wusste, die muss ich zwischen zwei bestimmten Menschen positionieren. [...] Die dann einfach nochmal einen Blick auf sie haben.* (AVK, Absatz 373–375)

weiterhin von wachsendem Zutrauen in sich selbst und die Gruppe im Verlauf einer regelmäßigen Begegnung (8.5 C.b).

Eine Expertin beschreibt ausführlich die positiven Verhaltensweisen aller Teilnehmer, gleich welchen Alters:

> *Der Umgang ist immer freundlich geprägt. Die Kinder zanken nicht miteinander und unterstützen sich gegenseitig. Auch die Senioren, die sich ja gut kennen und in ihrem Lebensalltag nicht immer einig sind, sind sehr freundlich zueinander.* (AL, Absatz 78)[80]

Das Projekt trägt also nicht nur zu einem besseren intergenerativen Verhältnis bei, sondern zudem zu einem besseren intragenerativen Verhältnis. Möglicherweise wirkt das Beisein der Kinder auf die Senioren insofern besänftigend, als dass sie sich als Repräsentanten ihrer Generation verstehen und entsprechend gut darstellen möchten. Die Kinder hingegen spüren womöglich die Hinfälligkeit der Senioren und stellen deswegen persönliche Konflikte hintan. Die Freude am gemeinsamen Tun dürfte ebenfalls dafür sorgen, dass Alltagsstreitigkeiten in den Hintergrund gedrängt werden.

> *Nach einer anfänglichen Zurückhaltung auf beiden Seiten begegnen sich Jung und Alt sehr aufgeschlossen. Der Umgang ist geprägt von Hilfsbereitschaft, Toleranz, Bewunderung füreinander und Offenheit. Kindliche Fragen werden beantwortet, es zeigt sich gegenseitige Hilfsbereitschaft (Kinder übernehmen Aufgaben für das Holen und Bringen von Equipment etc., Senioren helfen beim Lesen der Texte), Senioren drücken schon mal ein Auge zu, wenn ein Kind zu "hibbelig" ist, Kinder akzeptieren Handicaps wie Sauerstoffgerät und nicht zuletzt wird von beiden Seiten Bewunderung für das Gegenüber geäußert.* (AL, Absatz 80)

Insbesondere der zweite Satz ist ein wunderbarer Beweis für den Erfolg des Projekts. In diesem positiv geprägten Umgang kann sogar das schwierige Thema „Krankheit und Tod" mit den Kindern bewältigt werden, auf das ich in 9.4.5 näher eingehen werde.

Nicht nur die Experten berichten vom Abbau stereotyper Vorstellungen über das Altsein, auch die jungen Teilnehmer aus Projekt A äußern sich freundlich und wohlwollend über die alte Generation. Die Jugendlichen fühlen sich in einer Lebensphase, die durch die persönliche Verunsicherung der Vorpubertät geprägt ist, sehr ernst genommen und wertgeschätzt, wenn die Senioren nicht nur die jugendliche Souveränität im Umgang mit der Musik bewundern, sondern zudem mit den jungen Leuten ins Gespräch kommen möchten. Der musikalische Kontakt zum Seniorenchor stellt eine Besonderheit für die Sänger des Jugendchores dar und die Jugendlichen zeigen durch ihre Antworten im Fragebogen, wie sehr sie diese Besonderheit genossen haben:

---

80 Von einer solchen Beobachtung berichtet auch eine weitere Expertin:
   EJF: *Wenn die sich selber so ein bisschen anzicken und gerade...*
   Voss: *Und ist das vielleicht irgendwie anders, wenn die Kinder dabei sind?*
   EJF: *Ja, weil, dann sind die ja eben mit den Kindern beschäftigt, dann sind die ja untereinander nicht so beschäftigt, sage ich mal so, ne? Das ist natürlich auch dann, was das betrifft, eine Ablenkung sozusagen.* (EJF I, Absatz 347–349)

Es hat mir gefallen, dass wir alle so unterschiedlich alt waren, aber trotzdem super miteinander Musik machen konnten. Außerdem hat es mir gefallen, dass wir alle immer freundlich zueinander waren und wir schon nach der ersten Probe ein richtiges Team waren. Auch dass jeder seine Stärken ein bisschen zeigen konnte, fand ich toll (a9, Absatz 18).

An anderer Stelle betont dieselbe Jugendliche, dass es ihr so vorkomme, als wenn sie die Erwachsenen schon lange kennen würde. Ein anderes Mädchen zeigt in seiner Antwort, dass es nicht nur das gemeinsame Singen genossen hat, sondern auch außermusikalische Aktivitäten zusammen mit (nicht verwandten) Erwachsenen als besonders erlebt hat: *Es war sehr schön, und als wir zusammen gegessen haben, hat man auch den Unterschied, dass man mehr reden, spielen und andere tolle Sachen machen kann, wenn man mit Erwachsenen zusammen Zeit verbringt* (a3, Absatz 24). Die Jugendlichen haben sich als Gesprächspartner und wichtige, den erwachsenen Chorsängern überlegene, Sänger erlebt. Eine solch wertschätzende Behandlung durch Erwachsene, die nicht mit ihnen verwandt sind, haben die jungen Sänger vorher vermutlich eher selten erfahren. Das gemeinsame Projekt hat so zu einer Vertrautheit im Umgang mit der anderen Generation geführt, die ohne das Singprojekt nicht hätte entstehen können.

Doch auch die erwachsenen Chorsänger aus Projekt A bemerken, wie gut die musikalische Interaktion mit dem Jugendchor der Gruppe tut: *Das „Miteinander" war stärker vorhanden. Wir haben alle mit viel Spaß und Teamgeist an den Übungsstunden teilgenommen. Der Zusammenhalt ist gewachsen* (A12, Absatz 30–31). Durch das Zusammensingen mit dem Jugendchor findet sich die Gruppe des Erwachsenenchores selbst mehr als Gruppe und strebt gleichzeitig danach, mit dem Jugendchor zu einer Klangeinheit zu verschmelzen. Das kann nur geschehen, wenn sich beide Gruppen aufeinander einlassen. Erfreulich und geradezu programmatisch für intergeneratives Singen allgemein ist die Antwort der Seniorin A3 auf die Frage nach positiven Aspekten des intergenerativen Singprojekts: *Für mich war der positive Aspekt: Raus aus dem „Senioren-Ghetto" – rein in die normale Altersgemischtheit* (A3, Absatz 18). Schöner kann der Beweis für gelingende Interaktion beim intergenerativen Singen kaum ausgedrückt werden. Solche Aussagen sollten Ansporn sein, weiterhin intergenerative Singprojekte durchzuführen. Die Seniorin bringt mit dieser Feststellung zum Ausdruck, wie stark der Wunsch nach Kontakt zur jüngeren Generation ist. Durch berufliche und private Mobilität in allen Generationen nimmt auch innerhalb von Familien der intergenerative Kontakt ab. Intergeneratives Singen kann eine Kontaktmöglichkeit bieten, die im Alltag ansonsten seltener geworden ist.

Andersherum ist es bemerkenswert, dass die schon gebrechlichen und hinfälligen Teilnehmer aus Projekt B zwar aussagen, dass die Kinder sehr lebendig seien. Gleichzeitig sagen sie aber, dass sie dies nicht störe. Vielmehr freuen sich die Senioren, dass heutige Kinder freier seien als sie selbst damals. Das Stereotyp, dass sich alte Menschen von Kindern gestört fühlen, lässt sich zumindest für diesen konkreten Fall nicht bestätigen. Dies deckt sich mit der „sozialen Kontakthypothese", von der Rothermund & Mayer berichten: wenn konkrete Kontakte zwischen zwei sozialen Gruppen stattfinden, werden die einzelnen Mitglieder differenziert betrachtet und wahrgenommen und nicht mehr als Individuum einer Fremdgruppe (Rothermund & Mayer 2009: 122). Im Projekt B nehmen die alten Teilnehmer die regelmäßig kommenden Kinder als „lebendig", aber eben auch als „freier" wahr. Es findet also eine doppelte Aufhebung von Stereotypen statt: Bei den alten Teilnehmern wird das möglicherweise vorhandene Stereotyp „Kinder stören" aufgehoben. Und beim Betrachter wird das Stereotyp „Alte Menschen fühlen sich von Kindern gestört" aufgehoben. In diesem Zusammenhang interessant ist die Vermutung einer Expertin, die meint, dass sich alte Menschen besser in die Situation heutiger Kinder hineinversetzen können, als Kinder in die Zeit der Seniorenkindheit. Dies führt die Expertin darauf zurück, dass Senioren über die Medien einen besseren Einblick in die Lebenswelt heutiger Kinder bekommen als es andersherum möglich ist.

Zwei Expertinnen berichten, was ich selbst in Musikprojekt I beobachten konnte: Die Kinder bevorzugen in direkten 1:1-Situationen fittere Senioren, wenn sie selbst einen Partner für die musikalische Interaktion wählen können.[81] Es zeigen sich hier für Leiter intergenerativer Singprojekte zwei wichtige Aufgaben: Die junge Generation muss gut auf mögliche Einschränkungen der Senioren vorbereitet und ermutigt werden, auch auf schwächere Teilnehmer zuzugehen. Zudem müssen die Leiter während der Stunde ein gutes Augenmerk besonders auf die eingeschränkten Teilnehmer haben und bei Bedarf die Partnerwahl lenken, sodass es nicht zu der von mir beobachteten unschönen Situation kommt, in der eine Seniorin im Rollstuhl weder ein Kind noch einen Erwachsenen als Partner für eine musikalische Aktion hatte.

Zwei andere Expertinnen berichten von der – von mir ebenfalls selbst beobachteten – Fürsorglichkeit der Senioren für die Kinder. Auch demenziell veränderte Teilnehmer sind im Umgang mit den Kindern in der Lage, sich an frühere Verantwortlichkeiten zu erinnern, und sorgen sich um hustende Kinder und zu warme Jacken oder Schuhe. Doch ebenso in neutralen Projekten mit fitteren alten Teilnehmern kümmern sich die Senioren um die junge Generation. Für die alten Teilnehmer ist solches Sorgen und Kümmern in der Interaktion mit der jungen Generation offenbar eine willkommene Erinnerung an frühere Zeiten, als sie sich um die eigene Familie kümmerten. Eine Expertin beschreibt es so, dass in dem Moment, in dem eine Person nicht mehr für andere sorgen muss, sie sich mehr um sich selbst kümmert und dass eigene Defizite in den Blick gerückt werden.[82] Gleichzeitig empfindet die Expertin durch das Sorgen der Senioren um die Kinder bei zeitgleicher Angewiesenheit auf Unterstützung im intergenerativen Singen einen Zustand des Ausgleichs: *Also, dass es schon Menschen sind, die hilfsbedürftig sind, und gleichzeitig werden die Erwachsenen zu Verantwortungspersonen. Das ist total schön. [...] Weil, eigentlich sind sie dann dadurch ganz gleich*" (AEW, Absatz 585–587).

Die Ergebnisse der Studie zeigen, dass intergeneratives Singen durch vielfältige Möglichkeiten zur Interaktion zu einem verbesserten Verständnis der Generationen

---

81 Z.B.: *Children are unafraid of approaching the elderly residents but if the residents are non-communicative then it is hard for any real social interaction to take place.* (ADE, Absatz 61)

82 *Und in dem Moment, wo die Verantwortlichkeit für die Kleineren weg ist, oder für die man verantwortlich ist, sehe ich meine Befindlichkeit.* (AEW, Absatz 561)

beitragen kann. Dies umso mehr, je mehr Zeit die Generationen regelmäßig miteinander verbringen können und je mehr sie sich auch im außermusikalischen Tun erleben können.

9.3 Benefit intergenerativen Singens

Neben den Benefits, die Singen an sich mit sich bringt (siehe Koch 2017 und Kapitel 5.5), interessiert mich, ob auch die von Jacobs beschriebenen gesellschaftlichen und individuellen Benefits intergenerativer Arbeit erfahren werden können.

Situativer Gewinn

Im Hinblick auf die individuellen Benefits lässt sich feststellen, dass für fast alle Beteiligten der situative Gewinn auszumachen ist. Gemeinsames Singen als sinnvoll miteinander verbrachte Zeit ist für alle Teilnehmer gewinnbringend. Hierbei gibt es keine Unterschiede zwischen neutralen Projekten, Jung-zu-Alt- oder Alt-zu-Jung-Projekten. Alle Beteiligten erleben das gemeinsame Singen als beglückend und sinnstiftend. Dies berichten sowohl Experten als auch Teilnehmer. Die Teilnehmer der alten Generation in Projekt A werden durch die Souveränität der Jugendlichen angespornt, sich auf die nächste gemeinsame Probe gut vorzubereiten. *Die Kinder konnten ihre Texte bereits auswendig, während wir Erwachsenen immer noch ablesen mussten. Es spornte an, beim nächsten Proben auch auswendig zu singen mit den entsprechenden Einsätzen* (A7, Absatz 18–19). Die Senioren werden aktiviert und motiviert. Neben der Freude am gemeinsamen Tun sind diese Motivation und Aktivierung wichtige Benefits, die beide Generationen aus dem intergenerativen Singen ziehen: *Das intuitive und unkomplizierte Verhalten der Kinder beeinflusste positiv meine Lust, Bereitschaft, Motivation und schließlich auch den Mut, an dem Projekt bis zur Aufführung mitzumachen* (A11, Absatz 20). Dass sich die Senioren von den Jugendlichen anspornen ließen, stellt für die Jugendlichen eine wichtige Bestätigung dar und ist wiederum Motivation, in den weiteren Proben konzentriert bei der Sache zu sein: *Außerdem wussten wir mehr von den Liedern* (a7, Absatz 24). Dieses Gefühl der Überlegenheit kann die Jugendlichen nachhaltig bestärken und stellt somit nicht nur einen situativen Gewinn des intergenerativen Singens dar, sondern kann zudem als ein ontogenetischer Gewinn angesehen werden. Ferner beschreiben besonders die Jugendlichen aus Projekt A, wie gut ihnen das Singen mit den Erwachsenen klanglich gefallen hat: *Ich finde, es klang noch schöner als nur mit meiner Chorgruppe, da sich unsere hohen Stimmen toll mit den tiefen Stimmen der Erwachsenen gemischt haben* (a9, Absatz 24). Solche Klangvielfalt lässt sich im Kinder- und Schulchor nicht erleben und kann somit durchaus als ein situativer Gewinn bezeichnet werden.

Im Umgang mit eingeschränkten Teilnehmern stellt Singen eine mögliche Kommunikationsform dar. Manch ein Teilnehmer reagiert nicht (mehr) auf gesprochene Worte, antwortet aber, wenn er oder sie angesungen wird, singend. Singen kann dann Sprache ersetzen: *Und ich kann mit den Tönen eben Text machen* (AEW, Absatz 723). Wenn Kinder und Jugendliche in einem intergenerativen Singprojekt solche Wirkung des Singens beobachten und sie darüber mit ihren Eltern sprechen, wird sich das Bewusstsein für die Benefits des Singens in allen Lebensaltern weiter durchsetzen. Der hilfreiche Einsatz von Gesang in der Pflege (nicht nur von alten Menschen) findet dann eine höhere Akzeptanz.

Materialer Gewinn

Der materiale Gewinn ist schwerer auszumachen. Dieser lässt sich am besten bei „Canto elementar" feststellen: Die Kindergartenkinder lernen von den Singpaten Lieder, die ihnen ihre Erzieher und Eltern nicht beibringen können. Außerdem bemerkt Adamek, dass die Sitzordnung mit den im Kreis verteilten Singpaten den Kindern die Möglichkeit der stimmlichen Orientierung bietet:

> *Diese Nähe ist nicht nur menschlich, sondern auch musikalisch wichtig. Denn durch die Nähe können sich die Kinder am dadurch lauteren Klang der Singpat*innen direkt und sicher orientieren und werden nicht so leicht durch die natürlicherweise noch stimmunsicheren anderen Kinder selbst verunsichert, wie es geschieht, wenn die Kinder im Pulk zum Beispiel einem Erwachsenen gegenüber sitzen.*[83]

Einen musikalischen Zugewinn erfahren freilich die Teilnehmer aller intergenerativen Singprojekte, sei es durch das Kennenlernen neuer Lieder oder durch das vertiefende Erarbeiten schon bekannter Literatur. Doch auch das Verhalten der Seniorin aus einem neutralen Musicalprojekt, die eine wichtige Operation auf die Zeit nach Ende des Singprojekts verschiebt, weil das gemeinsame Singen sie stärkt, liefert einen Beweis für einen materialen Gewinn (Kapitel 8.5 E.h).

Ontogenetischer Gewinn

Der ontogenetische Gewinn (s. Kapitel 5.5 und 6.5) wiederum lässt sich deutlich feststellen, jedoch in unterschiedlich starker Ausprägung. Die jugendlichen Teilnehmer aus Projekt A fühlen sich durch das Interesse der erwachsenen Mitsänger ernst genommen und wertgeschätzt. Das ist für die Jugendlichen in der Zeit der Pubertät mit ihren körperlichen und seelischen Ungleichgewichten und Verunsicherungen eine ausgesprochen wertvolle Erfahrung. Und auch der positive Kontakt zwischen den Generationen, der in Werners Projekt entstand, stellte für die Jugendlichen einen ontogenetischen Gewinn dar, wenn sich die Jugendlichen in schwierigen Situationen mit den Senioren aus dem Projekt beraten konnten: *Die alten Menschen konnten in den Gesprächen ihre Erfahrungen und Lebensweisheit einbringen und Jugendlichen neue Wege aus einer schier verzweifelten Situation aufzeigen oder einfach nur Trost spenden* (CW, Absatz 63). Dass die Jugendlichen und Senioren nicht miteinander verwandt waren, hat in solchen Situationen vielleicht sogar offenere Gespräche ermöglicht als mit den eigenen Eltern. Von solchen Gesprächen profitieren aber nicht nur die Jugendlichen, sondern ebenso die Senioren, die durch die geleistete Unterstützung eine Steigerung ihres Selbstwertgefühls erfahren. Im „Canto elementar"-Projekt lässt

---

[83] Adamek in einer Mail an mich vom 20.10.2018

sich der ontogenetische Gewinn bei den Singpaten erkennen: Das freiwillige Engagement der Singpaten zeigt die von Bubolz-Lutz & Steinfort-Diedenhofen benannten Benefits des „Erfahrungs- und Reflexionsraums für das Alter", eine neue Rolle nach familiärer und beruflicher Entpflichtung sowie ein „Gemeinschaftserlebnis mit Gleichgesinnten" (2018: 235). Auch die von Rothermund & Mayer erwähnte Steigerung der sozialen Attraktivität durch ehrenamtliches Engagement (2009: 134) lässt sich bei den Singpatinnen beobachten: Die Singpatinnen in der von mir besuchten Kita wurden von den Kindern liebevoll begrüßt und durch das Kitapersonal wertschätzend während der Singstunde versorgt. Eine der Singpatinnen kam direkt nach einem vorher ehrenamtlich erledigten Schülerlotsendienst zum gemeinsamen Singen. Die Singpatin findet ganz offenbar viel Erfüllung in ihrem ehrenamtlichen Engagement.

Der jungen Generation etwas Gutes zu tun, stellt für manchen Bewohner eines Altenheims einen wichtigen Benefit dar. Eine Expertin berichtet von einer Teilnehmerin ihres intergenerativen Singprojekts, die stets sagte, dass das gemeinsame Singen gut für die Kinder sei, und dabei gar nicht merkte, wie sehr sie selbst in den Singstunden aufblühte.[84] Das Singen von Liedern, die die junge Generation vielleicht noch nicht kennt, gibt den Senioren das Gefühl, etwas weiterzugeben und noch etwas zu können in einer Lebensphase, die ansonsten schon von Verlusten und der mehr oder weniger bewussten Erfahrung von Defiziten geprägt sein kann.

Die Antworten der Teilnehmer aus Projekt A zeigen, dass die wohltuende Wirkung des gemeinsamen Singens durchaus wahrgenommen wird. So benennt Teilnehmerin A11 selbst mehrere Benefits intergenerativer Bildung und betont gleichzeitig, dass Singen besonders gut geeignet ist, diese Benefits zu erfahren:

- *Die wachsende Freude beider Gruppen am gemeinsamen Weg zum Ziel.*
- *Das Singen als ein Medium zwischen Generationen gefiel mir, weil in den beiden so divergenten Gruppen schnell eine gemeinsame Ebene gefunden werden konnte.*
- *Mir ist keine andere Disziplin bekannt, in der in so kurzer Zeit und ohne größere Anpassungsphasen eine intensive kollektive und kreative Erfahrung, gepaart mit Freude und Spaß sowie Lampenfieber und Anspannung, gemacht werden kann; in unserem Beispiel sogar mit einem erfolgreichen Ergebnis.* (A11, Absatz 21–23)

Diese Aussage ist ein Beleg dafür, dass Singen als voraussetzungsloses Musizieren (Minkenberg 2004: 106) ein idealer Weg für intergeneratives Tun ist. Zudem bezeichnet ein Experte Musik als *für Jung und Alt eine Form der Identifikation* (CW, Absatz 65). Solche Identifikation stellt einen wichtigen ontogenetischen Gewinn dar.

---

84 *Ich hatte frühe eine Bewohnerin, die ist schon verstorben, die hatte so einen plattdeutschen Slang immer: „Dat is gaut för de Kinner.“ Also, das ist so schön für die Kinder. [...] Sie merkte gar nicht, dass sie selber da in dieser Stunde ganz anders war und wesentlich zufriedener war. Und wie sie mehr gelacht hat. [...] Aber sie hat es für die Kinder getan. Ist ja auch wurscht, für wen sie es getan hat. Hauptsache, sie war gut zufrieden.* (EJF I, Absatz 529–533)

Gesellschaftlicher Benefit

Der gesellschaftliche Benefit besteht sicherlich in dem von den Experten beschriebenen Verwerfen von Altersstereotypen und in der Öffnung des Erfahrungsraums „Altenheim". In dem von Werner ins Leben gerufenen Projekt wurde durch die Öffnung eines Zauns tatsächlich ein neuer Weg geschaffen, von dem beide Institutionen und auch nicht am Projekt beteiligte Personen profitieren. Doch in den anderen Jung-zu-Alt-Projekten werden ebenfalls neue (Erfahrungs-) Räume erschlossen, indem die junge Generation im Rahmen der Projekte vielleicht zum ersten Mal ein Altenheim von innen erlebt. Berührungsängste mit diesem allen positiven Altersbildern zum Trotz noch immer mit einem Stigma behafteten Lebensraum können so zwanglos abgebaut werden. Kinder und Jugendliche erleben, wie alte Menschen dort leben, und lernen Berufsgruppen kennen, die im Altenheim tätig sind. Das Kennenlernen „späterer Berufsoptionen" bezeichnen Roß & Tries als einen materialen Gewinn intergenerativer Bildung (2014: 169). Eine Expertin beschreibt die Notwendigkeit einer solchen Erfahrung, wenn sie sagt: *Damit die Leute einfach sehen, was da gemacht wird, ne? Oft hat ja ein Seniorenheim diesen Touch weg, von wegen: Reingeschoben, Tür zu und keiner kümmert sich um die Leute, so ganz platt gesagt* (EJF I, Absatz 513). Die positive Wahrnehmung des Lebens und Sorgens in Altenheimen kann Ängste vor dem eigenen Alterwerden nehmen. Zudem tut das Interesse Außenstehender den Bewohnern und Beschäftigten gut und hilft möglicherweise auch den noch zögerlichen Eltern, entspannter mit den Themen Alter und Tod umzugehen.

Ein Experte sieht einen weiteren gesellschaftlichen Benefit darin, dass die jeweiligen Generationen wahrnehmen, dass es außer den eigenen Verwandten in der anderen Generation noch sehr viel mehr Menschen gibt, die sich in derselben Lebensphase befinden. Es findet also eine Erweiterung des eigenen Horizonts statt, sozusagen eine Erweiterung des Generationenhorizonts. Dies stellt eine wichtige Erfahrung dar, um offen zu sein für gesellschaftliche Bedürfnisse und Herausforderungen. Ein alter, gebrechlicher Verwandter ist somit kein singulärer Fall, sondern einer von vielen. Und ein schlecht gelaunter pubertierender Schüler ist ebenfalls Teil einer größeren Gruppe, die im familiären Rahmen nicht sichtbar und erfahrbar ist. Durch eine solche Erkenntnis kann sich die Perspektive ändern. Probleme und Herausforderungen werden relativiert und erfahren unter Umständen einen Rückgang negativer Bedeutung.

Zusammengefasst ergeben sich aus der Studie diese Benefits des intergenerativen Singens (Abb. 31):

Gesellschaftlicher Benefit	Individueller Benefit – situativer Gewinn	Individueller Benefit – materialer Gewinn	Individueller Benefit – ontogenetischer Gewinn
Verwerfen von Altersstereotypen	Sinnvoll miteinander verbrachte Zeit	Aktivierung	Wachsendes Selbstvertrauen bei beiden Generationen durch das Gefühl, gebraucht zu werden
Kennenlernen von Berufsfeldern rund um das Thema Altern	Klangerlebnis, besonders die Mischung von alten und jungen Stimmen	Lernen von Liedern, die die junge Generation nicht mehr kennt	Ansporn zum Lernen von neuen Inhalten
Vermittlung eines realistischen Altersbildes	Verbesserung von körperlichen Beschwerden während der Zeit des Singens	Sicherheit beim Singen durch die erfahrenen alten Stimmen	Erkennen von sozialen Talenten und Fähigkeiten
Kontakt zwischen den Generationen	Entspannterer Umgang untereinander	Erleben von alltäglichem Singen	Respektvoller Umgang mit Menschen anderer Generationen
Perspektivwechsel	Fürsorgegefühl der demenziell erkrankten Teilnehmer für die jungen Teilnehmer	Durchhaltevermögen trotz möglicher körperlicher Einschränkungen	Gelassenheit
Öffnung neuer (Erfahrungs-)Räume			Steigerung der sozialen Attraktivität
„Raus aus dem Seniorenghetto!"			Vertrauensvolle Gespräche von Jugendlichen mit Senioren in schwierigen Situationen
Verbreitete Erkenntnis über die Benefits des Singens im Umgang mit eingeschränkten Personen			Musik als Medium der Identifikation
Erweiterung des Generationenhorizonts			

Abbildung 31: Gesellschaftliche und individuelle Benefits intergenerativen Singens

Wichtig ist, dass intergeneratives Singen nicht funktionalisiert wird, um bestimmte Benefits zu erreichen, sondern dass Musik und in diesem Fall das gemeinsame Singen von Jung und Alt als „Eigenwert" erfahren werden können (Hartogh & Wickel 2018: 199). Der situative Gewinn sollte demnach beim intergenerativen Singen im Vordergrund stehen.

Roß & Tries stellen fest, dass die beeinflussenden Faktoren für erfolgreiche intergenerative Bildung dieselben sind wie für die Integration von Menschen mit Migrationshintergrund und die Inklusion von geistig und körperlich Behinderten (2014: 174f.). Sie fordern einen gesamtgesellschaftlichen Blick „auf Unterschiedlichkeit und Vielfalt", um Ausgrenzungen zu verhindern und Vielfalt als Bereicherung wahrzunehmen (*ibid.*: 175). Ein solcher Blick für die Vielfalt würde möglicherweise helfen, die häufig nur projektbezogene „Finanzierung von ‚Sondermodellen'" zu beenden (*ibid.*). Dadurch könnte für die Leiter intergenerativer Singangebote eine größere Verbindlichkeit geschaffen und die Projekte könnten langfristiger geplant werden. Die Einführung des Schulfachs *Community Service Learning* könnte zu einer dauerhaften Wahrnehmung von Vielfalt, damit verbundenem Hilfebedarf und längerfristigen Partnerschaften führen.

9.4 Probleme und Herausforderungen

Intergenerative Singprojekte sind nicht frei von Schwierigkeiten. Sowohl die personelle Überforderung, die institutionelle Verquickung und die Frage nach dem richtigen Singen mit Kindern stellen Probleme dar, die nicht ausgeklammert werden dürfen. Auch die Auswahl der Literatur birgt Schwierigkeiten. So sieht Adamek ein Problem darin, dass man Senioren dazu verzweckt, den Kindern ein Unterhaltungsprogramm zu bieten:

> *Es ist wichtig, das ehrenamtliche Engagement der Seniorinnen und Senioren auch nicht als eine Art kostenlose Bespaßung der Kinder zu verstehen. Das wäre erstens Verschwendung der wertvollen und einzigartigen Möglichkeiten und kann durchaus sogar entwürdigend sein. Es sollte immer um Begegnung gehen, bei der alle gewinnen.* (KA I, Absatz 115–119)

Die Literaturauswahl sollte beide beteiligten Generationen ansprechen, dabei aber weder über- noch unterfordern. Besonders Unterforderung (der Senioren) stellt eine Gefahr dar, wenn sich die Leiter intergenerativer Singprojekte zu sehr an den Fähigkeiten und Wünschen der Kinder orientieren. Beim eigenen Betrachten einer intergenerativen Singstunde in einem Altenheim erschienen mir manche Lieder, die die Kinder mit den Senioren sangen, durchaus infantil. Sicherlich hängt das Gefallen bzw. Nichtgefallen solcher Liedchen mit dem mentalen Zustand der Senioren zusammen. Dennoch sind selten in einer Singgruppe alle Teilnehmer dement, sodass einige der Senioren sich unterfordert fühlen könnten. Die spontane Äußerung einer Teilnehmerin auf die Frage nach dem nicht-intergenerativen zweiten Singangebot in ihrem Altenwohnheim: *Oh, das ist schön* (B6, Absatz 38), zeigt, dass nicht alle alten Teilnehmer nur begeistert vom intergenerativen Singen sind.[85] Auf Nachfrage, warum ihr dieses andere Angebot so gut gefiele, sagte die Seniorin: *Ja, weil da die Lieder alle gespielt werden von früher. [...] Die man früher kannte. [...] Heute singen sie ja nicht mehr die Lieder, ne? [...] Die kennt man alle, die ganzen Lieder, die er spielt, und kann man mitsingen* (B6, Absatz 44–50). Es ist also essenziell wichtig, die ausgewählte Literatur für beide beteiligten Generationen attraktiv zu machen. Solche nicht nur positive Wahrnehmung intergenerativer Bildungsprojekte beschreiben auch Gaderer & Baumann (2008).

Vor der Gefahr der Unterforderung warnen die Autorinnen einer englischen Studie zur Unterstützung des Wohlbefindens von Senioren durch Musik, „Active Ageing with Music" (Creech *et al*. 2014: 46f.). Die Teilnehmer sahen es „kritisch", wenn die gesungene Literatur kindisch oder ohne Aussicht auf ein Voranschreiten der Entwicklung war (*ibid.*). Siehe dazu das Unterkapitel „Leistungsdiskussion" (Kapitel 9.4.6).

Eine meiner Expertinnen gibt an, dass sie sich durch die Bemerkung einer Seniorin ertappt fühlte, die Senioren nicht ernst genommen zu haben, indem sie eine Tanzanweisung mit dem Bild einer Kaffeemühle verglich (Kapitel 8.6 E.b.b). Die Leiter intergenerativer Singprojekte müssen sehr sensibel mit ihren Teilnehmern umgehen. Es ist wichtig, alle Teilnehmer ernst zu nehmen und sie nicht zu infantilisieren. Selbst wenn für einzelne, eingeschränkte Personen eine bildhafte Sprache das Verstehen erleichtern könnte, gilt es dennoch, die erwachsenen Teilnehmer wie Erwachsene zu behandeln und anzusprechen. An dieser Stelle zeigt sich die von Filipp und Mayer benannte Gefahr von asynchronen Kommunikationssituationen im Umgang mit Senioren (1999: 162ff.).

In einem der neutralen Projekte kehrt sich das übliche Rollenverständnis um, wenn die alten Teilnehmer bei Liedern in englischer Sprache überfordert sind und ihre gewohnte Souveränität infrage gestellt wird. Dabei kann Verunsicherung entstehen und die Teilnehmer fühlen sich unter Umständen tatsächlich „alt". Hierauf sollten Leiter intergenerativer Singprojekte vorbereitet sein, um auf die Verunsicherung der alten Teilnehmer geschickt und ermutigend zu reagieren. Es sollten Hilfestellungen zur Aussprache der unbekannten Texte gegeben und viel Wert auf die Melodieführung gelegt werden, um den Senioren ihre vorhandenen Fähigkeiten zu zeigen und die Angst vor dem Neuen zu mildern.

9.4.1 Personelle Überforderung

Eine personelle Überforderung von Leitern intergenerativer Singprojekte kann in einem Übermaß an organisatorischen Herausforderungen bestehen sowie in einer unzureichenden Ausbildung für die komplexen Herausforderungen intergenerativen Singens.

Eine befragte Expertin muss sich oftmals vor Beginn des intergenerativen Musizierens in einem Altenheim allein um den Transport der Bewohner in den Musikraum

---

85 B6: *Mit dem Akkordeon ist schöner.*
    V: *Ist schöner.*
    B6: *Ja, weil da die Lieder alle gespielt werden von früher.* (B6, Absatz 42–44)

kümmern. Gelegentlich hat sie Unterstützung, kann sich darauf aber nicht verlassen. Während der Musikstunde sind die Erzieherin der Kindergruppe und die Expertin die einzigen verantwortlichen Erwachsenen im Raum. Auf Nachfrage äußert die Expertin allerdings Bedenken, dass eine Unterstützung von Heimseite ihr nicht helfen würde, wenn sie erst alles erklären müsse. Den Einwand, dass sich nach einer Einarbeitungszeit diese Schwierigkeiten mindern könnten, lässt sie nicht gelten (Kapitel 8.5 D.d). Somit scheint hier auf Seiten der Expertin nicht die Bereitschaft zur Zusammenarbeit gegeben zu sein. Teamfähigkeit ist also eine wichtige Fähigkeit für Leiter intergenerativer Singprojekte. Bei der Heterogenität der Teilnehmer und ihrer individuellen Fähigkeiten und Bedürfnisse erscheint es vermessen, sich um alles allein kümmern zu wollen, insbesondere in Jung-zu-Alt-Projekten. Mehrere Experten berichteten von Einzelsituationen, in denen sie sich wegen nicht eingehaltener Absprachen zur Gruppengröße überfordert gefühlt haben. Durch gute Kommunikation blieben diese Situationen Einzelereignisse.

Weiterhin scheinen nicht alle Experten hinreichend für intergeneratives Singen ausgebildet zu sein. Mangelndes Wissen über die Besonderheiten im Umgang mit der Kinderstimme kann dazu führen, dass die Kinder den Zugang zur Randstimme nicht finden und auf diese Weise die Bedenken der Chorverbände gegenüber intergenerativem Singen Nahrung erhalten (s. Kapitel 9.4.3). Zudem zeigte mein Besuch im Musikprojekt I, dass die Musikgeragogin nicht in der Lage war, auf spontanes Singen der Senioren einzugehen. Ein souveräner Umgang mit der eigenen Stimme, fundierte Liedkenntnis und die Fähigkeit zum spontanen Begleiten sind ebenso wichtig wie eine pädagogische Ausbildung, um auf kindliches (Stör-)Verhalten adäquat eingehen zu können. Es ist also erforderlich, dass es Ausbildungsmöglichkeiten gibt, die explizit auf diese Herausforderungen eingehen: Umgang mit der (Kinder-)Stimme, passende Literatur, die beide Generationen anspricht, Teamfähigkeit sowie eine pädagogische und geragogische Ausbildung.

9.4.2 Institutionelle Probleme

Wie Kapitel 8.5 H zeigt, sind an den meisten intergenerativen Singprojekten zwei oder mehr Institutionen beteiligt. Das bedeutet, dass zwischen den involvierten Institutionen geklärt werden muss, welche Institution wofür zuständig ist und wer welche finanzielle Last übernimmt. Oftmals werden kommunale Gelder für intergenerative Projekte zur Verfügung gestellt, um deren Beantragung sich jemand kümmern muss. Intergeneratives Singen kann es nicht zum Nulltarif geben: Es müssen personelle Ressourcen bereitgestellt werden zur Herrichtung der Räume und zur Unterstützung des Projekts. Überdies muss geklärt werden, wer die Leitung des Projekts bezahlt. Solche finanziellen und rechtlichen Fragen sind nicht Thema dieser Arbeit, dennoch ist es wichtig, die Problematik zu erwähnen, da diese Fragen für die Leiter intergenerativer Singprojekte echte Stolpersteine sein können, die jeden Enthusiasmus im Keim ersticken. Eine Expertin machte die Erfahrung, dass die an ihrem Projekt beteiligten Institutionen sich nicht einigen konnten oder wollten und das Projekt nicht weitergeführt werden konnte. Gute Information der beteiligten Institutionen über Ausmaß und Kosten eines intergenerativen Singprojekts noch bevor das Projekt startet und gute

Kommunikation zwischen den Institutionen können solche Situationen entschärfen. Zeigt sich in Vorgesprächen mit allen Beteiligten, dass das Projekt nicht auf die gewünschte und erforderliche Bereitschaft trifft, kann durch eine Absage viel spätere Frustration erspart werden. Dabei darf in einer solchen Informationsveranstaltung keinesfalls die Betonung nur auf den Benefit des intergenerativen Singens für die Teilnehmer gelegt werden, damit Singen als Eigenwert bestehen bleibt und nicht funktionalisiert wird.

9.4.3 Das richtige Singen mit Kindern

Die Frage nach dem richtigen Singen mit Kindern wird kontrovers diskutiert. Während die Chorverbände das Singen unter c1 für Kinder komplett ablehnen, befürworten die beratenden Stimmexperten bei „Canto elementar", Adelmann und Hess, durchaus das Singen in angenehmer, tieferer Lage und empfehlen lediglich, in nicht zu großer Lautstärke zu singen (Bock & Lugert 2017: 2f.).

Bei dem Thema gibt es unvereinbare Positionen. Dieser Zustand ist im Hinblick auf das intergenerative Singen nicht hilfreich. Befürworter des hohen Singens mit Kindern sehen eine Gefahr für die Senioren, weil diese dann unter Umständen angestrengt singen. Damit erfahren die Kinder gepresste Stimmgebung bei den Erwachsenen und kopieren diese, was einer gesunden Stimmentwicklung abträglich ist. Befürworter des tiefen Singens wollen genau dieses schlechte Vorbild vermeiden und haben das Gefühl, dass ihre Angebote nicht wertgeschätzt werden. Auch bei manchen befragten Experten gibt es ein nicht ausreichendes Bewusstsein für diese Problematik: *Die Kindergartenkinder müssen dann einfach mit runter. Das ist okay.* Dogmatische Ansichten helfen in dieser Frage nicht weiter. Vielmehr sind individuelle Lösungen gefragt, die die jeweils beteiligten Sänger berücksichtigen. Dieser Aspekt des intergenerativen Singens wird stets von Ambiguität geprägt sein und zu einer fortgesetzten Auseinandersetzung führen. Wichtig ist vor allen Dingen, dass sich die Leiter intergenerativer Singprojekte dieser Problematik bewusst sind und aufmerksam das Singen der gesamten Gruppe führen. Beliebigkeit darf es nicht geben. Das bedeutet, dass beim intergenerativen Singen die Töne stets kontrolliert angegeben werden sollten. Stimmgabel, Stimmpfeife oder Stabspiel sollten von Leitern intergenerativer Singgruppen verwendet werden, um die Lieder bei unbegleitetem Singen in der gewünschten Tonart anzustimmen. Selbst wenn diese Tonart dann nicht der „guten Lage" entsprechen sollte, so ist doch klar, dass Kinder auch durch bloßes Zuhören lernen. In meiner eigenen Berufspraxis erlebe ich häufig, dass Kinder beim gemeinsamen Singen trotz passender Stimmlage gar nicht mitsingen, aber nach dem gemeinsamen Singen für sich selbst das gesamte Programm der Musikstunde nachsingen.

Für das „Canto elementar"-Projekt entsteht aus der Forderung des kontrolliert angestimmten Singens eine weitere Problematik: Die Singpaten sind häufig Laien, die sich im Umgang mit Stimmgabel oder -pfeife schwertun und auch beim Anstimmen mit einem Stabspiel Schwierigkeiten haben könnten. Obwohl die Singpaten in den Vorbereitungskursen dafür geschult werden, ist doch niemand da, der das kontrollierte Singen über einen längeren Zeitraum hinweg unterstützt oder überprüft. So hat sich auch in dem von mir beobachteten Singprojekt das unkontrollierte Singen nach inzwischen zehn Jahren Singpatentätigkeit eingeschlichen. Den Singpatinnen war dies durchaus bewusst. Im Reflexionsgespräch nach dem intergenerativen Singen war dies einer der ersten Punkte, der von den Singpatinnen angesprochen wurde, da sie gesehen hatten, dass ich während der Stunde die Tonhöhe der gesungen Lieder kontrolliert hatte. Die Seniorinnen sagten, dass es ihnen lästig sei, immer mit der Stimmgabel o.ä. zu hantieren. Dies ist sicherlich der mangelnden Sicherheit im Umgang mit solchen Hilfsmitteln geschuldet. Und es fragt sich auch, inwieweit das kontrollierte Singen mit Stimmgabel dem von Adamek gewünschten „alltäglichen Singen" entspricht. Programmatisch geforderter Anspruch und Realität klaffen hier auseinander.

Auch im anderen von mir besuchten Singprojekt I wurden alle Lieder in einer für die Kinderstimme zu tiefen Lage angestimmt. Da die Verantwortung für die Tonhöhe in diesem Projekt bei der Musikgeragogin liegt, wird sehr deutlich, dass es für Leiter intergenerativer Singprojekte wichtig ist, nicht nur musikgeragogisch, sondern auch musikpädagogisch ausgebildet zu sein. Die Leiter müssen eine für beide Altersgruppen geeignete Tonhöhe beim Singen wählen. Dazu müssen die Leiter wissen, welche Tonlage für welches Alter geeignet ist. Durch gute Unterstützung vom Leiter können auch Senioren noch in normaler Gemeindegesangslage (a–d2) singen. Bei entsprechend sensibler Stimmvorbereitung sind auch Kinder in der Lage, in diesem Tonraum zu singen, wenn auf lockeres, nicht zu lautes Singen geachtet wird.

In diesem Zusammenhang ist es wichtig, ebenso die physiologischen Bedürfnisse der Senioren im Blick zu behalten. Altersbedingte stimmliche Veränderungen oder nachlassende körperliche Fitness können Anpassungen beim Singen erforderlich machen: *Die Tonhöhen werden abgesenkt (Transposition), die Geschwindigkeit wird hoch gehalten, die Pausen in den Liedertexten verlängert. So kann besser geatmet werden* (CW, Absatz 52). Die von der Community Music und auch in der Musikgeragogik geforderte situative Anpassung und Offenheit der Ziele zeigen sich, wenn derselbe Experte sagt: *Auswahl, Tempo und Tonhöhe richten sich nicht nach den Vorgaben in Noten, sondern nach den Teilnehmern und deren Bedürfnissen* (CW, Absatz 56). Solch starke Subjektbezogenheit muss sich aber auf beide Generationen beziehen.

9.4.4 Barrieren für Teilnehmer

In der Teilnehmerbefragung zeigte sich, dass die intergenerativen Singangebote gerne angenommen wurden. Die Experten berichten ebenfalls von einer hohen Motivation zur Teilnahme. Barrieren werden seitens eines Experten darin gesehen, dass es nicht ausreichend Zeitfenster für intergeneratives Singen gibt (Kapitel 8.5 G.d). Kindergartengruppen nehmen meist nur vormittags intergenerative Singangebote wahr: Zu diesem Zeitpunkt sind rüstige Senioren möglicherweise verhindert.

Eine erwachsene Teilnehmerin aus Projekt A vermutet, dass die Eltern der jungen Generation das Projekt nicht genügend unterstützen. Eine andere Teilnehmerin fühlt sich von der Betonung der intergenerativen Zusammensetzung der Gruppe als Seniorin abgestempelt und unwohl bei diesem Gedanken, da sie noch wesentlich jünger als die anderen erwachsenen Teilnehmer ist (s. Kapitel 8.6 P). Dies zeigt, dass trotz aller wissenschaftlichen und gesellschaftlichen Bemühungen, das Altersbild positiv aufzuwerten, dieser Gedanke noch nicht bei jedem angekommen ist. Während im Sport die Bezeichnung „Senioren" oder „Alte Herren" in keiner Weise abwertend gemeint ist, sondern lediglich die Teilnahme an einer Gruppierung außerhalb der aktiven Mannschaften bezeichnet, hat sich eine solche wertfreie Verwendung des Begriffs „Senioren" gesellschaftlich noch nicht durchgesetzt. Im amerikanischen Schulsystem mit den „Junior-" und „Senior"- Jahrgängen in College und High-School stellt der Begriff „Senior" tatsächlich eine Art Auszeichnung dar: die „seniors" sind die erfahrenen Schüler, bzw. Studenten, die kurz vor dem Abschluss stehen. Und alte Menschen werden als „senior citizens" bezeichnet, also eigentlich als lebenserfahrene Bürger. Eine Expertin sieht bei den Eltern ihrer Schüler aus ähnlichen Gründen ebenfalls Berührungsängste mit dem intergenerativen Singen (s. Kapitel 8.5 G.d). Es gibt somit bei der Vermittlung eines positiven Bildes vom Alter noch einiges zu tun. Intergenerative Singprojekte können dazu beitragen.

Eine weitere Barriere zur Teilnahme an intergenerativen Singprojekten kann für die Teilnehmer darin bestehen, dass sie nicht genügend Zutrauen zu ihren eigenen Singfähigkeiten haben. Dies trifft insbesondere bei Personen zu, die eine längere Unterbrechung in ihrer Singbiografie haben. Eines der Leitziele der Musikgeragogik, Senioren das Fortschreiben ihrer Musikbiografie zu ermöglichen (Hartogh & Wickel 2018: 198), lässt sich somit auch beim intergenerativen Singen finden: Den Teilnehmern soll das Fortschreiben, oder bei den jungen Teilnehmern besonders in Alt-zu-Jung-Projekten, auch der Beginn der eigenen Singbiografie ermöglicht werden. Fordern die Leiter solcher Projekte vor der Teilnahme ein Vorsingen ein, könnte dies Personen abschrecken. Manche der alten Teilnehmer haben vielleicht noch selbst in der Schule traumatische Vorsingsituationen erlebt, in denen unsensible Lehrer zur Ermittlung der Musiknote alle Schüler vor der Klasse einzeln vorsingen ließen und den Liedvortrag entwürdigend kommentierten. Die eigene Stimme ist eng mit der Psyche eines Menschen verbunden; wird der Gesang eines Menschen in Kindheit oder Jugend lächerlich gemacht, schafft dies Verletzungen, die ein Leben lang bestehen bleiben. Möglicherweise haben solche Erfahrungen Teilnehmerin A4 zu ihrer Aussage bewogen, ein nicht erforderliches Vorsingen als besonders angenehm am Projekt zu benennen (Kapitel 8.6 P). Um die nicht allzu selbstsicheren Teilnehmer des Projekts A zu ermutigen, hat die Leiterin beim Konzert die erwachsenen Sänger hinter den jungen Sängern aufgestellt, um auf diese Weise einen gewissen Schutzraum zu schaffen (Kapitel 8.5 E.h).

Ein wenig herausforderndes oder ansprechendes Programm könnte für beide Generationen abschreckend wirken und von einer Teilnahme abhalten. Die Inhalte eines intergenerativen Singprojekts müssen für alle Beteiligten attraktiv sein und Entwicklungsmöglichkeiten bieten. Dies trifft auch für Projekte in Altenheimen zu. Die fitteren Senioren, die sich bewusst für die Teilnahme am Singprojekt entscheiden können, tun dies sicherlich nur dann, wenn das Angebot attraktiv ist. Die Äußerungen mehrerer Seniorinnen aus Projekt B zeigen, dass sie durchaus nicht nur Kinderlieder singen möchten und mindestens genauso gerne im reinen Seniorensingkreis mitsingen (Kapitel 8.6 L.a).

9.4.5 Umgang mit dem Thema „Tod"

Franz *et al.* halten es für schwierig, intergenerative Bildungsprojekte mit diesem Thema zu belasten, da der Umgang mit Tod und Sterben mehr als nur pädagogische Begleitung erfordere (2009: 157). Dass in einem der untersuchten Projekte ein Weg des Umgangs mit diesem sensiblen Thema gefunden wurde, liegt sicherlich am regelmäßigen Kontakt über ein ganzes Jahr und der 1:1-Situation im Verhältnis Senior-Kind: *Wir pflegen auch einen offenen Umgang mit dem Sterben. Verstorbene Senioren aus dem Projekt werden in diesem Rahmen immer angemessen gewürdigt, damit das Kind und auch die Gruppe beim Abschiednehmen unterstützt und begleitet werden* (AL, Absatz 67).

Es ist unmöglich, die Themen Krankheit und Tod in intergenerativen Projekten auszusparen. Krankheit und Tod tauchen in allen Altersgruppen und sozialen Gruppierungen auf. Wenn ein Großteil einer Gruppe bereits ein höheres Lebensalter erreicht hat, steigt die Wahrscheinlichkeit, dass einzelne Gruppenmitglieder durch Krankheit zeitweise oder längerfristig ausfallen oder versterben. Aus diesem Grund ist es für Leiter intergenerativer Projekte wichtig, auf die Thematik vorbereitet zu sein, um für das tatsächliche Eintreffen einer solchen Situation Strategien zum Umgang für die Gruppe entwickelt zu haben. Die Leiter müssen nicht zwingend selbst die Trauerarbeit in der Gruppe leiten, sollten dann aber externe Hilfsangebote organisiert haben. In der Unsicherheit im Umgang mit diesem Thema spiegelt sich die Beobachtung von Imhof, der eine Verdrängung des Todes aus dem Bewusstsein und dem Alltag feststellt (1981: 25). Die Akzeptanz der eigenen Endlichkeit sieht Himmelsbach als eine wichtige Bildungsaufgabe im Alter an (2018: 36). Letztlich ist solche Akzeptanz aber für jeden Menschen eine wichtige Aufgabe. Wenn die junge Generation im intergenerativen Singen einen akzeptierenden, offenen Umgang mit dem Thema Tod erlebt, lernen die jungen Teilnehmer für ihr ganzes Leben. So kann das intergenerative Singen den jungen Teilnehmern einen unvoreingenommenen Umgang mit dem Sterben ermöglichen. Kinder gehen normalerweise recht unbefangen mit dem Thema Tod um und erwerben erst durch die unter Umständen zögerliche, angstbesetzte Haltung der Eltern oder Erzieher eine unnatürliche Distanz zu diesem zum Leben gehörenden Themenkomplex. Eine Expertin beobachtet, dass die Eltern der jungen Teilnehmer ihres Musikprojekts trotz Einladung Vorbehalte haben, an den intergenerativen Singstunden teilzunehmen. Die Expertin vermutet, dass dies aus einer Scheu vor Alter, Krankheit und Tod heraus geschieht (s. Kapitel 8.5 G.d). Es wird dadurch deutlich, dass die Bildungsaufgabe, die eigene Endlichkeit zu akzeptieren, von der mittleren Generation noch nicht immer bewältigt wurde. Auch gesamtgesellschaftlich lässt sich vielfach eine große Unsicherheit im Umgang mit Tod und Sterben beobachten. Eine weitere Expertin formuliert ebenfalls in diesem Themenkomplex einen deutlichen Unterstützungsbedarf. Im Gespräch kommt sie mehrmals darauf zurück und betont, selbst noch nicht genug Mut zu haben, sich mit den Themen Tod und Sterben auseinanderzusetzen.

Koch hingegen stellt in seiner Studie zur Seniorenchorleitung fest, dass das Thema „Tod" zwar nur am Rande vorkommt (2017: 440), die Chorsänger aber im

Falle eines Todes auf verschiedene Weise das Thema gut bewältigen und die Chorleitung in solchen Fällen meist nur wenig Unterstützung in der Trauerarbeit leisten muss (*ibid.*: 431ff.). Für Chorleiter von Seniorenchören besteht in solchen Fällen die Herausforderung, „die Balance zwischen persönlichem Interesse an der Chorgruppe und der professionellen emotionalen Distanz" zu finden (*ibid.*: 440). Im intergenerativen Singen bestehen weitere Herausforderungen in den mitunter starken Einschränkungen der Senioren, die keine eigene Initiative zur Trauerbewältigung in der Gruppe aufbringen können, im Projektcharakter der Chorgruppe und in der Beteiligung der jungen Generation. Die Chorgruppe ist nicht so homogen und nicht über einen längeren Zeitraum zusammengewachsen wie ein Seniorenchor. Somit sind die Beziehungen unter den Sängern auch intragenerativ möglicherweise nicht so tragfähig wie in einem Seniorenchor, der seit längerer Zeit miteinander singt. Zudem müssen die beteiligten Kinder und Jugendlichen bei der Bewältigung eines Todesfalls anders betreut werden als Senioren, denen die eigene Endlichkeit näher ist. In der Ausbildung von intergenerativen Singleitern sollte der Themenkomplex „Krankheit und Tod" unbedingt behandelt werden.

9.4.6 Die Leistungsdiskussion

Beim intergenerativen Singen stellt sich stets auch die Frage nach einem Leistungsanspruch. Während Adamek bei seinem „Canto elementar"-Projekt Leistung kategorisch ablehnt und auch Community Music, zu der intergeneratives Singen gezählt werden kann, prozessorientiertes und nicht produktorientiertes Musizieren ermöglichen möchte (Willingham 2017: 75), werden andere Projekte, wie die „Rock'n Rollator-Show" eigens für ein Konzertprojekt ins Leben gerufen. De Groote & Hartogh stellen fest, dass kulturelle Bildungsarbeit mit Senioren nicht auf „einen gezielten Outcome ausgerichtet" sein sollte, sondern „ergebnisoffen und von der Motivation und den Bedürfnissen der Klientel abhängig ist" (2016: 22). Da aber an intergenerativen Singprojekten nicht nur Senioren beteiligt sind, muss von Projekt zu Projekt unterschieden werden, ob es einen Outcome geben soll oder ob es sich lediglich um sinnvoll miteinander verbrachte Zeit handeln soll. Creech *et al.* stellen fest, dass es Senioren in ihren jeweiligen Musikprojekten besonders wichtig war, ein Ziel zu haben, auf welches hin geprobt wurde (2014: 47). Insbesondere in Jung-zu-Alt-Projekten können die Fähigkeiten und Bedürfnisse der Teilnehmer heterogen sein. Hier gilt es für die Leiter, einen für alle Beteiligten erfüllenden Weg der Projektgestaltung zu finden, der den ambitionierten Teilnehmern lohnenswerte Ziele bietet, ohne die eingeschränkten Teilnehmer zu überfordern oder bei einer Präsentation bloßzustellen. Wenn die Leiterin eines Projekts am Ende ein solches Resümee ziehen kann, zeigt dies eine gewisse Gelassenheit im Umgang mit Zielen bei gleichzeitiger klarer Zielsetzung: *Sondern wir machen ja miteinander was und, ja, da gilt das Jetzt. Also, vielleicht so, wie ich dann an Ostern im Gottesdienst mit dem Chor die Messe singe und dann auch sage: " Es war gut, so wie es war"* (AEW, Absatz 541). Wichtig ist auch die Einstellung einer anderen Expertin, die im Zusammenhang mit dem Anspruch an die Teilnehmer eines musikalischen Angebots sagt: *Also, da auch zu gucken, dass ich nur ein Teil in diesem Leben bin* (AVK, Absatz 594). Eine solche Grundhaltung zu entwickeln, ist für ausgebildete

Musiker sicherlich eine Herausforderung, die aber zunehmend wichtig wird, wie Hennenberg fordert, die einen Bedarf sieht für Ausbildungen für „professionelle Aktivitäten in sozialen Feldern […] entfernt von Konzertsälen und großen Festivals, von öffentlichen Medien und Starkultur" (2016: 345).

Eine gute Möglichkeit zum Setzen neuer Herausforderungen trotz einer eventuell vorhandenen Leistungsgrenze, stellt das von Spiekermann vorgeschlagene „Seitwärts unterrichten" dar (2016: 293). So können intergenerative Singgruppen Stücke, die sie gut beherrschen, durch das Hinzufügen von Instrumenten oder Body-Percussion zu einer neuen Herausforderung werden lassen. Oder es werden Stücke eines ähnlichen Niveaus, aber mit ganz unterschiedlichem Charakter geprobt. Wichtig ist, dass dem Chor nicht das Gefühl gegeben wird, eine Grenze erreicht zu haben, die nicht mehr überschritten werden kann. Eine Expertin drückt sehr treffend aus, wie wichtig eine positive innere Einstellung der Leitung ist: *Aber ich habe immer das Gefühl, dass man mit dem inneren Wollen und dem inneren Hoffen und Glauben, dass man da einfach auch wahnsinnig viel bewegen kann* (AEW, Absatz 324).

In der gesamten Diskussion muss aber eines stets klar sein: Selbst, wenn weder Projektpräsentationen geplant sind noch irgendeine andere Form von Leistungsdenken im intergenerativen Singprojekt verankert ist, sollte dennoch die leitende Person einen hohen Leistungsanspruch an ihre eigene Arbeit haben. Das bedeutet, dass sie musikalisch gut ausgebildet und auf die jeweiligen Stunden optimal vorbereitet sein muss:

Also, ich halte das für fatal, da irgendwelchen Leuten zu sagen, es reicht, wenn sie da ein bisschen so singen. (AEW, Absatz 633)

Die Leitung muss in der Lage sein, „gültiges Musizieren" vorzuleben und zu praktizieren. Es darf im Umgang mit altersinhomogenen Gruppen gar nicht erst die Frage nach „zu einfach" oder „zu schwer" aufkommen, auch das scheinbar Leichte (Elementare) muss im Sinne künstlerischer Qualität angeboten und praktiziert werden. (TH, Absatz 79)

Und auch bei geringem musikalischem Anspruch muss die Leitung eines intergenerativen Singangebots das Ziel haben, mit allen Teilnehmern die bestmögliche Leistung zu erreichen. In fast jedem Menschen steckt der Wunsch, sich weiterzuentwickeln, etwas bewältigt zu haben und über sich hinauszuwachsen. Intergeneratives Singen darf nicht zu einem bloßen Zeitvertreib verkommen, sondern sollte stets den Teilnehmern die Möglichkeit der Weiterentwicklung bieten. Diesen Wunsch äußern auch Teilnehmer des englischen „Music for Life"-Projekts von Creech *et al*. Eine Teilnehmerin sagt: „There is no point in doing something you can already do. The fun is coming across something and thinking 'I am never gonna be able to do this, but I'm going to try!' and then suddenly you can [do it]" (Creech *et al* 2014: 46; Ergänzung im Original). Judelson betont, dass es wichtig ist, die intergenerativen Proben so zu planen, dass sie „informal though not casual" seien (Judelson 2020 (im Druck)). Es sollte möglich sein, dass sich jeder wie ein Musiker fühle (*ibid.*). Dadurch wird noch einmal klar, dass tatsächlich alle Teilnehmer beim intergenerativen Singen (heraus-)gefordert und nicht nur betreut werden sollten. Wenn in intergenerativen

Chören die Teilnehmer der jungen Generation erleben, wie alte Menschen sich auf neue Herausforderungen einlassen und über sich hinauswachsen, wird der jungen Generation auf diese Weise ein positives Bild vom Alter vermittelt, das keine theoretische Erklärung über bis ins Alter mögliche Entwicklungspotenziale je bieten könnte. Bedarfsgerechtes intergeneratives Singen stellt somit tatsächlich eine geeignete Form des Abbaus von Altersstereotypen dar. Dass solche Stereotypen immer noch vorhanden sind, sieht man an den Äußerungen der Teilnehmerin A6, die sich nicht den Senioren zugeordnet sehen möchte, und an den Schilderungen der Expertin Filler, die vergeblich die Eltern ihrer Schüler zum intergenerativen Singen einlädt und Berührungsängste auf Seiten der Eltern vermutet.

Die Ermöglichung des Singens ohne Leistungsdruck darf allerdings nicht dazu führen, dass ein „Zwei-Klassen-Denken" in der Musikszene entsteht. Auch Community Music und Chöre ohne Leistungsanspruch, die es ja durchaus nicht nur beim intergenerativen Singen gibt, haben ihre Daseinsberechtigung und sind wichtige Teile der Musiklandschaft. So wie es im Sport verschiedene Leistungsklassen und Freizeitteams gibt, die aber alle als wertvoll und wichtig anerkannt werden, muss auch in der Musikpädagogik der Wert des Singens als Zeitvertreib neben dem Singen mit Leistungsanspruch bestehen können. Da mittlerweile verstärkt über den Benefit des Singens für den Menschen berichtet wird, sollte das Singen in Chören und Projekten ohne Leistungsanspruch nicht belächelt, sondern vielmehr als sinnvoll verbrachte Zeit gewürdigt werden. Freilich entsteht eine Spannung, wenn ambitionierte (intergenerative) Chöre, die eigentlich ohne Leistungsanspruch proben, sich an einen öffentlichen Auftritt wagen. Solche Präsentationen können beim Publikum unterschiedliche Reaktionen hervorrufen: Während musikalische Laien sich schlicht an der Musik erfreuen, könnten anspruchsvolle Hörer Kritik üben oder gönnerhaft Applaus spenden, der dann aber einen herablassenden Charakter hätte, was einer Art der Patronisierung gleich käme.

9.4.7 Umgang mit zu viel Nähe

Bei allen intergenerativen Bildungsangeboten stellt sich, wie in jedem Kontext menschlichen Miteinanders, die Frage, wie viel Nähe zwischen den Teilnehmern angemessen ist. Gerade durch den abnehmenden Kontakt zwischen den Generationen ist der Wunsch nach körperlicher Nähe zu Kindern bei den alten Teilnehmern deutlich wahrnehmbar. Zudem sind viele der älteren Teilnehmer mit einem anderen Verständnis von körperlicher und persönlicher Selbstbestimmtheit von Kindern aufgewachsen. Gleichzeitig sind Kinder und Jugendliche heute durchaus dafür sensibilisiert, was sie möchten und was nicht. Hinzu kommt unter Umständen durch seltene Kontakte zu alten Menschen eine Scheu vor Personen aus der älteren Generation. Den Leitern intergenerativer Singangebote kommt hier eine verantwortungsvolle Rolle zu, auf einen angemessenen (körperlichen) Umgang der Teilnehmer der beiden Generationen zu achten und gegebenenfalls einzuschreiten, wenn, aus welchen Gründen auch immer, Grenzen missachtet werden:

Aber, natürlich auch umgekehrt, die Senioren, dass die nicht einfach ein Kind auf ihren Schoß ziehen können. [...] Und wenn jemand dement ist, der das nicht mehr weiß, dann ist es meine Aufgabe, dorthin zu gehen. (FNH, Absatz 643–645)

Den Kindern gefällt es nicht, wenn die Zeit zu lang wird. Und auch nicht, wenn die Senioren sie immer anfassen und drücken wollen. Das sprechen wir dann auch an. (B-Fragebogen für begleitende Erzieherinnen, Absatz 20)

Auch in einem weiteren Singprojekt lässt sich ähnliches beobachten. Obwohl die Kinder sich selbst ihren Platz zwischen den Senioren wählen und somit eine Kontaktoffenheit besteht, entstehen gelegentlich Situationen, die bei den Kindern Unbehaglichkeit auslösen. Die Expertin hat jedoch stets ihre Gruppe im Blick und reagiert umgehend, wenn sie bei den Kindern eine Zagheit wahrnimmt: *Wenn ich bei einem Kind eine Unsicherheit spüre, nehme ich dieses Kind sofort zurück an meine Seite* (SF, Absatz 135–136). Dieser Herausforderung lässt sich, wie im letzten Beispiel gezeigt, durch Aufmerksamkeit und behutsame Kommunikation begegnen.

9.5 Didaktisch–methodische Aspekte

Betrachtet man die oben aufgeführten Herausforderungen, fällt auf, dass vielen davon durch eine geeignete Ausbildung zur Leitung intergenerativer Singangebote sowie durch gute Information und Kommunikation begegnet werden kann. Hier eine grobe, tabellarische Zusammenfassung der Herausforderungen mit einem knapp gefassten Lösungsansatz (Tab.10):

Herausforderung/Problem	Lösungsansatz
Personelle Überforderung	Kommunikation, Teamfähigkeit, gute Ausbildung
Institutionelle Probleme	Kommunikation und Information im Vorfeld intergenerativer Singprojekte und stetige Evaluation im Verlauf
Das richtige Singen mit Kindern	Gute Ausbildung, Information
Barrieren für Teilnehmer	Information, Kommunikation, Vermittlung eines wertschätzenden Altersbildes, Offenheit für alle Teilnehmer ohne Vorsingen, attraktives Programm
Umgang mit dem Thema „Tod"	Information und Kommunikation
Die Leistungsdiskussion	Gute Ausbildung, Information und Kommunikation
Umgang mit zu viel Nähe	Aufmerksamkeit, Kommunikation

Tabelle 10: Schlagwortartige Zusammenfassung der Herausforderungen intergenerativen Singens mit Lösungsansätzen

Es bleibt festzuhalten, dass intergeneratives Singen trotz mancher Herausforderungen eine lohnende Form der intergenerativen Bildung darstellt, die alle Beteiligten bereichert und mit Freude erfüllt.

Im folgenden Unterkapitel sollen die wesentlichen Gelingensbedingungen intergenerativen Singens ebenso dargestellt werden wie weitere konstitutive Bedingungen und Voraussetzungen. Daraus folgen Forderungen, damit intergeneratives Singen weitere Verbreitung und höhere Akzeptanz erhält.

9.5.1   Gelingensbedingungen

Neben den wissenschaftlich formulierten Bedingungen für gelingende intergenerative Bildung sind die Meinungen und Erfahrungen der von mir befragten Experten hilfreich. Vielfach decken sich diese mit den theoretischen Erkenntnissen. Manches wird hingegen in der Fachliteratur nicht so deutlich formuliert. Eine Expertin hält es für unerlässlich, dass beide Generationen eines neutralen intergenerativen Chorprojekts auch im altershomogenen Singen mit derselben Chorleitung arbeiten wie im intergenerativen Projekt.[86] Dadurch sind beide Generationen mit der Art der musikalischen Arbeit vertraut, was das gemeinsame Tun wesentlich erleichtert.

Eine der Forderungen für intergenerative Bildung von Scheunpflug & Franz ist das Überdenken der Lernrichtung (2014: 137). Das Senioritätsprinzip „Jung lernt von Alt" lässt sich nicht immer auf intergenerative Bildungsprojekte übertragen. Auch in den von mir untersuchten Projekten lässt sich stellenweise ein Überkommen des Senioritätsprinzips feststellen: Wenn die Senioren in einem Projekt englische Texte singen müssen, was ihnen schwerer fällt als den jungen Teilnehmern. Oder wenn die alten Teilnehmer aus Projekt A übereinstimmend feststellen, dass die jungen Sänger ihnen überlegen sind. Der britische Kinofilm „The Quartet" (2012) bringt ein schönes Beispiel für eine solch veränderte Lernrichtung, wenn Jugendliche gemeinsam mit den Bewohnern eines Altenheims für Musiker über ihre musikalischen Vorlieben sprechen und ein Jugendlicher den Senioren einen Rap vorführt.[87] Die Studie hat gezeigt, was auch Scheunpflug & Franz für wichtig halten: Dass solche umgekehrten Rollenmuster sensibel pädagogisch begleitet werden müssen (*ibid.*: 138). So benötigen die Senioren Unterstützung, um in der für sie fremden Sprache Englisch singen zu können. Die Kinder im Musical-Projekt müssen von ihrer Leiterin darauf vorbereitet werden, dass die gemeinsame Probenarbeit mit dem Erwachsenenchor mehr Zeit benötigt als in der altershomogenen Gruppe, und dass dies dem langsameren Lernen der Senioren geschuldet ist. Für beide Generationen ist diese Umkehrung des Senioritätsprinzips ungewohnt und beide Generationen müssen mit solch einem neuen Erleben umgehen lernen. Während Eisenstadt noch eine „gewisse Autorität" der älteren Generation über die jüngere Generation sieht (1966: 22) und somit der älteren Generation die tragende Rolle bei der „Übermittlung des sozialen Erbes" gibt (*ibid.*: 334),

---

86   *Und es ist natürlich einfacher, denke ich, wenn der Generationsbogen über eine bestimmte Person läuft. Oder es müssen dann zwei sein, die wirklich sehr gut miteinander können.* (AVK, Absatz 538)
87   https://www.imdb.com/title/tt1441951/

wird heute die Reziprozität der Lernrichtung beim intergenerativen Lernen gesehen und gefördert. Das bedeutet nicht, dass die aneignende Generation weniger Respekt als die vermittelnde Generation verdient hätte. Es bedeutet lediglich anzuerkennen, dass beide einen wertvollen Beitrag zum kulturellen Austausch zwischen den Generationen leisten können.

Auch die dritte Feststellung von Scheunpflug & Franz, dass intergenerative Lernarrangements stark von den beteiligten Generationen abhängen (2014: 138), lässt sich in der Studie belegen. Alle intergenerativen Singprojekte sind deutlich an den jeweils beteiligten Generationen ausgerichtet: In den „Canto elementar"-Kitas lernen die Kinder von den Singpaten altersgerechte Kinder- und Volkslieder. Hier bleibt das Senioritätsprinzip bestehen. Neutrale Singprojekte sind je nach Anlass auf die beteiligten Altersgruppen hin geplant: Die „Rock'n Rollator-Show" beispielsweise probt nach Generationen getrennt, weil die Senioren mehr Probenzeit benötigen. Das Projekt führt bühnenreife, selbstironische Shows auf, die mit Kindern nicht machbar wären. Und in den Jung-zu-Alt-Projekten variieren die verschiedenen Programme, je nachdem, ob die besuchende junge Generation aus Kindergarten- oder Schulkindern besteht. Auch die Fitness der beteiligten Senioren hat Einfluss auf die Programmgestaltung. Bei allen Singprojekten stellt das gemeinsame Singen das von Scheunpflug & Franz geforderte gemeinsame Thema dar (*ibid.*: 140). Da Singen niederschwellig ist, stellt intergeneratives Singen eine besonders geeignete Form der intergenerativen Bildung dar, die von den Teilnehmern keine Vorkenntnisse oder besonderen Fähigkeiten fordert und auch noch bei stärkerer Eingeschränktheit möglich ist.

Die didaktischen Grundorientierungen an Biografie (hier: lebenssituativer Bezug), Sozialraum, Interaktion, Partizipation/Aktion/Handlung und Reflexion (*ibid.*) finden sich ebenfalls beim intergenerativen Singen. Wobei die Reflexionsorientierung nicht so evident ist: Manche der beteiligten Senioren sind schon stark eingeschränkt und können das gemeinsame Singen nicht reflektieren. Ebenso sind manche der beteiligten Kinder zu jung für eine Reflexion. Da diese von Scheunpflug & Franz formulierten Grundorientierungen aber der Erwachsenenbildung entlehnt sind, müssen sie nicht 1:1 auf intergeneratives Singen übertragbar sein. Mehrere der befragten Experten betonen jedoch, wie wichtig es ist, die beteiligten Sänger nicht nur im intergenerativen Setting zu treffen, sondern in altershomogenen Situationen das intergenerative Singen zu reflektieren bzw. die Teilnehmer auf die jeweils andere Generation vorzubereiten. Beim intergenerativen Singen kann Partizipation auch das bloße Zuhören beim gemeinsamen Singen bedeuten. Dies hebt intergeneratives Singen deutlich aus anderen intergenerativen Bildungsangeboten heraus, die bei starker körperlicher oder demenzieller Einschränkung nicht mehr machbar sind.

Die abschließende Forderung von Scheunpflug & Franz nach ausreichend Zeit in intergenerativen Bildungsprogrammen (*ibid.*) lässt sich ebenfalls durch die Aussagen der befragten Experten belegen. Immer, wenn die beiden Generationen sich über einen längeren Zeitraum miteinander beschäftigen, entstehen besonders gute Beziehungen zwischen den Teilnehmern der beiden Generationen. Die Teilnehmer im zeitlich begrenzten Projekt A hätten sich mehr Zeit miteinander gewünscht, um auch außermusikalisch in einen tieferen Kontakt zu kommen.

Die von Marquard, Schabacker-Bock und Stadelhofer benannten Gelingensbedingungen für erfolgreiche intergenerative Bildung treffen ebenfalls auf intergeneratives Singen zu: Die Bereitschaft der beteiligten (Musik-) Schulen oder Kindergärten (2008: 25) muss gegeben sein. Das Beispiel der oben erwähnten Musikgeragogin, die vor der Stunde oftmals allein dafür zuständig ist, die Senioren in den Musikraum zu begleiten, macht deutlich, dass die Abläufe und Verantwortlichkeiten geklärt sein müssen (*ibid.*: 27). Und das Beispiel der dementen Seniorin, die sich in der Gruppe als nicht aufgenommen empfindet, macht die von den Autoren geforderte intergenerationelle Kommunikationsfähigkeit (*ibid.*: 37) sichtbar.

Zusammenfassend lässt sich sagen, dass viele der für intergenerative Bildung geforderten Gelingensbedingungen auf intergeneratives Singen zutreffen. Da Singen jedoch so niederschwellig ist und zudem Medium und Inhalt zugleich, kann dieses Angebot auch noch von stark eingeschränkten Senioren und von Kindern vor Eintritt in die Schule wahrgenommen werden. Dann ist jedoch die Reflexion des gemeinsamen Tuns schwierig. Und auch der Unterschied zwischen den Generationen kann und muss dann nicht thematisiert werden, da er von den genannten Gruppen vielmehr unhinterfragt hingenommen wird. Intergeneratives Singen ist somit stärker prozessorientiert als es andere intergenerative Bildungsangebote sind. Ein entscheidender Vorteil intergenerativen Singens gegenüber anderen intergenerativen Bildungsangeboten ist, dass es von allen beteiligten Personen gleichzeitig getan werden kann. Andere Bildungsangebote erfordern unter Umständen die Aufteilung einer Aufgabe auf verschiedene Gruppen oder das Warten darauf, dass eine Gruppe etwas beendet, bevor die andere Gruppe weitermachen kann. Singen hingegen kann alle Beteiligten sofort in ein gemeinsames Tun bringen und dies auch bei starken körperlichen oder geistigen Einschränkungen.

9.5.2 Bedarfe, Voraussetzungen und Forderungen

Damit intergeneratives Singen gelingen kann, müssen folgende Aspekte beachtet werden:

- Leiter intergenerativer Singprojekte müssen umfassend für ihre Aufgabe geschult werden. Zu einer solchen Schulung gehören musikalisches Wissen sowie pädagogisches und geragogisches Fachwissen. Die Leiter sollten über gute Kommunikationsfähigkeiten und Bereitschaft zur Teamarbeit verfügen.
- Dies bedeutet die Schaffung von Ausbildungs-, Fortbildungs- oder Weiterbildungsmöglichkeiten zum intergenerativen Singen. Es müssen entsprechende Lehrkonzepte dafür entwickelt werden, um nur qualifizierte Leiter mit dieser verantwortungsvollen Aufgabe zu betrauen. Qualifizierte Leiter sorgen bei den verantwortlichen Institutionen für eine höhere Akzeptanz und damit Unterstützung intergenerativer Singangebote.
- Es wäre erstrebenswert, wenn intergeneratives Singen einen festen Platz in Altenheimen und Bildungseinrichtungen finden würde, um von vorneherein Berührungsängste zwischen den Generationen abzubauen und gegenseitige

Befruchtung auszubauen. Dazu müssen zeitliche Räume geschaffen werden, wie einer meiner Experten sagt: *Eine Implementierung intergenerativer Arbeit in den Alltag von Seniorenheimen und Schulen wäre ein Traum. Die gelungenen Pilotprojekte zeigen, dass es möglich ist und Sinn macht.* (CW Absatz 70)

- Die Implementierung eines dem amerikanischen *Community Service Learning (CSL)* verwandten Schulfachs im deutschen Schulsystem (für die Sekundarstufe I) könnte eine Möglichkeit für intergenerative Bildungsangebote darstellen, die sich nicht auf das Singen beschränken müssen.
- Die Bereitschaft zur Zusammenarbeit muss bei allen beteiligten Institutionen gegeben sein. Auch während der Laufzeit eines Projekts ist ständige Kommunikation mit allen Beteiligten unerlässlich.
- Bei den beteiligten Institutionen müssen personelle Ressourcen sowie räumliche und zeitliche Kapazitäten gegeben sein, um intergeneratives Singen zu ermöglichen und zu unterstützen. Dabei stellt intergeneratives Singen eine recht unkomplizierte und kostengünstige Möglichkeit der intergenerativen Begegnung dar.
- Das Programm intergenerativer Singprojekte muss für beide Generationen attraktiv und bereichernd sein.
- Intergenerative Singprojekte an neutralen Orten benötigen ein Informationsmedium, das beide Generationen anspricht, um Teilnehmer für das Projekt gewinnen zu können.

Genauso wichtig ist aber eine Implementierung der Inhalte und Voraussetzungen intergenerativen Singens in die Ausbildung von Musikpädagogen. Dadurch eröffnet sich ein neues Berufsfeld für Musiker, ein Umstand, den Hennenberg fordert (2016: 345)

Gleichzeitig ist es wichtig, dass intergeneratives Singen nicht nur aus musikgeragogischer Sicht betrachtet wird, sondern auch die Bedürfnisse der teilnehmenden Kinder und Jugendlichen beachtet werden. Keine Generation darf verzweckt werden, um der anderen Generation einen einseitigen Benefit zu verschaffen.

9.6 Zusammenfassende Beantwortung der Forschungsfragen

Stellt intergeneratives Singen eine geeignete Form intergenerativer Bildung dar?

Diese Frage lässt sich eindeutig bejahen. Intergeneratives Singen ist insbesondere deshalb sehr geeignet, weil es niederschwellig und auch für bildungsferne Personen durchführbar und interessant ist. Forschung über intergenerative Bildung hat ergeben, dass viele intergenerative Angebote nur von Teilnehmern mit höheren Bildungsabschlüssen wahrgenommen werden (Franz & Schmidt-Hertha 2018: 172). Singen hingegen erfordert von den Teilnehmern außer der Bereitschaft mitzumachen keine Voraussetzungen.

Anders als intergenerative Bildungsangebote, die sich beispielsweise mit politischen, hauswirtschaftlichen oder ökologischen Themen auseinandersetzen, lässt sich intergeneratives Singen auch für die Organisatoren leicht realisieren. Neben den äußeren Rahmenbedingungen, die man für jedes intergenerative Angebot benötigt, braucht man nicht viel mehr, wenn die entsprechenden Leiter gut ausgebildet sind. Intergeneratives Singen kann alle Beteiligten in ein tatsächlich gemeinsames gleichzeitiges Tun bringen. Ein weiteres Argument für Singen als intergeneratives Bildungsangebot stellt die emotionale Beteiligung dar. Wohl kaum ein anderes intergeneratives Bildungsangebot erreicht die Teilnehmer ähnlich stark auf emotionaler Ebene. Dabei bietet Singen für Jung und Alt ein Mittel zur Identifikation.

Welche Voraussetzungen müssen für erfolgreiches intergeneratives Singen gegeben sein?

Überprüft man die Anwendbarkeit der von Scheunpflug & Franz (2014: 137ff.) aufgestellten didaktischen Orientierungen für intergenerative Bildung, fällt auf, dass viele der erforderlichen Orientierungen weitgehend auch für intergeneratives Singen zutreffen (s. Kapitel 9.5.1): Lebenssituativer Bezug, Sozialraum, Interaktion, Partizipation und Aktion sind ausschlaggebende Faktoren für intergeneratives Singen. Leiter intergenerativer Singprojekte benötigen eine breit gefächerte musikpädagogische und -geragogische Ausbildung, können die Arbeit aber nicht ohne die Unterstützung der eingebundenen Institutionen und eines motivierten Teams leisten. Der Probenraum muss für alle beteiligten Generationen möglichst barrierefrei erreichbar und sollte groß genug für Bewegungselemente sein. Leiter intergenerativer Singprojekte sollten ausreichend Zeit für außermusikalische Begegnung zwischen den Generationen einplanen.

Kann intergeneratives Singen stereotype Vorstellungen und Vorurteile abbauen helfen?

Die Antworten der Experten und der Teilnehmer belegen anschaulich, wie durch intergeneratives Singen stereotype Vorstellungen und Vorurteile abgebaut werden. Während die Experten den Abbau solcher Vorstellungen bei den Teilnehmern beobachten und im Interview beschreiben, sind die Antworten der Teilnehmer noch aussagekräftiger, weil sie völlig unverfälscht sind: Die Experten wissen um das Anliegen intergenerativer Bildung, Stereotype abzubauen, und geben genau diesen Abbau als erklärtes Anliegen ihrer Projekte an. Die Teilnehmer hingegen schildern ihren eigenen Eindruck, der frei von einer Erwartungshaltung ist. Wenn also die Seniorinnen in Projekt B sagen, dass Kinder heute freier und lebhafter seien als sie selbst früher, zeigt das zunächst nur ihre Wahrnehmung. Wenn sie aber sagen, dass sie das nicht stört, widerlegen sie damit das Stereotyp, dass sich Senioren von unruhigen, lebhaften Kindern gestört fühlen. Sie dokumentieren dadurch eine Offenheit, die von Senioren früher nicht erwartet wurde. Und die jungen Teilnehmer aus Projekt A äußern sich erfreut über das Interesse der Senioren. Auch dies hätten die Jugendlichen möglicherweise gar nicht erwartet. Durch das Kennenlernen von konkreten Personen aus der älteren

Generation ändert sich das Bild vom Alter. „Die Alten" sind keine Menge von alten Leuten, sondern die Jugendlichen nehmen einzelne Individuen wahr, die es lohnt kennenzulernen.

Welche Inhalte sollten in Ausbildungen für Leiter intergenerativer Singangebote enthalten sein?

Die in diesem Kapitel dargestellten Herausforderungen für Leiter intergenerativen Singens machen deutlich, dass Ausbildungsmöglichkeiten zur Leitung intergenerativen Singens geschaffen werden sollten. Wie in Kapitel 2.2 festgestellt, müssen im Hinblick auf die lebenslangen Lern- und Entwicklungsmöglichkeiten von Menschen entsprechende Ausbildungskonzepte für musikalische Begleiter solch lebenslangen Lernens geschaffen werden. Dabei ist es wichtig, dass bei der Entwicklung eines entsprechenden neuen musikalischen Berufsbildes bei allem sozialpädagogischen Anspruch dennoch ein künstlerisches Berufsbild entsteht. Leiter intergenerativen Singens müssen in der Lage sein, musikpädagogische, musikgeragogische und künstlerische Inhalte zu vermitteln und dabei den Teilnehmern beider Generationen eines Singprojekts gerecht zu werden. Das geht nur, wenn die Leiter über die entsprechenden Kompetenzen verfügen. Kapitel 10 stellt ein didaktisches Konzept intergenerativen Singens dar, beschreibt die erforderlichen Kompetenzen der Leiter und beantwortet diese Forschungsfrage ausführlich.

10. Didaktisches Konzept

Die Ergebnisse der Studie (Kapitel 8.4, 8.5, 8.6 und 8.7) werden hier mit allgemeinen Aussagen zum Chorsingen in Beziehung gesetzt. Es wird untersucht, inwieweit allgemein festgestellte Sachverhalte sich auf intergeneratives Singen übertragen lassen. Auf Basis der Studie wird ein didaktisches Konzept für intergeneratives Singen entwickelt. Das Kapitel gliedert sich wie folgt (Abb. 32):

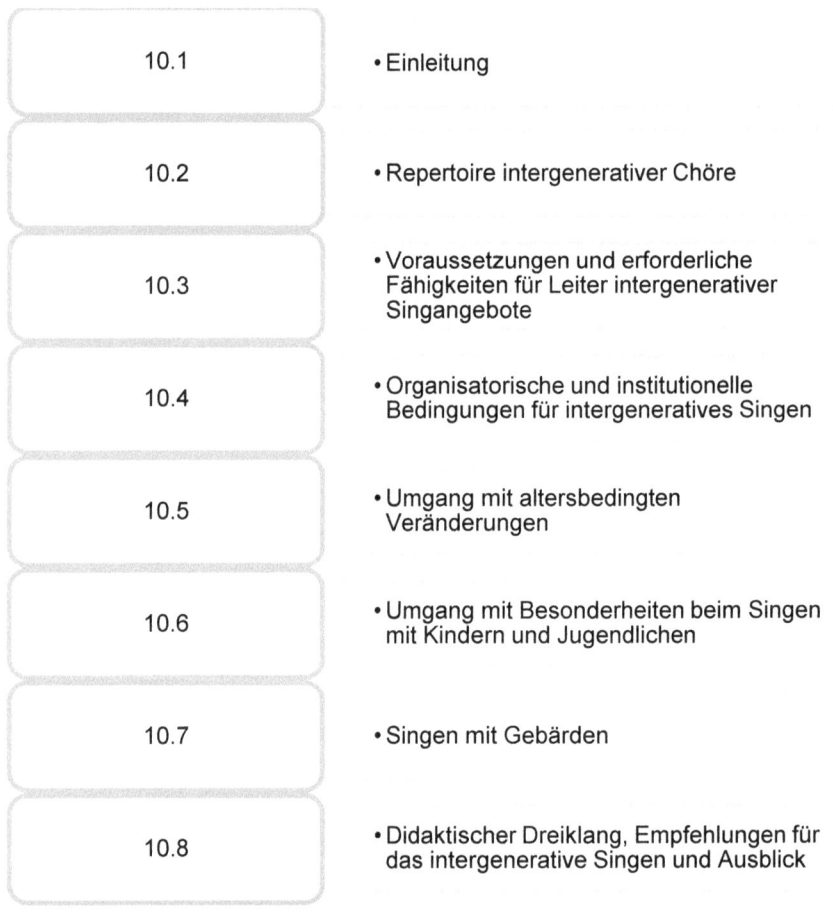

Abbildung 32: Gliederung von Kapitel 10

In den einzelnen Unterkapiteln beschreibe ich die Rahmenbedingungen intergenerativen Singens und gebe Empfehlungen, wie im intergenerativen Singen mit diesen Bedingungen umgegangen werden sollte. Die didaktischen Aspekte sind interdependent; insofern werden einige Sachverhalte in mehreren Unterkapiteln behandelt.

- Kapitel 10.2 stützt sich vorwiegend auf die Expertenaussagen in den Kapiteln 8.5 E.a und E.b sowie die Teilnehmeraussagen in Kapitel 8.6 L.b. In den Kapiteln 9.1.2 *Partizipation* und *Präsentation* sind diese Ergebnisse der Studie zusammengefasst dargestellt.

- Kapitel 10.3 greift die Aussagen der Experten aus den Kapiteln 8.5 D.e, D.g, G.b und G.e auf sowie die hieraus entwickelten Erkenntnisse ans Kapitel 9.2.2.
- In Kapitel 10.4 beziehe ich mich auf die Expertenaussagen der Kapitel 8.5 D.a, b, c und d.
- Kapitel 10.5 hat einen starken Bezug zur Fachliteratur, jedoch fließen hier zusätzlich die Aussagen der Experten aus den Kapiteln 8.5 F.b und c sowie die Aussage der demenziell erkrankten Teilnehmerin B8 aus Kapitel 8.6 L.a ein.
- In Kapitel 10.6 bilden eigene Erfahrungen, Fachliteratur und die Expertenaussagen aus Kapitel 8.5 F.a und c die Grundlage des Textes.
- Kapitel 10.7 fußt auf eigenen Erfahrungen.
- Kapitel 10.8 fasst die Inhalte von Kapitel 10 im Didaktischen Dreiklang zusammen und formuliert hieraus Empfehlungen für intergeneratives Singen.

10.1   Einleitung

Wann immer es um die Vermittlung und die Weitergabe von Kulturgut oder Werten geht, sind laut Stadler Elmer drei Kompetenzen für die Vermittelnden essenziell: Fertigkeiten, Strategien und Wissen.[88] Zusammen bilden diese drei Kompetenzen gewissermaßen einen „Didaktischen Dreiklang". Fehlt auch nur eine der drei Fähigkeiten, schmälert das den Wert den beiden anderen. So ist es erforderlich, Leiter intergenerativer Singangebote nicht nur mit Wissen über die anvertrauten Generationen vertraut zu machen und ihnen musikalisches Handwerkszeug zum Singen zu vermitteln, sondern die Leiter müssen auch über Strategien verfügen, ihr Wissen und ihre Fertigkeiten umsetzen zu können. Dazu gehören der Umgang mit Herausforderungen und Störungen ebenso wie die Fähigkeit, Wissen und Fertigkeiten abwechslungsreich und motivierend in der Probe anzubringen.

10.2   Repertoire intergenerativer Chöre

Das Repertoire, das in einem Chor erarbeitet wird, hängt stets von vielen Faktoren ab. Dabei ist vor allem wichtig, welchen Anspruch Chor und Chorleiter haben. Danach richten sich alle weiteren Fragen. Ternström *et al*. sehen die Fähigkeiten der Chorsänger als den entscheidensten Faktor für die Literaturauswahl (2012: 582). Wenn die stimmliche Leistungsfähigkeit eines Chores nicht dem Anspruch des Chorleiters entspricht, wird er versuchen, die Leistungsfähigkeit zu steigern. Die stimmliche Leistungsfähigkeit der Teilnehmer ist beim intergenerativen Singen insofern wichtig, als die Reife der alten und jungen Stimmen so unterschiedlich ist. Dies bringt unterschiedliche Bedürfnisse und eventuell Beschränkungen mit sich, die wiederum Einfluss auf die Literaturauswahl haben. Die Studie hat gezeigt, dass der künstlerische Anspruch der Leiter intergenerativer Singgruppen außer bei den neutralen Projekten meist eher im Hintergrund steht und somit tatsächlich die stimmlichen Fähigkeiten

---

88 Stefanie Stadler Elmer im Vortrag beim 3. Oldenburger Symposium „Junge Stimmen bewegen" am 3. November 2018

die Literaturauswahl mit beeinflussen. Doch auch die intellektuellen Fähigkeiten und das Interesse der beteiligten Sänger haben starken Einfluss auf das Programm. Beide Generationen sollen von der gesungenen Literatur angesprochen werden. Dabei geht es nicht nur um sinnvolle Freizeitgestaltung, sondern auch darum, sich mit der angebotenen Literatur persönlich weiterentwickeln zu können (s. Kapitel 9.4.6). Überforderung genauso wie Unterforderung kann diesem Anspruch entgegenwirken und die Teilnahme unattraktiv werden lassen.

Damit bei der Literaturauswahl auf die individuellen Erfahrungen insbesondere der älteren Teilnehmer eingegangen werden kann, ist es erforderlich, dass künftige Leiter intergenerativer Singprojekte über die Musikgeschichte des 20. Jahrhunderts, vornehmlich in der zweiten Hälfte, unterrichtet werden. Hierbei erscheint es besonders wichtig, sich mit der Unterhaltungsmusik dieser Jahre zu befassen, da diese die Senioren am meisten beeinflusst haben wird. In den kommenden Jahren werden zunehmend solche Senioren an intergenerativen Singprojekten teilnehmen, die mit ständiger medialer Verfügbarkeit von Musik gelebt haben. Dadurch ist auch bei dieser Altersgruppe das Gefühl für den Klang einer nicht elektronisch bearbeiteten, natürlichen Singstimme möglicherweise in den Hintergrund getreten und es könnte sein, dass erst wieder Zutrauen zum eigenen Singen entstehen muss. Dies ist besonders dann wichtig, wenn die alten Sänger während ihrer Schulzeit womöglich von ungeschickten Musiklehrern in Einzel-Vorsingsituationen entmutigende Beurteilungen erhalten haben (s. Kapitel 5.4). Leiter intergenerativer Singprojekt sollten hier verantwortungsvoll und behutsam vorgehen, um eventuell bestehende Vorbehalte abzubauen.

Um Auskunft über die musikalischen Interessen der alten Teilnehmer zu bekommen, kann die Ermittlung der Musikbiografie hilfreich sein.[89] Für Senioren, die noch fit genug zur Reflexion ihrer Sing- und Musikbiografie sind, bietet sich ein Fragebogen an, der von Anke Kolodziej erstellt wurde und der kostenlos im Internet heruntergeladen werden kann.[90] Leiter intergenerativer Singprojekte sollten sich von den Sing- und Musikbiografien der jeweiligen Sänger in ihrer Literaturauswahl inspirieren lassen. Dies bedeutet für die Leiter, offen für Musik zu sein, die möglicherweise nicht immer dem eigenen Anspruch und Geschmack entspricht.

Die inhaltliche Ausgestaltung intergenerativer Singprojekte ist vom Ort der intergenerativen Begegnung abhängig. In neutralen Projekten wird das für das gesetzte Ziel erforderliche Programm geprobt. Im Gegensatz dazu werden in Jung-zu-Alt- und in Alt-zu-Jung-Projekten meist keine zusammenhängenden Programme erarbeitet. Die Alt-zu-Jung-Projekte der Initiative „Canto elementar" dienen explizit der Förderung des alltäglichen Singens. Entsprechend werden klassische Volks- und Kinderlieder gemeinsam gesungen, ohne sie zielgerichtet für eine Präsentation vorzubereiten. Es geht also nicht um tiefergehendes musikalisches Erarbeiten der Lieder, sondern um

---

89 Siehe die Aussagen der Teilnehmer in Kapitel 8.6 L.b, die das Singen im Seniorenkreis wegen der Liedauswahl schöner finden.
90 https://www.wgp-shop.de/WebRoot/Sage/Shops/wgp-shop/MediaGallery/Downloads/ 63089_Singen_kennt_kein_Alter_ZUSATZDOWNLOAD.pdf?fbclid=IwAR0JK8ToO2 zyFemBf9_IdnXoUSr8aGy1FWLJq2W9xnWeKbu9y1pnbvDf4ro

die momentane Singerfahrung und den Erwerb eines Liedrepertoires. Hierzu ist im Verlag der Initiative ein passendes Liederbuch erschienen, das neben dem Liedmaterial Hinweise zur Entstehung und Gestaltung der jeweiligen Lieder enthält.[91] Die Senioren werden von Seiten der Initiative für das Singprojekt geschult.

In Jung-zu-Alt-Projekten singen oftmals bereits stärker eingeschränkte Senioren mit. Die Leiter von Jung-zu-Alt-Projekten sind vielfach durch eine Ausbildung zum Musikgeragogen zur Leitung ihres Singprojekts gelangt. Dementsprechend wird – wie in der Musikgeragogik üblich – häufig themenorientiert gearbeitet. Dadurch bieten sich Gesprächsanlässe, die den lebenssituativen Bezug herstellen sollen. Im intergenerativen Austausch mit der jungen Generation gewinnen solche Gespräche durch den unterschiedlichen biografischen Hintergrund der alten und jungen Teilnehmer einen besonderen Reiz. Um das jeweilige Thema darzustellen, bietet sich eine „gestaltete Mitte" im Raum an, in der erforderliche Utensilien oder Instrumente das Thema für alle in den Blick bringen. Der Leiter des Singprojekts sucht dann zum Thema passende Lieder und Musik für Bewegungseinheiten aus, die in der Stunde erarbeitet werden. Jedoch kann intergeneratives Singen ebenso ohne thematischen Bezug geplant und durchgeführt werden.

Häufig folgen intergenerative Singstunden in Jung-zu-Alt-Projekten einem gleichbleibenden Schema mit den Elementen Begrüßung, Thema, Gespräch, Bewegung, Stimmbildung, Singen, Instrumentalspiel, gemeinsame Aktion, Hören und Abschiedslied (s. Kapitel 8.5 E.a und E.a.a). Diese Komponenten werden je nach Fähigkeiten und Zielen der Leiter unterschiedlich ausgestaltet. Dabei hat es sich bewährt, bei Gruppen mit wechselnden Besetzungen der Teilnehmer im Begrüßungslied nicht jeden Sänger einzeln mit Namen zu begrüßen, sondern vielmehr mehrere Wiederholungen des Begrüßungsliedes durch verschiedene Arten von Bodypercussion oder Bewegungen zu gestalten. Insbesondere in Gruppen mit demenziell veränderten Senioren kann es nämlich eine Herausforderung darstellen, die Namen der Teilnehmer zu erfragen oder von ihnen zu erwarten, dass sie die Namen der anderen Teilnehmer (noch) wissen. Insgesamt sollte die Arbeit in Jung-zu-Alt-Projekten von vielen Wiederholungen geprägt sein. So lässt sich immer wieder an Bekanntes anknüpfen. Solche Wiederholungen sollten methodisch und musikalisch interessant gestaltet werden, um bei keiner Generation Langeweile aufkommen zu lassen. Leiter von Jung-zu-Alt-Projekten sollten ein großes Liedrepertoire abrufbereit haben, um auf spontane Liedwünsche eingehen zu können. Besonders in der Zusammenarbeit mit stärker eingeschränkten Sängern kann das intergenerative Singen nicht bis ins letzte Detail vorausgeplant werden, da die tagesaktuelle Verfassung der Sänger unter Umständen eine Anpassung des geplanten Programms erforderlich macht (s. Kapitel 8.5 D.e). In Jung-zu-Alt-Projekten werden vielfach Kinder- und Volkslieder, aber auch alte Schlager und moderne Kinderlieder gesungen. Oft werden Orff'sches Instrumentarium oder Body-Percussion zur Begleitung eingesetzt.

Das Repertoire neutraler intergenerativer Singprojekte reicht von Liedern und Schlagern zu einem bestimmten Thema über bunt gestaltete Programme während

---

91   S. Kapitel 7.6.E.b.b

Familien-Musizierfreizeiten zu aufwendig inszenierten Musicals mit und ohne Bühnenchoreographie (s. Kapitel 8.5 E.b.a). Die Auswahl wird vom Leiter getroffen, der sich an den Fähigkeiten und im Idealfall auch an den Interessen seiner jeweiligen Gruppe orientiert. Wichtig ist hier, dass die Chorleitung einen großzügigeren Zeitrahmen als in altershomogenen Chorgruppen einplant, um auf unterschiedliche Lerngeschwindigkeiten und situative Bedürfnisse eingehen zu können und Raum für außermusikalische Begegnung zu lassen. Ferner ist es wichtig, ausreichend Zeit für ein bedarfsgerechtes Einsingen zu geben. Jede Generation hat unterschiedliche stimmliche und physiologische Bedürfnisse, um die die Chorleitung wissen und denen nachgegangen werden sollte. Um ein künstlerisch zufriedenstellendes Ergebnis zu erreichen, ist es wichtig, dass sich die beiden Generationen stimmlich und klanglich aufeinander einstellen. Leiter intergenerativer Singprojekte sollten somit die Einsingphase ihres Chores entsprechend ausrichten: Viele Übungen zum Vokalausgleich sowie Hörübungen sollten auf jeden Fall Bestandteil des Einsingens sein. Eine abschließende Bühnenpräsentation des Projekts muss von beiden Generationen sicher und selbstbewusst gestaltet werden können. Dazu müssen die Sänger nicht nur stimmlich und musikalisch gut instruiert werden. Gerade für Menschen, die erstmals auf einer Bühne stehen, bedarf es auch guter mentaler Vorbereitung. Leiter neutraler intergenerativer Singprojekte sollten dieser Unterschiede zur Arbeit in einem altershomogenen bzw. geübteren, regelmäßiger auftretenden Ensemble gewärtig sein und entsprechende Methoden und Strategien zum motivierenden Üben für den Chor zur Hand haben.

10.3 Voraussetzungen und erforderliche Fähigkeiten für Leiter intergenerativer Singangebote

Bereits mehrfach sind in dieser Arbeit erforderliche musikalische und außermusikalische Fähigkeiten benannt worden, über die Leiter intergenerativer Singprojekte verfügen sollten. An dieser Stelle seien diese Fähigkeiten noch einmal explizit aufgeführt, um die didaktischen Inhalte intergenerativen Singens sowie den Bedarf einer Ausbildung zum intergenerativen Singleiter deutlich zu machen. Die Leiter sollten neben der persönlichen Bereitschaft zum intergenerativen Tun über fundiertes musikalisches Wissen, Fähigkeiten und Strategien verfügen („Didaktischer Dreiklang", Kapitel 10.8).

Essentiell sind gute *musikalische Fähigkeiten*: Ein souveräner Umgang mit der eigenen Stimme sowie die Fähigkeit, den Gesang bei Bedarf instrumental zu begleiten, sind ebenso wichtig wie das zielgerichtete, motivierende Erarbeiten der Literatur, wenn es sich um ein neutrales Projekt handelt (s. Kapitel 8.5 D.e und G.e). Für die Qualität der Ausbildung ist es unerheblich, um welche Art von intergenerativem Singen es sich handelt. Leiter von Jung-zu-Alt-Projekten müssen genauso gut ausgebildet sein wie Leiter neutraler Projekte.[92] Nur die absolute Sicherheit in musikalischen

---

92 Da die Alt-zu-Jung-Projekte „Canto elementar" im Grunde genommen nicht von einer Person geleitet werden, sondern die Singpaten eigenverantwortlich arbeiten, werden diese hier nicht mit in den Blick genommen. Die Ausbildung der Singpaten wird durch die

Fragen erlaubt es den Leitern, offen zu sein für die besonderen zwischenmenschlichen und musikalischen Herausforderungen intergenerativen Singens. Wer in einem neutralen Projekt die Probenzeit nicht effektiv zum Erreichen der gesetzten Ziele nutzen kann, sieht sich nicht in der Lage, Probenzeit für die so wichtige außermusikalische Begegnung zu „opfern" (s. Kapitel 8.5 C.b). Und wer in einem Jung-zu-Alt-Projekt nur damit beschäftigt ist, die Harmonien zur Begleitung eines Liedes auf seinem Instrument zu finden, hat keinen Blick dafür, ob möglicherweise gerade in diesem Augenblick zwischen den Teilnehmern der beiden Generationen ein besonderer Kontakt entsteht, der eine Vertiefung verdient hätte. Dass Leiter intergenerativer Singprojekte gute Kenntnisse über die menschliche Singstimme in verschiedenen Lebensphasen haben sollten, habe ich bereits erwähnt. In Kapitel 10.6 komme ich auf diesen Aspekt noch einmal zurück.

Ferner sollten Leiter intergenerativer Singprojekte über ein großes *Liedrepertoire* verfügen und dieses im besten Fall kurzfristig abrufbereit haben. Gerade in Jung-zu-Alt-Projekten müssen die Leiter mitunter schnell situativ reagieren können; sei es, dass spontan von Seiten der Teilnehmer ein Lied angestimmt wird, das vom Leiter aufgegriffen und in den Stundenverlauf integriert werden sollte (s. Kapitel 8.4.1 und Tabelle 3). Oder sei es, dass ein gewähltes Lied bei der Gruppe auf Widerstand stößt und nicht zu einem guten, gemeinsamen Singen führt. Dann ist es hilfreich, wenn der Leiter eine Alternative zur Hand hat und nicht erst überlegen muss, wie es weitergehen kann. Wichtig ist, dass Leiter intergenerativer Singprojekte auf beide Generationen situativ eingehen und nicht die Reaktionen der einen Generation höher werten als die der anderen.

Neben den musikalischen Fähigkeiten der Leiter sind menschliche Qualitäten wie *Empathie*, *Achtung* und *Respekt* vor den Teilnehmern unabdingbar. Einige Experten sprechen von „Liebe" und „Vertrauen", die die Teilnehmer der Projekte bei ihren Leitern wahrnehmen und als Motivation zur Teilnahme äußern (8.5 D.2). Insbesondere in Jung-zu-Alt-Projekten, in denen manche Teilnehmer schon stark eingeschränkt sind, ist Achtung vor den alten Teilnehmern wichtig. Selbst wenn diese Teilnehmer aktuell auf Unterstützung angewiesen und möglicherweise nicht mehr in der Lage sind, bewusst und aktiv zu handeln, so haben diese Personen dennoch eine Lebensleistung hinter sich gebracht, die Respekt verdient. Diesen Respekt vor der Lebensleistung alter Menschen der jungen Generation zu vermitteln, gelingt am ehesten durch authentisches eigenes Verhalten.

Da intergenerative Singprojekte zwar meist von nur einer Person musikalisch geleitet werden, jedoch in vielen Fällen der personellen Unterstützung bedürfen, ist *Teamfähigkeit* eine wichtige Kompetenz intergenerativer Chorleiter. Leiter solcher Projekte müssen bereit und fähig sein, Aufgaben zu delegieren, unterstützende Kräfte einzuweisen und zu motivieren sowie Ergebnisse der gemeinsamen Arbeit zu reflektieren (s. Kapitel 8.5 D.d). Solches Arbeiten im Team ist für viele Chorleiter bei der

---

Initiative selbst gewährleistet. Allerdings sollten die Ausbilder der Singpaten ebenfalls hoch qualifiziert sein, um die Singpaten mit den wesentlichen Aspekten im Umgang mit der Kinderstimme vertraut zu machen.

Leitung eines musikalischen Projekts eine neue Erfahrung. Verbunden damit ist das Erlernen von *wertschätzenden Kommunikationsformen*. Solche sind nicht nur dann wichtig, wenn es darum geht, das Projekt vorzustellen, Unterstützung dafür zu erwirken und mit Institutionen über organisatorische und finanzielle Belange zu verhandeln. Ebenso erfordert die heterogene Teilnehmergruppe *einfühlsame, respektvolle Ansprache* (s. Kapitel 8.5 D.f). Die junge Generation lernt durch das Beispiel der Chorleitung, wie sich die Teilnehmer durch einfühlsame Ansprache wahrgenommen und angenommen fühlen.

Die musikalische Leitung eines intergenerativen Singprojekts mit so großer innerer Anteilnahme kostet viel Kraft. Dessen sollten sich die Leiter bewusst sein und darauf sollten sie sich einlassen. Dabei ist es wichtig, den musikalischen Anspruch an sich selbst sehr hoch und den Anspruch an die Teilnehmer so hoch wie situativ möglich zu setzen. Freilich kann man gerade in persönlicher Hinsicht nicht jedem Teilnehmer in jeder Stunde gleich gut gerecht werden. Dies darf Leiter intergenerativer Singprojekte nicht entmutigen. Insbesondere in Jung-zu-Alt-Projekten ist für die Senioren eine vielleicht nicht völlig zufriedenstellende Singstunde womöglich immer noch angenehmer als die Alternative: Nämlich nicht gesungen, sondern stattdessen im eigenen Zimmer oder auf dem Flur gesessen zu haben.

Die Wahl der passenden Literatur (s. Kapitel 10.2) verlangt unter Umständen vom Leiter eines intergenerativen Singprojekts ein hohes Maß an *Toleranz*. Musik, die den Teilnehmern gefällt und diese anspricht, entspricht womöglich nicht der persönlichen Vorstellung von guter, vermittlungswerter Musik. Wenn jedoch dadurch die Ziele des Singprojekts (sinnvoll miteinander verbrachte Zeit, gemeinsames musikalisches Erleben des Augenblicks, Aktivierung, Kontakt zwischen den Generationen etc.) erreicht werden können, sollte die Leitung abwägen, ob sie es aushalten und authentisch realisieren kann, diese Musik zu erarbeiten. *Ambiguitätstoleranz* ist somit eine wesentliche Fähigkeit für Leiter intergenerativen Singens.

10.4 Organisatorische und institutionelle Bedingungen für intergeneratives Singen

In intergenerative Singprojekte sind häufig eine oder mehrere Institutionen eingebunden. Das Gelingen eines solchen Projekts ist somit an gute Organisation und Kooperation geknüpft:

- Um bei den beteiligten Institutionen und den Eltern der jungen Teilnehmer die Bereitschaft zur Unterstützung von intergenerativen Singprojekten zu wecken, ist eine umfassende Information über die zu erwartenden Umstände unumgänglich. Auf diese Weise lassen sich von vornherein viele Schwierigkeiten und Herausforderungen in den Blick nehmen und die Arbeit kann für alle Beteiligten zu einer positiven Erfahrung werden. Der Umfang der institutionellen Erfordernisse hängt eng mit dem Ort des intergenerativen Singprojekts zusammen. Während in neutralen Projekten die eingebundenen Institutionen meist nur über finanzielle und vertragliche Fragen zu entscheiden haben, sind bei den Jung-zu-Alt-Projekten die Altenheime zusätzlich stark involviert, indem dort nicht nur Räume bereitgestellt und hergerichtet werden müssen, sondern auch Personal (Soziale Dienste und Hauswirtschaft) zur Unterstützung gefordert ist (Kapitel 8.5 D.b). Dazu kommt die personelle Unterstützung seitens des Kindergartens oder der Musikschule, um die Kinder auf dem Weg zur Probe und möglicherweise auch während des Singens zu begleiten (Kapitel 8.5 D.a). Eine „Schnupperstunde" vor Beginn eines intergenerativen Singprojekts nur mit dem Personal der beteiligten Institutionen kann eine gute Möglichkeit sein, das Projekt vorzustellen. Dabei wird deutlich, was beim intergenerativen Singen tatsächlich gemacht werden soll, welche Senioren und Kinder dafür geeignet sind und wo welche Bedarfe entstehen.

- In Jung-zu-Alt-Projekten empfiehlt es sich, mit der Kindergruppe vor Beginn des intergenerativen Singprojekts die Einrichtung, in der die Begegnung stattfinden wird, zu besichtigen (Kapitel 8.5 D.f). Den Kindern bietet sich auf diese Weise ein Einblick in die Wohn- und Lebenswelt der Senioren. Zugleich können bei einem solchen Besuch Fragen nach Demenz und Pflegebedürftigkeit mit den Kindern besprochen werden. Durch einen offenen Umgang mit diesen Fragen werden Vorbehalte abgebaut oder gar ihre Entstehung von vornherein verhindert.

- Eine Öffnung des intergenerativen Singprojekts in den Stadtteil oder die Kommune ist empfehlenswert. Dies kann durch regelmäßig stattfindende offene Singstunden geschehen, zu denen jeder willkommen ist, auch Personen, die nicht institutionell in das Projekt eingebunden sind. Wird ein solches offenes Treffen an einem anderen Ort als der (Senioren-) Einrichtung veranstaltet, stellt dies zwar einen hohen organisatorischen Aufwand dar, wenn alle Teilnehmer dorthin begleitet werden müssen (Kapitel 8.5 D.a). Jedoch ist ein solcher Ortswechsel besonders für die Bewohner einer Altenwohneinrichtung eine willkommene und belebende Abwechslung zum normalen Alltag. In neutralen intergenerativen Singprojekten können „offene" Proben im Verlauf des Projekts die Bekanntheit des Projekts und damit möglicherweise auch die Teilnehmerzahl erhöhen. Zudem steigt dadurch die Neugier auf die Präsentation des Projekts (Konzert, Gottesdienst, Musical o.ä.).

- Die bereits erwähnte Teamarbeit entlastet den Leiter eines intergenerativen Singprojekts. Außerdem hilft das Arbeiten im Team, die Bedürfnisse der Teilnehmer im Blick zu behalten und die Generationen beim Kontakt zu unterstützen. Wo Vorbehalte der jungen Generation im Umgang mit stark eingeschränkten Senioren bestehen, kann die unterstützende Begleitung eines Erwachsenen helfen, bei musikalischen Partnerspielen einen Kontakt herzustellen, Berührungsängste zu nehmen oder bei Bedarf selbst als Partner einzuspringen.

- Kindertagesstätten, die nach dem „Canto elementar"-Konzept arbeiten möchten, sollten sich ebenfalls vorher gut über das Projekt informieren. Die Nachhaltigkeit des Projekts erfordert eine Vertragsbindung über zwei Jahre. Dies setzt Verlässlichkeit auf Seiten der Kita-Leitung voraus, damit das Projekt während dieser Zeit tatsächlich gut unterstützt und von der gesamten Kita getragen wird (Kapitel 8.5 A.c).

- Bei allen intergenerativen Singprojekten sollte Beliebigkeit bei der Sitzordnung und Raumaufteilung vermieden werden. Leiter intergenerativer Singangebote sollten eine klare Vorstellung davon haben, wie sie die beiden Generationen platzieren, damit Kontakt zwischen den Generationen entstehen kann, ohne einzelne Teilnehmer zu überfordern. Zudem muss den Bedürfnissen der beiden Generationen nachgekommen werden können: Breite Wege für Senioren mit Gehhilfen oder Rollstühlen, Platz für Bewegung der jungen Generation und in frontal ausgerichteten (neutralen) Projekten freier Blick zur Chorleitung für alle (s. Kapitel 8.7). Dazu gehört ebenso die möglichst barrierefreie Erreichbarkeit des Raumes, eine angenehme Raumakustik und eine gute Beleuchtung, besonders dann, wenn die Chorsänger beim Singen Noten bzw. Textblätter lesen müssen. Für demente Senioren stellt eine gleichbleibende Sitzordnung eine Sicherheit dar (s. Kapitel 8.6 M).
- Beide Generationen sollten außerhalb des intergenerativen Settings Gelegenheit haben, nur in der eigenen Generation miteinander zu singen. Dies kann ein gemeinsames Schlusslied nach der Begegnung sein, wenn die eine Generation wieder gegangen ist. Oder das intergenerative Projekt findet immer nur phasenweise statt (s. Kapitel 8.5 A.c). Der Identifikation mit der eigenen Generation ist solch intragenerative Tun förderlich und erhöht den Reiz des intergenerativen Zusammenseins. Zudem bieten altershomogene Singstunden dem Leiter die Möglichkeit, in Liedauswahl und Probenmethodik stärker auf den lebenssituativen Bezug der jeweiligen Generation einzugehen.
- In Jung-zu-Alt-Projekten machen viele Wiederholungen des Gesungenen das gemeinsame Tun selbstverständlicher und vermitteln Erfolgserlebnisse. Dafür sollten die Leiter über ein reiches Methodenrepertoire verfügen, um das gemeinsame Singen für alle Beteiligten auch in der Wiederholung interessant und spannend zu gestalten. Bei feststehenden Gruppen ist es für beide Generationen hilfreich, wenn in regelmäßigen Abständen die Teilnehmer einander vorgestellt werden. So erhalten auch eingeschränkte Teilnehmer die Möglichkeit, wenigstens für die aktuelle Stunde einzelne Namen zu kennen.

10.5 Umgang mit altersbedingten Besonderheiten

Obwohl sich der Beginn des Vierten Lebensalters mit seinen zunehmenden physiologischen und mentalen Einschränkungen in ein immer höheres Lebensalter verschiebt, bleiben dennoch diese Einschränkungen nicht aus und können das alltägliche Leben erschweren. Das kann wiederum Auswirkungen auf die Teilnahme an einem intergenerativen Singprojekt haben. An dieser Stelle soll lediglich ein grober Überblick über häufige altersbedingte physiologische und psychische Einschränkungen und ihre Ursachen gegeben werden. Ausführlich behandelt Koch solche altersbedingten Veränderungen und deren Auswirkungen auf das Singen (2017: 83ff.).

Eine allgemeine „Umwandlung von Funktionsgewebe in Stützgewebe" bedingt nachlassende Leistungsfähigkeit und Elastizitätsverlust einzelner Organe (Ding-Greiner & Lang 2004: 184). Am stärksten wirken sich altersbedingte Veränderungsprozesse auf die Herzleistung, die Lungenfunktion, die Muskulatur sowie Sehschärfe und Gehör aus (*ibid.*: 190). Leiter intergenerativer Singprojekte sollten somit zunächst über die stimmlichen Veränderungen in den unterschiedlichen Lebensaltern ihrer Teilnehmer Bescheid wissen; zudem gilt es, Kenntnisse zu haben über altersbedingte Veränderungen.

10.5.1 Herz-Kreislauf-System und Lunge

Verschiedene Faktoren können im Alter zu einem erhöhten Blutdruck bei gleichzeitig vermindertem Schlagvolumen des Herzens führen (*ibid.*: 191). Das Herz ist dann bei körperlicher Anstrengung stärker gefordert als bei jüngeren Menschen und der Herzkreislauf in der Funktion schneller eingeschränkt, was Folgeeinschränkungen in anderen lebenswichtigen Organen bedingt (*ibid.*).

Die erwähnten Gewebsveränderungen im Alter (Elastizitätsverlust und Versteifung) haben gravierende Folgen für die Atmung. Zusammen mit Veränderungen der Rippenknorpel und der Wirbelsäule lässt die Atemfunktion deutlich nach; die „atemaktive Oberfläche" der Lunge verkleinert sich ab dem 30. Lebensjahr alle zehn Jahre um etwa 4% (*ibid.*: 192). Ausdrücklich wird körperliches Training empfohlen, um die Funktionseinbußen zu mindern bzw. zu verzögern (*ibid.*).

Für Leiter intergenerativer Singprojekte bedeutet dies, dass sie großes Augenmerk auf geeignete Atem- und Aktivierungsübungen für ihren Chor legen sollten. Singen stellt eine großartige Möglichkeit zum Training der Atmung dar und kommt den Sängern keinesfalls wie ein „verordnetes Training" vor, sondern erfreut sie in den meisten Fällen. Zur Vorbereitung des Singens können sogenannte „verpackte" Übungen Jung und Alt auf spielerische Weise zum gezielten Atmen aktivieren. Auch ein leichtes körperliches Training zur allgemeinen Aktivierung kann durchgeführt werden, dabei muss aber immer auf die verminderte Herz-Kreislauffunktion der alten Generation geachtet und das Training entsprechend gestaltet werden. Leiter intergenerativer Singleiter sollten ausführliche Kenntnisse über die Lungenfunktion haben und vielfältige Übungen zum Training der Atmung kennen.[93] Solche Übungen sollten für Jung und Alt gleichermaßen ansprechend sein; spielerisch verpackt, dabei aber nicht infantil.

10.5.2 Mobilität

Altersbedingter Muskelabbau sowie Erkrankungen der Wirbelsäule oder der Gelenke sorgen für Einschränkungen in der Mobilität alter Menschen (*ibid.*: 193, 198ff.). Die Beweglichkeit lässt nach und der Körper ist eher zu Ausdauerleistungen imstande als zu kurzen Höchstleistungen (*ibid.*: 193). Kommen noch Einschränkungen in der Sinneswahrnehmung hinzu, sind Senioren sturzgefährdet, da sie unter Umständen nicht schnell genug reagieren können, wenn auf ihrer Wegstrecke etwas Unvorhergesehenes passiert (*ibid.*: 196). Durch die eingeschränkte Beweglichkeit sind Stürze meist

---

93 Zum Beispiel: Bengtson-Opitz 2008, Bengtson-Opitz 2010, Michel-Becher 2018, Strobl 2014, Trüün 2002, Trüün 2008, Trüün 2018, Wieblitz 2007

heftiger als bei jungen Menschen, die sich geschmeidiger bewegen und abfangen können und schneller reagieren. Die Senioren werden unsicher, weil sie Stürze fürchten, und bewegen sich nur zögerlich. Vielfach werden Gehhilfen wie Rollatoren oder Gehstützen verwendet, um Stürze zu vermeiden. Die Verwendung solcher Gehhilfen kann jedoch Haltungsprobleme im Oberkörper zur Folge haben und damit zu weiteren Einschränkungen führen.

Für das intergenerative Singen bedeuten diese Mobilitätseinschränkungen, dass die aktivierenden Übungen zu Beginn einer Probe keinen hohen Leistungsanspruch haben und nicht zu hektische Bewegungselemente enthalten sollten. Das intergenerative Singen kann jedoch die Körperwahrnehmung der Senioren stärken, durch verbesserte Atmung zu einer gesteigerten Grundfitness führen und insgesamt für ein besseres Körperbewusstsein sorgen. Die Senioren spüren, was sie alles noch können und werden dadurch sicherer. Mehrere Experten berichten davon, dass die Anwesenheit der jungen Sänger die Senioren besonders motiviert und aktiviert (s. Kapitel 8.5 E.h). Intergeneratives Singen kann somit für eine zusätzliche Aktivitätssteigerung sorgen. Rein praktisch bedeuten die Mobilitätseinschränkungen mancher Senioren, dass der Probenraum möglichst barrierefrei zu erreichen sein sollte. Im Raum selbst sollte Platz genug für das Rangieren mit Rollstühlen und Rollatoren und die Ablage von Gehstützen sein (s. Kapitel 8.5 F.b). Gleichzeitig wird freie Fläche benötigt, um dem Bewegungsdrang der jungen Generation Raum zu bieten.

10.5.3 Einschränkungen beim Sehen

Durch Einlagerungen von Eiweißstoffen verdichtet sich die Linse im Verlauf des Lebens, sodass im Alter von 80 Jahren nur noch 20% der Lichtstrahlen die Netzhaut erreichen (*ibid.*: 194). Zusammen mit anderen Einschränkungen wie Altersweitsichtigkeit oder Makuladegeneration bedeutet dies, dass ein Großteil von Senioren mit Einschränkungen des Sehvermögens zu tun hat (*ibid.*).

Beim intergenerativen Singen in Jung-zu-Alt-Projekten müssen diese Einschränkungen keine große Beeinträchtigung bedeuten, da vielen Senioren das gesungene Liedgut noch bekannt ist und sie auswendig mitsingen können. „Singen mit Gebärden" (Kap. 10.7) lässt sich ohnehin am besten ohne Notenblätter in der Hand praktizieren, damit die Hände frei sind für die Ausführung der Gebärden. Neutrale intergenerative Singprojekte jedoch haben meist klare musikalische Ziele, die mit beiden Generationen gemeinsam erarbeitet werden. Die Noten für die Sänger sollten in diesen Projekten grafisch so gestaltet sein, dass sie gut gelesen werden können, also eine größere Schrift haben, nicht zu eng bedruckt sein und über einen kontrastreichen Druck verfügen. Der Probenraum sollte gut beleuchtet sein. Ausführlich behandelt Koch die Auswirkungen altersbedingter Sehbehinderungen auf die Arbeit mit Seniorenchören (2017: 92ff.).

10.5.4 Einschränkungen beim Hören

Das menschliche Gehör lässt im Lauf des Lebens nach. Dieser Prozess fällt individuell verschieden aus und ist durch zahlreiche Studien belegt (Prause 2009: 181ff.). Die menschliche Hörfähigkeit liegt bei gesunden jungen Menschen zwischen 20 und 20.000 Hz und verliert im Alter am oberen Rand des Spektrums, sodass oft eine Obergrenze von 16.000 Hz angegeben wird (Wickel & Hartogh 2006: 23). Dabei lässt sich feststellen, dass Musik auch bei nachlassender Hörfähigkeit besser zu erfassen ist als Sprache, da ein größeres Frequenzspektrum durch Musik abgedeckt wird als beim Sprechen (Prause 2009: 186ff.). Weil Altersschwerhörigkeit neben anderen Symptomen den Faktor des „*Recruitments* (Lautheitsausgleich)" zeigt (*ibid.*: 184, Hervorhebung im Original), hilft es nicht weiter, alte Menschen bei Verständnisschwierigkeiten lauter anzusprechen, da solches als unangenehm empfunden wird. Leiter intergenerativer Singgruppen sollten also darauf achten, dass sie selbst und alle Teilnehmer sich an den von Prause empfohlenen Tipps zur Kommunikation mit altersschwerhörigen Menschen orientieren. Besonders wichtig sind geordnete Sprechsituationen, in denen möglichst nur eine Person zur gleichen Zeit langsam und deutlich spricht und möglichst alle Anwesenden Blickkontakt zur sprechenden Person haben. Ansprache von hinten oder der Seite sollte vermieden werden (*ibid.*: 200f.). Leiter intergenerativer Singgruppen sollten für diese Problematik sensibilisiert werden und Strategien zur Bewältigung dieser Herausforderung internalisieren (s. Kapitel 8.5 F.c).

10.5.5 Psychische und kognitive Einschränkungen

Mit zunehmendem Alter steigt das Risiko einer demenziellen Erkrankung. Schröder, Pantel & Förstl nennen eine Häufigkeit von etwa 1% der Über-70-Jährigen, über 5% der Über-75-Jährigen und bis zu über 10% der Über-80-Jährigen (2004: 225). Von diesen Erkrankungen, deren Ursachen zu vielfältig sind, um sie an dieser Stelle zu benennen, zählen etwa die Hälfte (Jäncke 2004: 217) bis zu zwei Drittel (Schröder, Pantel & Förstl 2004: 225) zu den Alzheimer-Demenzen. Jäncke beschreibt Demenzen als „zentralnervöse[n] Abbauprozess", der zu kognitiven Einschränkungen führt (2004: 216). Solche können sich in veränderten Verhaltensweisen wie Apathie, Verlangsamung, Änderungen im Gangbild und im Tonus, Amnesie sowie in der Sprache zeigen (*ibid.*: 217). „*Psychosoziale Interventionen*" stellen nach Jäncke eine gute Möglichkeit der Aktivierung demenziell erkrankter Personen dar, dabei ist es jedoch wichtig, „die Patienten nicht zu überfordern oder gar bloßzustellen" und sich ständig „an die tatsächlichen Erfordernisse und das Leistungsniveau" anzupassen (*ibid.*: 236, Hervorhebung im Original). Genau solche situative Anpassung sollten Leiter intergenerativer Singprojekte stets im Blick haben.[94] Zwar wirken demenzielle Einschränkungen in intergeneratives Singen hinein, verhindern aber nicht die Teilnahme für die Sänger. Vielmehr stellt Singen für demenziell veränderte Senioren eine Brücke in die Vergangenheit dar und ermöglicht eine Form der Identifikation mit der eigenen Person. Die Teilnahme von demenziell erkrankten Sängern am intergenerativen Singprojekt ist somit problemlos möglich und erfordert nicht mehr Rücksichtnahme als die Heterogenität der Gruppe ohnehin nötig macht. Lediglich das unter nachlassender

---

94 So stellte ich selbst bei der Teilnehmerbefragung fest, dass meine Frage nach dem Alter die dementen Teilnehmer in Verlegenheit brachte, da sie nicht wussten, welches Jahr wir hatten. Erst meine Frage nach dem Geburtsjahrgang konnte beantwortet werden.

Gedächtnisleistung verlangsamte Lerntempo kann im intergenerativen Singen bei neutralen Projekten Anpassungen erforderlich machen (s. Kapitel 8.5 E.g), sei es durch getrennte Proben oder durch häufigere Wiederholungen, die für die junge Generation interessant gestaltet werden sollten.[95]

Weitere häufige psychische Veränderungen sind depressive Störungen. Zwar treten laut Seidl *et al.* Depressionen im Alter seltener auf (2004: 241), jedoch entwickeln etwa 30% der Alzheimer-Patienten im Frühstadium zusätzlich eine depressive Störung (*ibid.*: 248).[96] Leitern intergenerativer Singprojekte sollte dieser Umstand bewusst sein, damit sie darauf sensibel eingehen können: Nicht übermotiviert alle Senioren zum Mittun animieren, sondern in Ruhe auf die tagesaktuelle Verfassung der Teilnehmer reagieren. Gleichzeitig sollten intergenerative Chorleiter sich nicht von einzelnen Ablehnungen abschrecken lassen. Vielfach sind solche negativen Stimmungen einzelner Teilnehmer dem jeweiligen Krankheitsbild zuzuschreiben.

Die aufgezeigten biologischen Altersprozesse führen zu unterschiedlichen körperlichen und psychischen Einschränkungen, die insbesondere die Atmung, das Herz, die Mobilität sowie das Sehen und Hören betreffen. Obwohl mancher Teilnehmer intergenerativer Singprojekte von solchen Einschränkungen betroffen sein kann, sollten diese beim intergenerativen Singen nicht im Vordergrund stehen. Für die Leiter intergenerativer Singprojekte ist es wichtig, über die Einschränkungen und deren Folgen informiert zu sein, damit die Probe entsprechend rücksichtsvoll geplant werden kann. Viel wichtiger ist es jedoch, den Fokus auf die noch vorhandenen Fähigkeiten und Talente zu legen und diese im intergenerativen Singen zu aktivieren und zu fördern. Intergeneratives Singen stellt eine Form der intergenerativen Bildung dar, die selbst bei starker körperlicher oder mentaler Einschränkung der alten Teilnehmer noch ausgeübt werden kann. Vielmehr kann der intergenerative Austausch den Senioren auch bei stärkerer Einschränkung noch ein Gefühl von Souveränität vermitteln, das ihnen in ihrem auf Unterstützung angewiesenen Alltag ein Stück Selbstvertrauen zurückgeben kann.

10.6 Umgang mit Besonderheiten beim Singen mit Kindern und Jugendlichen

Die Verletzlichkeit der Kinderstimme bei unbemerktem Singen mit der Vollstimme in höheren Lagen sowie das zu laute Singen in der Bruststimmlage sind sicherlich die größten Herausforderungen für Leiter intergenerativer Singprojekte im Umgang mit der jungen Generation. Häufig gelangen Leiter intergenerativer Singgruppen aus der Musikgeragogik heraus zum intergenerativen Tun und verfügen über wenig bis keine

---

95 Beispielsweise könnten bei jeder Wiederholung andere Aufgabenstellungen gegeben werden, um verschiedene Aspekte der Wiederholung besonders zu üben. Oder es werden jeweils andere Personengruppen aufgefordert zu singen: alle mit Locken, alle mit Brille, alle mit Geschwistern etc.
96 Auch Teilnehmerin B8, die über eventuelle Ablehnung beim intergenerativen Singen klagt, leidet nach Auskunft des Betreuungspersonals an einer Depression (Kapitel 8.6 L.a).

Ausbildung im Singen mit Kindern (s. Kapitel 8.5 F.a und c). Somit ist eine gründliche Einführung in das stimmhygienisch unbedenkliche Singen mit Kindern und Jugendlichen unumgänglich (s. Kapitel 5.3 und 9.4.3). Doch neben den stimmlichen Besonderheiten gilt es zu beachten, dass ebenso die Atmung beim gemeinsamen Singen von Jung und Alt Schwierigkeiten birgt: Gerade bei sehr jungen Kindern sind die Lungen eher horizontal positioniert. Neben der kleineren Größe der Lungen führt diese andere Position zu einem wesentlich kleineren Lungenvolumen im Vergleich zu erwachsenen Sängern (Phillips, Williams & Edwin 2012: 595). Deshalb können Kinder keine langen Passagen ohne Atempause singen. Darauf sollte bei der Literaturauswahl geachtet werden. Auch die weiteren Unterschiede im Vergleich zur Erwachsenenstimme (höherer subglottischer Druck und dickere Stimmlippen (Sundberg 2015: 238f.), kürzerer Vokaltrakt und ungelenker Kehlkopf (Phillips, Williams & Edwin 2012: 595) erfordern besondere Rücksichtnahme vom Leiter eines intergenerativen Singprojekts.

Die Leiter sollten in den Einsingephasen ihrer Projekte unbedingt Übungen zur Weckung der Randstimme durchführen. Wichtig ist, dass beim Einsingen die Generationen phasenweise alleine singen, damit der Leiter die kindliche Stimmgebung überprüfen kann. So sollten sich in intergenerativen Singprojekten beim Einsingen Übungen der einzelnen Generationen zur Kontrolle von stimmhygienisch unbedenklicher Stimmgebung mit Übungen zum Gesamtklang mit Vokalausgleich und eventueller leichter Mehrstimmigkeit abwechseln. Echospiele dienen der Gehörbildung und schulen die Wahrnehmung auf den eigenen Stimmklang und den Klang der Gruppe. Daneben sollte der Proben- bzw. Stundenaufbau so gestaltet sein, dass sich insbesondere jüngere Kinder nicht langweilen: Spielerische Phasen mit Bewegungsmöglichkeiten und konzentrierte Arbeitsphasen sollten sich abwechseln; verschiedene Probenmethoden (beispielsweise imitatorisches Arbeiten, „Inselmethode", Textarbeit, Rhythmusübungen) sollten verwendet werden. Eine umfassende Ausbildung in Kinderstimmbildung und Kinderchorleitung sollte daher Bestandteil der Ausbildung für Leiter intergenerativer Singgruppen sein.

10.7 Singen mit Gebärden als intergeneratives, inklusives Erlebnis

Seit einigen Jahren werden in Deutschland Hilfsmittel der *Unterstützten Kommunikation (UK)* bekannt gemacht und eingesetzt. Hierbei handelt es sich um körpereigene, nicht-elektronische oder elektronische Mittel zur Verständigung, wenn die Lautsprachlichkeit durch angeborene oder erworbene Beeinträchtigungen, Krankheit, Unfall, Alter oder Demenz eingeschränkt oder unmöglich ist. Während der Einsatz von Buchstabentafeln oder Talkern für das intergenerative Singen allenfalls für die Gesprächsanteile der Begegnungen von Relevanz sind, stellt der Einsatz von Gebärden der Deutschen Gebärdensprache (DGS) eine gute Möglichkeit dar, Gebärden zu lernen, den Text von Liedern besser zu erinnern, ganzheitliches Singen zu fördern und damit alle Teilnehmer zu aktivieren. Gleichzeitig kann dem Bewegungsdrang von Kindern Rechnung getragen werden.

Vielfach werden in der Kinderchorarbeit Bewegungen zum Singen eingesetzt, um ganzheitliches Singen zu ermöglichen. Wenn man statt beliebiger Bewegungen Gebärden der DGS verwendet, wird der Inhalt des Gesungenen auch für Menschen erschlossen, die nicht oder nur eingeschränkt hören können und stellt somit eine Form von Inklusion dar. Dabei werden in der Unterstützten Kommunikation das „Lautsprachbegleitende Gebärden" (LBG) bzw. die „Lautsprachunterstützende Kommunikation" (LUK) verwendet (Köhnen & Roth 2018 [2007]: 18). Das bedeutet, dass nur Schlüsselwörter einer Aussage durch Gebärden begleitet werden, und nicht die Grammatik und Syntax der Deutschen Gebärdensprache benutzt werden, da sich diese in großen Teilen von der gesprochenen Sprache unterscheiden. Auf das Singen übertragen heißt dies, pro Liedzeile ein bis zwei Gebärden zu verwenden, die die Kernaussage der jeweiligen Liedzeile unterstreichen. Auf diese Weise müssen nicht so viele Gebärden auf einmal neu gelernt werden, sondern der Gebärdenwortschatz erweitert sich erst allmählich. Da der Einsatz von Gebärden in der Seniorenarbeit noch ziemlich neu ist, können durch das Singen mit Gebärden Senioren mit (neuen) Gebärden allmählich und ganz nebenbei vertraut gemacht werden. Bezugnehmend auf die oben erwähnte Studie von Altenmüller (s. Kapitel 4.4) kann dieses Neue besonders motivierend sein, weil es keinen Erfolgsdruck des Wiedererlernens verlorener Fähigkeiten gibt (Altenmüller 2015: 115). Das intergenerative Singen bekäme durch die Verwendung von Gebärden nicht nur eine zusätzliche Ausdrucksform, sondern ebenso einen weiteren Benefit hinzu, nämlich den materialen Gewinn des Erlernens von Gebärden.[97]

Es ist somit zu empfehlen, dass Leiter intergenerativer Singprojekte mit der Deutschen Gebärdensprache vertraut gemacht werden. Sie sollten lernen, wie sie Gebärden sinnvoll beim Singen einsetzen und wie Gebärden motivierend von einer Singgruppe gelernt werden können.

10.8 Didaktischer Dreiklang, Forderungen für das intergenerative Singen und Ausblick

Didaktischer Dreiklang

Die oben formulierten Inhalte des didaktischen Konzepts für intergeneratives Singen sollen zusammenfassend im Didaktischen Dreiklang (Wissen – Fertigkeiten – Strategien) geordnet werden (Abb. 33):

---

97 Zu methodischen Hinweisen zum Singen mit Gebärden siehe Voss 2020.

Wissen	Fertigkeiten	Strategien
• Kenntnisse über die Stimme in verschiedenen Lebensaltern • Geragogisches Grundwissen • Pädagogisches Grundwissen • Kenntnisse über altersbedingte physiologische und psychologische Veränderungen • Kenntnisse über (Unterhaltungs-)Musik etwa seit 1950 • Großes Liedrepertoire	• Musikalische Ausbildung • Teamfähigkeit • Wertschätzende Kommunikation • Aufmerksamkeit für die individuellen Bedürfnisse der Sänger • Deutsche Gebärdensprache • Ambiguitätstoleranz	• Flexibler Einsatz von Methoden • Dialogische Ausrichtung der Proben • Offenheit der Ziele • Für alle Beteiligten ansprechende und angemessene Literaturauswahl • Situativ angepasste Einsinge- und Aktivierungsübungen • Realistische Planung von intergenerativen Singprojekten • Respektvoller Umgang mit allen Teilnehmern • Individuell angepasste Hilfestellungen • Unterstützung in organisatorischen Belangen annehmen • Unterstützung für Krisensituationen (Krankheit und Tod) organisieren

Abbildung 33: Didaktischer Dreiklang für intergeneratives Singen, erforderliche Kompetenzen für Leiter intergenerativer Singprojekte, Anforderungen für die Ausbildung

Die in Abbildung 33 benannten Kompetenzen machen erst im Zusammenwirken Sinn:

- Nur eine fundierte musikalische Ausbildung ermöglicht situativ angepasstes intergeneratives Singen, die Auswahl angemessener Literatur und sorgfältige, realistische Planung intergenerativer Singprojekte.
- Leiter intergenerativer Singprojekte sollten Kenntnisse über die menschliche Singstimme in verschiedenen Lebensphasen haben; diese nützten ihnen aber nur wenig, wenn sie nicht in der Lage sind, diese Kenntnisse auf ihr jeweiliges Singprojekt zu übertragen, indem sie angemessene Literatur auswählen bzw. das Einsingen für beide Generationen förderlich zu planen.
- Das Wissen über altersbedingte physiologische und psychologische Veränderungen muss sich in der Wahl passender Methoden zeigen, beispielsweise imitato-

rische Anleiten, Modularisieren, Elementarisieren, Repetieren, rhythmische Übungen, Textarbeit.[98]
- Das Liedrepertoire eines Leiters intergenerativer Singangebote ermöglicht die dialogische Ausrichtung des gemeinsamen Singens. Alle Beteiligten können sich in das gemeinsame Singen einbringen und Einfluss auf den Verlauf der Stunde nehmen. Dies gelingt freilich nur, wenn der Leiter die musikalischen Möglichkeiten für situatives Reagieren hat.
- Durch die Verwendung von Gebärden der Deutschen Gebärdensprache können Leiter intergenerativer Singprojekte das gemeinsame Singen bereichern. Jedoch sollten sie wissen, wie sie diese ihrer Gruppe motivierend vermitteln.
- In Jung-zu-Alt-Projekten passt der Leiter durch seine Fähigkeit des Wahrnehmens der individuellen Bedürfnisse der Teilnehmer die Ziele der jeweiligen musikalischen Begegnung an.
- Ambiguitätstoleranz ermöglicht gelegentlich erst die Auswahl biografieorientierter Musik, die womöglich nicht dem eigenen musikalischen Anspruch genügt. Ohne das Wissen um die für die Senioren relevante Musik kann eine bedarfsgerechte Auswahl an Literatur nicht gelingen.
- Pädagogisches und geragogisches Grundwissen sollte sich im flexiblen Einsatz von Methoden und in kommunikativem Geschick in der Praxis widerspiegeln.
- Ohne Teamfähigkeit wird das intergenerative Singen für dessen Leiter sehr anstrengend. Durch gute Kommunikationsfähigkeiten kann der Leiter eines intergenerativen Singprojekts Unterstützung in organisatorischen Fragen oder Krisensituationen erwirken. Er sollte jedoch bereit sein, solche Unterstützung anzunehmen.
- Geragogisches Fachwissen ermöglicht situativ angemessene Probenarbeit, jedoch nur, wenn die individuellen Bedürfnisse der Teilnehmer wahrgenommen, wertschätzend kommuniziert und bedarfsgerechte Hilfestellungen gegeben werden können.
- Gute Kommunikation erleichtert die Ansprache von Unterstützern für intergenerative Singprojekte, erleichtert aber ebenso den respektvollen Umgang mit der heterogenen Singgruppe.

Empfehlungen für das intergenerative Singen

Die Komplexität der Anforderungen an Leiter intergenerativer Singprojekte macht deutlich, dass Ausbildungsmöglichkeiten für intergenerative Singleiter geschaffen werden sollten. Denkbar wäre die Schaffung einer hochschulzertifizierten Weiterbildung „Intergeneratives Singen". Hierzu sollte ein entsprechendes Curriculum verfasst werden, dass die Fülle des Stoffs auf einen angemessenen Zeitraum verteilt. Das Curriculum sollte Inhalte aus Musikpädagogik, Gesangspädagogik, Musikgeragogik, Community Music, Gerontologie und intergenerativer Bildung umfassen. Eine solche Weiterbildung sollte als berufsbegleitender Lehrgang angeboten werden, damit

---

98 Siehe hierzu die Expertenangaben in Kapitel 8.5: D.e, E.a, F.a, F.b, G.e und Kapitel 9.4.3

bereits tätige intergenerative Singleiter sich weiterqualifizieren können. Ein Bedarf dafür besteht, wie manche Aussagen meiner Interviewpartner zeigen. Ausrichter einer solchen Weiterbildung könnten Landesmusikakademien oder die Bundesmusikakademie Trossingen sein. Während in Trossingen im Herbst 2019 ein zweiter Versuch einer Fortbildung für intergeneratives Musizieren unternommen wird (der erste Versuch 2017 musste wegen zu geringer Teilnehmeranzahl abgesagt werden)[99], besteht selbst bei den Landesmusikakademien, die einen Schwerpunkt auf Musik in der Seniorenarbeit legen, noch Nachholbedarf im Sektor intergeneratives Singen bzw. Musizieren. Die Landesmusikakademie Berlin bietet trotz des eigenen Anspruchs, Laienmusizieren mit „Menschen jeden Alters und jeder Herkunft zu ermöglichen"[100], lediglich zwei Kurse zum generationenübergreifenden Musizieren an, das „3-Tages-Orchester"[101]. Hierbei handelt es sich um ein Blas- bzw. Streichorchester-Angebot für musikalische Laien zwischen „13 und 80 Jahren". Daneben gibt es in der Zusammenarbeit mit der Fachhochschule Münster eine mehrmonatige Ausbildung zum Musikgeragogen.[102] Die Landesmusikakademie Nordrheinwestfalen in Heek, die breite Kursangebote für das Musizieren im Alter und ebenso zum Thema Singen vorhält, bietet leider keine Seminare für intergeneratives Singen oder Musizieren an.[103] Auf der Homepage der bundesdeutschen Musikakademien finden sich zwar Kurse zum Singen und zur Stimmbildung mit Kindern oder mit Senioren, jedoch keine Angebote, die beide Schwerpunkte miteinander verbinden.[104] So sind Leiter intergenerativer Singprojekte zurzeit noch gezwungen, sich ihre generationsspezifischen Zusatzqualifikationen in mehreren verschiedenen Angeboten anzueignen. Da nicht jeder Leiter eines intergenerativen Singangebots dazu bereit oder in der Lage ist, sind mancherorts nur unzureichend ausgebildete Singleiter intergenerativer Singprojekte tätig. Es wäre wünschenswert, wenn sich die bundesdeutschen Musikakademien dieser Aufgabe annähmen. Da der Deutsche Musikrat in seiner „Wiesbadener Erklärung" unter den Punkten 8, 9 und 10 das generationenübergreifende Musizieren explizit gefördert sehen möchte (2007:2), ist auch dieser gefordert, an der Entwicklung und Einrichtung einer Weiterbildung für intergenerative Singleiter mitzuwirken.

---

99 https://www.bundesakademie-trossingen.de/weiterbildungen/aktuelle-fachuebergreifende-aspekte/details/generationen-verbinden-anregungen-fuer-musikpaedagoginnen-zum-intergenerativen-musizieren.html

100 Zitiert von der Homepage der Landesmusikakademie: https://landesmusikakademie-berlin.de/ueber-uns/leitbild/

100 https://landesmusikakademie-berlin.de/angebote/kurs/das-3-tages-movie-television-72219; https://landesmusikakademie-berlin.de/angebote/kurs/das-3-tages-streichorchester-76419/

102 https://www.musikakademien.de/kurse/details.html?tx_nwsmizseminars_pi1%5Bseminar%5D=376&tx_nwsmizseminars_pi1%5Bfilter%5D=&tx_nwsmizseminars_pi1%5Baction%5D=show&tx_nwsmizseminars_pi1%5Bcontroller%5D=Seminar&cHash=e7208662e53f921166856e0d6c20f119

103 https://www.landesmusikakademie-nrw.de/seminartermine/

103 Beispielsweise: https://www.bundesakademie.de/programm/musik/do/veranstaltung_details/mu08-19/; https://www.bundesakademie.de/programm/musik/do/veranstaltung_details/mu07-19/

Denkbar und wünschenswert wäre es ebenso, eine künstlerische Ausbildung zum intergenerativen Singleiter an eine Ausbildung zum *Community Musician* oder Musikvermittler in der Sozialen Arbeit, wie beispielsweise an der „Fachhochschule Clara Hoffbauer" in Potsdam, anzubinden.[105] Ein Blick in das auf der Homepage verlinkte Modulhandbuch zeigt, dass der musikalische Teil des Studiums zwar durchaus Themen wie Stimmbildung bei Kindern und kindgemäßes Musizieren abdeckt, jedoch das Musizieren im Alter kaum im Curriculum auftaucht. Hier eine größere Aufmerksamkeit für die menschliche Stimme und das Singen im Alter zu schaffen, wäre wichtig. Der Master-Studiengang „Inklusive Musikpädagogik/Community Music" der Katholischen Universität Eichstätt-Ingolstadt hingegen legt einen Schwerpunkt auf das Thema Inklusion, auch hier werden die Themen Musik in der Lebensspanne bzw. intergeneratives Singen nur am Rande gestreift.[106] Im kanadischen Masterstudiengang „Community Music" der Wilfrid Laurier University wird als berufliche Perspektive für ausgebildete *Community Musicians* unter anderem das Musizieren in Altenheimen vorgeschlagen.[107] Der Leiter des Studiengangs, Lee Willingham, erklärte auf meine Nachfrage, dass zwar intergeneratives Singen nicht explizit im Lehrplan auftauche, Musizieren in intergenerativen Settings jedoch einen der Grundpfeiler des kanadischen Programms für Community Music darstelle.[108] Intergeneratives Singen lässt sich der Community Music zuordnen (s. Abb. 30) und könnte somit im Curriculum der Community Music gelehrt werden.

Auch die Chorverbände könnten sich für intergeneratives Singen einsetzen. Inzwischen bieten verschiedene Chorverbände Programme zur Singförderung an, beispielsweise „Die Carusos", „Toni singt", „JeKits" etc.[109] Singförderprogramme sind tatsächlich auch im Zusammenhang mit intergenerativem Singen sehr wichtig, um hier für künftige Generationen den Grundstein für Singen im Alter zu legen. Wer als Kind nicht gesungen hat, kann darauf im Alter nicht zurückgreifen (s. Kapitel 5.4). Das Thema „Singen im Alter" findet allerdings eher wenig Beachtung; generationenübergreifendes Singen wird außer in Familienmusikwochen überhaupt nicht explizit beworben oder gefördert. Hier sind somit auch die Chorverbände gefordert, sich einzubringen.

Daneben wäre es wünschenswert, ein Schulfach „Community Service Learning" bzw. „Soziales Lernen" an Sekundarstufen I einzurichten. In einem solchen, praktisch orientierten Schulfach könnten Schüler soziale Berufe kennenlernen, ihre eigenen sozialen Talente entdecken und spüren, wie erfüllend eine soziale Tätigkeit sein kann. Dieses Schulfach sollte mit Einrichtungen der Altenpflege, Kindertagesstätten oder Behindertenwohnheimen und -werkstätten verknüpft werden, um ganz praktische Erfahrungen zu ermöglichen. Innerhalb eines solchen Schulfachs könnten intergenerative Singprojekte für die Dauer eines Schuljahres durchgeführt werden, die durch solche Permanenz einen tiefergehenden Kontakt ermöglichen als zeitlich befristete

---

[105] https://www.fhchp.de/studienangebot/musik/
[106] https://www.ku.de/ppf/musik/musikpaedagogik/studium-und-lehre/ma-cm/
[107] https://wlu.ca/programs/music/graduate/community-music-ma/index.html
[108] Lee Willingham in einer Mail an mich am 10.06.2019
[109] http://www.die-carusos.de/, https://www.toni-singt.de/, https://www.jekits.de/

Projekte. Dabei geht es nicht darum, auf billige Art einen bestehenden Personalmangel in Alten- und Behinderteneinrichtungen auszugleichen, sondern vielmehr darum, eine sich umeinander sorgende Gesellschaft zu fördern und den Zusammenhalt innerhalb der Kommunen zu stärken. Intergeneratives Singen stellt dabei durch die emotionale Beteiligung eine besonders motivierende Möglichkeit des sozialen Lernens dar.

Ausblick

Es wäre wünschenswert, wenn die geforderten Ausbildungsmöglichkeiten zur Schaffung von Stellen für intergeneratives Singen führen würden, da dieses eine besonders gut und lange geeignete Möglichkeit des intergenerativen Kontakts und intergenerativer Bildung darstellt. Eine Aufwertung intergenerativen Singens durch die Schaffung von vertraglich abgesicherten Festanstellungen ermöglicht nachhaltiges intergeneratives Singen mit Zukunftsperspektive und motiviert Musiker, sich für intergeneratives Singen ausbilden zu lassen.

Für die Zukunft wäre weitergehende Forschung in folgenden Feldern erstrebenswert:

- Wie kann intergeneratives Singen für Senioren mit Migrationshintergrund gelingen?
- Intergeneratives Singen und geistige Behinderung: Wie kann ein respektvolles, bereicherndes musikalisches Miteinander erreicht werden?
- Entwicklung eines Curriculums für ein stark praktisch orientiertes Schulfach „Community Service Learning" bzw. „Soziales Lernen", das einen Fokus auf außerschulische Lernorte legt.
- Wie können die Chorverbände in der Spannung von Singförderprogrammen mit Anspruch an die kindliche Stimmgesundheit und „Singen im Alter" im intergenerativen Singen kooperieren?

Intergeneratives Singen in seinen drei Ausprägungen stellt eine motivierende Form der Generationenzusammenführung dar, die selbst bei stärkeren körperlichen und mentalen Einschränkungen noch ausgeübt werden kann. Zahlreiche Benefits für alle Beteiligten sprechen dafür, dieses noch junge Thema der Musikpädagogik stärker in den Fokus zu nehmen und durch die Schaffung von Aus-, Fort- und Weiterbildungsmöglichkeiten sowie die Einrichtung entsprechender Stellen an Schulen oder Altenheimen ein neues Berufsbild für Musiker zu generieren. Hierzu wäre eine Zusammenarbeit mit den Chorverbänden und ihren Singförderprogrammen wünschenswert, um die Kräfte zu fokussieren und nicht in ein Konkurrenzdenken zu geraten. Es geht darum, positive Erfahrungen für ein gemeinsames Anliegen zu nutzen.

Literatur

Adamek, Karl (Hrsg.). 2014. *Canto elementar – Das Liederbuch.* 3. Aufl. Hattingen: Canto Verlag.

Adamek, Karl. 2008. *Singen als Lebenshilfe.* 4. Aufl. Münster: Waxmann.

Altenmüller Eckart. 2015. „Wie lernen Senioren? Mechanismen der Hirnplastizität beim Musikunterricht im Alter." In: Gembris, Heiner (Hrsg.). *Musikalische Begabung und Alter(n).* Berlin: Lit-Verlag, 103–123.

Altenmüller Eckart. 2008. „Es ist nie zu spät: Zur Neurobiologie des Musizierens im Alter." In: VdM-Verband deutscher Musikschulen (Hrsg.). *Musik – ein Leben lang!* Bonn: VdM Verlag, 35–40.

Auer, Margit. 2013. „Die Entwicklung vor Augen und die Gesellschaft im Nacken." In: Thomas, Peter Martin & Calmbach, Marc (Hrsg.). *Jugendliche Lebenswelten.* Berlin, Heidelberg: Springer, 213–226.

Baltes, Paul B. & Baltes, Margret M. 1989. „Optimierung durch Selektion und Kompensation. Ein psychologisches Modell erfolgreichen Alterns." In: *Zeitschrift für Pädagogik,* 35 (1): 85–105.

Bastian, Hans Günther & Fischer, Wilfried. 2008. *Handbuch der Chorleitung.* 2. Aufl. Mainz: Schott.

Bengtson-Opitz, Elisabeth. 2010. *Anti-Aging für die Stimme II: Ein Handbuch für gesunde und glockenreine Stimmen.* Hamburg: TimonVerlag.

Bengtson-Opitz, Elisabeth. 2008. *Anti-Aging für die Stimme: Ein Handbuch für gesunde und glockenreine Stimmen.* Hamburg: TimonVerlag.

Bialdiga, Kirsten. 2018. *Bundesweit erste repräsentative Hochaltrigen-Studie liefert in NRW überraschende Ergebnisse.* Düsseldorf: Rheinische Post. Online-Dokument: https://rp-online.de/panorama/deutschland/bundesweit-erste-repraesentative-hochaltrigen-studie-liefert-in-nrw-ueberraschende-ergebnisse_aid33186493?utm_source=mail&utm_medium=referral&utm_campaign=share. [2018–09–22]

Blank, Thomas & Adamek, Karl. 2010. *Singen in der Kindheit.* Münster: Waxmann.

BMFSFJ (Bundesministerium für Familie, Senioren, Frauen und Jugend). 2010. *Sechster Bericht zur Lage der älteren Generation in der Bundesrepublik Deutschland – Altersbilder in der Gesellschaft.* Berlin: Deutscher Bundestag.

BMFSFJ (Bundesministerium für Familie, Senioren, Frauen und Jugend). 2006. *Fünfter Bericht zur Lage der älteren Generation in der Bundesrepublik Deutschland. Potenziale des Alters in Wirtschaft und Gesellschaft. Der Beitrag älterer Menschen zum Zusammenhalt der Generationen. Entwurf einer Stellungnahme der Bundesregierung zum Bericht der Sachverständigenkommission für den 5. Altenbericht.* Berlin: Deutscher Bundestag.

BMI (Bundesministerium des Innern). 2017. *Jedes Alter zählt. Die Demografiestrategie der Bundesregierung. Arbeitsgruppenergebnisse zum Demografiegipfel am 16. März 2017.* Berlin: Publikationsversand der Bundesregierung.

BMI (Bundesministerium des Innern). 2015. *Jedes Alter zählt. „Für mehr Wohlstand und Lebensqualität aller Generationen." Weiterentwicklung der Demografie-*

strategie der Bundesregierung. Berlin: Publikationsversand der Bundesregierung.

Bock, Katrin & Lugert, Sebastian. 2017. „Über gesunde Stimmlagen für Kinder." In: *Musik in der KITA.* 3: 51–53.

Böhme, Gerhard. 2011. „Stimmstörungen im Alter aus medizinischer Sicht." In: Böhme, Gerhard (Hrsg.). *Stimmstörungen im Alter.* Bern: Hans Huber, 27–72.

Bollacher, Wolfgang. 2010. „Vorwort." In: Heilemann, Ullrich (Hrsg.). *Demografischer Wandel in Deutschland. Befunde und Reaktionen.* Berlin: Duncker & Humblot, 5–6.

Bollnow, Otto Friedrich. 1984. *Existenzphilosophie und Pädagogik. Versuch über unstetige Formen der Erziehung.* 6. Aufl. Stuttgart: Kohlhammer.

Brünger, Peter. 2007. „Singen im Kindergarten – Ergebnisse einer repräsentativen empirischen Untersuchung." In: Mohr, Andreas (Hrsg.). *Schriftenreihe Osnabrücker Symposium „Singen mit Kindern".* Osnabrück, 29–36.

Bubolz-Lutz, Elisabeth & Steinfort-Diedenhofen, Julia. 2018. „Freiwilliges Engagement als Lernfeld im Alter – ein geragogisches Handlungsfeld." In: Schramek, Renate & Kricheldorff, Cornelia & Schmidt-Hertha, Bernhard & Steinfort-Diedenhofen, Julia (Hrsg.). *Alter(n) – Lernen – Bildung.* Stuttgart: Kohlhammer, 227–236.

Bundesinstitut für Bevölkerungsforschung. 2018. *Altersstruktur der Bevölkerung in Deutschland 1950–2060* Online: http://www.demografie-portal.de/SharedDocs/Informieren/DE/ZahlenFakten/Bevoelkerung_Altersstruktur.html [2019-05-18].

Callaghan, Jean & Emmons, Shirlee & Popeil, Lisa. 2012. „Solo Voice Pedagogy." In: McPherson, Gary E. & Welch, Graham F. (Hrsg.). *The Oxford Handbook of Music Education I.* New York: Oxford University Press, 559–580.

Camlin, Dave & Zeserson, Katherine. 2018. „Becomig a Community Musician." In: Bartleet, Brydie-Leigh & Higgins, Lee (Hrsg.). *The Oxford Handbook of Community Music.* New York: Oxford University Press, 711–733.

Cartwright, John H. 2001. *Evolutionary Explanations of Human Behaviour.* Hove: Routledge.

Chorzeit. Das Vokalmagazin. Hrsg. v. d. Deutschen Chorverband Verlags- und Produktionsgesellschaft.

Clift, Stephen & Morrison, Ian & Skingley, Ann & Page, Sonia & Coulton, Simon & Treadwell, Pauline & Vella-Burrows, Trish & Salisbury, Isobel & Shipton, Matthew. 2013. *An Evaluation of Community Singing for People with COPD.* Canterbury: Canterbury Christ Church University.

Coffman, Don D. 2017. „Pädagogik, Andragogik und Heutagogik." In: Hill, Burkhard & de Banffy-Hall, Alicia (Hrsg.). *Community Music.* Münster: Waxmann, 107–123.

Creech, Andrea & Hallam, Susan & Varvarigou, Maria & McQueen, Hilary. 2014. *Active Ageing with Music.* London: Institute of Education Press.

Cross, Ian. 2001. „Music, Cognition, Culture, and Evolution." In: Zatorre, Robert J. & Peretz, Isabelle (Hrsg.). *The Biological Foundations of Music.* New York: The New York Academy of Sciences, 28–42.

Davidson, Jane W. & Pitts, Stephanie E. 2014. „Musik und geistige Fähigkeiten." In: Gembris, Heiner & Kraemer, Rudolf-Dieter & Maas, Georg. *Macht Musik wirklich klüger? – Musikalisches Lernen und Transfereffekte. 5. Aufl.* Augsburg: Wißner, 91–102.

de Banffy-Hall, Alicia. 2017. „Community Music in Deutschland heute – eine Verortung." In: Hill, Burkhard & de Banffy-Hall, Alicia (Hrsg.). *Community Music.* Münster: Waxmann, 27–43.

de Groote, Kim & Hartogh, Theo. 2016. „Gegenstand, Typen und Methoden der Forschung in der Kulturgeragogik." In: Fricke, Almuth & Hartogh, Theo (Hrsg.). *Forschungsfeld Kulturgeragogik – Research in Cultural Geragogy.* München: kopaed, 17–35.

de Groote, Kim & Nebauer, Flavia. 2008. *Kulturelle Bildung im Alter. Eine Bestandsaufnahme kultureller Bildungsangebote für Ältere in Deutschland.* München: kopaed.

Deutscher Musikrat. 2007. *Wiesbadener Erklärung. 50+ – im Alter mit Musik aktiv.* Wiesbaden, Mainz: Deutscher Musikrat.

Deutsches Musikinformationszentrum (MIZ). 2018. *Schülerzahlen und Altersverteilung an Musikschulen im VdM.* Online: http://www.miz.org/downloads /statistik/5/05_Schuelerzahl_Alterverteilung_Musikschulen.pdf [2018–10–27].

Ding-Greiner, Christina & Lang, Erich. 2004. „Alternsprozesse und Krankheitsprozesse – Grundlagen." In: Kruse, Andreas & Martin, Mike (Hrsg.). *Enzyklopädie der Gerontologie.* Bern: Verlag Hans Huber, 182–206.

Dissanayake, Ellen. 2000. „Antecedents of the Temporal Arts in Early Mother-Infant Interaction." In: Wallin, Nils L. & Merker, Björn & Brown, Steven (Hrsg.). *The Origins of Music.* Cambridge, Massachusetts: MIT Press, 389–410.

Dresing, Thorsten & Pehl, Thorsten. 2015. *Praxisbuch Interview, Transkription und Analyse.* 6. Aufl. Marburg: Eigenverlag.

Eisenstadt, Shmuel Noah. 1966. *Von Generation zu Generation.* München: Juventa Verlag.

Eisentraut, Roswitha. 2008. „Soziodemografischer Wandel und intergenerationelle Projekte – aus der Perspektive von Jugendlichen." In: Hoffmann, Dagmar & Schubarth, Wilfried & Lohmann, Michael (Hrsg.). *Jungsein in einer alternden Gesellschaft.* Weinheim, München: Juventa Verlag, 197–211.

Elliott, David J. 2012. „Commentary: Music in the Community." In: McPherson, Gary E. & Welch, Graham F. (Hrsg.). *The Oxford Handbook of Music Education II.* New York: Oxford University Press, 99–103.

Enns, Norma & Bäßler, Hans. 2006. „Trendwende in der „Stimm-Lage"?" *Musikforum.* 4: 17–18.

Falk, Dean. 2000. „Hominid Brain Evolution and the Origins of Music." In: Wallin, Nils L. & Merker, Björn & Brown, Steven (Hrsg.). *The Origins of Music.* Cambridge, Massachusetts: MIT Press, 197–217.

Filipp, Sigrun-Heide & Mayer, Anne-Kathrin. 1999. *Bilder des Alters*. Stuttgart: W. Kohlhammer.

Filler, Susanne. 2011. „Unsere Hände sollen eine starke Brücke sein – Erfahrungen aus einem offenen Musikangebot mit intergenerativen Aspekten." In: Wickel, Hans Hermann & Hartogh, Theo (Hrsg.). *Praxishandbuch Musizieren im Alter*. Mainz: Schott, 244–262.

Fooken, Insa. 2014. „Intergenerative Bildung – Generation, (Multi-)Generationalität, Generativität und das Phänomen der transgenerationalen Weitergabe." In: Binne, Heike & Dummann, Jörn & Gerzer-Sass, Annemarie & Lange, Andreas & Teske, Irmgard (Hrsg.). *Handbuch Intergeneratives Arbeiten. Perspektiven zum Aktionsprogramm Mehrgenerationenhäuser*. Opladen: Barbara Budrich, 113–118.

Franz, Julia. 2010. *Intergenerationelles Lernen ermöglichen*. Bielefeld: Bertelsmann Verlag.

Franz, Julia & Frieters, Norbert & Scheunpflug, Annette & Tolksdorf, Markus & Antz, Eva-Maria. 2009. *Generationen lernen gemeinsam. Theorie und Praxis intergenerationeller Bildung*. Bielefeld: Bertelsmann.

Franz, Julia & Scheunpflug, Annette. 2014. „Voneinander, übereinander und miteinander lernen. Felder intergenerationeller Bildungsarbeit." In: Binne, Heike & Dummann, Jörn & Gerzer-Sass, Annemarie & Lange, Andreas & Teske, Irmgard (Hrsg.). *Handbuch Intergeneratives Arbeiten. Perspektiven zum Aktionsprogramm Mehrgenerationenhäuser*. Opladen: Barbara Budrich, 119–126.

Franz, Julia. & Schmidt-Hertha, Bernhard. 2018. „Intergenerationelles Lernen" In: Schramek, Renate & Kricheldorff, Cornelia & Schmidt-Hertha, Bernhard & Steinfort-Diedenhofen, Julia (Hrsg.). *Alter(n) – Lernen – Bildung*. Stuttgart: Kohlhammer, 164–174.

Frayer, Daniel W. & Nicolay, Chris. 2000. „Fossil Evidence for the Origin of Speech Sounds." In: Wallin, Nils L. & Merker, Björn & Brown, Steven (Hrsg.). *The Origins of Music*. Cambridge, Massachusetts: MIT Press, 217–234.

Friebertshäuser, Barbara & Langer, Antje. 2010. „Interviewformen und Interviewpraxis." In: Friebertshäuser, Barbara & Langer, Antje & Prengel, Annedore (Hrsg.). *Handbuch Qualitative Forschungsmethoden in der Erziehungswissenschaft*. 3. Aufl. Weinheim, München: Juventa, 437–455.

Friedman, Barbara M. 1999. *Connecting Generations. Integrating Aging Education and Intergenerational Programs with Elementary and Middle Grades Curricula*. Boston: Allyn and Bacon.

Fuchs, Thomas. 2010. „Das Leibgedächtnis in der Demenz." *Junge Kirche*. Online: https://www.jungekirche.de/2010/310/leibgedaechtnis.html. [2018–11–10].

Gaderer, Elisabeth & Baumann, Urs. 2008. „Intergenerative Integrationsprojekte – Eine Studie zur Generationensolidarität." *Zeitschrift für Gerontopsychologie & -psychiatrie,* Online. (21)4,2008,243–258. DOI 10.1024/1011–6877.21.4.243. [2016–03–24]

Gembris, Heiner. 2015. „Musikalische Begabung und Alter(n) in der Musik." In: Gembris, Heiner (Hrsg.). *Musikalische Begabung und Alter(n)*. Berlin: Lit-Verlag, 153–208.

Gembris, Heiner. 2008. „Entwicklungspsychologische Befunde zum Singen." In: Lehmann-Wermser, Andreas & Niessen, Anne (Hrsg.). *Aspekte des Singens*. Augsburg: Wißner, 11–34.

Generali Deutschland AG (Hrsg.). 2017. *Generali Altersstudie 2017*. Berlin: Springer.

GeroStat. Deutsches Zentrum für Altersfragen. Berlin. 2019. *Altersmaße für Deutschland 1991-2016*. DOI 10.5156/GEROSTAT

Gläser, Jochen & Laudel, Grit. 2010, *Experteninterviews und qualitative Inhaltsanalyse*. 4. Aufl. Wiesbaden: VS-Verlag.

Grabenhofer, Elisabeth. 2009. *Alt und Jung. Eine Kita im Seniorenheim*. Weimar, Berlin: verlag das netz.

Gütay, Wibke. 2012. *Singen in Chorklassen*. Oldenburg: Carl von Ossietzky Universität.

Habermann, Günther. 1986. *Stimme und Sprache*. 2. Aufl. Stuttgart: Georg Thieme.

Hale, Lauren & Berger, Lawrence M. & Lebourgois, Monique K. & Brooks-Gunn, Jeanne. 2011. „A Longitudinal Study of Preschoolers' Language-based Bedtime Routines, Sleep Duration, and Well-being." *Journal of Family Psychology*. Online (25) 3, 433. DOI: 10.1037/a0023564. [2018–11–18].

Hartogh, Theo. 2018. „Musikalisches Lernen im dritten und vierten Lebensalter." In: Gruhn, Wilfried & Röbke, Peter (Hrsg.). *Musiklernen*. Innsbruck, Esslingen, Bern-Belp: Helbling Verlag, 292–312.

Hartogh, Theo. 2010. „Einführende Gedanken zu einer intergenerativen Musikpädagogik." In: Werner, Christian G. (Hrsg.). *Dialog auf Augenhöhe. Klingende Brücken zwischen Jung und Alt*. Essen: Die Blaue Eule, 13–20.

Hartogh, Theo. 2005. Musikgeragogik – ein bildungstheoretischer Entwurf. Augsburg: Wißner.

Hartogh, Theo & Wickel, Hans Hermann. 2018. „Musikgeragogik." In: Schramek, Renate & Kricheldorff, Cornelia & Schmidt-Hertha, Bernhard & Steinfort-Diedenhofen, Julia (Hrsg.). *Alter(n) – Lernen – Bildung*. Stuttgart: Kohlhammer, 197–204.

Hartogh, Theo & Wickel, Hans Hermann. 2008. *Musizieren im Alter. Arbeitsfelder und Methoden*. Mainz: Schott.

Hartogh, Theo & Wickel, Hans Hermann. 2004. „Musik in der Altenarbeit." In: Hartogh, Theo & Wickel, Hans Hermann (Hrsg.). *Handbuch Musik in der Sozialen Arbeit*. Weinheim, München: Juventa, 359–372.

Helbig, Marcel & Jähnen, Stefanie. 2018. *Wie brüchig ist die soziale Architektur unserer Städte? Trends und Analysen der Segregation in 74 deutschen Städten*. Berlin: Wissenschaftszentrum Berlin für Sozialforschung.

Helck, Simone & Kessler, Eva-Marie. 2012. „„Wir müssen Verständnis für die unterschiedlichen Motive und Ziele einer Altersgruppe haben." – Interview mit Dr. Eva-Marie Kessler." *ProAlter*. 2: 12–15.

Hennenberg, Beate. 2016. „Nächstes Mal spielt das Saxofon mehr." In: Fricke, Almuth & Hartogh, Theo (Hrsg.). *Forschungsfeld Kulturgeragogik – Research in Cultural Geragogy*. München: kopaed, 343–354.

Henning, Heike. 2012. „Die „Entdeckung des Kindes"." In: Busch, Barbara & Henzel, Christoph (Hrsg.). *Kindheit im Spiegel der Musikkultur – Eine interdisziplinäre Annäherung*. Augsburg: Wißner-Verlag, 125–141.

Higgins, Lee. 2012a. *Community Music: In Theory and In Practice*. New York: Oxford University Press.

Higgins, Lee. 2012b. „The Community within Community Music." In: McPherson, Gary E. & Welch, Graham F. (Hrsg.). *The Oxford Handbook of Music Education II*. New York: Oxford University Press, 104–119.

Hill, Burkhard. 2017. „Community Music in Deutschland – Müssen wir das Rad neu erfinden?" In: Hill, Burkhard & de Banffy-Hall, Alicia (Hrsg.). *Community Music*. Münster: Waxmann, 13–26.

Himmelsbach, Ines. 2018. „Das Altern lernen – theoretische Perspektiven in Erziehungswissenschaften und Gerontologie." In: Schramek, Renate & Kricheldorff, Cornelia & Schmidt-Hertha, Bernhard & Steinfort-Diedenhofen, Julia (Hrsg.). *Alter(n) – Lernen – Bildung*. Stuttgart: Kohlhammer, 35–44.

Hurrelmann, Klaus. 2013. „Jugend im Jahr 2020." In: Thomas, Peter Martin & Calmbach, Marc (Hrsg.). *Jugendliche Lebenswelten*. Berlin, Heidelberg: Springer, 317–340.

Il canto del mondo. *www.cantoelementar.de* Online. [2018–05–22].

Imhoff, Arthur E. 1981. *Die gewonnenen Jahre*. München: C.H.Beck.

Jacobs, Timo. 2010. *Dialog der Generationen*. Hohengehren, Baltmannsweiler: Schneider Verlag.

Jäncke, Lutz. 2004. „Neuropsychologie des Alterns." In: Kruse, Andreas & Martin, Mike (Hrsg.). *Enzyklopädie der Gerontologie*. Bern: Verlag Hans Huber, 207–223.

Jekic, Angelika. 2009. *Unter 7 Über 70*. Mainz: Schott.

Judelson, Sasha. 2020 (im Druck). „The Circle of Music Intergenerational Choir: bridging the generations while extending the boundaries of understanding, supporting and mentoring." In: Willingham, Lee (Hrsg.). *Walking the Boundaries in Community Music*. Waterloo, Ontario: Wilfrid Laurier University Press.

Kade, Sylvia. 1999. „Generationenbildung – das Miteinander lernen. Zwölf Thesen." In: Walter, Wolfgang (Hrsg.). *Erstes, zweites, drittes Lebensalter. Perspektiven der Generationenarbeit. Dokumentation einer Tagung*. Bamberg: Staatsinstitut für Familienforschung an der Universität Bamberg, 62–66.

Kaiser, Johanna. 2016. „Chancen und Hürden filmischer Erforschung intergenerationeller Theaterarbeit am Beispiel des Projekts „Schule des Lebens" (Theater der Erfahrungen Berlin)." In: Fricke, Almuth & Hartogh, Theo (Hrsg.). *Forschungsfeld Kulturgeragogik – Research in Cultural Geragogy*. München: kopaed, 149–172.

Kalbermatten, Urs. 2004. „Bildung im Alter." In: Kruse, Andreas & Martin, Mike (Hrsg.). *Enzyklopädie der Gerontologie*. Bern: Verlag Hans Huber, 110–124.

Kern, Dominique. 2018. „Prolog: Theoretische Modelle für die Bildung älterer Erwachsener: eine kritische Analyse aus erziehungswissenschaftlicher Perspektive." In: Schramek, Renate & Kricheldorff, Cornelia & Schmidt-Hertha, Bernhard & Steinfort-Diedenhofen, Julia (Hrsg.). *Alter(n) – Lernen – Bildung.* Stuttgart: Kohlhammer, 13–29.

Kertz-Welzel, Alexandra. 2018. „Community Music, oder: die Faszination des Nicht-Lernens." In: Gruhn, Wilfried & Röbke, Peter (Hrsg.). *Musiklernen.* Innsbruck, Esslingen, Bern-Belp: Helbling Verlag, 358–378.

Kessler, Eva-Marie. 2012. „Engagement für die jüngere Generation – eine zentrale Aufgabe im Alter?" *ProAlter.* 2: 16–19.

Kirchhöfer, Dieter. 2008. „,Der Altbrunnen bringt es' – oder Das Alter ist die Zukunft der Jugend." In: Hoffmann, Dagmar & Schubarth, Wilfried & Lohmann, Michael (Hrsg.). *Jungsein in einer alternden Gesellschaft.* Weinheim, München: Juventa Verlag, 213–228.

Klausmeier, Friedrich. 1978. *Die Lust, sich musikalisch auszudrücken.* Reinbek: Rowohlt.

Klusen, Ernst. 1989. *Singen. Materialien zu einer Theorie.* Regensburg: Bosse.

Knowles, Malcolm S. & Holton III, Elwood F. & Swansons, Richard A. & Jäger, Reinhold S. (Hrsg.). 2007 [1973]. *Lebenslanges Lernen. Andragogik und Erwachsenenbildung.* 6. Aufl. München: Spektrum Akademischer Verlag.

Koch, Kai. 2017. *Seniorenchorleitung.* Berlin: LIT-Verlag.

Koch, Kai. 2016. „(Chor-)Singen im Alter aus Sänger- und Chorleiterperspektive." In: Fricke, Almuth & Hartogh, Theo (Hrsg.). *Forschungsfeld Kulturgeragogik – Research in Cultural Geragogy.* München: kopaed, 301–323.

Kohli, Martin & Künemund, Harald. 2000. „Bewertung und Ausblick." In: Kohli, Martin & Künemund, Harald (Hrsg.). *Die zweite Lebenshälfte. Gesellschaftliche Lage und Partizipation im Spiegel des Alters-Survey.* Opladen: Leske+Budrich, 337–342.

Köhnen, Monika & Roth, Heike. 2018. *So können wir uns besser verständigen.* 4. Aufl. Dortmund: verlag modernes lernen.

Kreutz, Gunter. 2014. *Warum Singen glücklich macht.* Gießen: Psychosozial-Verlag.

Kreutz, Gunter & Bongard, Stephan & Rohrmann, Sonja & Hodapp, Volker & Grebe, Dorothee. 2004. „Effects of Choir Singing or Listening on Secretory Immunoglobulin A, Cortisol and Emotional State." *Journal of Behavioural Medicine.* Online. (27) 6, 635. DOI: 10.1007/s10865-004-0006-9. [2018–11–18].

Kricheldorff, Cornelia. 2018. „Altern – Lernen – Bildung aus der Perspektive der Sozialen Gerontologie." In: Schramek, Renate & Kricheldorff, Cornelia & Schmidt-Hertha, Bernhard & Steinfort-Diedenhofen, Julia (Hrsg.). *Alter(n) – Lernen – Bildung.* Stuttgart: Kohlhammer, 45–56.

Kruse, Andreas. 2015. „Altern und Alter: Selbstgestaltung mit Blick auf Entwicklungsmöglichkeiten und Entwicklungsgrenzen." In: Gembris, Heiner (Hrsg.). *Musikalische Begabung und Alter(n).* Berlin: Lit-Verlag, 11–43.

Kuckartz, Udo. 2014. Qualitative Inhaltsanalyse. Methoden, Praxis, Computerunterstützung. 2. Aufl. Weinheim, Basel: Beltz Juventa.

Kulmus, Claudia. 2018. „Altern und lebensentfaltendes Lernen." In: Schramek, Renate & Kricheldorff, Cornelia & Schmidt-Hertha, Bernhard & Steinfort-

Diedenhofen, Julia (Hrsg.). *Alter(n) – Lernen – Bildung.* Stuttgart: Kohlhammer, 113–123.

Lang, Frieder R. & Baltes, Margret M. 1997. „Brauchen alte Menschen junge Menschen? Überlegungen zu den Entwicklungsaufgaben im hohen Lebensalter." In: Krappmann, Lothar & Lepenies, Annette (Hrsg.). *Alt und Jung. Spannung und Solidarität zwischen den Generationen.* Frankfurt/New York: Campus Verlag, 161–184.

Laslett, Peter. 1995. *Das Dritte Alter.* Weinheim und München: Juventa Verlag.

Leibold, Dieter. 2011. „*Wo man singt, da lass dich nieder...* – Chorprojekte mit Senioren." In: Wickel, Hans Hermann & Hartogh, Theo (Hrsg.). *Praxishandbuch Musizieren im Alter.* Mainz: Schott, 143–149.

Leisering, Lutz. 1992. *Sozialstaat und demographischer Wandel. Wechselwirkungen, Generationenverhältnisse, politisch-institutionelle Steuerung.* Frankfurt/Main: Campus-Verlag.

Liebau, Eckart. 1997. „Generation – ein aktuelles Problem?" In: Liebau, Eckart (Hrsg.). *Das Generationenverhältnis. Über das Zusammenleben in Familie und Gesellschaft.* Weinheim, München: Juventa, 15–37.

Lotz, Stephanie. 2017. *Gruppenchat auf Facebook.* https://www.facebook.com/groups/chorleiter/ [2017–10–15].

Lüscher, Kurt. 2014. „‚Generationenprojekte – Generationendialoge" als Bildung. Eine These zum Gespräch zwischen Praxis und Theorie." In: Binne, Heike & Dummann, Jörn & Gerzer-Sass, Annemarie & Lange, Andreas & Teske, Irmgard (Hrsg.). *Handbuch Intergeneratives Arbeiten. Perspektiven zum Aktionsprogramm Mehrgenerationenhäuser.* Opladen: Barbara Budrich, 87–99.

Lüscher, Kurt & Liegle, Ludwig. 2003. *Generationenbeziehungen in Familie und Gesellschaft.* Konstanz: UVK Verlagsgesellschaft.

Mahne, Katharina & Motel-Klingebiel, Andreas. 2010. „Familiale Generationenbeziehungen." In: Motel-Klingebiel, Andreas & Wurm, Susanne & Tesch-Römer, Clemens (Hrsg.). *Altern im Wandel. Befunde des Deutschen Alterssurveys (DEAS).* Stuttgart: W. Kohlhammer, 188–214.

Marquard, Markus & Schabacker-Bock, Marlis & Stadelhofer, Carmen. 2008. *Alt und Jung im Lernaustausch.* Weinheim, München: Juventa Verlag.

Martin, Mike. & Kliegel, Matthias. 2014. *Psychologische Grundlagen der Gerontologie.* Stuttgart: W. Kohlhammer.

Mayring, Philipp. 2015. *Qualitative Inhaltsanalyse.* 12. Aufl. Weinheim: Beltz Verlag.

McGrane, Sally. 2018. „Ihre Familie bleibt die Musik." *Zeit online.* Online: https://www.zeit.de/kultur/2018-05/altersheim-casa-verdi-zusammenlebenmusiker-10nach8. [2018–05–11]

Metz, Johanna. 2011. *Wort. Klang. Bewegung. Elementare musikalische Bildung im späten Erwachsenenalter.* Wiesbaden: Breitkopf & Härtel.

Michel-Becher, Jutta. 2018. *Silberklang. Das Seniorenchorbuch für dreistimmigen Chor (SAB) mit Klavier.* Mainz: Schott.

Miedaner, Lore. 2001. *Alt und Jung entdeckt sich neu. Intergenerative Pädagogik mit Kindern und Senioren.* Freiburg: Herder.

Minkenberg, Hubert. 2004. „Singen." In: Hartogh, Theo & Wickel, Hans Hermann (Hrsg.). *Handbuch Musik in der Sozialen Arbeit.* Weinheim, München: Juventa, 103–111.

Mohr, Andreas. 2011. „Singförderung im Kindesalter." In: Mohr, Andreas (Hrsg.). *Dokumentation Osnabrücker Symposium Singen mit Kindern, Band 4 Projektarbeit und Nachhaltigkeit.* Osnabrück, 11–15.

Mohr, Andreas. 1999. *Handbuch der Kinderstimmbildung.* 3. Aufl. Mainz: Schott.

Münch, Thomas. 2012. „Kinder – Medien – Musik." In: Busch, Barbara & Henzel, Christoph (Hrsg.). *Kindheit im Spiegel der Musikkultur – Eine interdisziplinäre Annäherung.* Augsburg: Wißner-Verlag, 99–111.

Naegele, Gerhard. 2012. „Innerfamiliale Generationenbeziehungen und gesellschaftliches Generationenverständnis." In: Generali Zukunftsfonds (Hrsg.). *Generali Altersstudie 2013.* Frankfurt/Main: Fischer Taschenbuch Verlag, 243–250.

Oerter, Rolf & Montada, Leo (Hrsg.). 2008. *Entwicklungspsychologie*, 6. Aufl. Weinheim: Beltz Verlag.

Patel, Aniruddh D. 2008. *Music, Language and the Brain.* New York: Oxford University Press.

Phillips, Kenneth H. & Williams, Jenevora & Edwin, Robert. 2012. „The Young Singer." In: McPherson, Gary E. & Welch, Graham F. (Hrsg.). *The Oxford Handbook of Music Education I.* New York: Oxford University Press, 594–609.

Pötzsch, Olga & Rößger, Felix. 2015. *Bevölkerung Deutschlands bis 2060 – 13. koordinierte Bevölkerungsvorausberechnung.* Wiesbaden: Statistisches Bundesamt.

Prause, Manuela-Carmen. 2009. „Hörschädigungen im Alter und ihre Konsequenzen für das Musikerleben und die musiktherapeutische Arbeit." In: Tüpker, Rosemarie & Wickel, Hans Hermann (Hrsg.). *Musik bis ins hohe Alter*. 2. Aufl. Norderstedt: Books on Demand, 181–203.

Reinke, Stephan. 2017. *Gruppenchat auf Facebook.* https://www.facebook.com/groups/chorleiter/ [2017–10–15].

Richter, Bernhard (Hrsg.). 2014. *Die Stimme*, 2. Aufl. Leipzig: Henschel.

Richter, Bernhard. 2011. „Störungen der Singstimme im Alter." In: Böhme, Gerhard (Hrsg.). *Stimmstörungen im Alter.* Bern: Hans Huber, 95–104.

Richter, Bernhard. 2008. „Die Stimme im Alter." In: Gembris, Heiner (Hrsg.). *Musik im Alter. Soziokulturelle Rahmenbedingungen und individuelle Möglichkeiten.* Frankfurt am Main: Peter Lang, 131–137.

Richter, Bernhard & Sandel, Marina & Schmid, Berthold & Wienhausen, Sascha. 2014. „Stimmarten, Stimmgattungen, Stimmfächer." In: Richter, Bernhard (Hrsg.). *Die Stimme.* 2. Aufl. Leipzig: Henschel, 91–131.

Richter, Bernhard & Spahn, Claudia. 2014. „Die Stimme in der Lebenszeitperspektive." In: Richter, Bernhard (Hrsg.). *Die Stimme.* 2. Aufl. Leipzig: Henschel, 181–196.

Rinta, Tiija & Welch, Graham F. 2008. „Should Singing Activities be Included in Speech and Voice Therapy for Prepubertal Children?" *Journal of Voice.* (22) 1, 100–112.

Roß, Paul-Stefan & Tries, Hille. 2014. „Verschiedenheit ist bereichernd. Vom Benefit intergenerativer Angebote." In: Binne, Heike & Dummann, Jörn & Gerzer-Sass, Annemarie & Lange, Andreas & Teske, Irmgard (Hrsg.). *Handbuch Intergeneratives Arbeiten. Perspektiven zum Aktionsprogramm Mehrgenerationenhäuser.* Opladen: Barbara Budrich, 165–176.

Rothermund, Klaus & Mayer, Anne-Kathrin. 2009. *Altersdiskriminierung.* Stuttgart: W. Kohlhammer.

Sackreuther, Ines & Mergenthaler, Andreas & Cihlar, Volker & Micheel, Frank & Lessenich, Stephan & Lippke, Sonja & Schneider, Norbert F. & Staudinger, Ursula M. 2017. *(Un-)Ruhestände in Deutschland.* Wiesbaden: Bundesinstitut für Bevölkerungsforschung.

Sacks, Oliver. 2008. *Musicophilia.* New York – Toronto: Alfred A. Knopf.

Salatoff, Robert T. & Davidson, Jane W. 2012. „The Older Singer." In: McPherson, Gary E. & Welch, Graham F. (Hrsg.). *The Oxford Handbook of Music Education I.* New York: Oxford University Press, 610–625.

Scheunpflug, Annette & Franz, Julia. 2014. „Unterschiedliche Lebens- und Erfahrungswelten zwischen den Generationen. Gelingensbedingungen intergenerationeller Bildungsarbeit." In: Binne, Heike & Dummann, Jörn & Gerzer-Sass, Annemarie & Lange, Andreas & Teske, Irmgard (Hrsg.). *Handbuch Intergeneratives Arbeiten. Perspektiven zum Aktionsprogramm Mehrgenerationenhäuser.* Opladen: Barbara Budrich, 135–141.

Schimany, Peter. 2003. *Die Alterung der Gesellschaft.* Frankfurt: Campus Verlag.

Schmutte, Michael. 2009. „Singen mit alten Menschen in Chorarbeit und Musiktherapie." In: Tüpker, Rosemarie & Wickel, Hans Hermann (Hrsg.). *Musik bis ins hohe Alter.* 2. Aufl. Norderstedt: Books on Demand, 26–41.

Schneekloth, Ulrich & Albert, Mathias. 2010. „Entwicklungen bei den „großen Themen": Generationengerechtigkeit, Globalisierung, Klimawandel." In: Albert, Mathias & Hurrelmann, Klaus & Quenzel, Gudrun & TNS Infratest Sozialforschung (Hrsg.). *Jugend 2010. Eine pragmatische Jugend behauptet sich.* Frankfurt: Fischer, 165–185.

Schramek, Renate & Kricheldorff, Cornelia & Schmidt-Hertha, Bernhard & Steinfort-Diedenhofen, Julia (Hrsg.). 2018. *Alter(n) – Lernen – Bildung.* Stuttgart: Kohlhammer.

Schröder, Johannes & Pantel, Johannes & Förstl, Hans. 2004. „Demenzielle Erkrankungen – Ein Überblick." In: Kruse, Andreas & Martin, Mike (Hrsg.). *Enzyklopädie der Gerontologie.* Bern: Verlag Hans Huber, 224–239.

Schründer-Lenzen, Agi. 2010. „Triangulation – ein Konzept zur Qualitätssicherung von Forschung." In: Friebertshäuser, Barbara & Langer, Antje & Prengel, Annedore (Hrsg.). *Handbuch Qualitative Forschungsmethoden in der Erziehungswissenschaft.* 3. Aufl. Weinheim, München: Juventa, 149–158.

Schünke, Michael & Schulte, Erich & Schumacher, Udo. 2014. „Anatomische Grundlagen." In: *Sprache. Stimme. Gehör. Zeitschrift für Kommunikationsstörungen.* (38) Sonderausgabe, 1–48.

Schuppert, Maria. 2015. „Musizieren und Alter(n) aus Sicht der Musikermedizin." In: Gembris, Heiner (Hrsg.). *Musikalische Begabung und Alter(n)*. Berlin: Lit-Verlag, 125–151.

Schutte, Harm Kornelis & Seidner, Wolfram. 2005. „Physiologische Grundlagen." In: Wendler, Jürgen & Seidner, Wolfram & Eysholt, Ulrich (Hrsg.). *Lehrbuch der Phoniatrie und Pädaudiologie*. 4. Aufl. Stuttgart: Georg Thieme Verlag, 71–90.

Seidl, Ulrich & Pantel, Johannes & Re, Susanna & Schröder, Johannes. 2004. „Depressive Störung und Spätdepression." In: Kruse, Andreas & Martin, Mike (Hrsg.). *Enzyklopädie der Gerontologie*. Bern: Verlag Hans Huber, 240–254.

Seidner, Wolfram. 2005. „Entwicklung." In: Wendler, Jürgen & Seidner, Wolfram & Eysholt, Ulrich (Hrsg.). *Lehrbuch der Phoniatrie und Pädaudiologie*. 4. Aufl. Stuttgart: Georg Thieme Verlag, 91–95.

Seidner, Wolfram & Wendler, Jürgen. 2005. „Sprech- und Singstimme." In: Wendler, Jürgen & Seidner, Wolfram & Eysholt, Ulrich (Hrsg.). *Lehrbuch der Phoniatrie und Pädaudiologie*. 4. Aufl. Stuttgart: Georg Thieme Verlag, 96–104.

Shenfield, Tali & Trehub, Sandra E. & Nakata, Takayuki. 2003. „Maternal Singing Modulates Infant Arousal." *Psychology of Music*. Online. (31) 4, 375. DOI: 10.1177/03057356030314002. [2018–11–18].

Smilde, Rineke. 2018. „Community Engagement and Lifelong Learning." In: Bartleet, Brydie-Leigh & Higgins, Lee (Hrsg.). *The Oxford Handbook of Community Music*. New York: Oxford University Press, 673–709.

Spahn, Claudia. 2008. „Als Kind im Chor – was lernt man dort noch außer Singen?" In: Fuchs, Michael (Hrsg.). *Stimmkulturen*. Berlin: Logos Verlag, 7991.

Spiekermann, Reinhild. 2016. „Instrumentalunterricht mit Älteren." In: Fricke, Almuth & Hartogh, Theo (Hrsg.). *Forschungsfeld Kulturgeragogik – Research in Cultural Geragogy*. München: kopaed, 281–300.

Spiekermann, Reinhild. 2009. *Erwachsene im Instrumentalunterricht*. Mainz: Schott.

Stadler Elmer, Stefanie. 2015. *Kind und Musik – Das Entwicklungspotenzial erkennen und verstehen*. Heidelberg: Springer.

Statistisches Bundesamt. 2017. *Altersaufbau der Bevölkerung in Deutschland*, Online-Dokument. https://www.destatis.de/DE/ Publikationen/Thematisch/Bevoelkerung/VorausberechnungBevoelkerung/BevoelkerungBundeslaender2060_Aktualisiert_5124207179005.html [2017–10–16].

Steinfort-Diedenhofen, Julia. 2018. „Sozialgeragogik als Konvergenzbegriff." In: Schramek, Renate & Kricheldorff, Cornelia & Schmidt-Hertha, Bernhard & Steinfort-Diedenhofen, Julia (Hrsg.). *Alter(n) – Lernen – Bildung*. Stuttgart: Kohlhammer, 57–68.

Strobl, Monika. 2014. *30 Stimmbildungsgeschichten zum Nach- und Mitmachen: Richtige Atmung, Aussprache und Stimmführung spielerisch fördern*. Verlag an der Ruhr.

Sundberg, Johan. 2015. *Die Wissenschaft von der Singstimme.* 3. Aufl. Augsburg: Wißner-Verlag.

Sünkel, Wolfgang. 1997. „Generation als pädagogischer Begriff." In: Liebau, Eckart (Hrsg.). *Das Generationenverhältnis. Über das Zusammenleben in Familie und Gesellschaft.* Weinheim, München: Juventa, 195–204.

Süssmuth, Rita. 2018. *Das Kostbarste sind die Menschen.* 23578. Ausgabe. Berlin: Verlag Der Tagesspiegel.

Ternström, Sten & Jers, Harald & Nix, John. 2012. „Group and Ensemble Vocal Music." In: McPherson, Gary E. & Welch, Graham F. (Hrsg.). *The Oxford Handbook of Music Education I.* New York: Oxford University Press, 581–593.

Tesch-Römer, Clemens & Motel-Klingebiel, Andreas & Wurm, Susanne. 2010. „Die zweite Lebenshälfte: Befunde des Deutschen Alterssurveys und ihre Bedeutung für Politik und Gesellschaft." In: Motel-Klingebiel, Andreas & Wurm, Susanne & Tesch-Römer, Clemens (Hrsg.). *Altern im Wandel. Befunde des Deutschen Alterssurveys (DEAS).* Stuttgart: W. Kohlhammer, 284–302.

Trehub, Sandra E. 2000. „Human Processing Predispositions and Musical Universals." In: Wallin, Nils L. & Merker, Björn & Brown, Steven (Hrsg.). *The Origins of Music.* Cambridge, Massachusetts: MIT Press, 427–448.

Trüün, Friedhilde. 2018. *Sing Sang Song III: Praktische Stimmbildung für Jugendliche.* Stuttgart: Carus-Verlag.

Trüün, Friedhilde. 2008. *Sing Sang Song II: Praktische Stimmbildung für 4–12-jährige Kinder in 15 Geschichten.* Stuttgart: Carus-Verlag.

Trüün, Friedhilde. 2002. *Sing Sang Song: Praktische Stimmbildung für 4–8-jährige Kinder in 10 Geschichten.* Stuttgart: Carus-Verlag.

Tüpker, Rosemarie. 2009. „Musik bis ins hohe Alter." In: Tüpker, Rosemarie & Wickel, Hans Hermann (Hrsg.). *Musik bis ins hohe Alter.* 2. Aufl. Norderstedt: Books on Demand, 12–25.

Ueltzhöffer, Jörg. 1999. *Generationenkonflikt und Generationenbündnis in der Bürgergesellschaft. Eine sozialempirische Repräsentativerhebung in der Bundesrepublik Deutschland 1999.* Zusammenfassung der wichtigsten Ergebnisse. Stuttgart: SIGMA Sozialwissenschaftliches Institut für Gegenwartsfragen.

UN. United Nations, Department of Economic and Social Affairs, Population Division. 2017. *World Population Prospects: The 2017 Revision,* custom data acquired via website. Online-Dokument. https://population.un.org/wpp/DataQuery/ [2019–04–24].

UNESCO. 2010. *Seoul Agenda: Goals for the Development of Arts Education.* Seoul: United Nations.

Varvarigou, Maria & Hallam, Susan & Creech, Andrea & McQueen, Hilary. 2016. „Intergenerational music-making: a vehicle for active aging for children and older people." In: Clift, S. & Camic, P. (Hrsg.). *Oxford Textbook of Creative Arts, Health and Wellbeing: International Perspectives on Practice, Policy and Research*, Oxford: Oxford: University Press, 259–267.

Voss, Rebecca. 2020. „Hände singen – Stimmen klingen." In: Michael Fuchs (Hrsg.). *Kinder- und Jugendstimme, Band 14: Stimmen hören – Potenziale entwickeln – Störungen behandeln.* Berlin: Logos-Verlag.

Wallin, Nils L. & Merker, Björn & Brown, Steven (Hrsg.). 2000. *The Origins of Music.* Cambridge, Massachusetts: MIT Press.

Welch, Graham F. 2016. „Singing and vocal development." In McPherson, Graham E. (Hrsg.). *The Child as Musician.* Oxford: Oxford University Press, 441–461.

Welch, Graham F. & McPherson, Gary E. 2012. „Introduction and Commentary: Music Education and the Role of Music in People's Lives." In: McPherson, Gary E. & Welch, Graham F. (Hrsg.). *The Oxford Handbook of Music Education I,* New York: Oxford University Press, 5–20.

Wendler, Jürgen & Seidner, Wolfram. 2005. „Klinik." In: Wendler, Jürgen & Seidner, Wolfram & Eysholt, Ulrich (Hrsg.). *Lehrbuch der Phoniatrie und Pädaudiologie.* 4. Aufl. Stuttgart: Georg Thieme Verlag, 139–191.

Wendler, Jürgen & Seidner, Wolfram & Eysholt, Ulrich (Hrsg.). 2005. *Lehrbuch der Phoniatrie und Pädaudiologie.* 4. Aufl. Stuttgart: Georg Thieme Verlag.

Werner, Christian G. 2010. *Dialog auf Augenhöhe. Klingende Brücken zwischen Jung und Alt.* Essen: Die Blaue Eule.

Whitaker, Kate. 2014. *Music for Life Programme Report.* London: Wigmore Hall.

Wickel, Hans Hermann. 2018. *Musik in der Sozialen Arbeit.* Münster und New York. Waxmann.

Wickel, Hans Hermann & Hartogh, Theo. 2008. „Musikgeragogik." In: VdM–Verband deutscher Musikschulen (Hrsg.). *Musik – ein Leben lang!* Bonn: VdM Verlag, 41–47.

Wickel, Hans Hermann & Hartogh, Theo. 2006. *Musik und Hörschäden.* Weinheim, München: Juventa.

Wieblitz, Christiane. 2007. *Lebendiger Kinderchor.* Boppard: Fidula-Verlag.

Wilke, Marga & Brandt, Susanna & Muthesius, Dorothea. 2006. *Musik verbindet Generationen.* Berlin: Deutsche Gesellschaft für Musiktherapie.

Willingham, Lee. 2017. „Mit inhaltlichen Gegensätzen umgehen lernen." In: Hill, Burkhard & de Banffy-Hall, Alicia (Hrsg.). *Community Music.* Münster: Waxmann, 73–86.

Abbildungen

Abbildung 1:	Themenfelder intergenerativen Singens	12
Abbildung 2:	Altersstruktur der Bevölkerung in Deutschland 1950–2060	21
Abbildung 3:	Jugendquotient und Altenquotient 1	22
Abbildung 4:	Medianalter der Weltbevölkerung, Europas und Deutschlands	23
Abbildung 5:	Sinnvoll nutzbarer Stimmumfang der Kinderstimme nach Mohr	39
Abbildung 6:	Verschiedene Formen des individuellen Benefits des Singens	46
Abbildung 7:	Generationalität versus Generativität	50
Abbildung 8:	Matrix intergenerationeller Lernfelder von Franz & Scheunpflug	55
Abbildung 9:	Modifizierte Matrix intergenerationeller Lernfelder nach Franz & Scheunpflug	56
Abbildung 10:	Benefits intergenerativer Bildungsprojekte	64
Abbildung 11:	Modifizierte Matrix intergenerativer Lernfelder gefüllt mit intergenerativen Singprojekten	68
Abbildung 12:	Gliederung des Kapitels 8	75
Abbildung 13:	Variablen und vermutete Kausalzusammenhänge intergenerativen Singens	76
Abbildung 14:	Forschungsverlauf der vorliegenden Arbeit	78
Abbildung 15:	Ort der intergenerativen Begegnung	95
Abbildung 16:	Umfeld der untersuchten intergenerativen Singprojekte	107
Abbildung 17:	Alter der jungen Teilnehmer	109
Abbildung 18:	Alter der Experten	143
Abbildung 19:	Beteiligte Institutionen der untersuchten intergenerativen Singprojekte	152
Abbildung 20:	Vertragliche Absicherung der Experten	154
Abbildung 21:	Aufstellung der Sänger in Projekten an neutralen Probenorten	175
Abbildung 22:	Sitzordnung in Jung-zu-Alt-Projekten	176
Abbildung 23:	Alternative Sitzordnung in Jung-zu-Alt-Projekten	177
Abbildung 24:	Altersgemischte Sitzordnung in Jung-zu-Alt-Projekten	178
Abbildung 25:	Sitzordnung in „Canto-elementar"-Gruppen	179
Abbildung 26:	Vorschlag für eine altersgemischte Aufstellung in neutralen Singprojekten	180
Abbildung 27:	Gliederung von Kapitel 9	182
Abbildung 28:	Formen intergenerativen Singens	184
Abbildung 29:	Einordnung der Singprojekte aus Kapitel 7.2 in eine Matrix Intergenerativen Singens	185
Abbildung 30:	Musiktheoretische Verortung der drei Arten intergenerativen Singens	190
Abbildung 31:	Gesellschaftliche und individuelle Benefits intergenerativen Singens	214
Abbildung 32:	Gliederung von Kapitel 10	232
Abbildung 33:	Didaktischer Dreiklang für intergeneratives Singen	247

Tabellen

Tabelle 1:	Didaktische Verortungen von Freiwilligem Engagement, Musikgeragogik und Community Music	20
Tabelle 2:	Didaktische Verortungen von Freiwilligem Engagement, Musikgeragogik, Community Music und intergenerativer Bildung	60
Tabelle 3:	Stundenverlauf Musikprojekt I	80
Tabelle 4:	Stundenverlauf Musikprojekt II	84
Tabelle 5:	Kategoriensystem zur Auswertung	97
Tabelle 6:	Kategoriensystem Teilnehmerbefragung	157
Tabelle 7:	Ziele und Motivation der Teilnehmer unterschieden nach dem Ort der Begegnung	188
Tabelle 8:	Didaktische Verortungen und theoretische Hauptgedanken verschiedener Bildungsansätze und ihre Anwendbarkeit auf intergeneratives Singen	189
Tabelle 9:	Explizit von Leitern intergenerativer Singprojekte geäußerte Ziele	198
Tabelle 10:	Schlagwortartige Zusammenfassung der Herausforderungen intergenerativen Singens mit Lösungsansätzen	225

Anhang

I. Fragebogen für Experten
II. Fragebogen für Experten, englisch
III. Anschreiben für erwachsene Teilnehmer
IV. Fragebogen für erwachsene Teilnehmer
V. Anschreiben für jugendliche Teilnehmer
VI. Fragebogen für jugendliche Teilnehmer
VII. Fragebogen für begleitende Erzieher

I Fragebogen für Experten

Experteninterview zum Thema Intergeneratives Singen

Dieser Fragebogen ist Teil meiner Dissertation bei Prof. Dr. Theo Hartogh an der Universität Vechta

Persönliche Angaben
Alle Antworten dienen ausschließlich meinem Forschungsvorhaben und eventuell damit verbundenen Veröffentlichungen.
Name:
Sind Sie
Männlich?
Weiblich?
Wie alt sind Sie?
Beschreiben Sie bitte Ihren musikalischen Werdegang.
Was für eine Chorleitungsausbildung haben Sie oder sind Sie eher autodidaktisch zur Chorleitung gekommen?
Mit welchen (Alters-)Gruppen haben Sie bisher gearbeitet?

Ihr intergeneratives Singprojekt
Wie heißt Ihr Projekt?
Wie sind Sie zu dem Projekt gekommen?
Wer arbeitet noch mit, wer unterstützt das Projekt?
Findet das Projekt in einem eher ländlichen oder eher städtischen Umfeld statt?
Wie ist das Projekt strukturiert? (Beteiligte Institutionen, Rekrutierung der Teilnehmer, ist die Teilnahme freiwillig?)
Wo und in welchen Abständen wird geprobt? Wie lange dauern die Proben?
Ist dies ein kontinuierliches Projekt oder zeitlich begrenzt?
Welche Ziele werden im Projekt verfolgt?
Wer entscheidet über die Literaturauswahl? An wem orientiert sich die Literaturauswahl?
Welche Literatur wird gesungen?
Welche Erwartungen hatten Sie persönlich an das Projekt, an die Teilnehmer und an den Umgang miteinander?

Die Teilnehmer
Beschreiben Sie bitte die Teilnehmer des Projekts: Alter, Anzahl, Geschlechtszusammensetzung
Welche altersspezifischen Unterschiede nehmen Sie wahr? Wie begegnen Sie diesen?
Wie kommen die Teilnehmer zu den Proben (sowohl in welcher persönlichen Verfassung als auch logistisch)?
Wie regelmäßig nehmen die Teilnehmer an den Proben teil? Gibt es hierbei altersspezifische Unterschiede?

Die Proben
Bitte schildern Sie den Verlauf einer typischen Probe/Singstunde.
Wie äußern sich die altersbedingten (nicht nur physiologischen) Bedürfnisse der Teilnehmer und wie wird darauf Rücksicht genommen?
Gibt es Zeit für persönlichen Austausch? Wann und in welcher Form?
Welche Unterschiede zur Arbeit in altershomogenen Chören sehen Sie?

Intergenerativität
Wie ist der Umgang der Teilnehmer untereinander?
Wie begegnen sich die Mitglieder der beiden Generationen?
Welche Veränderungen im Umgang der Altersgruppen miteinander konnten Sie im Verlauf des Projekts wahrnehmen?
Worauf führen Sie diese zurück?

Hilfen und Unterstützung, Voraussetzungen
Wo brauchen Sie und/oder die Teilnehmer noch mehr Hilfe bzw. Unterstützung?
Welche institutionellen Voraussetzungen halten Sie für erforderlich?
Welche Voraussetzungen/ Fähigkeiten/Ausbildung sollten Leiter intergenerativer Singgruppen haben?
Gibt es persönliche Grenzen, an die Sie während der Arbeit stießen? Welcher Art waren diese? Wie begegnen Sie diesen?

Persönliche Anmerkungen
Welches Fazit ziehen Sie aus Ihren Erfahrungen in Ihrem intergenerativen Singprojekt? Wie sehen Sie die Zukunft/Weiterentwicklung dieses und anderer intergenerativer Singprojekte?
Vielleicht gibt es noch etwas, das Ihnen beim intergenerativen Singen wichtig ist, nach dem ich nicht gefragt habe. Dann freue ich mich, wenn Sie dies hier formulieren.

II Fragebogen für Experten, englische Fassung

Expert interview concerning intergenerational singing

This questionnaire is part of my thesis with Prof. Dr. Theo Hartogh at the University of Vechta, Germany.

<u>Personal items</u>
All answers will be used exclusively for my research project and potential related publication.
Are you
Male?
Female?
How old are you?
Please describe your personal musical development.
What kind of choir conducting training do you have or did you become a choir conductor more on a self-taught basis?
Which age groups have you worked with in the past?

<u>Your intergenerational singing project</u>
What's your project called?
How did you get involved with the project and maybe its development?
Who else is working in the Project? Who is supporting it?
Does the project take place in a more rural or more urban environment?
What are the project's structures (i.e. involved institutions, recruiting of participants, is the participation voluntary)?
Where and in which intervals do rehearsals/singing classes take place? How long is each session?
Is this a continuous or a temporally limited project?
What are the project's aims?
Who decides what literature is sung? Whose interests influence the literature choice?
What kind of literature is sung?
Which expectations did you personally have of the project, the participants, and their social interaction?

<u>The participants</u>
Please describe the participants: age, number, sex
Which age-specific differences do you notice? How do you cope with them?
How do the participants come to rehearsal (in which personal condition and also logistically)?
How regularly do the participants take part in rehearsals? Are there age-specific differences concerning this question?

The rehearsals
Please describe a normal, typical rehearsal.
How do age-related needs of the participants show in rehearsals and how are these respected and handled?
Is there time for the participants' personal exchange during/around rehearsals? When and how?
What differences to working in age-homogenous choirs do you see?
Intergenerativeness
How is the participants' social interaction?
How do the members of both generations encounter each other?
Which changes of social interaction among age groups could you register during the project's development?
What do you think are the reasons for these changes?

Help and support, requirements
Where do you and/or the participants need more help or support?
Which institutional requirements do you think are necessary?
Which qualifications/abilities/predispositions/training should leaders of intergenerational singing groups have?
Did you notice any personal limitations during your work in the intergenerative singing project? What kind of limitations have they been? How did you face them or what did you do about them?
Personal comments
Maybe you have some important points for intergenerational singing that weren't covered by my questions. I would be happy if you write them down for me.

III Anschreiben für erwachsene Teilnehmer

Sehr geehrtes Chormitglied,

wie Sie bereits von Ihrer Chorleiterin erfahren haben, promoviere ich zurzeit zum Thema „Intergeneratives Singen – ein didaktischer Entwurf" an der Universität Vechta bei Herrn Prof. Dr. Theo Hartogh.

Neben den theoretischen Ausführungen ist eine Studie zu intergenerativen Singprojekten ein wesentlicher Bestandteil meiner Arbeit. Dazu befragte ich im März Ihre Chorleiterin, die mir berichtete, dass Sie als Sängerinnen und Sänger auch gern Teil meiner Studie sein würden. Das ist ganz wunderbar, denn ich hatte das zwar geplant, aber eigentlich kein geeignetes Singprojekt gefunden, bei dem beide beteiligten Generationen in der Lage sein würden, eigenständig Fragen zu beantworten. Ihre Bereitschaft, meine Studie zu unterstützen, ist somit eine echte Bereicherung und ein schönes Geschenk gleichermaßen. Dafür sage ich Ihnen von Herzen Danke!

Ich möchte Sie bitten, den anliegenden Fragebogen gerne ausführlich zu beantworten. Anschließend senden Sie den Fragebogen bitte im beiliegenden Briefumschlag direkt an mich zurück. Da somit außer mir niemand den Fragebogen zu sehen bekommt, können Sie gerne ganz offen schreiben, was Ihnen zu den Fragen einfällt. Selbstverständlich bleibt alles anonym und wird nur für meine Dissertation und damit verbundene Publikationen verwendet.

Bitte senden Sie mir den Fragebogen spätestens bis zum 10. Juni 2018 zurück.

Nochmals herzlichen Dank für Ihre Unterstützung und herzliche Grüße,

IV Fragebogen für erwachsene Teilnehmer

Dissertation zum Thema „Intergeneratives Singen – ein didaktischer Entwurf"
Universität Vechta
Prof. Dr. Theo Hartogh

Fragebogen für Teilnehmer intergenerativer Singprojekte

Ich versichere, dass die Daten anonym bleiben und nur für meine Forschungszwecke und damit verbundene Publikationen verwendet werden. Wenn der Platz auf den Linien nicht reicht, schreiben Sie bitte auf der Rückseite weiter.

Vielen Dank für Ihre Unterstützung!

1. Fragen zur Person:
   Alter:
   Geschlecht:

2. Chor-/Singerfahrung:
   Wo und wie haben Sie bisher gesungen? Singen Sie noch in anderen Gemeinschaften außer dieser?

3. Das intergenerative Singprojekt.
a) Was hat Ihnen am intergenerativen Singprojekt gefallen? Warum?
b) Was hat Ihnen am intergenerativen Singprojekt nicht gefallen? Warum?
c) Wie haben Sie die Teilnehmer aus der jungen Generation wahrgenommen?
d) Welche Unterschiede zum Singen/Proben in Ihrer normalen Chorgruppe haben Sie während des gemeinsamen Singens festgestellt?

V Anschreiben für jugendliche Teilnehmer

Liebes Chormitglied,

wie du bereits von Deiner Chorleiterin erfahren hast, promoviere ich zurzeit zum Thema „Intergeneratives Singen – ein didaktischer Entwurf" an der Universität Vechta bei Herrn Prof. Dr. Theo Hartogh.

Neben den theoretischen Ausführungen ist eine Studie zu intergenerativen Singprojekten ein wesentlicher Bestandteil meiner Arbeit. Dazu befragte ich im März deine Chorleiterin, die mir berichtete, dass ihr als Sängerinnen und Sänger auch gern Teil meiner Studie sein würdet. Das ist ganz wunderbar, denn ich hatte das zwar geplant, aber eigentlich kein geeignetes Singprojekt gefunden, bei dem beide beteiligten Generationen in der Lage sein würden, eigenständig Fragen zu beantworten. Deine Bereitschaft, meine Studie zu unterstützen, ist somit eine echte Bereicherung und ein schönes Geschenk gleichermaßen. Dafür sage ich dir von Herzen Danke!

Ich möchte dich bitten, den anliegenden Fragebogen gerne ausführlich zu beantworten. Anschließend sendest du den Fragebogen bitte im beiliegenden Briefumschlag direkt an mich zurück. Da somit außer mir niemand den Fragebogen zu sehen bekommt, kannst du gerne ganz offen schreiben, was dir zu den Fragen einfällt. Selbstverständlich bleibt alles anonym und wird nur für meine Dissertation und damit verbundene Publikationen verwendet.

Bitte sende mir den Fragebogen <u>spätestens bis zum 20. Mai 2018</u> zurück.

Nochmals herzlichen Dank für deine Unterstützung und herzliche Grüße,

VI Fragebogen für jugendliche Teilnehmer

Dissertation zum Thema „Intergeneratives Singen – ein didaktischer Entwurf"
Universität Vechta
Prof. Dr. Theo Hartogh

Fragebogen für Teilnehmer intergenerativer Singprojekte

Ich versichere, dass die Daten anonym bleiben und nur für meine Forschungszwecke und damit verbundene Publikationen verwendet werden. Wenn der Platz auf den Linien nicht reicht, schreibe bitte auf der Rückseite weiter.

Vielen Dank für deine Unterstützung!

1. Fragen zur Person:
   Alter:
   Geschlecht:

2. Chor-/Singerfahrung:
   Wo und wie hast du bisher gesungen? Singst du noch in anderen Gemeinschaften außer dieser?

3. Das intergenerative Singprojekt.
a) Was hat dir am intergenerativen Singprojekt gefallen? Warum?
b) Was hat dir am intergenerativen Singprojekt nicht gefallen? Warum?
c) Wie hast du die Teilnehmer aus der älteren Generation wahrgenommen?
d) Welche Unterschiede zum Singen/Proben in deiner normalen Chorgruppe hast du beim gemeinsamen Singen festgestellt?

VII Fragebogen für begleitende Erzieherinnen

Dissertation zum Thema „Intergeneratives Singen – ein didaktischer Entwurf"
Universität Vechta
Prof. Dr. Theo Hartogh

Fragebogen für begleitende Erzieherinnen intergenerativer Singprojekte

Ich versichere, dass die Daten anonym bleiben und nur für meine Forschungszwecke und damit verbundene Publikationen verwendet werden.
Vielen Dank für Ihre Unterstützung!

1. Wie gefällt den Kindern das intergenerative Singen? Was nehmen Sie wahr (z.B. Vorfreude, Ängstlichkeit, Ungeduld…)
2. Was erzählen die Kinder im Anschluss an die intergenerativen Stunden?
3. Wie ist der Umgang der Kinder mit den Bewohnern des Altenheims? Gibt es z.B. Vorbehalte, Ängstlichkeit, Berührungsängste…?
4. Welche Unterschiede im Verhalten der Kinder vor und nach der intergenerativen Begegnung nehmen Sie wahr?
5. Gibt es vielleicht etwas, das den Kindern oder Ihnen als Begleitperson beim intergenerativen Musizieren nicht gefällt?